རིག་རབས་གཞུང་གི་བོད་ཡིག་སློབ་
སྦྱོང་རྩོམ་རིག་བདག་སྐྱོང་།།

当代中国的西藏
政策与治理

宋月红 著

人民出版社

责任编辑：马长虹
封面设计：汪　莹
版式设计：王　舒

图书在版编目(CIP)数据

当代中国的西藏政策与治理/宋月红 著. −北京：人民出版社,2011.4
ISBN 978−7−01−009153−2

Ⅰ.①当…　Ⅱ.①宋…　Ⅲ.①民族区域自治-概况-西藏　Ⅳ.①D633.2

中国版本图书馆 CIP 数据核字(2010)第 142653 号

当代中国的西藏政策与治理

DANGDAI ZHONGGUO DE XIZANG ZHENGCE YU ZHILI

宋月红　著

人 民 出 版 社 出版发行
(100706　北京朝阳门内大街 166 号)

环球印刷（北京）有限公司印刷　新华书店经销

2011 年 4 月第 1 版　2011 年 4 月北京第 1 次印刷
开本：710 毫米×1000 毫米 1/16　印张：25.25
字数：490 千字　印数：0,001-5,000 册

ISBN 978−7−01−009153−2　定价：58.00 元

邮购地址 100706　北京朝阳门内大街 166 号
人民东方图书销售中心　电话 (010)65250042　65289539

目 录
contents

前　言 ……………………………………………………………… 1

第一章　西藏实行民族区域自治的思想来源与政策基础 ……………… 2

　　第一节　中国共产党民族平等团结思想的形成与发展 / 3

　　第二节　建立一个统一、团结的新西藏 / 7

　　第三节　西藏和平解放从"十条公约"到《十七条协议》的发展 / 16

　　第四节　"慎重稳进"方针在西藏工作中的确立与发展 / 26

第二章　《十七条协议》与西藏地方团结问题的解决 ………………… 40

　　第一节　十三世达赖与九世班禅共襄时局 / 41

　　第二节　九世班禅与十三世达赖失和 / 56

　　第三节　十三世达赖、九世班禅时期中央政府的治藏政策 / 61

　　第四节　《十七条协议》与西藏地方团结的基本实现 / 71

第三章　《十七条协议》关于中央不予变更达赖喇嘛固有地位及
　　　　职权的历史基础 …………………………………………… 76

　　第一节　十三世达赖"不背中央" / 77

　　第二节　十三世达赖选派代表出席全国性会议 / 88

　　第三节　十三世达赖设立西藏驻内地办事处 / 95

　　第四节　十四世达赖派全权代表与中央举行和平解放西藏谈判 / 98

　　第五节　十四世达赖喇嘛致电中央拥护《十七条协议》 / 104

第四章　《十七条协议》关于应予维持班禅额尔德尼固有地位及
　　　　职权的历史基础 ……………………………………… 116

第一节　九世班禅倾心内地与护国宣化／117

第二节　九世班禅筹划西藏建设／129

第三节　九世班禅返藏受阻与圆寂／131

第四节　十世班禅拥护和平解放西藏／142

第五章　西藏实行民族区域自治的经济基础 …………………… 146

第一节　西藏实行民族区域自治的经济因素／147

第二节　西藏和平解放和自治区筹备成立时期的财经工作／151

第三节　中央人民政府处理藏币问题的决策与人民币制在
　　　　西藏的确立／158

第六章　西藏平叛与民主改革 ………………………………… 172

第一节　西藏民主改革的历史必然性与中央关于西藏"六年
　　　　不改"方针／173

第二节　中央关于西藏平叛的决策与平定叛乱／180

第三节　西藏民主改革的实现／188

第四节　中央关于西藏民主改革的前途与"稳定发展"方针／204

第七章　筹备成立统一的西藏自治区……………………………**208**

　　第一节　西藏民族区域自治法律地位的确立与巩固 / 209

　　第二节　昌都地区人民解放委员会的创建与撤销 / 220

　　第三节　西藏自治区筹备委员会的建政与行使西藏地方政府职权 / 238

　　第四节　藏族干部的培养、成长与西藏自治区的成立 / 247

第八章　改革开放以来中央关于西藏工作的认识与政策发展………**268**

　　第一节　邓小平关于当代西藏发展观 / 269

　　第二节　第一次西藏工作座谈会与西藏改革开放的起步 / 284

　　第三节　第二次西藏工作座谈会与对西藏工作认识的发展 / 294

　　第四节　第三次西藏工作座谈会与西藏的发展和稳定工作 / 303

　　第五节　第四次西藏工作座谈会与西藏跨越式发展战略 / 311

　　第六节　第五次西藏工作座谈会与坚持走有中国特色、西藏
　　　　　　特点的发展路子 / 320

第九章　中央扶持、全国支援西藏与加快西藏发展………………**328**

　　第一节　中央关于帮助西藏建设的思想基础 / 329

　　第二节　中央关于全国支援西藏的决策 / 336

　　第三节　中央扶持和全国支援西藏 / 340

第十章　西藏民族区域自治与经济社会现代化发展 ……………… **354**

　　第一节　西藏民族区域自治的经济体制与自治能力建设 ／ 355

　　第二节　西藏民族区域自治的法制化建设与发展 ／ 362

　　第三节　新中国民族区域自治的基本特色与历史经验 ／ 378

主要参考文献 ……………………………………………… **388**

前　言

　　民族区域自治是民族自治与区域自治的有机结合。新中国实行民族区域自治的决策,是中国共产党把马克思主义民族理论与中国民族问题的实际相结合的产物,是中国革命和建设在解决中国民族问题上的理论与实践发展的必然结果。

　　在当代中国的西藏政策体系中,民族区域自治政策是本源性的政策。西藏民族区域自治是中国民族区域自治的重要组成部分。它立足于中国民族的实际和西藏的区情,植根于西藏和平解放尤其是自治区成立以来的历史进程中,成为西藏社会建设、发展、稳定和改革的政治制度保障和动力源泉。

　　1951 年 5 月 23 日,《中央人民政府和西藏地方政府关于和平解放西藏办法的协议》(简称《十七条协议》)的签订标志着西藏和平解放、西藏民族内部团结的实现和祖国大陆解放事业的完成,在当代西藏地方发展史和中央与西藏地方关系史上具有里程碑意义和奠基性作用。《十七条协议》昭示了西藏民族区域自治的历史必然性,为当代中国的西藏政策提供了历史的、政治的和法理的基础与根据。

　　西藏之所以实行民族区域自治的主要经济社会因素:一是实现西藏民族的当代发展,就必须首先要摆脱半殖民地经济和封建农奴制经济的严重束缚,而民族区域自治是反帝反封建的,是实现民族平等的。二是实现西藏民族的当代发展,应当继承和发展而不是削弱甚或割裂藏族与其他民族在历史上的经济社会联系,而民族区域自治既能保证聚居区又能保证杂居区民族享有自治权利。三是实现西藏民族的当代发展,应当尊重和发展西藏经济社会的民族形式,并利用这些民族形式推动其经济社会发展,而民族区域自治则能够赋予西藏民族维护、发展和变革其民族经济形式的自主权利。四是实现西藏民族的当代发展,必须依靠和调动西藏民族与西藏人民在经济社会改革和发展方面的积极性与创造性,而民族区域自治是保障西藏民族推动西藏发展的主体地位,实现其生存权和发展权最好的形式。西藏的经济社会发展是西藏民族区域自治的物质技术基础和力量源泉,它决定着这一自治的发展程度和水平。

西藏的民族区域自治是在和平解放、民主改革的基础上逐步建立起来的，也是在建立和实行社会主义计划经济体制，以及改革开放后建立健全社会主义市场经济体制的历史进程中逐步发展和完善起来的。根据西藏社会性质的变革，即由封建农奴制社会经民主改革和社会主义改造，跨越式地进入社会主义社会初级阶段，以及相应的西藏民族区域自治的酝酿和西藏自治区的筹备、成立与发展的实际，西藏民族区域自治的经济体制建设可以划分为如下四个时期：（一）西藏和平解放至西藏自治区筹备委员会成立，初步形成国家帮助和西藏地方争取生产自给与促进贸易的经济体制。（二）西藏自治区筹备委员会成立至西藏民主改革，进一步形成国家投资重点建设和西藏地方统一财经管理的基本框架。（三）西藏民主改革至西藏自治区正式成立，废除了封建农奴制，并在稳定个体经济发展的基础上开始实行计划经济管理。（四）西藏自治区正式成立和社会主义改造以来，西藏进入社会主义全面建设和改革开放时期。西藏民族区域自治赋予了西藏民族和人民从未享有的经济社会权利。西藏民族和人民在民族平等的基础上履行这些经济社会权利，是西藏民族区域自治的基本内涵和实质所在。

新中国成立特别是改革开放以来，在中国特色社会主义理论的形成和发展进程中，形成了具有战略意义的思想理论成果——邓小平关于当代西藏发展观。它具体反映在西藏政治、经济和文化发展的各个方面，不仅包括关于西藏发展问题的总的看法和根本观点，而且包括在这些总的看法和根本观点指导下的西藏发展的策略和方法。它与毛泽东思想关于西藏工作的基本理论与政策一脉相承，又在新的历史条件下被"三个代表"重要思想和科学发展观所继承和发展。它贯穿于西藏和平解放、民主改革、民族区域自治和社会主义改造，尤其是改革开放以来西藏社会各方面的发展过程中，为西藏小康社会和现代化建设提供着强大的精神动力。

这一发展观指出，马克思主义和毛泽东思想是能够解决中国民族问题的，坚持马克思主义关于民族的基本原理，并将之创造性地运用到民族工作的具体实践中，是我国各民族发展的正确方向和道路。这一道路就是社会主义的民族发展道路。我国各兄弟民族经过民主改革和社会主义改造，早已陆续走上社会主义道路，结成了社会主义的团结友爱、互助合作的新型民族关系。各民族的不同宗教的爱国人士有了很大的进步，各民族的社会主义一致性更加发展，各民族的大团结更加巩固。在改革开放和社会主义现代化建设实践中，在邓小平理论关于民族问题和民族发展的理论指导下，西藏成功实行了改革开放，并逐步建立起了社会主义市场经济体制，社会主义物质文明、政治文明和精神文明建设水平进一步得到提高。

这一发展观强调,实行民族区域自治,不把经济搞好,那个自治就是空的;不搞改革,就不能消灭贫困和落后。但改革必须慎重和通过协商的方法进行。在中国社会主义革命和建设的历史进程中,西藏通过民主改革和社会主义改造,消灭了封建农奴制度,确立了社会主义基本制度,并实行民族区域自治,政治、经济和文化等获得历史性的发展。西藏新时期的改革是建立在民族区域自治的基础之上,并为民族区域自治在西藏的真正实现而不断消除各种障碍和弊端的。随着改革开放的不断深入,西藏不仅保持了民族团结、社会稳定,而且自我发展能力不断增强,人民群众的生活得到显著改善和提高。

这一发展观指出,西藏的发展主要依靠藏族干部和藏族人民,同时对西藏采取扶持的方针,内地要帮助西藏发展。对西藏的政策是真正立足于民族平等的。发展要立足民族平等,立足民族平等则必须依靠发展。西藏发展在我国的整体发展中具有重要意义和民族的和区域的双重特殊性,但其发展水平仍然处于相对落后状态。改变这种落后状态就必须在新的历史条件下,抓住机遇,发挥优势,加快西藏发展。邓小平指出,要"使西藏很快发展起来,在中国四个现代化建设中走进前列"。加快西藏发展,是西藏人民根本利益所在,是衡量西藏工作的根本标准之一。加快西藏发展,必将推动西藏向着民主、富强和文明的更高目标前进。

改革开放以来,中央人民政府在西藏工作上确立中央西藏工作座谈会会议制度,并为西藏各方面建设事业特别是经济社会发展制定了一系列方针政策,为西藏经济社会发展提供了强大推动力量。西藏自治区按照建设社会主义法治的总体要求和《民族区域自治法》的有关规定,制定了一系列符合西藏实际的配套性地方法规、政府规章、政策和措施,不断把民族区域自治的政治优势转化为西藏经济社会发展的优势和自我发展的能力。

民族区域自治的能力根源于民族自治地方的经济社会基础,集中表现为本民族的物质技术力量、精神力量和内在的整体素质,尤其是民族干部队伍和民族自治机关科学决策、民主管理、依法治政的能力和水平。西藏民族区域自治的能力建设,既经历了一个曲折复杂的历史过程,又必将需要一个发展创新的过程。在改革开放和社会主义市场经济条件下,在经济全球化的趋势曲折发展和人类科技进步日新月异的背景下,适应新的社会历史条件,不断提高西藏民族区域自治的能力,必须进一步巩固和增强西藏经济社会在民族区域自治中的基础性地位与作用。从经济社会领域加强西藏民族区域自治能力建设,必须坚持以经济建设为中心,牢固树立立足民族平等、加快西藏发展的战略思想。以科学的发展观为指导,正确处理西藏改革、发展与稳定的关系。从西藏的实际出发,统筹城乡、区域、经济社会以及人与自然的协调发展。正确处理中央与西藏地方的关系,合理划分经济社会事务管理的权限和职责,维护中央的统一领导,并切实发挥西藏地方的积极性。要在推进西藏初步工业化和现代化的历史进程中,合理调整西藏经济结构,深化改革开放,实施科教兴藏,促进科技进步,着力转变经济发展方式,全面提高西藏区域经济的整体素质和竞争力。

从经济社会主体上加强西藏民族区域自治能力建设,首先必须加强民族干部的培养和自治机关的建设,不断提高其驾驭社会主义市场经济的能力。其次,努力培育民族经济企业的竞争力和自主创新能力,增强民族产业的发展活力和效率。从经济社会管理上加强西藏民族区域自治能力建设,必须进一步加快西藏地方性自治法规体系的建设步伐,特别是要加强地方经济立法工作,依法保障西藏的经济自主权利,巩固西藏改革开放和建立健全社会主义市场经济体制的积极成果,规范和发展健康、合理、有序的经济社会秩序。从经济社会安全上加强西藏民族区域自治能力建设,就是要把西藏经济的命脉和发展的主动权牢牢掌握在西藏民族和人民手中。因此,从根本意义上就必须正确处理坚持公有制为主体和促进非公有制经济发展的关系,巩固和发展公有制经济,发挥国有经济在西藏经济社会发展中的主导作用。

当代中国的西藏政策立足于民族区域自治的法律地位,并通过西藏地方立法的法制化来实现。中华人民共和国从成立起,宪法和法律就赋予了西藏实行民族区域自治的权利,并为实现这一权利积极而稳妥地创造了必要的政治、经济和社会条件。西藏自治区筹备委员会特别是西藏自治区的成立,使西藏民族区域自治由规定变成了现实。《中华人民共和国民族区域自治法》依据宪法制定,是宪法关于民族区域自治制度的具体化,因而成为指导我国各民族区域自治地方实行民族区域自治的历史性法典。如此,以宪法关于民族区域自治的基本精神和原则为核心,以民族区域自治法为基本法的我国民族区域自治的法规体系初步建成。这一法规体系不仅赋予了民族区域自治的法律地位,而且比较完整地规范了民族区域自治的法律关系。西藏自治区作为实施《民族区域自治法》的一个重要地区,民族区域自治法规体系同样巩固了西藏民族区域自治的法律地位,它规范着西藏自治区与上级国家机关之间的根本政治关系,调整着西藏自治区内部的基本法律关系。西藏自治地方无不以此作为其地方立法的基本政治前提和法律依据。

西藏实行民族区域自治,其民族区域自治机关行使自治权,因而成为西藏地方立法的主体,享有特定地方立法权,即根据宪法和法律制定西藏地方自治条例和单行条例的权力。民族区域自治地方的自治条例和单行条例是地方自治法规,不同于一般地方性法规,即不同于省、直辖市人大及其常委会制定和颁布的地方性法规,其法律效力也高于一般地方性法规;民族区域自治地方制定自治法规的地方立法权也不同于一般性地方立法权。但是,由于民族区域自治地方自治机关具有地方自治和地方国家政权的双重性质,因此自治条例、单行条例与一般地方性法规,制定自治法规的地方立法权与一般性地方立法权,在民族区域自治地方又具有很强的统一性。在法律规定意义上,民族区域自治地方拥有的一般性地方立法权,则是与各省、直辖市获得地方立法权同时完成的。根据宪法和国家法律,西藏自治区人民代表大会及其常务委员会与其他自治区一样,不仅拥有制定自治条例和单行条例的立法权,而且还拥有一般性地方立法权和具有自治法规性质的变通或补充规定的立法权,因此形成制定自治法规的地方立法权与一般性地方立法权并存的双重地方立法体制。

西藏地方立法为西藏民族区域自治而产生,随国家立法和西藏民族区域自治的发展而推进,其历史进程大致可划分为西藏自治区筹备、西藏自治区成立至《中华人民共和国民族区域自治法》颁布、《中华人民共和国民族区域自治法》实施至《中华人民共和国立法法》颁布、《中华人民共和国立法法》颁布以来等阶段。如果以西藏自治区成立为界限,也可以将这一历史进程划分为西藏自治区筹备时期和西藏自治区实行人民代表大会制度时期。在西藏地方立法体系中,根据不同的立法分类标准,可将西藏地方立法划分为如下类型:根据立法主体,西藏地方立法主要包括:(1)自治区内各级人民代表大会立法;(2)自治区内各级人民代表大会常务委员会立法;(3)自治区人民政府规章立法。其中,前两种立法,在与国家立法相统一的条件下,在西藏地方立法体系中是第一位的。在后一种立法中,应由地方性法规规定的事项,需由自治区人民政府规章作出规定的,应当由自治区人民代表大会或其常务委员会授权。根据立法权限,西藏地方立法分为:(1)自治条例、单行条例立法;(2)一般地方性法规立法;(3)变通或补充规定立法。根据立法的调整对象和适用范围,西藏地方立法可分为:(1)民族政治立法;(2)经济立法,这是改革开放以来西藏地方立法的重要门类;(3)文化教育科技立法;(4)社会生活立法。根据立法的功能,西藏地方立法又可分为:(1)自治权类立法;(2)管理类立法,包括资源管理、治安管理、经济管理、文化教育管理等立法分支门类;(3)实施类立法等。根据立法的方式,西藏地方立法也可分为:(1)创制性立法,即指地方性法规的制定、通过和颁布;(2)批准性立法,主要是西藏自治区人民代表大会常务委员会对报请批准的拉萨市地方性法规进行审议、审查、表决和批准等,经批准的拉萨市地方性法规,由拉萨市人民代表大会常务委员会发布公告予以公布;(3)修正性立法,即对需要修改的地方性法规进行调整、修订等;(4)废止性立法。

　　西藏地方立法的实践表明,西藏地方立法之所以能够存在和发展,是因为它切实遵循了我国一般地方立法和民族区域自治地方立法的基本原则。这就是立法统一原则,从西藏自治区的具体情况和实际需要出发的原则,民主立法原则,立法的法制化原则。西藏民族区域自治地方立法的这些基本原则,规定着其地方立法的性质、地位,是对西藏民族区域自治地方立法实践经验的总结和规律性的认识,因此也预示着西藏民族区域自治地方立法的发展趋势。西藏地方立法的原则具体体现了西藏是中国不可分割的一部分的历史基础和客观存在,适应了西藏民族区域自治及其发展的实际需要,因而贯彻这些原则,则保障了西藏民族区域自治地方立法的规范有序发展,有力地推动着西藏依法实行民族区域自治,并以法律的形式维护着祖国统一和民族团结。

　　西藏民族区域自治的制度化和法制化,是西藏自治区建设和改革事业发展的必然结果。西藏地方立法作为西藏民族区域自治的重要组成部分,以地方性法规的形式巩固了西藏民族区域自治的政治和法律地位,保障了西藏各民族的政治、经济、文化和社会生活等各方面权利的实现,并使西藏民族区域自治逐步制度化、法制化和程序化。民族区域自治的制度化、法制化和程序化,是西藏民族区域自治发展的显著特征和重要历史经验。西藏民族区域自治完善和发展的重要途径在于,以维护国家法制统一为前提,通过加强西藏地方立法,逐步建立起以自治条例和单行条例为骨干的西藏地方性自治法规体系,实现中央依法治藏和西藏依法自治。

　　当代中国西藏政策工作的规律性在于,始终坚持把马克思主义民族理论与当代中国民族问题的实际、与西藏地方的区情和西藏工作实际相结合,制定和实施政策,必须一切从西藏的实际出发;始终坚持和完善中国共产党的领导,坚持和完善西藏地方人民代表大会制度与民族区域自治制度,从制度上保障西藏人民和藏族参与国家管理、当家作主和实行民族区域自治的权利;不断完善西藏地方法律体系,依法治藏;加强西藏自治区的自治能力建设,为西藏现代化发展提供组织保证和现实推动力。

　　当代中国在西藏实施、巩固和完善民族区域自治,积累了丰富历史经验,主要是:国家的统一,各民族的平等团结与共同发展,是西藏人民当家作主、西藏地方经济社会发展的根本前提和条件;始终把发展作为西藏民族区域自治的第一要务,维护好、实现好和发展好西藏民族和人民的自治权利和根本利益,努力实现各民族的共同繁荣富裕,是西藏经济社会发展的根本出发点和核心内容;西藏民族和人民是西藏民族区域自治的主体,尊重其历史主体地位和首创精神,是西藏经济社会发展获得不竭动力的源泉和根本出路。

དེང་རབས་ཅན་གྱི་བོད་ཀྱི་བོད་ལྗོངས་
སྲིད་དུས་དང་བདག་སྐྱོང་།།

第一章

西藏实行民族区域自治的
思想来源与政策基础

第一节　中国共产党民族平等团结
思想的形成与发展

中国是一个统一的多民族国家。随着新民主主义革命的胜利,即将诞生的新中国曾面临着仿效苏联实行联邦制抑或实行民族区域自治的抉择。根据中国国情和民族状况,中国人民政治协商会议第一届全体会议作出了新中国实行民族区域自治的决策。由此,《中国人民政治协商会议共同纲领》以临时宪法的形式确立了新中国的一项基本政治制度——民族区域自治制度。

作出新中国实行民族区域自治的决策,必须解决新中国实行什么样的民族关系问题。这一问题集中表现为是实行民族平等、团结还是民族压迫、分裂。

坚持民族平等团结是马克思主义民族理论的基本内容和处理民族问题的基本原则。马克思、恩格斯从民族问题与阶级问题的关系上揭示了民族压迫的社会根源,这就是阶级压迫和私有制度。1847 年 11 月 29 日,马克思在纪念 1830 年波兰起义 17 周年的国际大会上发表演说时指出,"各民族的联合和兄弟联盟,这是目前一切派别,尤其是资产阶级自由贸易派的一句口头禅。""要使各国真正联合起来,它们就必须有一致的利益。要使它们利益一致,就必须消灭现存的所有制关系,因为现存的所有制关系是一些国家剥削另一些国家的条件;消灭现存的所有制关系只符合工人阶级的利益。"①恩格斯在这次大会的演说中指出,"一个民族当它还在压迫其他民族的时候,是不可能获得自由的。"②在民族发展问题上,他们认为,民族融合是历史发展的必然趋势。正如他们在《德意志意识形态》中所指出的,"各个相互影响的活动范围在这个发展进程中越是扩大,各民族的原始封闭状态由于日益完善的生产方式、交往以及因交往而自然形成的不同民族之间的分工消灭得越是彻底,历史也就越是成为世界历史。"③列宁根据俄国国情和革命中民族问题的实际,继承和发展了马克思、恩格斯的民族平等理论。他在《社会民主党纲领草案及

---

① 《马克思恩格斯选集》第 1 卷,人民出版社 1995 年版,第 308 页。
② 《马克思恩格斯选集》第 1 卷,人民出版社 1995 年版,第 309 页。
③ 《马克思恩格斯选集》第 1 卷,人民出版社 1995 年版,第 88 页。

其说明》中指出，"所有民族一律平等"①，在《俄国社会民主工党纲领草案》中强调，"全体公民不分性别、宗教信仰和种族一律平等。"②

中国共产党的民族平等团结思想，是把马克思主义民族平等理论与中国革命中处理和解决民族问题的具体实际相结合的产物。党的二大《宣言》认为，"帝国主义者们还口口声声唱什么民族平等、民族自决和人类平等等好听的名词，想把资产阶级掠夺无产阶级的资本帝国主义的强国压迫弱小民族的行为，轻轻隐瞒过去。但是中国人民受了这九十年被压迫的经验，却最易了解帝国主义者所宣称的平等和自决是什么意义。而且也容易了解只有打倒资本帝国主义以后，才能实现平等和自决。"③

毛泽东在认识和解决中国民族问题上，坚持贯彻民族平等团结原则。他在1938年10月6日党的六届六次全体会议上作报告时指出，允许蒙、回、藏、苗、瑶、彝、番各民族与汉族有平等权利。④ 1939年4月4日，陕甘宁边区将"实现蒙回民族在政治上、经济上与汉族的平等权利，依据民族平等的原则，联合蒙回民族共同抗日"列入其抗战时期的施政纲领。⑤ 1939年12月，毛泽东在《中国革命和中国共产党》中论述"中华民族"时指出，"中国是一个由多数民族结合而成的拥有广大人口的国家。""中华民族的各族人民都反对外来民族的压迫，都要用反抗的手段解除这种压迫。他们赞成平等的联合，而不赞成互相压迫。"⑥因此，在当时的抗日民族统一战线政权问题上，他指出，"抗日统一战线政权的选举政策，应该是凡满十八岁的赞成抗日和民主的中国人，不分阶级、民族、党派、男女、信仰和文化程度，均有选举权和被选举权。"关于中国共产党在抗日统一战线中的策略问题，他在1940年3月党的高级干部会上指出，"实行民族主义，坚决反抗日本帝国主义，对外求中华民族的彻底解放，对内求国内各民族之间的平等。"⑦1941年5月1日，中共陕甘宁边区中央局提出，经中央政治局批准，《陕甘宁边区施政纲领》就民族政策规定，"依据民

---

① 《列宁全集》第2卷，人民出版社1984年版，第71页。

② 《列宁全集》第6卷，人民出版社1986年版，第195页。

③ 中共中央统战部编：《民族问题文献汇编》(1921年7月—1949年9月)，中共中央党校出版社1991年版，第15页。

④ 《毛泽东论统一战线》，中国文史出版社1988年版，第296—297页。

⑤ 中共中央统战部编：《民族问题文献汇编》(1921年7月—1949年9月)，中共中央党校出版社1991年版，第622页。

⑥ 国家民族事务委员会政策研究室编：《中国共产党主要领导人论民族问题》，民族出版社1994年版，第14—15页。

⑦ 中共中央统战部编：《民族问题文献汇编》(1921年7月—1949年9月)，中共中央党校出版社1991年版，第644页。

族平等原则,实行蒙回民族与汉族在政治、经济、文化上的平等权利,建立蒙回民族的自治区,尊重蒙回民族的宗教信仰与风俗习惯。"①在解放战争时期,1947年10月10日,毛泽东在起草《中国人民解放军宣言》中重申,"承认中国境内各少数民族有平等自治的权利。"②1948年9月4日,中共中央在为华北第三兵团起草的《安民布告》中强调,"尊重蒙、回少数民族的宗教、文化及风俗习惯,实行民族平等,反对大汉族主义,在少数民族区,实行民族自治。"③

综观党在新民主主义革命时期的民族观及其发展,党关于民族平等团结思想和民族平等原则是始终坚持如一而从未动摇过的。这就为决策新中国实行民族区域自治奠定了最根本的思想理论基础。

新中国成立时,少数民族占全国总人口的6%,并且呈现出大分散小聚居的状态,汉族和少数民族之间,几个少数民族之间往往互相杂居或交错聚居。为筹备成立新中国,1949年6月15日,国内少数民族代表乌兰夫(未到北平前由奎璧代)、回族代表(因事未能出席由杨静仁代)、张冲、天宝、朱早观和朱德海等6人,参加了新政协筹备会第一次全体会议。④

然而,近代以来,对于西藏这一中国不可分割的一部分,帝国主义侵略、分裂之,使其处于半殖民地状态。随着新中国即将成立,西藏亲帝国主义势力与帝国主义进一步勾结,趁机图谋西藏独立。1949年7月初,印度驻拉萨代表处负责人理查逊与西藏地方政府摄政达扎密谈,"要立即把汉人驱逐出藏,如不这样,势必里应外合,引进共产党……"⑤。7月8日,西藏地方当局通告国民党政府驻藏办事处,"为防止赤化的必要措施,决定请彼等及其眷属立即准备离藏内返。"随后,英国电讯称:"英国从未承认中国所说的西藏是中国的一部分并受中国统辖的讲法。"⑥对此,新华社1949年9月2日社论指出,"7月8日西藏地方当权者驱逐汉族人民及国民党驻藏人员的事件,是在英美帝国主义及其追随者印度尼赫鲁政府的策划下发动的",其目的就是要在中国人

① 中共中央统战部编:《民族问题文献汇编》(1921年7月—1949年9月),中共中央党校出版社1991年版,第678页。
② 中共中央统战部编:《民族问题文献汇编》(1921年7月—1949年9月),中共中央党校出版社1991年版,第1133页。
③ 中共中央统战部编:《民族问题文献汇编》(1921年7月—1949年9月),中共中央党校出版社1991年版,第1163页。
④ 高建中:《中国人民政治协商会议成立纪实》,当代中国出版社2002年版,第207页。
⑤ 噶雪·曲结尼玛:《1949年夏西藏上层反动集团发起的"驱汉事件的来龙去脉"》,《西藏党史通讯》1984年第5期。
⑥ 张植荣:《国际关系与西藏问题》,旅游教育出版社1994年版,第73页。

民解放军即将解放全国的时候，使西藏人民不但不能得到解放，而且进一步丧失独立自由，变为外国帝国主义的殖民地奴隶。① 1949 年 9 月 7 日，周恩来在中国人民政治协商会议第一届全体会议召开前向政协代表作《关于人民政协的几个问题》的报告中指出，"任何民族都是有自决权的，这是毫无疑问的事。但是今天帝国主义者又想分裂我们的西藏、台湾甚至新疆，在这种情况下，我们希望各民族不要听帝国主义者的挑拨。""为了这一点，我们国家的名称，叫中华人民共和国，而不叫联邦。"他还说："我们虽然不是联邦，但却主张民族区域自治，行使民族自治的权力。"②

1949 年 9 月 21 日，中国人民政治协商会议第一届全体会议开幕。在代表中，少数民族代表 12 人，其中正式代表是 10 人③，候补代表 2 人④，分布在各单位的少数民族代表 11 人⑤。他们代表各少数民族参加建立新中国。据参加会议的内蒙古自治区代表刘春后来回忆说，会议讨论"民族区域自治"问题时，代表们认为，"把民族区域自治确定为解决国内民族问题的一项基本政策，是非常正确的，完全符合我国的国情和国内民族关系的实际。"⑥乌兰夫在中国人民政协会议第一届会议上发言时指出，"现在，这一不仅适合于蒙古民族，而且完全适合于中国各少数民族的民族政策，经过总结，已成为我们必须共同遵守的纲领了。"⑦

1949 年 9 月 28 日，中国人民政治协商会议第一届全体会议通过了《中国人民政治协商会议共同纲领》。关于民族政策，该纲领规定："中华人民共和国境内各民族一律平等，实行团结互助，反对帝国主义和各民族内部的人民公敌，使中华人民共和国成为各民族友爱合作的大家庭。反对大民族主义和狭隘民族主义，禁止民族间的歧视、压迫和分裂各民族团结的行为。""各少数民族聚居的地区，应实行民族的区域自治，按照民族聚居的人口多少和区域大

---

① 《决不容许外国侵略者吞并中国的领土——西藏》，见中国藏学研究中心编：《和平解放西藏五十周年纪念文集》，中国藏学出版社 2001 年版，第 15—16 页。
② 《老一代革命家论人民政协》，中央文献出版社 1997 年版，第 55、56 页。
③ 即蒙古族的奎璧，回族的刘格平、吴鸿宾、杨静仁、白寿彝，彝族的张冲，苗族的朱早观，朝鲜族的朱德海，黎族的王国兴，藏族的天宝。
④ 即金汉文(蒙古族)、多杰才旦(藏族)。
⑤ 即来自回族的刘清扬、马坚、沙彦楷，维吾尔族的翦伯赞、赛福鼎，满族的齐燕铭、罗常培，白族的周保中，高山族的田富达，彝族的龙云，乌孜别克族的阿里木江。见高建中：《中国人民政治协商会议成立纪实》，当代中国出版社 2002 年版，第 254 页。
⑥ 高建中：《中国人民政治协商会议成立纪实》，当代中国出版社 2002 年版，第 267—268 页。
⑦ 《乌兰夫文选》(上册)，中央文献出版社 1999 年版，第 154 页。

小,分别建立各种民族自治机关。凡各民族杂居的地方及民族自治区内,各民族在当地政权机关中均应有相当名额的代表。"正是根据《共同纲领》,后来的《中央人民政府和西藏地方政府关于和平解放西藏办法的协议》(简称《十七条协议》)明确规定,在中央人民政府统一领导之下,西藏人民有实行民族区域自治的权利。

《共同纲领》以临时宪法的形式确立新中国实行民族区域自治制度,从而奠定了新中国单一制的国家结构形式的政治与法律地位。从此,新中国实行民族区域自治的决策变成了国家意志。正是由于这一决策,以及新中国成立以来的宪法用国家根本大法的形式确立民族区域自治法律地位,开创了中国民族区域自治的发展道路。

新中国实行民族区域自治,是由中国国情决定的,是中国共产党将马克思主义民族理论与中国民族问题的具体实际相结合,经过长期慎重观察,并在总结党的民族工作经验的基础上作出的。实行民族区域自治是中国革命和建设在解决中国民族问题上的理论与实践发展的历史必然。历史发展表明,民族区域自治制度是适合中国国情的一项基本政治制度。

第二节　建立一个统一、团结的新西藏

新中国成立之时,全国还有台湾、海南岛和西藏等待解放。1949 年 9 月30 日,《中国人民政治协商会议宣言》宣告:"全国同胞们,中华人民共和国现已宣告成立,中国人民业已有了自己的中央政府。这个政府将遵照共同纲领在全中国境内实施人民民主专政。它将指挥人民解放军将革命战争进行到底,消灭残余敌军,解放全国领土,完成统一中国的伟大事业。"[1]此前,对于西藏问题,新华社于 1949 年 9 月 2 日发表社论《决不容许外国侵略者吞并中国的领土——西藏》,指出"西藏是中国的领土,决不容许任何外国侵略;西藏人民是中国人民的一个不可分离的组成部分,决不容许任何外国分割。这是中国人民、中国共产党和中国人民解放军的坚定不移的方针"。[2] 当时藏族中唯一的全国政协委员天宝即桑吉悦希,于 1949 年 9 月 8 日在《人民日报》发表题

---

① 西藏社会科学院、中国社会科学院民族研究所等编:《西藏地方是中国不可分割的一部分》,西藏人民出版社 1986 年版,第 546 页。

② 《人民日报》1949 年 9 月 3 日。

为《西藏全体同胞,准备迎接胜利的解放!》的文章。他在文中说,西藏是中国领土的一部分,这是天经地义,藏族人民加入中国各民族的大家庭,已有悠久的历史。"我们西藏人民要想避免殖民地奴隶的命运,求得自己民族的自由与发展,必须在中共领导下和汉族及国内其他兄弟民族亲密的、巩固的团结起来,坚决反对任何分裂民族团结的阴谋。不仅我们藏族即中国境内的任何少数民族,今天都不能和汉族人民分裂,否则,必然会沦为帝国主义的殖民地奴隶。我们藏族人民绝不愿做殖民地的奴隶,我们要做独立、自由、民主、统一的新中国的主人。"①

班禅额尔德尼·确吉坚赞,即第十世班禅,当时西藏地方宗教和政治领袖之一。1949 年 10 月 1 日,中华人民共和国中央人民政府成立。班禅额尔德尼·确吉坚赞致电中央人民政府主席毛泽东和中国人民解放军总司令朱德,表示拥护中央人民政府成立。他说:"中央人民政府成立,凡有血气,同声鼓舞。今后人民之康乐可期,国家之复兴有望。西藏解放,指日可待。"②11 月 23 日,毛泽东、朱德复电班禅,指出:"西藏人民是爱祖国而反对外国侵略的,他们不满意国民党反动政府的政策,而愿意成为统一的富强的各民族平等合作的新中国大家庭的一分子。中央人民政府和中国人民解放军必能满足西藏人民的这个愿望。希望先生和全西藏爱国人士一致努力,为西藏的解放和汉藏人民的团结而奋斗。"③

12 月 31 日,中共中央发表《告前线将士和全国同胞书》,将解放台湾、海南岛和西藏,完成统一中国的事业,列为中国人民解放军和中国人民在 1950 年的任务。④ 第二天,《人民日报》发表元旦社论《完成胜利,巩固胜利,迎接一九五零年元旦》,在进一步强调 1950 年的主要任务的基础上,指出"解放台湾、西藏等地需要进行充分的准备,克服严重的困难"。⑤

毛泽东起初是将进军和经营西藏的任务交给了西北局,正是由于"由青海、新疆入藏困难甚大,难以克服"⑥,1950 年 1 月 2 日,在苏联访问的毛泽东

---

① 天宝:《西藏全体同胞,准备迎接胜利的解放!》,《人民日报》1949 年 9 月 8 日。

② 《班禅额尔德尼电毛主席朱总司令,拥护中央人民政府成立,毛主席朱总司令复电嘉慰》,《人民日报》1949 年 11 月 24 日。

③ 《班禅额尔德尼电毛主席朱总司令,拥护中央人民政府成立,毛主席朱总司令复电嘉慰》,《人民日报》1949 年 11 月 24 日。

④ 《告前线将士和全国同胞书》,《人民日报》1950 年 1 月 1 日。

⑤ 《完成胜利,巩固胜利,迎接一九五零年元旦》,《人民日报》1950 年 1 月 1 日。

⑥ 中共西藏自治区委员会党史研究室编著:《中国共产党西藏历史大事记》(1949—2004),第 1 卷,中共党史出版社 2005 年版,第 6 页。

从莫斯科致电党中央、彭德怀并转发邓小平、刘伯承和贺龙,指出"由青海及新疆向西藏进军,既有很大困难,则向西藏进军及经营西藏的任务应确定由西南局担负"。①由此,西南局担负起了这一"我党光荣而艰巨的任务"②。

根据党中央和毛泽东对解放西藏的战略决策,1950年1月8日,西南局由刘伯承、邓小平联名复电中央并转毛泽东和贺龙,"拟定以二野之十八军担任入藏任务,以张国华为统一领导的核心,已指令该军集结整训,并召张及各师干部速来重庆受领任务,解决进军西藏中的运输诸问题。"③对此,毛泽东于1950年1月10日致电中央并转刘伯承、邓小平和贺龙及西北局,完全同意西南局关于进军西藏计划,并指出"英国、印度、巴基斯坦均已承认我们,对于进军西藏是有利的",只要刘伯承、邓小平和贺龙加紧督促张国华和十八军等部,进军西藏"在时间上是来得及的"。他在电报中还指出:"经营西藏应成立一个党的领导机关,叫什么名称及委员人选,请西南局拟定电告中央批准。""这个领导机关应迅即确定,责成他们负责筹划一切,并定出实行计划,交西南局及中央批准。西南局对其工作则每半月或每月检查一次。第一步是限于三个半月内完成调查情况,训练干部,整训部队,修筑道路及进军至康藏交界地区。有些调查工作及干部集训工作,需待占康藏边界后才能完成,并为促成康人内部分化起见,务希于五月中旬以前占领康藏交界一带。""关于西北局方面应协助之事项,请西南局与西北局直接遇事商定,并请西北局筹划各项应当和可能协助之事项,指导所属妥为办理。"④确定十八军为进军西藏部队,提出建立一个经营西藏的党的领导机关,是毛泽东这一电文的核心内容。据此,1月18日,西南局复电中央军委并报毛泽东和贺龙、李达,"拟成立西藏工作委员会,以张国华(军长)、谭冠三(军政委)、王其梅(副政委)、昌炳桂(副军长)、陈明义(军参谋长)、刘振国(军政治部主任)、天宝(藏族干部、政协代表)等七人为委员。张国华任书记,谭冠三任副书记。"⑤1月24日,中共中央

---

① 毛泽东:《改由西南局担负进军及经营西藏的任务》,中共中央文献研究室、中共西藏自治区委员会编:《西藏工作文献选编》(1949—2005),中央文献出版社2005年版,第7页。

② 毛泽东:《改由西南局担负进军及经营西藏的任务》,中共中央文献研究室、中共西藏自治区委员会编:《西藏工作文献选编》(1949—2005),中央文献出版社2005年版,第8页。

③ 邓小平:《对进军西藏的意见》,《邓小平军事文集》第二卷,军事科学出版社、中央文献出版社2004年版,第276页。

④ 毛泽东:《关于进军和经营西藏问题》,中共中央文献研究室、中共西藏自治区委员会编:《西藏工作文献选编》(1949—2005),中央文献出版社2005年版,第9页。

⑤ 邓小平:《进军西藏部署和成立西藏工委问题》,《邓小平军事文集》第二卷,军事科学出版社、中央文献出版社2004年版,第281—282页。

和中央军委下达《关于进军西藏的指示》，"同意即成立西藏工作委员会，以张国华为该委员会书记、谭冠三为副书记，再加王其梅、昌炳桂、陈明义、刘振国、天宝为委员。"①由于西北局担负有协助西南局进军西藏的职责，中央在批准成立西藏工作委员会时，指示"西北局考虑是否还有其他的人可加入此委员会，望西北局即提出意见"。②

在毛泽东关于成立经营西藏的党的领导机关也就是随后的中共西藏工作委员会的指示中，一个不可忽视的内容是，他提出所要建立的党的领导机关"第一步是限于三个半月内完成调查情况"。由于西藏在自然、历史、经济、社会和文化等方面具有其特殊性，而在对西藏地方情况不甚熟悉的情况下，调查研究对于决策的基础性作用就更为举足轻重。因此，在中央批准成立中共西藏工作委员会的第三天，即2月16日，西南局、西南军区就电告西藏工作委员会和西康川西军区并陈赓、宋任穷，指出："西藏问题（包括对于散布在西康、川西北及云南境内之藏族问题）之许多政策，尤其是政教问题，必须多方调查，提出具体意见，获得解决。"③"要专门成立政策研究室。"④为此，1950年2月28日，西藏工委在乐山成立了政策研究室，第十八军副政委王其梅兼任主任，以夏仲远、赵卓如、徐达文等师团政工干部为基础，并吸收了一批熟悉西藏情况的教授、专家李安宅、于式玉、谢国安、祝维瀚、刘立千、傅斯仲等，以及华西大学政治系少数师生、原国民政府蒙藏委员会的成员和其他到过西藏的人，共计二十多人。⑤ 为了进藏，这些专家学者中，有的将自家的东西卖掉或寄存起来，怀着"千里风雪西藏去，万贯家财一袋装"的豪迈，投入到西藏政策研究中去。⑥ 政策研究室的成立，为当时西藏工作的决策提供了一定的组织工作保证。可以说，调查研究先行，是进军西藏工作的一大特点和优势。

1950年3月4日，张国华军长、谭冠三政委率领第十八军在四川乐山举行进军西藏誓师大会。全体指战员庄严宣誓："为了完成祖国统一大业，驱逐

① 《中共中央、中央军委关于进军西藏的指示》，中共中央文献研究室、中共西藏自治区委员会编：《西藏工作文献选编》(1949—2005)，中央文献出版社2005年版，第11—12页。

② 《中共中央、中央军委关于进军西藏的指示》，中共中央文献研究室、中共西藏自治区委员会编：《西藏工作文献选编》(1949—2005)，中央文献出版社2005年版，第11—12页。

③ 中共西藏自治区委员会党史研究室编著：《中国共产党西藏历史大事记》(1949—2004)，第1卷，中共党史出版社2005年版，第6页；中共西藏自治区委员会党史研究室：《天宝与西藏》，中共党史出版社2006年版，第64—65页。

④ 中共西藏自治区委员会党史研究室：《天宝与西藏》，中共党史出版社2006年版，第66页。

⑤ 中共西藏自治区委员会党史研究室：《天宝与西藏》，中共党史出版社2006年版，第66页。

⑥ 赵慎应：《张国华将军在西藏》，中国藏学出版社2001年版，第29页。

帝国主义势力出西藏,解放苦难中的藏族人民,我们一定要发扬红军的光荣传统,吃大苦、耐大劳,不怕艰难困苦,不怕流血牺牲,坚决完成进军西藏、解放西藏的光荣任务,誓把五星红旗插到喜马拉雅山上,让幸福的花朵开遍全西藏。"①此后,第十八军五十二师一五四团和五十三师一五七团分别担负进军西藏北路与南路先遣任务,组成两路先遣部队。3月23日,第十八军党委发布"告先遣部队书",明确指出先遣部队是"为了在全军行动以前,更好地了解进军路上的具体情况,充分做好克服困难的一切准备工作,保证全军行动的顺利"而组建的,强调先遣部队"能不能很好地完成这个任务和全军进军时能否顺利克服减少困难关系很大",并特别提出要积极想办法做好的五个方面的事情。一是认真学习贯彻党的民族政策。由于先遣部队"走在全军的前面",并"将要先行和西康的藏族同胞见面",因此"必须认真的学习和正确的执行少数民族政策,尊重他们的风俗习惯,严格遵守三大纪律八项注意,代表全军把和少数民族见面工作做好,和藏族同胞亲密团结,逐渐使藏族同胞了解我们,共同努力建设西藏"。二是调查研究。当时,进藏部队"对于康藏情况,非常不熟悉",调查研究十分重要。"告先遣部队书"指出,如果不调查不研究,就是在最小的问题上也会犯错误,应"细心地了解情况,调查研究地形风俗人情","这一工作党的支部和干部要组织领导带头,人人动手,个个关心,大家动员起来把这一件工作做好"。三是政治动员。第十八军党委强调,在先遣行动中,"要抓紧一切可以利用的时间,进行连续不断的反复的政治动员,各级干部要爱护战士,关心战士生活,展开体力互助和思想互助。保证进军情绪高涨,勇气十足,在任何困难情况下,不低头不松气,上下一心,团结一致积极出点子,想办法克服困难完成光荣任务"。四是做好战斗准备,反对松懈麻痹。"告先遣部队书"指出:"如果不能时时提高革命警惕性,就会遭到不应有的损失,在地形复杂和露营的情况下,要特别加强侦察警戒,我们将会遇到很多复杂特殊的新问题,不研究不想办法凭狭隘的经验老一套的办法是不行的。五是爱护物资装备粮食。根据补给困难的实际情况,第十八军党委强调:"今后的补给不能及时,食粮有一个时期要从很远的后方送去,我们不注意爱护节省,不仅违背节约的原则,同时会增加我们很不必要的困难。"②以上五个方

---

① 降边嘉措:《李觉传》,中国藏学出版社2004年版,第69页。关于举行誓师大会的时间,一说是3月4日,一说是3月7日,本文采前说。见中共西藏自治区委员会党史研究室编著:《中国共产党西藏历史大事记》(1949—2004),第1卷,中共党史出版社2005年版,第14页。

② 中共西藏自治区委员会党史研究室:《天宝与西藏》,中共党史出版社2006年版,第74—76页。

面,第十八军党委在"告先遣部队书"中既阐述了学习贯彻民族政策,以及加强部队政治、军事和后勤建设的现实意义,又更加突出地强调了调查研究康藏情况、积极想办法克服困难对于进军西藏的重要作用。第十八军党委经研究决定,先遣部队的任务主要是:调查研究藏区的政治、军事情况和兵要地志、民情风俗;了解沿线地区的粮食供应能力,采购囤积部分粮食、柴草、牦牛;吸收并训练一批藏族青年;向藏族人民宣传中国共产党和人民解放军的政策、纪律;修筑道路、桥梁,制造和准备渡金沙江需用的船只。①

第十八军进军西藏北路和南路先遣部队先后于3月29日、4月1日从乐山和名山出发。其中,北路先遣部队于4月28日到达甘孜,南路先遣部队因运输补给困难,从4月7日开始维修公路,②8月2日才抵达巴塘。③为加强统一指挥,第十八军于3月14日组成前进指挥所,由军副政委王其梅、参谋长李觉分别担任指挥所政委和司令员。3月29日,前进指挥所从乐山出发,3月31日抵达当时的西康省雅安,4月24日到达康定,开展调查工作。④

为了给进军和经营西藏提供决策依据和政策支持,第十八军政策研究室在多方调查研究西藏历史与现状情况的基础上,写出了《西藏各阶层对我进军态度之分析》《对西藏各种政策的初步意见》(《对各种政策具体实施的初步意见》)、《进军康藏应该注意和准备的事项》《英美帝国主义干涉西藏问题之趋向和我之对策》《西藏财经问题研究提纲》《进军守则》《藏人的风俗和禁忌》《清廷对西藏用兵的研究》,以及供指战员学习的《藏文课本》等。⑤这些研究成果涉及政治、军事、外交、经济、文化和社会等领域,不仅内容丰富,而且具有基础性、现实应用性和前瞻性等特点。其中,《对西藏各种政策的初步意见》⑥是最具代表性的政策研究成果。

当时,西藏实行着政教合一制度。《对西藏各种政策的初步意见》将对这一制度的态度列为了首先要回答的问题。解放西藏的目的是:"在团结西藏

① 赵慎应:《张国华将军在西藏》,中国藏学出版社2001年版,第33页。
② 中共西藏自治区委员会党史研究室编著:《中国共产党西藏历史大事记》(1949—2004),第1卷,中共党史出版社2005年版,第15页。
③ 赵慎应:《张国华将军在西藏》,中国藏学出版社2001年版,第33页。
④ 中共西藏自治区委员会党史研究室编著:《中国共产党西藏历史大事记》(1949—2004),第1卷,中共党史出版社2005年版,第15页。
⑤ 中共西藏自治区委员会党史研究室编著:《中国共产党西藏历史大事记》(1949—2004),第1卷,中共党史出版社2005年版,第14页;赵慎应:《张国华将军在西藏》,中国藏学出版社2001年版,第29—30页。
⑥ 赵慎应:《张国华将军在西藏》,中国藏学出版社2001年版,第158—165页。

人民、提高西藏人民的经济文化生活、使西藏人民从帝国主义的侵略、封建统治的压迫剥削下获得真正的解放。"该意见根据这一目的要求,认为对西藏政教合一制度"要予以逐步改革,做到政教分离走向真正的民主自治";同时,从"西藏人民对于宗教信仰的根深蒂固"这一实际出发,强调对政教合一制度的改革,"必须是根据西藏人民觉悟的程度,有步骤、有计划地在相当时期才能达到的事情"。基于此,该意见提出:"暂以保留原有的政权机构为原则";"反对并清除继续亲英的、坚决反对共产党、人民解放军及出卖西藏人民利益的少数反动分子,团结与群众有联系的进步分子,争取中间分子,以此来改造旧的政权中的领导成分,但一定要先取得藏民的同意和拥护";"扩大原有的政教联席会议(即僧俗民众大会)的基础,争取平民代表参加,逐渐转变为真正的人民代表会议,而在会议的领导上亦逐渐走上民主";成立西藏军政委员会,以"实现中央人民政府对西藏地方政府的领导及人民解放军与西藏政府的联系"。政策研究室在意见中认为成立西藏军政委员会"最适宜",并列举了五个方面的理由,即:"直接参加西藏政府及派顾问都不适宜";"军政委员会应吸取西藏政府中高级的及比较进步的与群众有联系的人物参加,其数目应不少于解放军的代表,这样即可通过军政委员会实现对西藏政府的领导及沟通双方的联系";"军政委员会在性质上应该是代表中央人民政府在西藏地区执行中央人民政府的政策的最高权力机关及决策机关";"军政委员会的任务应包括建立革命秩序、国防建设。人民福利、开展文化教育、发展生产、交通及各种建设事业,保障中央政策的执行等";"将来即以西藏军政委员会为基础,在条件成熟时正式成立西藏人民自治政府"。这里,不仅指出了西藏军政委员会的性质与职能,而且从政权组织形式上,为西藏勾画了从军政委员会到人民自治政府,以实现民族区域自治的基本思路。

在西藏政教合一的制度中,达赖与班禅处于政教领袖的地位。1950 年 1 月 10 日,时任西南军区司令员的贺龙在上报党中央和毛泽东的《康藏情况的报告》中,根据达赖与班禅的历史地位和相互关系,指出:"对宗教问题处理得适当与否,是一个决定的关键,因而要十分慎重。""国民党在康藏所以失败,即由于对其内部宗教问题处理得不好,绝非捧一个在外的班禅所能决定的。英国的势力能够伸张进去,也是从宗教问题着手的。我们应采取何种政策、口号,尚需要作进一步研究,曾提出民族自治、民族平等、信教自由等口号与有关方面商量,他们认为很好,并认为最好增加保护宗教的口号。"①关于对达赖的

① 《贺龙军事文选》,解放军出版社 1989 年版,第 464—465 页。

态度,《对西藏各种政策的初步意见》指出,"对达赖的地位应予尊重"。具体讲来主要是:人民解放军进军西藏,"如达赖逃亡,根据西藏习惯绝不应以班禅代理达赖,以免引起大的纠纷,及藏民的反感。应照西藏习惯以摄政代表达赖领导,噶厦执行政权,对达赖仍应设法争取,以免为帝国主义所利用并维系西藏人心";"如果摄政也随达赖逃亡,可按照西藏习惯召开政教联席会议,重新推选摄政";"噶厦为西藏最高行政机构,如四大噶伦全部或一部随达赖逃亡时,可新任噶伦,补足初定人数(原定四人)以执行政务"。由于九世班禅与十三世达赖失和后,自 1923 年避居内地,至圆寂一直未能实现返回西藏的愿望,而十世班禅当时仍然居于青海,因此,在关于对班禅的态度问题上,该意见以争取达赖与班禅团结为要义,就处理达赖与班禅的关系问题指出,"在原则上不应采取分裂的方针,而应采取团结的方针";就班禅返藏之事认为,为避免拉萨方面及达赖的误会与反感,以为人民解放军进军西藏是"扶助青海班禅及反对达赖及拉萨政府的,而以暂不带班禅前去为宜";待人民解放军进藏后,根据具体的情况对班禅与达赖的矛盾进行适当的调解,取得双方同意,再根据西藏人民意向,然后由西藏人民欢迎班禅返藏。

西藏封建农奴制社会实行封建僧侣贵族专制体制。如何对待西藏的贵族和僧俗官吏,《对西藏各种政策的初步意见》以个别与一般相区别,指出"除以个别的不可挽救的与人民为敌及罪大恶极者应依法惩办外,一般的应采取争取、团结、改造的方针,待人民政治觉悟提高,条件成熟时,再分别轻重有步骤地加以改革及取消其统治地位"。其改革的办法主要是,从政治上,"扩大政教联席会议的基础,使进步分子及平民代表参加,使其能真正反映代表西藏人民的意愿;从僧俗教育上,留用原来的僧官学校和(俗官)实习的制度,鼓励平民参加,增加科学课程,使之成为培养干部的学校";从行政上,"建立与健全基层行政机构,以逐渐代替土司、头人、寺院及贵族的封建统治";从经济上,"逐渐试行薪俸制代替其食邑之封建特权,使贵族之财产转为经管工商业,奖励其参加生产,以达到繁荣经济及逐渐削弱封建关系之目的"。

对于喇嘛,《对西藏各种政策的初步意见》认为,喇嘛在西藏人口中所占数量很大,且又极为集中,"如处理不当是会遭致极大恶果的"。因此,一方面根据宗教信仰自由原则不予干涉;另一方面因其对西藏人民政治、经济、文化等的进步"阻碍至大",必须分别地逐步教育改造。其中,对职业喇嘛,"应加教育,提高其觉悟程度,学习生产技能,参加生产,由消费者变为生产者";对有德望有地位的喇嘛,如活佛、堪布、格西等应保持其合法地位,争取其中的开明分子,"使成为佛教内部改革及政策推选之倡导者";对于修学喇嘛,即研究佛学者,在不妨碍其宗教修学,奖励参加民众教育工作,或社会福利事业,"逐渐利用喇嘛旧有之学院,而渗和现代科学知识。由促成喇嘛内部之自动改革,转变喇嘛中的风气,缩小其社会基础,减少寄生,免除浪费,以减轻人民负担"。对于寺院财产,一律加以保护,"在农牧方面,先用说服方法,奖励提倡减轻过重的剥削,逐步将寺院与农牧民的封建剥削关系改为租佃关系,以发展生产,并奖励寺院投资发展工商业"。"成立合作社,贷款给农民、牧民发展生产,抵制寺院之高利贷剥削"。

关于封建农奴制下的西藏农民和牧民,《对西藏各种政策的初步意见》指出,农民、牧民是西藏社会财富的主要生产者,也是西藏社会最受压迫者。该意见主要从经济方面提出,对于农民、牧民,"应了解其切身痛苦,亲切地和他们团结,开展文化,提高其觉悟程度,并解除他们的痛苦"。其中,对农民应兴水利,改良工具、耕种方法及技术及施肥、改良种子,减轻过重的负担剥削;对牧民应帮助他们发展畜牧业、畜草,防止疫病,改良品种,解决其牧畜毛、皮、油、奶等的出售及粮食、布匹等必需品的输入。对于以农牧民为主体的西藏人民,应从其具体利益出发,举办社会福利事业,以打破民族隔阂,融洽藏、汉人民的感情,提高藏民觉悟。该意见提出六个方面的社会福利,主要是:进行包括人医与兽医的医药服务,在人医方面,应注意性病、绦虫、风湿、黄胆、红眼、伤感、枪伤、疮疥、杀虱、蚤、臭虫、鼠等药;在兽医方面,应注意牛瘟、马癫、骡马日寄(即肺病)、绵羊摆头病(脑髓)、牛蹄疮、口疮。举办供销社,逐步发展为合作社(包括信用贷款),应备茶、红头绳、针线(丝棉线、毛线)、绸缎、布(蓝、红、黄三色)、毛巾、玻璃球、念珠球、瓷器、小镜子、梳子、哈达、糖、海椒、豆瓣酱、黄烟、烟叶、肥皂、生产工具等。提倡纺织、制革、制肥皂、生产工具、生活用具等家庭手工业及小规模的工业。提供改良农具、施肥造肥、改良种子、兴修水利、防止虫害。设立社教及生产教育的中心,以推广寺外教育,包括电影、图画、学校、歌舞、音乐、戏剧等,"但应尽量利用藏区原有形式,添入其他宣传教育内容"。改良交通,如修桥、筑路、改良并添设渡口。这些福利是西藏社会发展进步所需要的,也在一定意义上体现了中国共产党的民族政策,解放西藏的目的在于为西藏广大人民群众谋福祉。

从逐步废除乌拉差徭制度和进军西藏的实际考虑,《对西藏各种政策的初步意见》认为,彻底废除乌拉差徭制度以前,要有更适当的制度加以代替;乌拉制度弊端主要在土司、头人的剥削和过去汉藏官吏支用乌拉的虐待,"如去其种种弊端,改成为运输队,当能积极参加支前工作","如对乌拉制度不加利用,则进军西藏需要找人帮助运输时极感困难"。进军西藏时,支用乌拉,改组其为支前运输队,"可收因地制宜,减少运输补给上的困难"。对支前运输队应给的酬金,包括来回路程的生活费用,以适当方式交予该队运输员,使其能实受其惠,对在驿站服务人员予以应得报酬,所征柴草予以应得代价,使他们乐于为人民解放军服务。严禁打骂虐待运输员,严禁超过应走路站,负担过重等行为。彻底执行群众纪律。运输员因行军作战有伤病时,按照解放军战士待遇予以治疗,牺牲时予以抚恤,牛马有伤亡时,予以赔偿。严格遵守支用运输队畜力的手续,禁止随便支用。

关于西藏实行民族区域自治的政策问题,是《对西藏各种政策的初步意见》的一项重要内容。该意见认为,西藏民族区域自治就是西藏民族及西藏境内各民族及中国境内所有各民族一律平等,应实行团结互助,反对大民族主义和狭隘民族主义,禁止民族间的歧视、压迫和分裂各民族团结的行为。西藏人民应和中华人民共和国的全体人民团结一致,共同反对英美帝国主义及其他外国的侵略,以争取西藏人民首先从帝国主义的侵略压迫下获得真正的解放。西藏人民必须认识西藏人民的真正解放,必须在中华人民共和国中央人民政府领导下,以及中国其他兄弟民族的团结与帮助之下,才能达到。因此西藏民族自治区就必须是中华人民共和国中央政府领导下的自治区,西藏民族也必须是中华人民共和国各民族亲密团结的大家庭的一员。西藏人民在中央人民政府领导、帮助及西藏人民的自愿原则下,可以成立人民自治区政府,在不违反共同纲领的原则下,可以制定区域性法律和处理西藏民族内部的一切事务。按照统一的国家军事制度,有参加人民解放军及组织地方公安部队的权利。西藏人民有发展其语言、文字及保持或改革其风俗、习惯和宗教信仰的自由。中央人民政府应帮助西藏人民发展其政治、经济、文化、教育等建设事业,以便使西藏人民达到真正的解放与平等。此外,该意见还提出了对西藏自治区的初步划界意见。

以上对于西藏政教合一制度和西藏社会各阶级阶层的态度,以及对西藏实行民族区域自治的初步意见,虽然只是进军西藏初期关于西藏问题的一种阶段性认识成果和政策建议,因其根据党的民族政策,并通过调查研究西藏的历史与现状而提出的,为此后和平解放西藏的政策制定,提供了重要参考依据。

第三节　西藏和平解放从"十条公约" 到《十七条协议》的发展

中华人民共和国成立后,中央人民政府根据国内外形势和西藏地方的历史与现状,作出了和平解放西藏的基本方针,希望西藏地方政府派代表到北京谈判西藏和平解放问题。1950年1月20日,毛泽东授权中央人民政府外交部发言人,就西藏问题向新华社记者发表谈话指出:"西藏人民的要求是成为中华人民共和国民主大家庭的一员,是在我们中央人民政府统一领导下实行适当的区域自治,而这在人民政协的共同纲领上是已经规定了的。如果拉萨当局在这个原则下派出代表到北京谈判西藏的和平解放的问题,那么,这样的代表自将受到接待。"①中央人民政府对外明确宣布了关于和平解放西藏的方针。

根据和平解放西藏的方针,西南局和西北局分别物色适当人士进藏劝和。1950年2月24日,西南局致电中央:"现居住在成都的志清法师与西藏政教首要关系友善,愿意秘密赴西藏说服达赖集团同我协商解决西藏问题的办法。"第二天,中央同意西南局关于派志清法师说服达赖集团,要达赖本人或其代表赴北京协商解决西藏问题办法,或在进军中与前线司令部谈判的意见,并指示西南局、西北局:"我军进驻西藏计划,是坚定不移的,但可采用一切方法与达赖集团进行谈判,使达赖留在西藏并与我和解。""西北方面如有适当之人能派到拉萨去进行说服达赖集团者,亦应即设法派去。据说达赖的兄弟现在西北,望西北局调查是否可以派去?"②根据这一指示,青海省人民政府组织了以青海塔尔寺活佛兼塔尔寺法台当才活佛为团长,青海同仁隆务寺夏日仓活佛、青海大通广慧寺先灵活佛为副团长的青海各寺院赴藏代表团,准备前往西藏劝说达赖集团派代表到西康与进军西藏的人民解放军进行和平谈判。随之,关于和平谈判的政策和条件的制定提上日程。

青海在组织各寺院赴藏代表团时,拟定了六项谈判条件。5月1日,中共青海省委书记、青海省人民政府副主席张仲良致电西北局第一书记彭德怀等,报告了代表团的组成情况和赴西藏代表团与西藏地方政府的谈判条件。5月3日,中央致电西北局并告西南局,同意青海各寺院赴藏代表团去西藏谈判,同意所提出的谈判条件。其谈判条件共六项,这就是:(一)西藏当局宣布西藏为中华人民共和国组成部分,服从中央人民政府领导,愿为实现共同纲领而奋斗。(二)驱逐英美特务,逮捕国民党特务。(三)协助解放军进入西藏,西藏武装受解放军领导,实行共同纲领第二十条、第五十二条之军事制度。(四)西藏实行区域自治,各负责人由西藏同胞提出呈报中央人民政府批准任命。(五)西藏各当权人只要赞助和平解放事业,其生命财产受保护;如进行破坏和平解

---

① 《人民日报》1950年1月21日。
② 《建国以来刘少奇文稿》,第1册,中央文献出版社2005年版,第534页。

放事业,必办,并没收其财产。(六)保护宗教信仰自由。① 在这些谈判条件的基础上,中央提出可加一条:"要西藏政府速派代表到西康人民解放军进行谈判。"② 这是在和平解放西藏的历史进程中由地方向中央提出并经中央审核的第一份和谈方案,其关于和谈的政治基础为西藏地方是祖国不可分割的一部分,法理基础为《共同纲领》,并将西藏地方的前途指向了民族区域自治。

青海提出赴藏代表团与西藏地方政府谈判条件后,5月11日,西南局也拟定了一份关于解决西藏的方针、政策,共四条,即:一、驱逐英美帝国主义势力出西藏,西藏人民回到中华人民共和国祖国的大家庭来;二、实行西藏民族区域自治;三、西藏现行各种制度暂维原状。有关西藏改革问题将来根据西藏人民的意志协商解决;四、实行宗教自由,保护寺庙,尊重西藏人民的宗教信仰和风俗习惯。③ 西南局将此报请中央审批。5月17日,中央复电西南局、西北局,认为"西南局的四条较好"④,并指出:"在解放西藏的既定方针下和军事进攻的同时,利用一切可能以加强政治争取工作,是完全必要的。这里基本的问题,是西藏方面必须驱逐英美帝国主义的侵略势力,协助人民解放军进入西藏。我们方面,则可承认西藏的政治制度、宗教制度,连同达赖的地位在内,以及现有的武装力量、风俗习惯,概不变更,并一律加以保护。"强调"我们提出的条件,只要有利于进军西藏这个基本前提,在策略上应该使之能够起最大限度的争取和分化作用"。同时,中央要求西南局和西北局再加研究,从速各起草一个作为进行西藏和平谈判基础的若干条款,报中央审定。⑤ 由此,关于和平解放西藏谈判的基本政策与条件越加清晰和集中。

根据中央的指示和要求,西南局由邓小平亲自起草,在上述四项政策和条件的基础上,拟定了关于与西藏地方政府谈判的"十大政策"。其内容是:"(一)西藏人民团结起来,驱逐英美帝国主义侵略势力出西藏,西藏人民回到中华人民共和国祖国的大家庭来。(二)实行西藏民族区域自治。(三)西藏现行各种政治制度维持原状概不变更。达赖活佛之地位及职权不予变更。各级官员照常供职。(四)实行宗教自由,保护喇嘛寺庙。尊重西藏人民的宗教信仰和风俗习惯。(五)维持西藏现行军事制度不予变更,西藏现有军队成为中华人民共和国国防武装之一部分。(六)发展西藏民族的语言、文字和学校

---

① 《建国以来刘少奇文稿》,第2册,中央文献出版社2005年版,第131页。
② 《建国以来刘少奇文稿》,第2册,中央文献出版社2005年版,第130页。
③ 《和平解放西藏》,西藏人民出版社1995年版,第76页。
④ 《和平解放西藏》,西藏人民出版社1995年版,第77页。
⑤ 中共西藏自治区委员会党史研究室编著:《中国共产党西藏历史大事记》(1949—2004),第1卷,中共党史出版社2005年版,第18页。

教育。（七）发展西藏的农牧工商业，改善人民生活。（八）有关西藏的各项改革事宜，完全根据西藏人民的意志，由西藏人民采取协商方式加以解决。（九）对于过去亲英美和亲国民党的官员，只要他们脱离与英美帝国主义和国民党的关系，不进行破坏和反抗，一律继续任职，不究既往。（十）中国人民解放军进入西藏，巩固国防。人民解放军遵守上列各项政策。人民解放军的经费完全由中央人民政府供给。人民解放军买卖公平。"① 这些政策主要规定了关于西藏地方主权归属问题，以及中央对西藏地方社会制度、宗教信仰、发展和改革问题的基本态度与策略。1950 年 5 月 27 日，西南局将这"十大政策"内容上报中央，并认为："我们意见这十条对作为秘密谈判的条件，不宜全文公布，以免帝国主义捣鬼。但可将这些内容分别地在广播中解释。"② "如果谈判不成，需要战斗进军，只要在三、五两条文字上略加修改（精神不变），就可作为公开宣布的约法十条。"③

　　西南局关于与西藏地方政府谈判的政策由"四条"发展为"十大政策"，不仅继承和发展了关于和平解放西藏的政治与法理基础，而且加大了关于西藏地方经济、文化发展和社会改革的内容，将西藏和平解放与未来发展进一步统一起来。

　　对于西南局的"十大政策"，中央除将其中的第八条末句"由西藏人民采取协商方式加以解决"，改为"由西藏人民及西藏领导人员采取协商方式解决"，其余均表示同意。1950 年 5 月 29 日，中央在批准西南局关于与西藏地方政府谈判的"十大政策"的同时，也同意西南局"所提此项条件暂不公开发表，但可将其内容分别地在广播中作适当解释的办法"。④ 西南局的"十大政策"经中央修改批准后，发展而为"十条公约"。

　　"十条公约"成为争取西藏地方政府与中央人民政府举行和平解放西藏谈判的主要政策依据。西南局于 1950 年 6 月 2 日将"十条公约"以内部指示的形式，通过《以十项条件为和平谈判及进军基础给西藏工委的指示》⑤，发给

①　《西南局关于与西藏地方政府谈判条件的意见》，中共中央文献研究室、中共西藏自治区委员会编：《西藏工作文献选编》(1949—2005)，中央文献出版社 2005 年版，第 19—20 页。
②　《西南局关于与西藏地方政府谈判条件的意见》，中共中央文献研究室、中共西藏自治区委员会编：《西藏工作文献选编》(1949—2005)，中央文献出版社 2005 年版，第 20 页。
③　《建国以来重要文献选编》（第一册），人民出版社 1992 年版，第 248—249 页。
④　《中共中央批准西南局关于与西藏地方政府谈判条件的指示》，中共中央文献研究室、中共西藏自治区委员会编：《西藏工作文献选编》(1949—2005)，中央文献出版社 2005 年版，第 18 页。
⑤　中共西藏自治区委员会党史研究室编著：《中国共产党西藏历史大事记》(1949—2004)，第 1 卷，中共党史出版社 2005 年版，第 30 页。

了中共西藏工作委员会,并指示:"以上十条件应正确翻译全文,交由适当代表向藏方当局正式提出,但这十条暂时还不宜在布告、传单等文件中全文公布,以免暴露我之全部意图,为英美所破坏。但这些原则可分别地用口头或文字(不列条项,不拘形式)将这些内容向藏族各阶层进行宣传。"同时,要西藏工委委员天宝"将这十条全文与格达①和大金寺首领交换意见,正式请格达为代表入藏谈判,亦可经由大金寺首领持此十条入藏谈判";要西南军政委员会委员、西藏工委委员平措旺阶以此十条正式向有关方面提出谈判。② 7 月 21日,邓小平在欢迎赴西南地区中央民族访问团大会上发表讲话时指出:"对于我们提出的十条,有的西藏的代表人士觉得太宽了点。就是要宽一点,这是真的,不是假的,不是骗他们的。所以这个政策的影响很大,其力量不可低估。因为这个政策符合他们的要求,符合民族团结的要求。"③在促使西藏代表团来北京谈判的昌都战役结束后,11 月 10 日,西南军政委员会和人民解放军西南军区司令部向西藏人民及进军西藏部队联合颁发进军西藏各项政策的布告。该布告指出:人民解放军入藏之后,保护西藏全体僧侣、人民的生命财产。保障西藏全体人民之宗教信仰自由,保护一切喇嘛寺庙。帮助西藏人民开展教育和农牧工商业,改善人民生活。对于西藏现行政治制度及军事制度,不予变更。西藏现有军队成为中华人民共和国国防武装之一部分。各级僧侣、官员、头人等照常供职。一切有关西藏各项改革之事宜,完全根据西藏人民意志由西藏人民及西藏领导人员采取协商方式解决。过去亲帝国主义与国民党的官吏,如经事实证明,与帝国主义及国民党脱离关系,不进行破坏和反抗者,仍可一律继续任职,不究既往。人民解放军纪律严明,忠诚执行中央人民政府上述各项政策。尊重西藏人民宗教信仰和风俗习惯。说话和气,买卖公平,不妄取民间一针一线,借用家具均经物主同意,如有损毁,决按市价赔偿。雇用人、畜差役,均付相当代价。不拉夫、不捉牲畜。人民解放军为中国各族人民的军队,全心全意为人民服务。④ 当日,新华社广播了该布告。⑤ 从这些内容看,这一布告公布了"十条公约"的主要内容,也公布了上述西南局 1950 年 6 月 2

---

① 格达,甘孜白利寺五世格达活佛,时任西南军政委员会委员兼西南民族事务委员会委员、西康省人民政府副主席兼康定军管会副主任。

② 《邓小平军事文集》第二卷,军事科学出版社、中央文献出版社 2004 年版,第 296 页。

③ 《关于西南少数民族问题》,《邓小平文选》第一卷,人民出版社 1994 年版,第 163 页。

④ 《西南军政委员会和西南军区司令部颁发进军西藏各项政策的布告》,《人民日报》1950 年11 月 11 日。

⑤ 中共西藏自治区委员会党史研究室编著:《中国共产党西藏历史大事记》(1949—2004),第 1卷,中共党史出版社 2005 年版,第 30 页。

日发给西藏工委的内部指示的基本内容。

　　"十条公约"与其后的中央人民政府和西藏地方政府关于和平解放西藏的《十七条协议》相比较,其基本内容在协议中得到了充分体现,表明"十条公约"为和平解放西藏的谈判和《十七条协议》的签订奠定了具体的政策基础。1950年8月23日,毛泽东在批复西南局关于攻占昌都的准备工作的报告中指出:"西藏代表到京时,我们拟以既定的十条作为谈判条件,争取西藏代表签字,使十条变为双方同意的协定。"①9月8日,中央关于促使西藏代表团迅速来北京谈判,指示中华人民共和国驻印度大使馆代办申健:"西藏代表团到北京来商谈,什么事都可提出。中央人民政府准备与西藏代表团商谈和平解决西藏问题的办法。共同纲领的民族政策一章,是我们商谈的根据;解放军进入西藏,驱除国民党影响,保卫国防,西藏现行政治制度及军事制度概维现状,达赖活佛的地位及职权不予变更,是我们商谈的主要内容。"②1951年4月29日,中央人民政府首席谈判代表李维汉在主持和平解放西藏谈判的第一次谈判中说,"我们是一家人,家里的事情,大家商量着把事情办好",并建议大家学习中国人民政治协商会议通过的《共同纲领》和西南军区颁布的"十项条件"即"十条公约"。当天,中央人民政府和西藏地方政府谈判代表仅就谈判程序、步骤问题进行了协商,听取了阿沛·阿旺晋美等代表的意见。中央印发了和平谈判的十项条件,供代表们参考和讨论。据阿沛回忆:在谈判开始阶段,李维汉告诉他们,"约法十条"将作为谈判的基础。对此,他说:"就我个人来说,我认为'约法十条'很好,我们想到的问题写进去了,有些我们没有想到的问题也写上了,完全可以作为谈判的基础。"但是,"我们来北京时原西藏地方政府要我们提的条件同'约法十条'中的一些原则问题在基本点上距离太大"。比如,原西藏地方政府要求在谈判中可以承认西藏是中国领土,但不能接受人民解放军进驻西藏,保卫国防和维护日常社会治安的任务,由藏军担负;可以同意中央人民政府在拉萨设立办事机构,但不能派很多工作人员到西藏,等等。而"约法十条"的基本点则是维护祖国统一,人民解放军进驻西藏,保卫国防,这是不能改变的。阿沛说:"我作为西藏地方政府首席全权代表,理应把西藏地方政府的那些条件提出来,不提不行,可是又担心提出那些条

---

①　毛泽东:《占领昌都,促使西藏代表团来京谈判》,《中共中央关于促西藏代表团速来京谈判的指示》,中共中央文献研究室、中共西藏自治区委员会编:《西藏工作文献选编》(1949—2005),中央文献出版社2005年版,第31页。

②　《中共中央关于促西藏代表团速来京谈判的指示》,中共中央文献研究室、中共西藏自治区委员会编:《西藏工作文献选编》(1949—2005),中央文献出版社2005年版,第33页。

件,同'约法十条'对立起来,会造成谈判的障碍,形成僵局,甚至在客观上会产生把谈判当儿戏的影响,导致谈判破裂。而这种结局同我坚持通过谈判解决问题的初衷是背道而驰的,我要坚决设法避免;加之在其他几位全权代表中对'约法十条'的看法也不尽一致,有赞成的也有不赞成的,特别是对人民解放军进驻西藏这一条,同西藏地方政府的要求恰恰相反,所以都不敢承担责任,持保留态度。"阿沛回忆,在李维汉的引导下,"我组织大家反复学习、研究'约法十条',鼓励大家充分发表意见,不同的想法和看法展开争论,逐渐趋于一致"。就在这个关键时刻,李维汉在一次谈判中作了长篇发言,他从中国各民族的历史关系,讲到形成统一的多民族的国家是历史发展的必然结果;从近代帝国主义对中国各民族的压迫,讲到各民族只有在中国共产党领导下,团结在祖国大家庭中,才能有力地反对帝国主义的压迫,求得各民族共同解放和共同发展繁荣;从中国民族关系的历史特点,讲到中国共产党的民族平等团结政策和只能实行民族区域自治这个基本政策。他详细地讲了藏族同汉族以及国内其他兄弟民族之间的历史关系,揭露和批判了帝国主义制造所谓"西藏独立"的阴谋;批评了不同意人民解放军进驻西藏的荒谬要求。阿沛说:"在我们内部讨论李维汉同志的发言并结合着再次讨论'约法十条'时,大家一致认为应当以'约法十条'作为协议的基础。"①

1951年5月23日,中央人民政府全权代表李维汉、张经武、张国华、孙志远与西藏地方政府全权代表阿沛·阿旺晋美、凯墨·索安旺堆、土丹旦达、土登列门、桑颇·登增顿珠,经过多次谈判,就一切重要问题作了详细讨论之后,签订了关于和平解放西藏办法的《十七条协议》。根据"十项公约"和《十七条协议》的基本内容,可以看出,在一定意义上,"十项公约"的基本精神与原则贯穿于《十七条协议》之中,特别是在关于反对帝国主义、进军西藏、实行民族区域自治、不予变更西藏政治制度、实行宗教信仰自由、发展西藏经济和文化教育、改善人民生活、协商解决西藏民主改革问题等条款内容上,《十七条协议》对"十项公约"或基本不变,或予以丰富完善。它们之间有着内在的一致性。

藏族是中华民族的重要组成部分和祖国大家庭的优秀分子。《十七条协议》在序言中指出,西藏民族是中国境内具有悠久历史的民族之一,与其他许多民族一样,在伟大祖国的创造与发展过程中,尽了自己的光荣的责任。协议概括了近代以来西藏与祖国的共同命运,指出在近百余年来,帝国主义势力侵

---

① 阿沛·阿旺晋美:《良师诤友——缅怀李维汉同志》,《人民日报》1986年6月22日。

入了中国,因此也就侵入了西藏地区,并进行了各种的欺骗和挑拨。国民党反动政府对于西藏民族,则和以前的反动政府一样,继续行使其民族压迫和民族离间的政策,致使西藏民族内部发生了分裂和不团结。而西藏地方政府对于帝国主义的欺骗和挑拨没有加以反对,对伟大的祖国采取了非爱国主义的态度。这些情况使西藏民族和西藏人民陷于奴役和痛苦的深渊。正是中华人民共和国的成立,开辟了中国各民族解放和发展的道路。协议强调,1949 年中国人民解放战争在全国范围内取得了基本的胜利,打倒了各民族的共同的内部敌人——国民党反动政府,驱逐了各民族的共同的外部敌人——帝国主义侵略势力。在此基础之上,中华人民共和国和中央人民政府宣布成立。中央人民政府依据中国人民政治协商会议通过的《共同纲领》,宣布中华人民共和国境内各民族一律平等,实行团结互助,反对帝国主义和各民族内部的人民公敌,使中华人民共和国成为各民族友爱合作的大家庭。在中华人民共和国各民族的大家庭之内,各少数民族聚居的地区实行民族的区域自治,各少数民族均有发展其自己的语言文字,保持或改革其风俗习惯及宗教信仰的自由,中央人民政府则帮助各少数民族发展其政治、经济和文化教育的建设事业。自此以后,国内各民族除西藏及台湾区域外,均已获得解放。在中央人民政府统一领导和各上级人民政府直接领导之下,各少数民族均已充分享受民族平等的权利,并已经实行或正在实行民族的区域自治。

西藏地方是祖国不可分割的一部分。《十七条协议》指出,为了顺利地清除帝国主义侵略势力在西藏的影响,完成中华人民共和国领土和主权的统一,保卫国防,使西藏民族和西藏人民获得解放,回到中华人民共和国大家庭中来,与国内其他各民族享受同样的民族平等的权利,发展其政治、经济、文化教育事业,中央人民政府于命令人民解放军进军西藏之际,通知西藏地方政府派遣代表来中央举行谈判,以便订立和平解放西藏办法的协议。1951 年 4 月下旬,西藏地方政府的全权代表到达北京。中央人民政府当即指派其全权代表和西藏地方政府的全权代表在友好的基础上举行了谈判。① 西藏当时的社会主要矛盾,是帝国主义与西藏民族之间的矛盾;农奴主、僧侣、贵族与人民大众之间的矛盾。而前者为其主要矛盾中最主要的矛盾,解决好这一主要矛盾,其他矛盾的解决便有了基础。根据当时的历史条件,协议将"驱逐帝国主义侵略势力出西藏,西藏人民回到中华人民共和国祖国大家庭中来"置于首要位

---

① 《中央人民政府和西藏地方政府关于和平解放西藏办法的协议》,中共中央文献研究室、中共西藏自治区委员会编:《西藏工作文献选编》(1949—2005),中央文献出版社 2005 年版,第 42—43 页。

置,将"西藏地方政府积极协助人民解放军进入西藏,巩固国防"作为第二条规定下来,同时规定"中央人民政府统一处理西藏地区的一切涉外事宜,并在平等、互利和互相尊重领土主权的基础上,与邻邦和平相处,建立和发展公平的通商贸易关系"。这些规定维护了西藏是中华人民共和国不可分割一部分的主权归属,是国家要统一、民族要解放的历史发展之必然,是任何力量也扭转不了的,也是西藏和平解放的基本前提与重要内容。

根据中国人民政治协商会议《共同纲领》的民族政策,在中央人民政府统一领导之下,西藏人民有实行民族区域自治的权利。协议对此作了明确规定。同时,根据当时的历史条件,协议规定,对于西藏的现行政治制度,中央不予变更。达赖喇嘛的固有地位及职权,中央不予变更。各级官员照常供职。班禅额尔德尼的固有地位及职权,应予维持。协议特别强调,达赖喇嘛和班禅额尔德尼的固有地位及职权,系指十三世达赖喇嘛与九世班禅额尔德尼彼此和好相处时的地位及职权。关于西藏宗教问题,协议指出,实行中国人民政治协商会议《共同纲领》规定的宗教信仰自由的政策,尊重西藏人民的宗教信仰和风俗习惯,保护喇嘛寺庙。寺庙的收入,中央不予变更。关于西藏的发展和民主改革问题,协议在尊重和承继历史的基础上,规定了西藏未来的发展方向,即在慎重稳进方针的指导下发展民族经济、文化和教育,实行民主改革。协议规定,依据西藏的实际情况,逐步发展西藏民族的语言、文字和学校教育;逐步发展西藏的农牧工商业,改善人民生活。有关西藏的各项改革事宜,中央不加迫。西藏地方政府应自动进行改革,人民提出改革要求时,得采取与西藏领导人员协商的方法解决。西藏民主改革就是废除西藏封建农奴制,政教分离,在西藏建立和发展社会主义制度,实行民族区域自治和宗教信仰自由。在保证协议执行问题上,协议指出,中央人民政府在西藏设立军政委员会和军区司令部,除中央人民政府派去的人员外,尽量吸收西藏地方人员参加工作。参加军政委员会的西藏地方人员,得包括西藏地方政府及各地区、各主要寺庙的爱国分子,由中央人民政府指定的代表与有关各方面协商提出名单,报请中央人民政府任命。同时,协议规定,军政委员会、军区司令部及入藏人民解放军所需经费,由中央人民政府供给。西藏地方政府应协助人民解放军购买和运输粮秣及其他日用品。协议于签字盖章后立即生效。①

《十七条协议》的谈判和签订过程,是中央人民政府和西藏地方政府全权

① 《中央人民政府和西藏地方政府关于和平解放西藏办法的协议》,中共中央文献研究室、中共西藏自治区委员会编:《西藏工作文献选编》(1949—2005),中央文献出版社2005年版,第43—45页。

代表在北京平等协商关于和平解放西藏办法的具体历史过程。《十七条协议》的签订,标志着西藏和平解放、西藏民族内部团结的实现和祖国大陆统一的完成,为西藏社会由旧到新的历史性变革与发展开辟了广阔前景。

《十七条协议》不仅开辟了西藏和平解放的道路,同时又是西藏民主革命的纲领。协议各条款无不贯穿着马克思主义的民族、宗教、统战等理论及政策,其灵魂就是民族平等、民族区域自治和民族经济社会发展,这些恰恰又是少数民族最基本的人权,因此,可以说《十七条协议》赋予和维护了西藏人民最基本的人权。

《十七条协议》是中国共产党将马克思主义的普遍真理与西藏地区的具体实践相结合的产物,其基本精神和原则主要是:(1)中国各民族不分大小,一律平等,互相尊重、支援和帮助;(2)中国各民族内部和民族之间的团结是民族解放和发展的前提;(3)维护祖国统一和领土、主权的完整,反对分裂;(4)民族区域自治,是我国解决民族问题的一项基本政策;(5)发展民族经济和文化教育是民族兴旺发达的出路,共同发展与繁荣是民族工作的根本任务;(6)宗教信仰自由;(7)慎重稳进地开展民族地区的各项工作。协议的基本精神和原则是永存的。这是因为,《十七条协议》以马克思主义的基本原理为指导,立足于西藏具体的实践,成功地实现了西藏和平解放,并从理论上解决了西藏民主革命等问题,对于长期存在的西藏民族问题、宗教问题具有重要的指导意义。协议的基本精神来自于中国革命和建议的实践,而且经过实践的检验是正确的,并随着实践的发展而不断丰富和完善,其所体现出的基本精神和原则带有普遍的意义,不仅适合于西藏和平解放及其以后的民主改革和建设,而且适用于其他民族地区。总结西藏历史发展的经验和教训,可以得出这样的结论,即什么时候坚持并发展《十七条协议》所包含的上述基本精神和原则,西藏的各项建设事业就会前进;否则,将会遭到挫折,甚至是倒退。因此,只有通过总结西藏所走过的和平解放的道路,并在马克思主义立场、观点和方法的指导下,一切从西藏的实际出发,实事求是,研究新情况,解决新问题,西藏的各项事业才能向前发展。那些歪曲西藏历史事实的种种谬论,都将被历史的发展所粉碎。西藏半个世纪的民主革命和建设实践告诉我们,西藏只有在中国共产党的领导下,在社会主义祖国的大家庭中,坚持《十七条协议》的基本精神和原则,并随着条件的变化而发展、不断完善党的民族理论和民族政策,才能得到不断发展和繁荣,享有最充分的民主和人权,从而以富裕、文明、幸福的姿态屹立于"世界屋脊"。这是铁的历史事实,是坚不可摧的历史发展的真谛。

第四节　"慎重稳进"方针在西藏
工作中的确立与发展

　　我国是一个统一的多民族国家,各民族之间、各少数民族聚居区之间经济和政治发展不平衡。为实现民族平等和共同繁荣发展,必须从各民族的具体实际出发,走出一条适合中国国情和民族特点的发展道路。中国共产党在领导中国革命和建设中处理民族问题,特别是对于少数民族地区的民主改革和社会主义改造,坚持把马克思主义民族理论与中国各民族的具体实际相结合,不仅实现了民族工作方针从局部性的"慎重缓进"到全国意义的"慎重稳进"的发展,而且具体指导了少数民族地区的社会改造以及西藏和平解放以来的工作,丰富和发展了党的民族工作的基本精神与原则。

一、"慎重缓进"方针在内蒙古自治区工作中的提出

　　在中国共产党的领导下,内蒙古自治政府成立于 1947 年 5 月,成为中国人民政治协商会议筹建新中国时,决策在全国少数民族聚居区实行民族区域自治的重要实践基础。1947 年 6 月,内蒙古自治政府主席乌兰夫、秘书长刘春到东北局汇报内蒙古自治政府的工作。对于自治政府的当前和今后工作,李富春代表东北局指出:处理问题要慎重,工作要踏实,必须团结蒙古族的大多数。现在的改革是削弱封建,还不能是激进的,必须采取慎重缓进的方针。① 从现有公开的党的历史文献看,这是关于民族工作"慎重缓进"方针的较早记载。李富春之所以提出必须采取这一方针,不仅因为民族工作的复杂性和特殊性,更为重要的是当时内蒙古自治政府的工作刚刚起步,民主改革处于还只是"削弱封建"的发展阶段,新中国的筹建在中国共产党发出五一劳动节口号后开始提上日程。因此,内蒙古自治政府的民主改革的策略以慎重为要,不急躁冒进,也不激进,是符合内蒙古自治政府的实际情况的。

　　封建土地所有制是封建剥削与压迫赖以存在的经济社会基础,即使是削弱封建,也不得不触动这一所有制的根基,但对于少数民族地区来说,则不能

---

① 　中共内蒙古自治区委员会党史研究室编:《中国共产党与少数民族地区的民主改革和社会主义改造》(下册),中共党史出版社 2001 年版,第 928 页。

照搬汉族地区的做法。

就"慎重缓进"方针的基本要义来说，慎重是立足点，是民族工作的基础，但慎重不是不要"进"，也不是激进和冒进，而是坚持"进"的方向，在进度上主张缓一些，或者在条件不具备时暂不"进"，反对急躁和急于求成。内蒙古自治政府坚持这一方针，注重在民主改革中进行调查研究、试点探索，同时防止和纠正了工作中出现的一些"左"的偏差。

坚持"慎重缓进"方针，并根据内蒙古特别是牧区的实际，乌兰夫对于牧区民主改革提出了"三不"政策，即牧区"不斗、不分、不划阶级"。1948 年 3 月，内蒙古共产党工作委员会在兴安盟群众工作团会议上决定，牧区民主改革实行"牧区民主改革要从稳定牧区形势，恢复与发展牧业生产出发，不能采取农区的做法，对牧主不斗不分，采取适当措施提高牧工工资"的政策。① 7 月 30 日，乌兰夫在内蒙古自治政府旗县以上干部会议上根据土改中出现的"左"的偏向，指出内蒙古党委的领导错误之一在于"对土改工作准备不够，没有根据我们的主观能力，即干部的条件和群众的觉悟，稳重、有步骤地推进工作"。② 同时，他根据牧区削弱封建剥削的任务提出："废除封建特权，适当提高牧工工资，改善放牧制度。在牧民与牧主两利的前提下，有步骤地发展畜牧业，改善牧民生活。"③ 这一政策后来逐步发展而为"不分、不斗、不划阶级"和"牧工牧主两利"的"三不两利"政策④。1953 年 6 月 15 日，中央民族事务委员会第三次（扩大）会议在总结内蒙古自治区及绥远、青海、新疆等地牧业区畜牧业生产时，概述了这一政策，指出这是根据牧业区的实际情况与畜牧业经济特点制定的。⑤ 后来，在对畜牧业的社会主义改造中，内蒙古自治区制定了"政策稳、办法宽、时间长"的原则⑥。关于这一原则，乌兰夫于 1957 年 10 月 8 日在党的八届三中全会上发言时说："发展（牧业生产）合作社的首要问题是坚持依靠劳动牧民，团结一切可能团结的力量，在稳定发展生产的基础上逐步实现对畜牧业的社会主义改造的方针。政策要稳，办法要宽，时间可以长，允许因地制宜地进行工作。强调按照自愿互利的原则，按照群众的觉悟水平，采

① 中共内蒙古自治区委员会党史研究室编：《中国共产党与少数民族地区的民主改革和社会主义改造》（下册），中共党史出版社 2001 年版，第 932 页。

② 《乌兰夫文选》（上册），中央文献出版社 1999 年版，第 94 页。

③ 《乌兰夫文选》（上册），中央文献出版社 1999 年版，第 92 页。

④ 内蒙古乌兰夫研究会编：《乌兰夫论民族工作》，中共党史出版社 1997 年版，第 221 页。

⑤ 《中央民族事务委员会第三次（扩大）会议关于内蒙古自治区及绥远、青海、新疆等地若干牧业区畜牧业生产的基本总结》，《人民日报》1953 年 9 月 9 日。

⑥ 内蒙古乌兰夫研究会编：《乌兰夫论民族工作》，中共党史出版社 1997 年版，第 234 页。

取群众能够理解和容易接受的办法办事。使群众在社会主义改造中,不感到突然,不引起大的震动。力求做到既实现了社会主义改造,又稳定发展了生产。"①以上政策和原则适合内蒙古自治区不同发展阶段的实际情况,推动了内蒙古自治区特别是牧区民主改革和畜牧业社会主义改造,也为新中国成立后其他少数民族地区牧区的社会改造提供了实践经验和政策借鉴。

二、"慎重缓进"方针在全国民族工作中向"慎重稳进"方针的发展

在新中国成立之前,"慎重缓进"方针主要由东北局根据内蒙古自治区的工作而提出。随着新中国的成立,党的民族工作既要完成民主革命的遗留任务,又要促进各少数民族经济社会的发展。1950 年 3 月 16 日,第一次全国统战工作会议在北京召开,会议分成民主党派组、政权组、工商组、统战部工作组、民族组和人民团体组等六个小组。会前,李维汉起草了关于人民民主统一战线的新形势与任务的报告提纲,经中央和毛泽东同意,提交会议讨论。3 月 21 日,李维汉根据这一提纲在会上发表了题为《人民民主统一战线的新形势与新任务》的讲话。他在讲话中就各民族内部制度改革问题指出:"一般地说,各少数民族的情况极其复杂,群众觉悟和革命力量的增长较为缓慢,因此对他们内部制度的改革,必须采取谨慎缓进方针,切忌主观急躁,或机械地搬用汉民族中的经验。"②关于会议民族组的讨论情况,李维汉等在会后的 5 月 4 日向毛泽东和中央书记处提交的《第一次全国统战工作会议的简要报告》中指出:"民族组也开了许多会,其中讨论和争论较多的是有关民族矛盾和阶级矛盾,区域自治,慎重缓进的工作方针及民族杂居区的人民团体问题。其中,民族自治区和杂居区人民团体问题尚未得到一致意见,尚待继续研究。"③此表明,民族组对"慎重缓进"是取得了共识的。经这次全国统战工作会议,"慎重缓进"作为民族工作方针,由内蒙古自治区这一局部范围和地方层级上升到全国民族工作大局,而且针对的是在民族地方改革问题上的主观急躁和不从民族地方实际出发而照搬内地经验的倾向与做法。

---

① 内蒙古自治区党委政策研究室、内蒙古自治区农业委员会编印:《内蒙古畜牧业文献资料选编》第一卷,综合(上册),1987 年印制,第 340 页。
② 李维汉:《人民民主统一战线的新形势与新任务》(1950 年 3 月 21 日),中共中央统战部研究室编:《历次全国统战工作会议概况和文献》,档案出版社 1988 年版,第 13 页。
③ 中共中央统战部研究室编:《历次全国统战工作会议概况和文献》,档案出版社 1988 年版,第 35 页。

同时，这次全国统战工作会议也对"慎重缓进"方针有所发展，主要表现在周恩来于 4 月 12 日在会上的讲话。他在讲话中谈到民族关系时指出："我们不能要求各少数民族的发展水平和汉族一样，要承认少数民族在某些方面存在落后现象，不能求之过急。"他说："对少数民族，首先要在政治上使他们求得解放，然后在经济上和文化上再帮助他们发展，稳步前进。"这种反对"求之过急"，而主张"稳步前进"的思想，注重的不仅是进度而且是质量，即民族工作怎样才能"前进"和实现什么样的"前进"，丰富和拓展了"慎重缓进"方针的内涵，使其具有了更加积极稳妥的意义。此次会后，政务院于 4 月 28 日召开了第 30 次政务会议。时任民族事务委员会副主任的乌兰夫在会上作报告时指出："由于各少数民族地区政治、经济、文化发展极不平衡，所以我们的一切工作必须采取慎重缓进的方针，稳步前进。一切急进的做法，必然会犯严重的错误，甚至造成严重的损失。"①会议批准了这个报告。这一报告将"慎重缓进"方针与"稳步前进"的思想放在一起加以论述，无疑吸纳了第一次全国统战工作会议的认识成果，推进了"慎重缓进"方针向"慎重稳进"方针的发展。事实也是如此。据刘春回忆，1950 年 5 月，周恩来在一次讨论少数民族工作的会议上，建议将原东北局领导人提出的内蒙古工作"慎重缓进"的方针，修改为"慎重稳进"。② 这一回忆是可信的，举例为证。1950 年 7 月下旬至 8 月 25 日，中共甘肃省委召开首届党代表会议。会议根据党的七届三中全会和西北局扩大会议精神，以及当时该省的少数民族人民群众觉悟程度和干部条件等，明确指出："今后在民族工作上，必须坚持慎重稳进方针，反对轻率急躁情绪。"③这表明，"慎重稳进"已作为民族工作的指导方针，开始在地方贯彻落实。尤其是周恩来在政务院欢迎来京参加国庆一周年大典的各民族代表的宴会上发表致词，进一步把"慎重稳进"方针正式地提了出来。1950 年 9 月 29 日，他在致词中指出，中国各民族之间的关系从过去压迫和被压迫的关系已改变为平等、互助的关系。他说："对于各民族的内部改革，则按照各民族大多数人民的觉悟和志愿，采取慎重稳进的方针。这样做，是完全符合我国各民族人民利益的。"④至此，"慎重稳进"方针不论是在

① 乌兰夫：《关于当前民族工作问题的报告》（1950 年 4 月 28 日），《乌兰夫论民族工作》，中共党史出版社 1997 年版，第 116 页。

② 刘春：《周恩来对我国少数民族工作的重大贡献》，《党的文献》1992 年第 1 期。

③ 《中共甘肃省党代表会议着重研究少数民族工作，认为做好民族工作是该省一切工作的关键》，《人民日报》1950 年 9 月 19 日。

④ 《建国以来周恩来文稿》（第三册），中央文献出版社 2008 年版，第 338 页。

精神内涵上还是在具体表述上，作为新中国民族工作的指导方针业已确立并得到贯彻。

在民族工作中坚持"慎重稳进"方针，逐步形成做好民族工作的一条基本经验。1951年初，时任中央民族事务委员会办公厅主任的杨静仁在总结新中国成立一年来的民族工作时认为："一年来，人民政府执行了共同纲领的民族政策，把加强民族团结作为民族工作的中心；各少数民族的内部改革，则根据各民族的自觉自愿，采取慎重稳进的方针。"他说："做民族工作，必须采取慎重稳进的方针。在少数民族地区所遇到的困难是很多的，主要的是：情况不熟悉，民族隔阂还存在，民族干部还太少，各少数民族的政治、经济、文化发展不平衡等。故在工作中，一定要坚持慎重稳进的方针，特别是对于少数民族的内部改革，必须根据该民族大多数人的自觉自愿而不是该民族中少数人的觉悟与愿望，并要考虑各种必要的条件是否具备。若是大多数人尚未觉悟，各种必要的条件尚未具备，则应该进行艰苦的群众工作，善于耐心地启发和等待群众的觉悟，并创设各种必要的条件。与此相反的是，不采取慎重稳进的方针，不顾大多数人民的觉悟程度和各种必要的条件，而轻率冒进，采取命令主义，进行轻骑式的突击，其结果一定招致严重的失败。"[1]他具体阐述了坚持"慎重稳进"方针的必要性和重要性。[2] 在民族工作的具体领域，如少数民族地区的禁毒工作，也坚持以慎重稳进方针为指导。1952年7月，中共中央批转公安部副部长徐子荣在全国禁毒会议上的讲话，确定边疆少数民族地区的禁毒工作，"必须采取慎重稳进的方针，切忌冒进，宁可慢搞，不可搞乱"。[3] 1953年6月15日，中央民族事务委员会第三次（扩大）会议根据内蒙古自治区及绥远、青海、新疆等地牧业区畜牧业生产情况，指出："根据牧业区社会经济的特点，强调从当地牧业区的实际情况出发，与牧民的切身经验相结合，采取慎重稳进的工作方针，有步骤地进行工作，防止急躁冒进和强迫命令是完全必要的。"[4]会议把"慎重稳进的工作方针"作为一条基本经验正式提了出来。

民族工作方针从"慎重缓进"到"慎重稳进"的发展中，"稳步前进"的思想起到了先导作用，并将二者融会贯通。然而，由"慎重缓进"发展到"慎重稳

---

① 杨静仁：《一年来的民族工作》，《人民日报》1951年3月4日。

② 《中共甘肃省党代表会议着重研究少数民族工作，认为做好民族工作是该省一切工作的关键》，《人民日报》1950年9月19日。

③ 张文孙：《在禁毒斗争中正确地处理民族问题》，《中共党史研究》1999年第5期。

④ 《中央民族事务委员会第三次（扩大）会议关于内蒙古自治区及绥远、青海、新疆等地若干牧业区畜牧业生产的基本总结》，《人民日报》1953年9月9日。

进",并不意味着否定或放弃了"缓进"。相反,如果"缓"是为了"稳"、有利于"稳",仍然是适用的。周恩来在主张"稳步前进"时,仍然在就某些具体工作使用"谨慎缓进"等概念。如,针对甘肃省委对临夏分区种植的鸦片而主张"立即组织力量,广泛宣传教育,同时进行铲除工作并积极组织春耕",周恩来于1950年4月15日在起草中央关于处理少数民族地区种烟问题的电报中指出:"甘肃临夏分区为少数民族聚居地区,种烟不能即铲,只能作一般宣传,且不宜急躁,否则,有引起暴动反抗可能。"他强调:"在西北同此类型的地区,均应采取此谨慎缓进方针,至要。"①对于少数民族地区土地改革问题,刘少奇主张有"进"有"缓"。1950年6月14日,他在人民政协全国委员会第二次会议上作《关于土地改革问题的报告》时指出:在少数民族聚居的地区,"东北朝鲜人地区和蒙古人地区已经实行土地改革,及其他若干少数民族中已有多数群众要求进行土地改革,得予进行。"除此之外,"其余少数民族约二千万左右人口的地区,在什么时候能够实行土地改革,今天还不能决定。这要看各少数民族内部的工作情况与群众的觉悟程度如何,才能决定。"他说:"我们应该给予各少数民族以更多的时间去考虑和准备他们内部的改革问题,而决不可性急。"②6月26日,周恩来在政务院第37次会议上讨论西北地区民族工作中作总结发言时指出:"比如土地改革,可以推迟三五年再说,如果条件不成熟,那就十年八年以后再进行。"③6月28日,中央人民政府委员会第八次会议通过《中华人民共和国土地改革法》,规定"本法不适用于少数民族地区"。④

在少数民族地区的民主改革中,党和政府对于宗教改革问题更是坚持慎重从缓。1950年6月13日,刘少奇指出:"特别是有关少数民族的宗教信仰、风俗习惯及土地制度、婚姻制度的改革等,必须从缓提出。"⑤周恩来也在政务院第37次会议上强调:"对于少数民族的宗教,我们现在也还不能提出改革的口号,以免引起人家的反感。""假如少数民族中有积极分子提出改革,应该

---

① 《建国以来周恩来文稿》(第二册),中央文献出版社2008年版,第311页。
② 刘少奇:《少数民族地区土地改革要缓行》,国家民族事务委员会政策研究室编:《中国共产党主要领导人论民族问题》,民族出版社1994年版,第46页。
③ 周恩来:《关于西北地区的民族工作》,国家民族事务委员会政策研究室编:《中国共产党主要领导人论民族问题》,民族出版社1994年版,第48页。
④ 《中华人民共和国土地改革法》,《人民日报》1950年6月30日。
⑤ 《刘少奇年谱》(1898—1969)下卷,中央文献出版社1996年版,第254页。

好言相劝,劝他们不要着急。这个问题现在还不能够提,慢些改比快些改要妥当得多。"①是年6月,中共中央转发了乌兰夫、刘格平起草的《关于处理少数民族宗教问题的意见》,指出对于少数民族宗教问题的态度应该十分审慎,切忌急躁,必须毫不动摇地坚持宗教信仰自由政策。

可以说,在"慎重缓进"与"慎重稳进"的关系问题上,即使是主张"缓进",也是立足于"稳"的,这样的"缓进"是"慎重稳进"的应有之义。谨慎、慎重是二者的根本出发点。不仅如此,无论是"慎重缓进"还是"慎重稳进",关键在于"进"的条件是否具备和成熟,包括主观和客观条件。1950年6月6日,毛泽东在党的七届三中全会上讲话时指出:"团结少数民族很重要。全国少数民族大约有三千万人。少数民族地区的社会改革,是一件重大的事情,必须谨慎对待。我们无论如何不能急躁,急了会出毛病。条件不成熟,不能进行改革。一个条件成熟了,其他条件不成熟,也不要进行重大的改革。"他强调:"这种改革必须由少数民族自己来解决。没有群众条件,没有人民武装,没有少数民族自己的干部,就不要进行任何带群众性的改革工作。"②7月21日,时任西南局书记的邓小平在欢迎赴西南地区的中央民族访问团大会上讲话时说:"西南的民族问题复杂,西南民族问题必须解决好。这牵涉到各方面的工作,但我们对情况又了解得很少,因此强调要采取非常稳当的态度,从一开始就把民族关系搞好。"③"对少数民族的许多事宜,不盲动,不要轻率地跑去进行改革,不要轻率地提出主张,宣传民族政策也不要轻率。"他指出:"这个改革必须等到少数民族内部的条件具备了以后才能进行。""现在我们民族工作的中心任务是搞好团结,消除隔阂。只要不出乱子,能够开始消除隔阂,搞好团结,就是工作做得好,就是成绩。"他还强调:"不能患急性病,来一点'慢性病'没有关系。'慢性病'不会犯错误,急性病就要犯错误,别的事情既不能患急性病又不能患慢性病,这件事情不要怕患'慢性病'。当然我们还是要做工作,不能因为怕患急性病就睡起觉来,要稳步地做,摸准情况前进。"④这些论述清晰地阐明了民族工作中的"缓进"、"稳进"在合乎实际、慎重稳妥基础上的辩证统一关系。

对于少数民族地区的社会主义改造,1954年《宪法》在序言中说:"国家在经济建设和文化建设的过程中将照顾各民族的需要,而在社会主义改造的问

① 周恩来:《关于西北地区的民族工作》,国家民族事务委员会政策研究室编:《中国共产党主要领导人论民族问题》,民族出版社1994年版,第48页。
② 《毛泽东著作选读》(下册),人民出版社1986年版,第696、697页。
③ 《邓小平文选》第一卷,人民出版社1994年版,第163—164页。
④ 《邓小平文选》第一卷,人民出版社1994年版,第164页。

题上将充分注意各民族发展的特点。"①刘少奇在第一届全国人大一次会议上作宪法草案报告时说:"各民族有不同的历史条件,决不能认为国内各民族都会在同一时间、用同样的方式进入社会主义。""在什么时候实行社会主义改造以及如何实行社会主义改造等等问题上,都将因为各民族发展情况的不同而有所不同。"他指出:"社会主义改造,在少数民族地区,可以用更多的时间和更和缓的方式逐步地去实现。现在还没有完成民主改革的少数民族地区,今后也可以用某种和缓的方式完成民主改革,然后逐步过渡到社会主义。"②随着我国社会主义改造的基本完成,经济建设成为中心工作,民族工作在指导方针上更加着力于"稳步前进"。1956年9月15日,刘少奇在党的八大上作政治报告时指出:"我们必须用更大的努力来帮助各少数民族在经济和文化上的进步,使各少数民族在我国社会主义建设事业中充分地发挥积极作用。"他说:"今后,在尚待进行民主改革和社会主义改造的地区,我们仍然必须采取我们所一贯采取的慎重方针。"他同时指出,各少数民族要发展成为现代民族,根本的关键是在少数民族地区发展现代工业。③ 乌兰夫在会上作了《党胜利地解决了国内民族问题》的发言。他在总结民族工作的经验时强调了"慎重稳进"方针的"稳进",并把"稳步发展"作为民族工作方针加以阐述。他说:"党在少数民族地区进行工作,一向采取稳步前进的工作方针,务必根据少数民族的具体特点,使工作计划和政策措施等等都建立在有把握的、稳妥的、切实可靠的基础上,并且稳步地去进行。"他指出:"稳步前进的方针,是一个实事求是的、积极的方针,不是保守的方针。""不理解稳步前进工作方针的慎重态度,或者不理解它的积极意义,都不可能做好少数民族地区的工作。"④从这一论述可以看出,乌兰夫所说的"稳步前进"方针,实际上就是"慎重稳进"方针,只不过与过去的"缓进"相比,更加强调"慎重稳进"的"稳进"而已。

因此,从党的民族工作指导方针的发展来说,"慎重缓进"、"慎重稳进"与"稳步前进"之间,尽管表述有所不同,但基本精神与内涵是一致的。民族工作方针虽然经历了一个从"慎重缓进"发展到"慎重稳进"的过程,而且在这一时期的历史文献中,"慎重稳进"概念占主导地位,但"慎重缓进"的思想认识在一些场合和某些具体问题上时常有所表现,有时还比较突出。此表明,"慎重稳进"与"慎重缓进"并无实质性区别,只是就民族工作的整体意义而言,以

① 中共中央文献研究室编:《建国以来重要文献选编》(第五册),中央文献出版社1993年版,第521页。
② 刘少奇:《关于中华人民共和国宪法草案的报告》,《人民日报》1954年9月16日。
③ 《刘少奇选集》(下卷),人民出版社1985年版,第250、251页。
④ 内蒙古乌兰夫研究会编:《乌兰夫论民族工作》,中共党史出版社1997年版,第223、224页。

及就少数民族工作的发展趋势来说,"慎重稳进"的概念因具有较强的严密性、包容性与适用性,具有更为积极稳妥的含义,而成为新中国民族工作指导方针的一种基本表述。因此,在一定意义上说,新中国民族工作特别是少数民族的民主改革和社会主义改造,其指导方针是"慎重缓进"与"慎重稳进"相并举的,以"慎重稳进"方针为一种总称。

三、毛泽东关于"慎重稳进"方针与西藏和平解放和民主改革的决策

新中国成立伊始,中央人民政府实行民族平等、团结政策,并结合国内外形势和西藏地方的实际,作出了和平解放西藏的基本方针。1950 年 1 月 20 日,毛泽东授权中央人民政府外交部发言人,就西藏问题向新华社记者发表谈话指出:"西藏人民的要求是成为中华人民共和国民主大家庭的一员,是在我们中央人民政府统一领导下实行适当的区域自治,而这在人民政协的共同纲领上是已经规定了的。如果拉萨当局在这个原则下派出代表到北京谈判西藏的和平解放的问题,那么,这样的代表自将受到接待。"①在党的民族政策感召下,达赖喇嘛和西藏地方政府派出了以阿沛·阿旺晋美为首席全权代表的西藏地方政府谈判代表团,赴北京与中央人民政府全权代表谈判关于和平解放西藏的办法。双方经过多次谈判,就一切重要问题作了详细讨论,最终于1951 年 5 月 23 日签订了《中央人民政府和西藏地方政府关于和平解放西藏办法的协议》(简称《十七条协议》)。协议以法的形式,承继历史,规定了西藏的主权归属和实行民族区域自治的权利,维持达赖喇嘛和班禅额尔德尼"彼此和好相处时的地位及职权",同时规定要依据西藏的实际情况,逐步发展西藏的农牧工商业和民族语言、文字与学校教育,以及西藏地方政府应自动进行改革。这一协议体现了西藏工作要遵循"慎重稳进"方针的基本精神。协议的签订,标志着西藏地方和平解放、西藏内部实现团结。随着西藏的和平解放,祖国大陆也实现了完全统一。协议签订的当天下午,毛泽东在与进军西藏的十八军军长张国华谈话时指出:"在西藏考虑任何问题,首先要想到民族和宗教问题这两件事,一切工作必须慎重稳进。"②毛泽东从贯彻执行《十七条协议》一开始就提出了"慎重稳进"的西藏工作方针。这一方针将民族和宗教问题放在西藏工作的基础性地位,并全方位地贯彻于西藏的一切工作中。

进军西藏,以西南为主、西北为辅。毛泽东对西南方面提出了"慎重稳

---

① 《外交部发言人就西藏问题发表谈话》,《人民日报》1950 年 1 月 21 日。
② 张国华:《西藏,回到了祖国的怀抱》,《人民日报》1962 年 10 月 25 日。

进"的要求,对西北方面也同样如此。据习仲勋在 1989 年 2 月怀念十世班禅时回忆说:"1951 年 12 月 15 日,班禅大师自青海西宁返藏前夕,我受中央委托,代表毛主席、中央人民政府和西北军政委员会,专程赴西宁为他送行。这次见面,我们进行了亲切的交谈。我说:你回西藏后不要急,要照顾全局,首先要做好藏族内部的团结,这样西藏各方面的工作才有希望。"①12 月 18 日,习仲勋对西北局护送班禅进藏工作干部谈话时说:"在西藏做工作,要采取'稳进慎重'方针,不能犯急性病。所谓'稳进'不是不进,而是多用思想,多考虑,应办不应办? 办了以后,后果如何? 这样做,办一步就有一步成绩,并且可以巩固起来。这是搞好西藏工作的方针。在西藏有些事情宁可迟办,不可急办,不怕慢,只要搞对,否则反而要走弯路。"②尽管习仲勋用的是"稳进慎重"的概念,但与"慎重稳进"含义一样,无碍"慎重稳进"方针在西藏工作中的具体贯彻。

在人民解放军进驻西藏之初,鉴于物价高涨,康藏公路短期内难以修通,军队生产尚不能自给,对西藏人民的物质福利一时难有改进等情况,毛泽东重申了"慎重稳进"方针的精神。1952 年 4 月 1 日,他在《中共中央关于西藏工作问题的指示》稿上加写了一段文字,强调对西藏在政治上必须采取极端谨慎的态度。他指出:"我们在西藏的基础在目前和今后一年至两年内还是不巩固的。因此我们在政治上必须采取极端谨慎的态度,稳步前进,以待公路修通、生产自给并对藏民物质利益有所改善之后,方能谈得上某些较大的改革。"③毛泽东还决定由中央直接处理有关西藏的重要问题。4 月 8 日,他指示西南局和西藏工委:"关于我方和藏方发生的政治、军事、外交、贸易、宗教、文化等交涉、商谈和处理事件,均集中由中央解决。"他强调:"必须认识藏族问题的极端严重性,必须应付恰当,不能和处理寻常关系一例看待。"④时任西北局统战部长的汪锋后来在回忆毛泽东指导西藏工作时说:"这个'慎重稳进'的方针完全符合西藏情况,对于西藏各项工作的顺利发展起了重大作用。这是因为:(一)历史上遗留下来的藏汉两个民族之间存在着的民族隔阂还很深,再加上帝国主义的挑拨离间,西藏各阶层人民特别是上层领主阶层对共产

---

① 习仲勋:《深切怀念中国共产党的忠诚朋友班禅大师》,《人民日报》1989 年 2 月 20 日。

② 《习仲勋文选》,中央文献出版社 1995 年版,第 200 页。

③ 《在中央关于西藏工作问题的复电稿上加写的一段话》,《建国以来毛泽东文稿》第 3 册,中央文献出版社 1989 年版,第 370 页。

④ 中共中央文献研究室、中共西藏自治区委员会、中国藏学研究中心编:《毛泽东西藏工作文选》,中央文献出版社、中国藏学出版社 2008 年版,第 66 页。

党的政策也存在着怀疑和顾虑;(二)喇嘛教在西藏人民中间有着普遍而深入的信仰;(三)西藏民族还处在农奴制度社会,这种农奴制度的上层建筑是政教合一的封建领主专政,它既统治着西藏民族,又还能代表西藏民族。"①西藏和平解放以来的工作正是在毛泽东关于"慎重稳进"西藏工作方针的指导下开展起来的,贯穿于执行《十七条协议》的历史过程之中。

在西藏的民主改革问题上,《十七条协议》根据《共同纲领》规定:"有关西藏的各项改革事宜,中央不加强迫。西藏地方政府应自动进行改革,人民提出改革要求时,得采取与西藏领导人员协商的方法解决之。"②这表明,西藏解放后要实行民主改革是肯定的、必然的,但何时改、以何种方式改,则取决于西藏人民的意志及其与西藏领导人员的协商。1953年10月18日,毛泽东在接见西藏国庆观礼团、参观团时说:"团结起来,按照各民族不同地区的不同情况进行工作。有些地方可以做得快一点,有些地方可以做得慢一点,无论做快做慢都要先商量好了再做,没有商量好就不勉强做。商量好了,大多数人赞成了,就慢慢地去做。做好事也要商量着做。"③"商量办事"是对"慎重稳进"方针的一种具体体现。1954年10月9日,毛泽东在与达赖谈到中央帮助西藏时说,这是不能性急,性急反倒慢,不性急反倒会快。他指出:"要有计划地、逐步地创造改革的条件,如增强互相信任,培养人才,进行经济、文化等方面的建设工作。"④

中国共产党在西藏民主改革问题上以和平改革为政策主轴。1952年4月6日,中央在《关于西藏工作方针的指示》中指出:"要用一切努力和适当办法,争取达赖及其上层集团的大多数,孤立少数坏分子,达到不流血地在多年内逐步地改革西藏经济、政治的目的。"⑤1956年9月4日,中央就西藏民主改革问题指出,西藏地区的民主改革必须是和平改革,并对西藏上层一定要做好准备工作以后再去进行。否则,宁可暂缓,而不要勉强进行。后来的西藏民主

---

① 汪锋:《高度的原则性同灵活性结合的典范——回忆毛泽东同志指导西藏工作的几件事》,《人民日报》1984年1月2日。

② 中共中央文献研究室、中共西藏自治区委员会编:《西藏工作文献选编》(1949—2005),中央文献出版社2005年版,第44页。

③ 中共中央文献研究室、中共西藏自治区委员会、中国藏学研究中心编:《毛泽东西藏工作文选》,中央文献出版社、中国藏学出版社2008年版,第102页。

④ 中共中央文献研究室、中共西藏自治区委员会、中国藏学研究中心编:《毛泽东西藏工作文选》,中央文献出版社、中国藏学出版社2008年版,第110页。

⑤ 中共中央文献研究室、中共西藏自治区委员会、中国藏学研究中心编:《毛泽东西藏工作文选》,中央文献出版社、中国藏学出版社2008年版,第62—63页。

改革尽管是在平叛的基础上进行的,但正如毛泽东与班禅、阿沛等谈话时所指出的:"打完仗以后,就搞和平改革。"①

西藏和平解放之初,由于当时的历史和现实条件的制约,《十七条协议》不可能一揽子全部实行。鉴于西藏实行改革条件的不成熟,中央在西藏自治区筹备委员会成立后,确定了西藏"六年不改"方针。② 这就是说,西藏在第二个五年计划时期不实行民主改革,第三个五年计划时期是否进行,要根据那时的情况来决定,即西藏从 1957 年起,至少在 1962 年之前不实行民主改革。1957 年春,根据毛泽东的指示,邓小平主持中央书记处工作会议讨论和研究西藏工作问题,指出西藏今后在六年内不改革是肯定的,内定不改的时间还要长,可能第三个五年计划之内即 11 年不改。③ 为此,中共西藏工委总结在西藏民主改革问题上的经验教训,实行适当收缩,下马西藏民主改革试办工作,并积极为西藏民主改革创造必要条件。西藏"六年不改"方针,消除了在西藏民主改革问题上的急躁和疑虑,成为此后一段时期内西藏经济社会发展的方向和党的西藏工作必须遵循的一项重要方针。

然而,自和平解放以来,西藏上层亲帝分子和分裂势力不断制造骚乱,武装叛乱从局部蔓延而至 1959 年 3 月 10 日全面爆发,使得西藏"六年不改"方针自然不能再继续执行下去。毛泽东说:"武装叛乱为我们提供了现在就在西藏进行改革的理由。"④3 月 21 日,中央作出边平叛边改革的方针:"边打边改,叛乱地区先改,未叛乱地区暂时缓改。"⑤西藏民主改革由此逐步展开。

西藏民主改革以叛乱与未叛乱为基本界限,采取了对叛者没收、对未叛者及其代理人和平赎买多余生产资料的区别对待政策。1959 年 4 月 15 日,毛泽东在第十六次最高国务会议上谈到西藏平叛问题时指出,西藏民主改革,"凡是革命的贵族,以及中间派动动摇摇的,总而言之,只要是不站在反革命

---

① 中共中央文献研究室、中共西藏自治区委员会、中国藏学研究中心编:《毛泽东西藏工作文选》,中央文献出版社、中国藏学出版社 2008 年版,第 204 页。
② 中共中央文献研究室、中共西藏自治区委员会编:《西藏工作文献选编》(1949—2005),中央文献出版社 2005 年版,第 189 页。
③ 中共西藏自治区委员会党史研究室编著:《中国共产党西藏历史大事记》(1949—2004),第 1 卷,中共党史出版社 2005 年版,第 107—108 页。
④ 中共中央文献研究室、中共西藏自治区委员会、中国藏学研究中心编:《毛泽东西藏工作文选》,中央文献出版社、中国藏学出版社 2008 年版,第 209 页。
⑤ 中共中央文献研究室、中共西藏自治区委员会编:《西藏工作文献选编》(1949—2005),中央文献出版社 2005 年版,第 203—204 页。

那边的,我们不使他吃亏,就是照我们现在对待资本家的办法。"①这就是要对未叛农奴主及其代理人实行赎买政策。根据这一政策,西藏工委于9月20日制定了《关于执行赎买政策的具体办法》②。据统计,在民主改革中,国家共支付4500多万元对1300多户未参加叛乱的农奴主和代理人的90万亩土地和82万多头牲畜进行了赎买。③ 西藏民主改革于1961年基本完成。从此,西藏封建农奴制度走入历史而一去不复返了,百万农奴翻身解放,成为了新西藏的真正主人。

新中国成立以来的党的西藏政策和西藏工作,以实现民族平等团结互助和共同繁荣发展为基本理念,在"慎重稳进"方针指导下,实现了西藏和平解放、民主改革、民族区域自治,并在"稳定发展"劳动人民个体所有制的基础上,通过社会主义改造,步入了社会主义社会。在改革开放新时期,为加快西藏发展,党中央先后于1980年、1984年、1994年、2001年和2010年召开了五次西藏工作座谈会,并从西藏实际出发,确立和实施了"以经济建设为中心,紧紧抓住发展经济和稳定局势两件大事,确保西藏经济加快发展和社会全面进步,确保国家安全和西藏长治久安,确保各族人民生活水平不断提高"的"一个中心、两件大事、三个确保"的新时期西藏工作指导方针。④ 2008年3月6日,胡锦涛在参加十一届全国人大一次会议西藏代表团审议时指出:西藏情况很特殊,要实现西藏经济又好又快发展,必须把中央的方针政策同西藏实际紧密结合起来,大胆探索,勇于开拓,走中国特色、西藏特点发展路子。⑤ 从西藏工作方针的发展来看,尽管曾经出现过一些曲折,但正是党在民族工作上重新确立了实事求是的思想路线,继承和发展"慎重稳进"方针所蕴涵的一切从西藏实际出发、根据西藏特点建设和发展西藏的精神与原则,才逐步探索并形成新时期西藏工作指导方针。

总之,西藏和平解放以来,党的西藏工作方针在"慎重稳进"方针的基础上一脉相承,与时俱进。

---

① 中共中央文献研究室、中共西藏自治区委员会、中国藏学研究中心编:《毛泽东西藏工作文选》,中央文献出版社、中国藏学出版社2008年版,第182页。
② 西藏自治区党史资料征集委员会编:《西藏的民主改革》,西藏人民出版社1995年版,第160—164页。
③ 中华人民共和国国务院新闻办公室:《西藏民主改革50年》(白皮书),《人民日报》2009年3月3日。
④ 中共中央文献研究室、中共西藏自治区委员会编:《西藏工作文献选编》(1949—2005),中央文献出版社2005年版,第479—480页。
⑤ 《人民日报》2008年3月7日。

དེང་རབས་ཀྱུང་གོའི་བོད་ལྗོངས་
སྒྱུར་དུས་དང་བདག་སྐྱོང་།།

第二章

《十七条协议》与西藏地方
团结问题的解决

在长期的历史发展中，藏传佛教形成了宁玛派、萨迦派、噶举派和格鲁派等。格鲁派由宗喀巴创立。格鲁派又称善规派，俗称"黄教"。宗喀巴之后，名徒济济，并逐步形成了达赖、班禅两大活佛转世系统，以此来传承他的事业。达赖喇嘛和班禅喇嘛，按照宗教仪规、历史定制和中央政府批准，世代相传。

第一节　十三世达赖与九世班禅共襄时局

十三世达赖喇嘛土登嘉措转世于清朝光绪年间。1877 年 3 月，光绪帝在认定十二世达赖转世灵童的奏折后面批示："贡嘎仁钦之子罗布藏塔布开甲木错，即作为达赖喇嘛之呼毕勒罕，毋庸掣瓶。钦此。"这就是十三世达赖喇嘛土登嘉措。1879 年 5 月，光绪帝圣旨曰："达赖喇嘛转世已经确定，今年六月十三日良辰吉时举行坐床，甚佳，朕深喜之！现赐达赖喇嘛黄哈达一条，佛像一尊，念珠一串，铃杵一套。达赖喇嘛坐床之后，可启用前世达赖之金印，并将用印时日上奏。前请乘用黄轿及黄色鞍辔均予准用。佛父贡噶仁钦封为公爵，赏戴宝石顶子，着孔雀翎，依旨遵行，钦此！"①是年 6 月 13 日，十三世达赖喇嘛正式坐床，并在当日举行了盛大庆祝活动。达赖坐床之后，按照旧例，正式启用前辈达赖的金印，向清朝皇帝"上表谢恩"。这一时期的中国正值晚清末年，无论是整个中国还是西藏地方，内忧外患，积贫积弱。

光绪五年（1879 年）闰三月初七日，四川总督丁宝桢给光绪帝的《会筹藏中应办事宜》一折中，上奏当时的西藏社会政治形势。他说："伏思西藏地方，从前祖宗定制，自察木多、乍丫至前后藏以及江孜、定日各隘口，均设有游击都司兵丁，以资驾驭，而临之以驻藏大臣，居中统治，凡藏中事务，其小而易办者，则由各该番官办理，层次申送，取材于该摄政。其大而难办者，则由摄政咨送驻藏大臣核办，即其番官之拣补升除，均须由驻藏大臣主持办理，体统极为尊严,事权不容紊越,所以控驭该藏者立法至精详。是以二百年来番官颇受汉宫约束,番人自不敢轻视,汉番一体办理,一切令行禁止,极为顺手。自道光末年以后,抚驭稍宽,番官因与汉宫分而为二,各不相统,而番官之气焰渐长,其后习为故长,遂不复遵汉官约束,而汉官之呼应亦觉不灵,惟驻藏大臣之体制,一切犹遵定制,然亦不免于羁縻矣。"①丁宝桢建言,筹划西藏的第一要务是,西藏应办紧要事宜,约有二端:一在于各国洋人游历无常,二在于哲孟雄借端要索。"以后凡有由川入藏洋人,由臣宝桢随时饬属,设法拦阻,一面咨会查照妥办。第查各国洋人近有由新疆及外洋别路入藏者,必须驻藏大臣先得消息,在于交界之处派员探迎,婉为劝阻。"筹划西藏的第二要务,"哲孟雄地方,界在印度西藏之中,近日探悉该番,往往假披(英国)欺占彼地,时向藏中生事。"他说,若不早为筹及,恐其外肆勾结,内挟欺凌,将来洋人与藏中衅端,必从此起。②

十三世达赖、八世班禅及西藏僧俗民众同仇敌忾,上奏清朝皇帝,反对洋人入藏。该奏文称:"掌办商上事务通善济咙呼图克图,恭奉达赖喇嘛、班禅额尔德尼率领阖藏众呼图克图、三大寺堪布、新旧佛公、台吉、僧俗番官、军民人等,公具切实甘结,恳请钦差驻藏办事大臣代为奏咨事:伏查洋人入藏游历一案,屡接驻藏大臣译文,内称立定条约准其入藏,奏明之件,万无更改,各国到时,汉番一体照护,勿滋事端等因,并面奉屡次剀切晓谕,遂将藏中向无洋人来过,并习教不同,恐于佛地有碍,阖藏僧俗大众苦衷,恳求驻藏大臣代为咨报矣。而两藏(指前后藏)世世仰蒙大皇上天恩,振兴黄教,保护法地,何能仰报高厚鸿慈于万一,岂敢执意抗违不遵? 惟查洋人之性,实非善良之辈,侮灭佛教,欺哄愚人,实为冰炭,断难相处,兹据阖藏僧俗共立誓词,不准入藏,出具切结,从此世世不顾生死,永远不准入境,如有来者,各路派兵阻挡,善言劝阻,相安无事,如或逞强,即以唐古忒之众,拼命相敌,谅在上天神佛庇佑佛地,大皇帝恩护佛教,断不致被其欺压而遭不幸也! 谨将阖藏僧俗官民大众公议苦衷伤心情形,出具切实甘结,特求驻藏大臣代为奏咨,切望圣恩无疆,以救阖藏众生之生命也。谨呈。"③

达赖与班禅两大活佛同心御侮,传为佳话。

八世班禅额尔德尼于1882年7月15日在其故居圆寂,英年早逝,享年27岁。十三世达赖、摄政和驻藏大臣等接到班禅圆寂的报告后,由噶厦派人前往

① 牙含章:《达赖喇嘛传》,华文出版社2001年版,第98页。
② 牙含章:《达赖喇嘛传》,华文出版社2000年版,第123页。
③ 牙含章:《达赖喇嘛传》,华文出版社2000年版,第125页。

后藏扎什伦布寺向八世班禅的遗体致祭,并献千灯供养。

1885 年,供奉八世班禅遗体的金塔落成。清政府发布"上谕"曰:"班禅额尔德尼为后藏喇嘛僧众表率,深谙经典,阐兴黄教,现徒众修理金塔工竣,于四月初八日入葬金塔,询属祥瑞,朕心甚为畅慰,念切殊深。著加恩赏给白哈达一个,念珠一串,用副追念勤奋喇嘛之至意。特此交色楞额转饬该徒众祗领,献于班禅额尔德尼金塔之前。"①

八世班禅圆寂后,扎什伦布寺开始寻访转世灵童,结果在西藏地方寻访到了三个"灵童",一是在前藏塔布地方,二是在前藏拉冒地方,三是在后藏托不甲地方。光绪十四年(1888 年)正月十五日,在西藏拉萨的布达拉宫举行"金瓶掣签"仪式。摄政第穆呼图克图、甘丹池巴和扎什伦布寺扎萨喇嘛等亲临会场,参加念颂金经。驻藏大臣文硕将用满、汉、藏文字写有三名幼童的名字的牙签投入金瓶内,然后用象牙筷子从中抽出一名,来自前藏塔布地区的仓珠嘉措中签,被认定为九世班禅喇嘛,取法名为吉罗桑曲吉尼玛格勒南结巴桑布,简称曲吉尼玛。

九世班禅曲吉尼玛生于藏历十五饶迥之水羊年(清光绪九年,1883 年)正月十二日,在外祖父家中长大,家境贫寒,其母是一个哑巴,曾给贵族放牧,其弟为喇嘛,在他被认定为九世班禅后,其母也出家当了尼姑。②

在 19 世纪 80 年代英国侵略西藏的日子里,十三世达赖与九世班禅率僧俗民众并肩作战。西藏地方为阻止已占领哲孟雄(今锡金)的英军的入侵,在西藏与哲孟雄接壤的隆吐山一带,构筑了一道防线。他们表示,纵有男尽女绝之忧,惟当复仇抵御,永远力阻,别无所思。

但是,软弱的清政府则命令驻藏大臣文硕通知西藏噶厦政府、甘丹、赤巴、色拉三大寺和扎什伦布寺撤出在隆吐山构筑的防线。清政府令指出:"目下事机紧迫,无论隆吐属藏属哲,将来自可辨明,现在总以撤卡为第一义,升泰未到以前,文硕责无旁贷,仍著凛遵迭次电旨,剀切劝谕,迅速撤卡,即令印兵已到,强弱势殊,藏中番兵不可与之接仗,我兵驻藏无几,尤宜严加约束,无得稍有干涉,致生枝节,将来难以转圜。"③

然而,西藏人民并没有因此而停止抗英斗争。西藏拉萨三大寺等公禀隆吐山撤卡是断不可行的事情,指出"小的僧俗大众传集公商,窃查小的藏番不得不修巡卡于隆吐山,先后具文陈明在案。此地实是藏治本境门户,并非甲噶

① 牙含章:《班禅额尔德尼传》,华文出版社 2001 年版,第 157 页。
② 牙含章:《班禅额尔德尼传》,华文出版社 2001 年版,第 159 页。
③ 牙含章:《达赖喇嘛传》,华文出版社 2000 年版,第 136 页。

尔与廓尔喀等互相往来大路。我守我境,自保疆土,既无越境惹事之曲,我理甚直。英吉利理不应非分干预,任意砌词拦阻。其事乃因欲由此路进藏,经我藏番自守门户,其心不能如愿,竟在总理各国事务衙门虚捏妄告,诬赖我藏番越界生事,播弄是非,天良丧尽。我等藏番安分自守,与彼何干。该英吉利有何不雪之冤,辄言兴兵生事。倘再不知自返,因我不满其愿,无论何时敢来寻衅滋事,小的阖藏僧俗大众唯有同心协力,复仇抵御,决不放行。小的等早经出立誓结,处心已定,纵然有何胜败,唯有尽人事听天命而已。至隆吐山所设巡卡房寨,以及兵役人等,假使遵示裁撤,则门户要区,不自保守,必不能安居无扰,不但我唐古特人众断不甘心,且予朝廷边防至计,亦必贻误不浅。所有隆吐山撤去卡房兵役一事,无论如何,实多碍难,断不可行。小的番民人等,纵有男绝女尽之忧,唯有实力禁阻,复仇抵御,决不容忍,毫无三思翻改,亦无一语变更。此项缘由应如何咨明总理各国事务衙门,仁望施恩办理。为此于光绪十三年十一月二十八日,前后藏僧俗大众,公同出具图记。"①

1888 年 3 月 20 日,英军向隆吐山发动进攻,西藏人民奋起守卫,描绘出一幅幅反抗外国侵略的多彩画卷。第一次抗英斗争失败,英军占领隆吐山。新任驻藏大臣升泰听从清朝政府的旨意,于 1890 年 3 月 17 日与英国订立所谓《藏印条约》。该条约的主要内容是:"藏、哲之界,以自布坦交界之支莫挚山起,至廓尔喀边界止,分哲属梯斯塔及近山南流诸小河,藏属莫竹及近山北流诸小河,分水流之一带山顶为界。""哲孟雄由英国一国保护督理,即为依认其内政外交均应专由英国一国经办。该部长暨官员等,除由英国经理准行之事外,概不得与无论何国交涉来往。""中、英两国互允以第一款所定之界限为准,由两国遵守,并使两边各无犯越之事。""藏、哲通商,应如何增益便利一事,容后再议,务期彼此均受其益。""哲孟雄界内游牧一事,彼此言明,俟查明情形后,再为议订。""印、藏官员因公交涉,如何文移往来一切,彼此言明,俟后再商另订。"②由此,英国打开了我国西藏的门户。

继《藏印条约》订立之后,1893 年 10 月 28 日,清政府又与英国在大吉岭签订《中英会议藏印条款》。关于通商,该条款规定:"藏内亚东订于光绪二十年三月二十六日开关通商,任听英国诸色商民前往贸易;由印度国家随意派员驻寓亚东,查看此处英商贸易事宜。""英商在亚东贸易,自交界至亚东而止。

① 《清季筹藏奏牍》,第一册,《文硕奏牍》,卷四,页五;西藏社会科学院、中国社会科学院等编:《西藏地方是中国不可分割的一部分》(史料选辑),西藏人民出版社 1986 年版,第 354 页。
② 《中英会议藏印条约》,西藏社会科学院、中国社会科学院等编:《西藏地方是中国不可分割的一部分》(史料选辑),西藏人民出版社 1986 年版,第 411—412 页。

听凭随意来往,不须阻拦;并可在亚东地方租赁住房、栈所。中国应允许所建住房栈所,均属合用。此外另设公所一处,以备如第一款内所开印度国家随意派员驻寓。其英国商民赴亚东通商,无论与何人交易,或卖其货,或购藏货,或以钱易货,或以货换货,以及雇用各项役马大脚,皆准循照该处常规,公平交易,不得格外刁难。所有该商民等之身家货物,皆须保护无害。自交界至亚东,其间朗热、打均等处,已由商上建造房舍,凭商人赁作尖宿之所,按日收租。""各项军火器械暨盐、酒、各项迷醉药,或禁止进出,或特定专章,两国各随其便。"除上列应禁货物外,"其余各货,由印度进藏,或由藏进印度,经过藏、哲边界者,无论何处出产,自开关之日起,皆准以五年为限,概行免纳进出口税。俟五年限满,查看情形,或可由两国国家酌定税则,照章纳进出口税"。"至印茶一项,现议开办时,不即运藏贸易;俟百货免税五年限满,方可入藏销售,应纳之税不得过华茶入英纳税之数。""各项货物到亚东关时,无论印度货物、藏内货物,立当赴关呈报请查,开单注明何项货物多少,及分量若干,置价若干。""英国商民在藏界内与中藏商民有争辩之事,应由中国边界官与哲孟雄办事大员面商酌办,其面商酌办者,固为查明两造情形,彼此秉公办理。如两边官员意见有不合处,须照被告所供,按伊本国律例办理。"关于交涉,条款规定:"印度文件递送西藏办事大臣处,应由印度驻扎哲孟雄之员,交付中国边务委员,由驿火速呈递。西藏文件递送印度,亦由中国边务委员交付印度驻扎哲孟雄之员,照章火速呈递。""中、印两官所有往来文移,自应谨慎呈递,及来往送信之人,亦应令两边委员照料。"关于游牧,条款规定:"从亚东开关之日起,一年后凡藏人仍在哲孟雄游牧者,应照英国在哲孟雄随时立定游牧章程办理。凡该章程内一切,须先晓谕通知。"[1]英国据此在西藏境内建立据点。

对于所谓《藏印条约》和《中英会议藏印条款》,西藏人民从未承认,印度在藏印边界所立的界碑,不仅不被西藏人民认可,而且被西藏人民所废弃。就连英国侵略军统帅荣赫鹏在其著作《印度与西藏》中也不得不说:"事实上,此次条约已证明毫无效用,西藏人民从未承认之,而中国当局又完全无力强制西藏人也。"[2]

十三世达赖喇嘛是于 1894 年开始亲政的,起初暂由第穆呼图克图摄政。1895 年 8 月,摄政第穆呼图克图还政于十三世达赖喇嘛。是年 8 月 8 日,布达拉宫举行达赖亲政大典。

---

① 西藏社会科学院、中国社会科学院等编:《西藏地方是中国不可分割的一部分》(史料选辑),西藏人民出版社 1986 年版,第 411 页。
② 牙含章:《达赖喇嘛传》,华文出版社 2000 年版,第 122 页。

九世班禅与亲政后的十三世达赖在反英斗争上立场一致。

1904 年,第二次抗英战争爆发。魏克在《一九〇四年西藏人民抗英斗争调查记》中写道:"在战争开始的第一天,英国侵略军以兵三千向龙头山①进攻。先用强烈炮火向山头及森林处盲目轰击,见无动静便渐渐攻上来。当离山头还有一箭之地时,藏军同民兵就一起开始猛烈向敌人进行射击。就这样顽强地将敌人的进攻击退了。被毒箭射中的敌兵叫苦连天,敌人之医生也无法治疗,敌锐气大挫。第二天的清早,敌人又增加兵力,便更加疯狂的实行满山遍野的炮击。虽然藏军和民兵的火药同箭用尽了,仍然勇气百倍的拿起石头和梭枪、大刀和敌人进行决死的抵抗,但终因寡不敌众,武器又极劣于敌人而失败。阵地被敌人占领,藏军同民兵就退至拉塘。西藏当局又下令动员前后藏藏军及民兵调到前方抗击敌人,援兵未到,敌人即进到仁庆岗。"②

1904 年 8 月 3 日,英军长驱直入,占领拉萨。9 月 7 日,英国迫使以甘丹池巴为首的西藏上层僧侣贵族和拉萨三大寺的代表非法签订了所谓《英藏条约》。该条约的主要内容有:西藏应允遵照光绪十六年中英所立所谓《藏印条约》而行,允认该约所定哲孟雄与西藏的边界,并允按此建立界石。西藏允定于江孜、噶大克及亚东即行开作通商之埠,以便英藏商民任便往来、贸易。西藏应允所有现行通道之贸易一概不准有所阻滞,将来如商务兴旺,并允斟酌另设通商之埠,按以上所述一律办理。"西藏允定,除将来立定税则内之税课外,无论何项征收,概不得抽取。""西藏应允,所有自印度边界至江孜、噶大克各通道不得稍有阻碍,且应随时修理,以副贸易之用,并于亚东、江孜、噶大克及日后续设之商埠各派藏员居住,英国亦派员监管各该处英国商务。""因西藏违约,英国派兵前往拉萨责问,又因英国边务大臣暨其随员、护兵等被侮、被攻,是以西藏允兑给英国政府英金五十万镑,合卢比银七百五十万元,以赔补兵费及无礼侮攻各情。每年西历正月初一日兑银十万卢比,七十五年缴清。""西藏允将所有自印度边界至江孜、拉萨之炮台、山寨等一律削平,并将所有滞碍通道之武备全行撤去。""西藏允定,以下五端非英国政府先行照允,不得举办:一、西藏土地,无论何外国皆不准有让卖、租典或别样出脱情事;二、西藏一切事宜,无论何外国皆不准干涉;三、无论何外国皆不许派员或派代理人进入藏境;四、无论何项铁路、道路、电线、矿产或别项利权,均不许各外国或隶各

---

① 龙头山,即隆吐山。
② 魏克:《一九〇四年西藏人民抗英斗争调查记》,载《近代史资料》1957 年第 1 期,第 23—24 页。

外国籍之民人享受，若允此项利权，则应将相抵之利权或相同之利权一律给予英国政府享受；五、西藏各进款，或货物、或金银钱币等类，皆不许给予各外国或籍隶各外国之民抵押拨兑。"①对此，清政府电示驻藏大臣有泰："切勿画押"。

十三世达赖为免遭俘虏，被迫出走，经青海，前往外蒙古。清政府暂行革去达赖喇嘛的名号，并让九世班禅暂摄，代行达赖的职权。九世班禅从与达赖之间的关系计，坚辞不就。他在给时任驻藏大臣有泰的信中说，"后藏为紧急之区，地方公事须人料理，且后藏距江孜仅二日程，英人出没靡常，尤宜严密防范，若分身前往前藏，恐有顾此失彼之虞。"②后经清政府允准，九世班禅留在了后藏。

但是，英国趁十三世达赖不在西藏之机，对留在后藏的九世班禅极尽拉拢之能事，企图分化西藏，离间西藏地方与中央政府的关系。1905年9月24日，英驻西藏江孜的商务代表卧克纳率印军50名闯入扎什伦布寺，借口英国皇太子访问印度，想会晤九世班禅，要九世班禅束装赴印。九世班禅致信有泰，认为"若不去恐后藏地方札什伦布寺院均不能保全，若其去时，则我未奉到钦宪批饬，将来大皇帝降罪，必不能宽。惟后藏之安危所系，生灵之性命所关，为我班禅一人，致使全局震动，此心实所不安。"九世班禅表示："我拟勉强一行，生死不问，若我班禅自此违背大皇帝恩德，即死在九幽地狱之中，不得超生。请烦婉禀钦宪转奏，朝廷谅我苦心，则我班禅感德矣。"③班禅虽赴印，并见了英国皇太子，但英国未能在九世班禅身上实现其不轨图谋。班禅决然拒绝向英国皇太子行跪拜礼，行的仍然是执手常礼。④ 在会面中，九世班禅闭口不谈藏事，自始至终，其一言一行丝毫无损国家主权，"英人无机可乘，其谋不遂"，不得不厚礼将九世班禅送归西藏。⑤

九世班禅回到西藏后，致信驻藏大臣有泰，详细陈述了赴印会晤及沿途的一切情形。他在信中说："惟往来本拟取道帕克里、卓木、哲孟雄、独吉岭⑥前赴噶里噶达，因扛陀绒、普色普道路炎暑太甚，我与札萨克喇嘛等轻骑前往独吉岭。据该处萨海回称，本日接到英国电信，太子热娃森的近日必到此间打噶

---

① 《〈中英续订藏印条约〉附约〈英藏条约〉》，西藏社会科学院、中国社会科学院等编：《西藏地方是中国不可分割的一部分》（史料选辑），西藏人民出版社1986年版，第421—423页。

② 牙含章：《班禅额尔德尼传》，华文出版社2001年版，第167页。

③ 牙含章：《班禅额尔德尼传》，华文出版社2000年版，第168页。

④ 牙含章：《班禅额尔德尼传》，华文出版社2001年版，第168—169页。

⑤ 牙含章：《班禅额尔德尼传》，华文出版社2001年版，第169页。

⑥ 独吉岭，即印度大吉岭。

喜热地方,乃系古昔佛教古刹,请其顺朝佛庙往见,再三坚约,是以不能自主,往谒黄教丹巴佛爷与徒众,讲衍上乘真经灵异佛境。复又顺见娃热纳斯佛地,及佛教各胜。独吉垫乃著名真境,于是虔诚祝祷大皇帝万福万寿普天安宴,于各处燃灯供献,诚心祷告。即在热娃顷刻会晤太子问好后,依随彼意,看视驻彼英兵,此外别无谈论。随有阿热地名房屋幽雅处所,彼等顺约阅看,是以返回往视。挨次行抵噶里噶达与英国牟陆纳尔及太子会晤一次,是时即将历蒙圣恩御赐黄轿幡幢仪仗刑仗,全行摆列执事。俟会晤二次毕后,将起程情形专派札萨克喇嘛往见张大臣递呈公文。至于行止处所,得见英国大小官员数名,及哲、布、甲噶尔之人,以及甲班地方萨海及格隆四人,其言语大概均系问好之辞,实未谈及公务及别项新事。"①当时,清政府外务部致电英使,请其向英政府声明,出游印度之扎什喇嘛,无管理西藏实权,如有密约,与中国无涉。对于九世班禅赴印的处理,清政府的态度是:"喇嘛班禅额尔德尼此次前赴印度,并未奏准,擅行出境,实有不合,现已起程回藏,念其情词恭顺,尚属出于至诚,著即准其回藏,照旧恪供职守。"对此,九世班禅"伏思大皇帝施此高厚鸿恩,实属生生世世,皆难图报。"②

　　要说十三世达赖和九世班禅来祖国内地,则是早有此愿。

　　1907 年 3 月 10 日,钦差查办藏事大臣张荫棠致函清政府军机处和外务部,吁请政府允准达赖和班禅陛见。他奏曰:"据噶勒丹池巴商上等禀称,去年豪恩赏发巨款,维持藏事,感戴弥殷。达赖濒行,曾言拟赴北京吁请陛见,面陈西藏情形,恭请圣训,俾得所遵循等语。达赖现驻西宁,商上等众议,令达赖就近吁恳陛见,乞据情代奏,如蒙俞允,即由西宁起程赴京等情。臣查达赖班禅自乾隆后久未入觐,致启强邻觊觎,得所借口。今天诱其衷,先后吁请陛见,则万国观瞻所系,主国名义愈见巩固。班禅虽受英笼络,而少从达赖受经,不过以小嫌而生龃龉,倘令联袂入觐,互释猜嫌,益当矢同心以御外侮。现藏属安谧,一切政治均由噶勒丹池巴商上等经理,所有达赖班禅晋京,于地方情形尚无窒碍,可否准其陛见之处,伏候圣裁,乞代奏。棠有。"③6 月,张荫棠查办完藏事,到江孜与事先在此的九世班禅会晤。九世班禅请张荫棠代为转达,请求到北京向慈禧太后和清德宗"面陈藏事"。他对张荫棠说:"班禅开年二十五岁,开春后拟亲赴北京援案吁请陛见,跪聆神训,为皇太后皇上虔诵万寿经

　　① 《班禅赴印纪略》,《清代西藏史料丛刊》(第一集),第 28—29 页。
　　② 牙含章:《班禅额尔德尼传》,华文出版社 2001 年版,第 169 页。
　　③ 《清季筹藏奏牍》(第三册),《张荫棠奏牍》,卷二,页三四。

典,一俟奉到谕旨,即当由北道入都,恳代奏。"①张荫棠就此上奏清政府。清政府谕:"电寄张荫棠,电悉。据代奏:'班禅额尔德尼吁请陛见'等语,具见悃忱。著俟藏务大定后,听候谕旨,再行来京陛见。达赖喇嘛现在留住西宁,并著暂缓来京。究竟达赖、班禅等来京是否相宜,著张荫棠体察情形,再行详晰电奏。"②

1908 年 9 月 27 日,达赖先于班禅如愿到京。清政府派达寿、张荫棠照料达赖,达赖觐见于仁寿殿。达赖"以通两藏③铁路为急,并陈整顿六策,大致系请颁礼教法规,宣布印藏界址于保和会,请由萨拉(拉萨)起首,渐次开采各矿,并增设各项学堂,妥订保藏政策,重订传教约章等"。④ 达赖在北京的情形,据当时的《东方杂志》记载:"达赖喇嘛著于十月初六日巳正在紫光阁赐宴。""达赖喇嘛著准其于十月初九日在勤政殿呈进贡物。"⑤光绪三十四年(1908 年)十月壬戌,清帝光绪谕内阁:"朕钦奉慈禧端佑康颐昭豫庄诚寿恭钦献崇熙皇太后懿旨,达赖喇嘛上月来京陛见,本日率徒祝嘏,备抒悃忱,殊堪嘉尚。允宜特加封号,以昭优异。达赖喇嘛业经循照从前旧制封为'西天大善自在佛',兹特加封为'诚顺赞化西天大善自在佛'。其敕封仪节,著礼部、理藩部会同速议具奏。并按年赏给廪饩银一万两,由四川藩库分季支发。达赖喇嘛受封后,即著仍回西藏。经过地方该管官派员挨站护送,妥为照料。到藏以后,务当确遵主国之典章,奉扬中朝之信义,并化导番众,谨守法度,习为善良。所有事务,依例报明驻藏大臣,随时转奏,恭候定夺,期使疆宇永保治安,僧俗悉除畛域,以无负朝廷护持黄教、绥靖边陲之至意,并著理藩部转知达赖喇嘛祗领钦遵。"⑥光绪三十四年(1908 年)十一月壬辰,理藩部奏:"达赖喇嘛受封,现值大行太皇太后、大行皇帝大事,未便举行。而达赖喇嘛在京不服水土,若令久候,不足以示体恤。拟变通办理,令其先行起程,至西宁塔尔寺候封。俟受封后,即遵旨回藏。"⑦1908 年 11 月 20 日,十三世达赖喇嘛离京返藏。其一行途经青海塔尔寺,于次年 8 月 2 日,到达西藏北部重镇那曲。九世班禅风尘仆仆,从扎什伦布寺亲临那曲,欢迎达赖回到西藏。九世班禅向十三世达赖敬献了哈达和曼扎。十三世达赖回到西藏,重掌政教。

---

① 牙含章:《达赖喇嘛传》,华文出版社 2000 年版,第 228 页。
② 《清德宗实录》,卷五六八,页二二〇。
③ 即前藏和后藏。
④ 西藏社会科学院、中国社会科学院等编:《西藏地方是中国不可分割的一部分》(史料选辑),西藏人民出版社 1986 年版,第 446 页。
⑤ 《东方杂志》1908 年第 10 期。
⑥ 《清德宗实录》,卷五九七,页七。
⑦ 《宣统政纪》,卷二,页一八。

不久,达赖与驻藏大臣联豫在川军入藏问题上发生激烈摩擦。据朱绣著
《西藏六十年大事记》描述,达赖回藏,驻藏大臣联豫率属吏于札什城之东郊,
达赖不理,目若无见,联豫愤甚,即言达赖私运俄国军械,亲赴布达拉检查未
获,复派人往黑河查验达赖之行李,翻箱倒箧,搜检殆遍,未获枪械,而各物被
检验军队乘间携去者颇多。入藏川军从昌都向拉萨进发。达赖断绝驿站交
通,征调各地民兵,阻止川军入藏。川军与藏军前锋相距仅半日程,倘川军必
欲开抵拉萨,将不免一场血战。

在此剑拔弩张之际,十三世达赖喇嘛与驻藏帮办大臣温宗尧在布达拉宫
面谈。十三世达赖面允三事:(一)将各处阻兵番众,立刻撤回。(二)渥贺朝
廷封赏,咨请奏谢。(三)仍尊重联豫驻藏大臣,一切供应照常恢复。温宗尧
欲安其心,也允以四事:(一)川兵到日,自必申明纪律,维持安宁秩序,不至骚
扰地方。(二)诸事均和平处理。(三)达赖固有教权,不加侵害。(四)决不
杀害喇嘛,以昭信守。①

1910年2月12日,拉萨大昭寺举行默朗木大会,川军进抵拉萨。"川军
前队抵拉,联豫派卫队欢迎之,卫队归途开枪,击毙巡警一名,大昭寺之济仲大
喇嘛,于琉璃桥畔饮弹而亡,卫队又向布达拉宫开枪乱击,僧众亦有带伤者,一
时全城震动,人心不安,达赖恐遭危险,即掣其左右,逃往印度,联豫电告政府,
有旨设法追回。"②

十三世达赖为何要逃往印度,据联豫奏称:"不意该已革达赖内怀愧惧,
闻大兵将至,即于次日夜间下山潜逃,闻其本意,欲赴后藏,旋因有人嗾使,中
途变计,逃往印度。"③十三世达赖到印度后,再次被清政府革去名号,并下旨要
九世班禅"暂摄藏事"。班禅对此不但婉言谢绝,还向联豫建议,为使十三世达
赖能够早日回藏,须恢复十三世达赖名号。九世班禅在拉萨停留数月后,于
1911年夏返回扎什伦布寺,并派专人赶往印度大吉岭,对十三世达赖表示慰问。

1911年10月,武昌首义,辛亥革命爆发。辛亥革命推翻了清王朝的封建
专制统治。1912年1月1日,中华民国创立。中华民国政府宣布实行汉、满、
蒙、回、藏五族共和。临时大总统孙中山在《宣言书》中说:"国家之本,在于人
民,合汉、满、蒙、回、藏诸地为一国,则合汉、满、蒙、回、藏诸族为一人,是曰民
族之统一。武汉首义,十数行省先后独立,所谓独立,对于清廷为脱离,对于各
省为联合。蒙古、西藏,意亦同此,行动既一,决无歧趋,枢机成于中央,斯经纬

---

① 朱绣:《西藏六十年大事记》,民国十四年刊印。
② 牙含章:《达赖喇嘛传》,华文出版社2000年版,第244页。
③ 牙含章:《班禅额尔德尼传》,华文出版社2000年版,第227页。

周于四至,是曰领土之统一。"①

受辛亥革命的影响,西藏政局也发生了一些变化。入藏川军中的哥老会发动兵变,驻藏大臣联豫秘密致信九世班禅,寻求保护。为此,九世班禅给拉萨哲蚌寺的大堪布写了一封信,要他负责联豫的安全问题。这样,联豫将驻藏大臣的印信交给川军协统钟颖代理,自己则躲进了哲蚌寺。钟颖竭力维持政局。1912年4月,川军与藏军冲突,酿成激战。英人借口保护该国在藏商务,进兵藏中,形势日益恶化。民国政府遂任命钟颖为西藏办事长官,以资应付。

为宣慰西藏地方,1912年3月25日,中华民国临时大总统袁世凯发布《劝谕蒙藏令》。此令曰:"达赖喇嘛班禅额尔德尼哲布尊丹巴呼图克图,分驻蒙藏,为黄教宗主。后辈相传,咸深信仰。凡我蒙藏人民,率循旧俗,作西北屏藩安心内向。近年边疆大吏,措施未善,每多压制,甚至有一任官吏敲诈剥削以致恶感丛生,人心涣散。言念及此,不禁慨然。现在政体改革,连共和五大民族,均归平等。本大总统坚心毅力,誓将一切旧日专制弊政恶行禁革。蒙藏地方,尤应体察舆情,保守治安。兹据驻京扎萨克喇嘛等,公恳组织蒙藏统一政治改良会。核其宗旨,系为宣布五族平等,伸我蒙藏人权起见,应准其先行立会。自兹以往,内外扎萨克蒙古各盟旗,暨两藏地方,原来疾苦之事,应俟查明次第革除。并望各王公呼图克图喇嘛等,于中央大政,及各该地方应兴应革事宜,各抒所见,随时报告,用图采择。务使蒙藏人民,一切公权私权,均与内地平等。以期大同而享幸福。是所至望。"②

中华民国取代清王朝,也随之废除了理藩院,改设蒙藏事务管理机构。1912年4月22日,袁世凯发布大总统令。此项总统令说:"现在五族共和,凡蒙、藏、回疆各地方,同为我中华民国领土,则蒙、藏、回疆各民族,即同为我中华民国国民,自不能如帝政时代再有藩属名称。此后,蒙、藏、回疆等处,自应统筹规划,以谋内政之统一,而冀民族之大同。民国政府于理藩不设专部,原系视蒙、藏、回疆与内地各省平等,将来各该地方一切政治,俱属内务行政范围。现在统一政府业已成立,其理藩院事务,著即归并内务部接管。其隶于各部之事,仍归划各部管理。在地方制度未经划一规定以前,蒙、藏、回疆应办事宜,均各仍照向例办理。"③是年7月19日,中华民国政府设蒙藏事务局,隶属于国务院,任命蒙古喀喇沁王爷贡桑诺布为总裁。《蒙藏事务局官例》规定,蒙藏事务局直属于国务总理,管理蒙藏事务。

① 《东方杂志》,第八卷,第十号。
② 《中国大事记》,《东方杂志》第八卷,第十一号。
③ 《中国大事记》,《东方杂志》第八卷,第十二号。

中华民国政府在处理民国初年西藏政教事务时,没有忘记远在印度大吉岭的十三世达赖喇嘛。1912年10月28日,袁世凯发布《恢复达赖喇嘛封号令》。此令曰:"据前达赖喇嘛阿旺罗布藏吐布丹甲错济寨旺曲却勒朗结致蒙藏事务局总裁贡桑诺尔布函称:前因教务由京回藏,振兴藏务,竭力整顿。嗣以革去名号,暂居大吉岭。去冬川省事起,藏中至今未靖,意欲维持佛教,请转呈妥商等语。现在共和成立,五族一家,前达赖喇嘛诚心内向,从前误解自应捐释,应即复封为诚顺赞化西天大善自在佛,以期维持黄教,赞翊民国,同我太平,此令。"①

中华民国政府在恢复达赖喇嘛封号的同时,加封班禅"致忠阐化"名号。总统令说:"据班禅额尔德尼电称:久仰中邦,实沾德惠,凡在我属汉边官军民等,借饷筹食,无微不至等语。该额尔德尼实赞共和,效忠民国,维持藏事,备著勤劳,本大总统,实深嘉慰。应即加封致忠阐化名号,以彰民国优待忠勋、尊崇黄教之意。此令。"②九世班禅为加封向大总统呈谢,呈文说:"癸丑年番三月二十五日,陆委员兴祺专人至招。蒙大总统加封致忠阐化名号,谨在扎什伦布寺内,恭设香案,敬叩祗领跪谢。致忠阐化班禅额尔德尼　谨呈。"③

十三世达赖喇嘛于1912年藏历五月初五日从印度大吉岭起程返回西藏。九世班禅闻听这一消息,从扎什伦布寺专程赶到江孜,欢迎十三世达赖喇嘛归来。遗憾的是十三世达赖喇嘛未到江孜,邀请九世班禅到热隆寺会晤。与九世班禅会晤后,十三世达赖喇嘛又在桑顶寺停留一段时间,几经周折,于12月16日回到久别的拉萨。此时,拉萨战事还未结束。袁世凯为停战事致电十三世达赖喇嘛称:"前因五族联合,组织新邦,业经电致贵喇嘛复还原封,仍请主持黄教在案。兹闻我藏中汉番扰乱未已,犹有激战情事。西顾岩疆。不胜恻念。贵喇嘛宏宣佛法,大扩慈善,必以人道为重。前阅致贡亲王书,极知盼望和平,现已饬钟长官停战,静候中央解决。务望贵喇嘛亦转饬属下停战,以免藏番生灵重遭荼毒。所有滋事以来,汉番曲直,及善后一切事宜,另派专员前往商办,永保和平。仍望速复!"④十三世达赖喇嘛命令番官不得争战,并派充边务大喇嘛洛桑吉麦郎结,致函云南蔡锷都督,要川边各军队抚辑番民,保护

① 《蒙藏院档案》,西藏社会科学院、中国社会科学院等编:《西藏地方是中国不可分割的一部分》(史料选辑),西藏人民出版社1986年版,第456页。
② 《蒙藏院档案》,西藏社会科学院、中国社会科学院等编:《西藏地方是中国不可分割的一部分》(史料选辑),西藏人民出版社1986年版,第458页。
③ 《蒙藏院档案》,西藏社会科学院、中国社会科学院等编:《西藏地方是中国不可分割的一部分》(史料选辑),西藏人民出版社1986年版,第459页。
④ 《蒙藏院档案》,西藏社会科学院、中国社会科学院等编:《西藏地方是中国不可分割的一部分》(史料选辑),西藏人民出版社1986年版,第457页。

寺庙僧俗民众,川边区域严守前清末年界限,军队不得过江达以西,有扰民害民者,当予以查办。

1912 年 12 月 25 日,民国临时政府赴藏宣慰员杨芬致函九世班禅,向其详细陈述内地改制的情况,并予以抚慰。杨芬说:"班禅佛爷座前:敬启者,自东西各国互市以来,英杰志士咸悉全各国政体因人民知识而进化,藉美满政治而富强,由君王专制变君民共主,由君民共主而臻共和。近各国鲜有专制者,故其国势日强,威振全球。惟我中国保存之,不策汉、蒙、藏、满、回五族同胞坐受压制,而文明各国谓为野蛮之治,且不免瓜分之念,因非久安长治之道也。据斯情状,中华内地士宦僧俗、军学工商各界,发动群力,约求皇帝立宪,而皇帝知无万古不易之治,鉴因时制宜之益,慨然应允。惟念国民程度不齐,资格有限,遂诏以预备十年立宪。嗣经各国不以万国公法对待中国,今日割我土地,明日监我财政。迨至客秋,亟欲瓜分全土。幸有热国者起义武昌,复求皇帝下共和诏,五族响应,共谋幸福,巩我大国基础,免致外邦诡谋,皇帝不得不遵天命而顺舆情,首先提问皇室经费及优待蒙藏条件。而民政府当即议决皇室经费每年四百万两,并尊崇佛教,优待蒙藏多[等]条件(条件另呈),呈皇帝阅览。皇帝以意不背嘉班阳之本旨,且能扩张国势,播扬邦威,欢然允诺五族共和,遂而南北统一,公举袁项城为大总统,管理全国行政事宜。今共和国基底定,较诸法、美诸共和国自有过无不及者,内地人民颇歌庆幸,颂声滔天,联合蒙、汉、藏、满、回五族,群策群力,共图富强,将成一绝大强国,雄贯亚洲,威赫全球。惟蒙藏地处偏徼,声闻不灵,情势隔阂,未识共和系五族平等平权、信教自由等等善政,遂起反抗之谋。库伦被俄惑而独立,中央屡戒不悛,出师北伐,而各省各界满望五族和平,同谋进步,今同室操戈,自残骨肉,将何以防御外患,遂倡义务征蒙者不下数万人,阳示威于俄而阴恤我愚蒙。且俄蒙协约为公法所不许,故有德、法、美、意诸国公使出而调停,今尚未已也。其库伦活佛何愚如是?我五族统系黄种,何故轻己,引俄入院,自蹈祸乱?不思共和若非美政,何以二十余行省赞祝于先,内蒙四十九旗、外蒙三十余旗欢庆于后?独区区库伦妄出违抗,讵能敌耶?即以前后两藏论之,本系佛善之地,慈悲故乡,未有不重人道以求群强,更未有不协助共和以期五族之美善,万不致起反抗之谋,自相戕害,甘受祸败。但西闻战声不已,政府深为疑虑,特派芬前赴西藏地方调查,宣布共和章旨,以期五族早登富强之籍。嗣抵印境,汉番果系交锋,遂将启衅原因调查清晰,报告北京政府,听候进兵或专员查办,但留此细查半载之久,前藏风波日炽一日,并未闻后藏贵佛爷处稍具意外之忧,足征天赋活(佛)爷存心远大,希俟五族大群幸福为怀,曷胜佩慰。现据中华政府来电,亦非常嘉许。以后无论有若何利民福国及一切改良政见,尽可呈报北京政府,以便考察兴办,是为至望。再,呈蒙藏统一政治改良会照会一件,此项公文系五月间发出,并未涉及特别奖章,识者不待言而自知。芬因道路阻梗,不能亲谒佛爷,畅告情形,殊觉歉仄。特具两行以代面晤,请速将雄怀蕴蓄、境遇曲直、襄助共和字样,密交原送呈人携下,当刻转达大总统,以便据情优待,务须达到佛爷之希望。谨此以颂佛安,即希赐复。"①

在平息拉萨战事期间,地处西南一隅的西藏不忘中华民国宪法赋予的权利,参与了民国政权建设和国家政治生活。《中华民国临时约法》第一章总纲第三条规定:"中华民国领土,为二十二行省,内外蒙古,西藏,青海。"第三章参议院第十八条规定,参议员,每行省、内蒙古、外蒙古、西藏,各选派五人,青海选派一人;其选派方法,由各地方自定。参议院会议时,每参议员有一表决权。②

民国第一届国会选举时,依照《中华民国国会组织法》规定,国会以参议院、众议院构成。参议院议员中,由西藏选举会选出者为十名;众议院议员中的西藏籍议员也为十名。《参议院议员选举法》第四章专门规定了西藏地方选举。西藏的选举区划和议员名额分配为,前藏,五名;后藏,五名。西藏选举会由达赖喇嘛及班禅喇嘛会同驻藏办事长官遴选相当人员分别于拉萨及扎什伦布寺组织,选举人为西藏选举会会员。选举监督以驻藏办事长官充任,并由其确定选举时间及场所。

1912 年 12 月 8 日颁布的《参议院议员选举法施行细则》第四章第二十条规定,组织选举会时,选举监督应分别前藏、后藏,各造一选举人名册。《众议院议员选举法》对选民资格和议员资格作了限制。如财产方面,"于蒙藏青海得就动产计算之"。其第五条规定:"凡有中华民国国籍之男子,年满二十五岁以上者,得被选举为众议院议员。于蒙藏青海具有前项资格并通晓汉语者,得被选举为众议院议员。"其第七条规定,僧道及其他宗教师停止其选举权及被选举权。这些限制性条款使得《中华民国约法》规定的"中华民国人民,无种族、阶级、宗教之区别,法律上均为平等",徒具虚名。

为实施众议院议员选举,1912 年 10 月 15 日,中华民国颁布了《蒙古西藏青海众议院议员选举施行令》,规定在制作选票和颁布选举通告时,除用汉字外,并以各该地通用文字译书于选票和选举通告上。

这一系列法规的制定与颁布实施,开设了西藏地方参与民国政治的合法渠道,它表明在中华民国对西藏享有主权与治权的前提下,西藏作为中华民国

---

① 《藏蒙藏院档案》,中国藏学研究中心、中国第一历史档案馆等编:《元以来西藏地方与中央政府关系档案史料汇编》(六),中国藏学出版社 1994 年版,第 2362—2364 页。

② 陈荷夫编:《中国宪法类编》(下编),中国社会科学出版社 1980 年版,第 366—367 页。

的一个行政区域,拥有对国家政治的参与权。

根据 1912 年 12 月 8 日公布的参议院议员第一届选举日期令,西藏选举会的参议员选举应于 1913 年 1 月 20 日举行,但直到国会成立临近,还迟迟未能举行。于是,西藏地方代表罗卜桑车珠尔和藏民珠赤等上呈民国大总统袁世凯:"仰恳大总统准其即日在京举办西藏选举,以便国会成立之日,西藏议员亦得列席其间,躬逢其盛,俾五族人民均无遗恨,当不仅藏人之幸也!"袁世凯将此"交筹备国会事务局迅速核办"。

1913 年 4 月 10 日,中华民国政府公布《西藏第一届国会选举法》。该法规定,西藏第一届参议院及众议院议员选举,得于政府所在地进行。西藏的选举监督,以蒙藏事务局总裁充任。选举细则,由选举监督定。依据此法,民国政府筹办西藏选举事务所举行了第一届国会议员西藏议员选举,并为此西藏选举事,还专门成立了西藏旅京同乡会。5 月 15 日,"西藏选举参众议员,业经公同监视开匦,所有得票多数之当选人,及得票次多数之候补当选人,合行依法榜示。"①西藏当选参议院和众议院的议员名单为:前藏当选参议院议员五名,分别为顿柱罗布、札希土噶、王赓、厦札噶布伦、孙毓筠,候补当选五名,依次为白马认钦、于宝轩、孙江东、刘文通、李安陆;后藏当选参议院议员五名,分别是江赞桑布、付谐、厦仲阿旺益喜、龚焕辰、程克,候补当选五名,依次为王泽敄、阿旺曲扎、汪有龄、胡钧、高鹭鼎。前藏当选众议院议员五名,分别是一喜托美、王式、康士铎、薛大可、罗桑班爵,候补当选五名,依次为萧必达、霍椿森、王庆云、饶孟任、乌勒吉;后藏当选众议院议员五名,分别是方贞、江天铎、阿旺根敦、恩华、苏麻的,候补当选五名,依次为江聪、汤睿、吴蜀尤、方表、罗桑工爵。

西藏地方代表进入中华民国国会参众两院,参与国家政治活动,行使参政议政权,使得西藏地方与国家政治的关系更为紧密。中华民国政府没有因西藏"地广人稀,交通不变"而忽视其对于国家的政治权利,而且参议院与众议院议员选举并举,保证了西藏的民国国会选举权的完整性。西藏地方在民国国会议员选举问题上,不因选举工作受阻而放弃,表现出对国家政治参与的主动性,实为倾心维护国家统一之举。西藏旅京同乡会曾专呈中华民国蒙藏事务局表示:"今者选举事毕,议员列席此,实出于大总统服绥之德,我五族同胞所当同深钦感者也,会员等亦应黾勉从公,竭力传播五族共和之大旨,解释从前西藏同胞之误会,同享五族共和之幸福。"

为与民国政府建立直接联系,十三世达赖喇嘛委派罗卜桑车珠尔为驻京

---

① 《蒙藏院档案》,西藏社会科学院、中国社会科学院等编:《西藏地方是中国不可分割的一部分》(史料选辑),西藏人民出版社 1986 年版,第 460—461 页。

代表。他在 1913 年 8 月 20 日致蒙藏事务局的信中说："窃西藏政教代表罗卜桑车珠尔籍隶蒙古,累世服官西藏,识见宏通,夙明大义。自民国成立,政体变更,藏中人民不谙改革美意,时有龃龉,该代表筹备赍斧,遣派熟习藏情之大喇嘛耶西原丹扎木苏等前赴西藏宣导劝解,维时正值西藏排斥华人之际,该喇嘛等艰难险阻幸达藏地,宣示民国成立优待蒙藏及五族共和之要旨,大总统垂念西藏之德意,达赖喇嘛始有内向之心。"①

由清末到民初,虽然国家政体由君主专制转为民主共和,西藏地方面临英国殖民者的侵犯,政局变得动荡不安,但中央与西藏地方的关系得以维护,并逐步有所增强。在民主共和创制初期,中华民国临时政府推行"五族共和"政策,中央设立专门掌管蒙藏地方事务的机构,并派驻西藏办事长官;加封达赖和班禅喇嘛等,实施了对西藏的有效治理和管辖。而且,在国家立法实践中,中华民国临时政府颁布了一系列包含西藏地方在内的中央和地方法规,尤其是西藏地方依法参与民初议会政治活动,使得中央与西藏地方的关系步入新的发展阶段。一方面,历史定制仍然发挥着基础性作用;另一方面,民主共和理念又赋予了中央与西藏地方关系新的时代性内涵与特征。

但是,荷兰人范普拉赫却无视这一历史事实,反而在其《西藏的地位》一书中散布"西藏 1912 年完全脱离中国而独立"、"西藏在 1950 年以前是完全独立的"等谬论。历史是不容篡改的。中华民国历届政府享有并行使着对西藏的主权和治权。在民初新旧政治转换时期,中华民国政府实施对西藏的有效治理。不仅巩固了中央与西藏地方的关系,而且在民主共和的创制过程中奠立了中央政府治藏的政策与法规基础,并在新的历史条件下维护了国家对西藏地方的主权。

历史不忘十三世达赖喇嘛和九世班禅额尔德尼的功德伟业。十三世达赖喇嘛与九世班禅额尔德尼在近代中国和西藏地方内忧外患的社会历史条件下,精诚团结,共襄时局,在佛界铸就了一段和好相处的情谊,传为历史佳话。

第二节　九世班禅与十三世达赖失和

1919 年,民国政府派员入藏。国务院电令甘肃督军张广建,特派专员朱绣、

---

① 《蒙藏院档案》,西藏社会科学院、中国社会科学院等编:《西藏地方是中国不可分割的一部分》(史料选辑),西藏人民出版社 1986 年版,第 458 页。

李仲莲、红教喇嘛古浪仓等,轻骑简从,由青海赴藏,与达赖联络感情。是年11月24日,朱绣等抵达拉萨,与达赖晤谈,感情甚洽。次年4月上旬,朱绣等携带达赖、班禅的正式公文函件和礼物,离开西藏返回甘肃。据朱绣在《西藏六十年大事记》载:"(一九二○年)四月上旬,朱绣等出藏回甘,濒行之际,达赖设筵祖饯。声言余亲英非出本心,因钦差逼迫过甚,不得已而为之。此次贵代表等来藏,余甚感激,惟望大总统从速派全权代表,解决悬案。余誓倾心内向,同谋五族幸福。至西姆拉会议草案,亦可修改云云。复与甘肃张督军及宁海镇守使赠哈达、金佛、藏香、红花多种,并亲交汉藏合璧正式公文一件。同时班禅由札什伦布派人送来藏字公文一件,及礼物多种,其倾向共和之心,较达赖殆有过之。"①9月,朱绣、李仲莲呈报西藏时局情形,指出"莲②等抵藏后,极力解释嫌疑,联络感情,疏通意见。达赖颇示内向之忧,对于莲等格外优待,殊深喜慰。旋经莲等宣慰一切,达赖即选派代表五人与莲等会议连开会数次。""惟查各方面情形,藏番对汉甚愿照旧和好,不过因人挑剔,借口陈使草约,空言抵制耳。中央若能派员议和,藏番必形让步,万不至以陈使草约坚持到底破坏和议也,况西藏内部本系新旧两派,旧派居十分之七,新派只居十之二三,旧派以藏王及总堪布三大寺为最有势力者,多数尚有思念故国之意。新派以四噶布伦为最,常受英人愚弄,藉为护符。而此四人中又以现驻昌都统兵宫降巴丹达为最,现在降巴丹达颇知英人阴毒,甚愿内向,又恐我国不能保护。只持保守主义,以俟将来。"③他们认为:"为今之计,亡羊补牢尚未为晚。况最近英使在京所提各条,莲等面询达赖,达赖并不明情。足征英人从中作祟,殊非藏人本心反抗中国也。以上各节,系莲等抵藏调查该番实在情形,颇有挽回之机。伏乞转呈。大总统设法补救,收我故有之土地,不惟川滇甘新之幸,实为全国人民之幸也。"④

1922年正月,达赖派敦柱汪结来京,向民国政府表达归服中央之意。甘肃督军奉令派员赴藏,以及西藏地方派代表来京,这两件事情表明,民国政府与西藏地方的直接联系得到初步恢复,西藏与内地的交往也更加密切。

在近代中国内忧外患的社会历史条件下,九世班禅与十三世达赖患难与共,师徒维系。这样评说,并不为过。在西藏地方,达赖和班禅同属格鲁教派,分

---

① 西藏社会科学院、中国社会科学院等编:《西藏地方是中国不可分割的一部分》(史料选辑),西藏人民出版社1986年版,第464—467页。

② 李仲莲自称。

③ 《蒙藏院档案》,西藏社会科学院、中国社会科学院等编:《西藏地方是中国不可分割的一部分》(史料选辑),西藏人民出版社1986年版,第466—467页。

④ 《蒙藏院档案》,西藏社会科学院、中国社会科学院等编:《西藏地方是中国不可分割的一部分》(史料选辑),西藏人民出版社1986年版,第467页。

掌前后藏政教大权,本无相争之理。但是,他们之间也不是没有任何摩擦,无矛盾可言。正是这些问题未能得到及时解决,反而一步步滋生蔓延,潜流暗涨,矛盾尖锐化、公开化,酿成两佛活难以和睦相处,无奈之下,班禅最终踏上奔走内地之途。

十三世达赖在民国初年推行"新政",设立机械厂,创办藏医历算学院,利用藏族传统的教育方法,传授西藏医药和天文历算知识等。这是有进步意义的。但是,这一"新政"是在英帝国主义侵略西藏的情况下进行的,十三世达赖推行"新政"也是旨在巩固其政教合一的权位,英帝国主义者为达到它不可告人的目的,在达赖和班禅之间挑拨离间,指使一些上层人士散布九世班禅为十三世达赖实施"新政"的隐患,企图挑起两活佛之间的相互猜疑。

1915年,十三世达赖在后藏日喀则设立基宗,任命僧官罗桑团柱、俗官木霞为基宗。基宗不仅管理达赖在后藏的所有宗豁,还管辖班禅所属的四个宗和所有豁卡,这无疑侵犯了班禅的固有地位和职权。造成十三世达赖与九世班禅失和的原因,见证这一历史的人们在后来多有记述和分析。当年班禅一方的团康·格桑德吉后来在病榻前追忆说:"自1920年起,噶厦政府对后藏扎什伦布施加压力,向班禅辖地征兵、征税、征粮、征劳役。一方抵制,一方强征。其后愈演愈烈,以致双方弄成水火难以相容之地步。"①接着,他主要分析了两个方面的原因:一是噶厦政府强加给扎什伦布寺和班禅辖区不合理的军费负担。他说,1791年(清乾隆五十六年,藏历第十三甲子的铁猪年),廓尔喀(尼泊尔)发兵入侵西藏,攻占了日喀则。扎什伦布寺拉章为了迅速将廓尔喀侵略军驱逐出境,请求噶厦政府派兵救援,并表示对来援部队所需的军饷粮秣,尽所有财力暂行垫付。战争结束后,扎什伦布寺拉章即敦请噶厦政府结清此次战争费用,要求将垫付的军费予以退还。当时,噶厦政府对此未置可否。后经再三催请,噶厦政府才答复:经过核算,扎什伦布寺应负担此次军费的四分之一。但军费总数究竟是多少?却没有公布。又经多次催问,回答只是"照旧"。双方为此争执不下,以致拖延下来。② 后来,噶厦政府将前述1888年和1904年的两次抗英斗争,以及清末民初拉萨战事的军费开支公布了一个总数为108万克③青稞,通知扎什伦布寺按照过去的常规惯例,承担全部军费总数的四分之一,这是从古至今未有的先例。噶厦政府对于扎什伦布寺倾诉的种种苦

---

① 团康·洛桑德吉:《九世班禅出逃内地前后》,西藏自治区政协文史资料研究委员会编:《西藏文史资料选辑》(四),第2页。

② 团康·洛桑德吉:《九世班禅出逃内地前后》,西藏自治区政协文史资料研究委员会编:《西藏文史资料选辑》(四),第2—3页。

③ 克为西藏旧式计量单位,1克粮食约合28市斤。

衷不仅一直不予理睬，还一个劲地逼讨这批款项。二是噶厦政府强加给扎什伦布寺和班禅辖区沉重的徭役赋税。早在七世达赖喇嘛格桑嘉措时，颁布了一个《协帮法令》。该法令规定："班禅佛爷不同于凡响，应该受到尊敬。因此，他的封地和庄园，不仅不能缴纳赋税，即便是扎什伦布寺的僧众高声喧哗也是不能允许的。"后来的噶厦政府竟然无视这一法令的存在，逐步给班禅辖区增加了许多额外徭役。如1917年，噶厦政府颁布《火蛇法令》。该法令规定，凡江孜境内宗与宗之间应支的徭役赋税，倘如马差不超过一百匹，驮牛不超过三百头时，须要另行再支差役；扎什伦布所属的庄园与百姓应共同承担江孜境内所支应的人伕、马匹、驮牛、住宿安排、饮食柴薪、牲口饲料等开支中的七分之一。[1]

1921年，噶厦政府成立了军粮局，分配和征收全西藏的军粮。十三世达赖任命大仲译罗桑丹将、仔本龙夏负责此局。班禅辖区不占全西藏的四分之一，却被分配了四分之一的军粮。九世班禅派人到拉萨要求噶厦免征军粮，噶厦未予接受。

1923年(藏历第十五甲子的水猪年)的"水猪法令"中特别规定，扎什伦布寺所属庄园的百姓必须遵照"铁虎测量规定"的定额缴纳土地税和应支的徭役。这样一来，扎什伦布所属庄园的百姓，既要向本领主纳税、支差役；还得负担噶厦政府的军役、徭役、运输税和驿站接待，以及不断增加的苦役苛税。[2]

噶厦政府本来无权过问班禅辖区所属各宗谿及大小寺院的土地、庄园，宗谿收入、寺院财产和赋税、徭役等，均由后藏自我管理、经营与支配。但是，噶厦政府超越权限，强行派人清理、勘测班禅辖区的寺院财产和耕地，并制定了"增勘赋税粮办法"。这一办法规定，测定后的土地新增税款，每年必须按期交清。关于所拖欠的军费不再另行列出，一并汇总在新测定增收的税金数额内。对于这一规定，扎什伦布方面一再申辩，说明不该增税之理，但噶厦政府仍充耳不闻。[3] 据团康·格桑德吉回忆，增勘赋税粮办法的出台，原来是由驻在日喀则的两位基宗(总管，一僧一俗)亲自在地边步行，以步数的多少来确定土地面积和产量。其中一位基宗是在夜间踏走计步，在地边上插上火柴棍，

---

① 团康·洛桑德吉：《九世班禅出逃内地前后》，西藏自治区政协文史资料研究委员会编：《西藏文史资料选辑》(四)，第4页。

② 团康·洛桑德吉：《九世班禅出逃内地前后》，西藏自治区政协文史资料研究委员会编：《西藏文史资料选辑》(四)，第4页。

③ 团康·洛桑德吉：《九世班禅出逃内地前后》，西藏自治区政协文史资料研究委员会编：《西藏文史资料选辑》(四)，第5页。

计算土地面积,再以撒种数量估出"冈"①、"顿"②。这一新办法,又要后藏扎什伦布寺每年增缴三万克粮食。

彭绕·仁青朗杰根据长辈们的回忆,在谈到达赖与班禅失和原因时说,达赖从印度返藏,在桑顶寺停留期间,"一些要员唆使后藏十三个宗的代表,以十三宗名义,要求噶厦政府增加对扎什伦布辖区之乌拉差役。十三世达赖回到拉萨后,噶厦给扎什伦布寺下达令书称:"在抗尼、抗英、反清战事中,即军粮、军饷全是噶厦支出。目前噶厦钱粮两缺,因此,扎什伦布寺方面应按孜康列空原规定承担全藏军饷总额的四分之一;另据后藏十三宗向噶厦呈文,愿承担向噶厦政府支派骡马、差役的要求。请扎什伦布寺拉章即派代表前来噶厦协商。"九世班禅复达赖喇嘛信写道:"扎什伦布寺辖区百姓的负担沉重,实无余力承担军饷,也不能再加重骡马差役,望施恩减免。"噶厦政府一方面要扎什伦布寺将所派代表的名单预先报来,同时给孜本龙夏的令书中指示:"现令你与哲蚌寺阿巴扎仓的旦巴达杰负责处理关于扎什伦布寺方面的代表前来商谈增加差役和军饷、粮税一事。"彭绕·仁青朗杰讲述道:"但不知怎的,信差把应该送给班禅的回信交给了龙夏,给龙夏的令书交给了班禅。龙夏立即派人去后藏悄悄地将两文作了调换。扎什伦布派了驻拉萨办事处的仲钦(秘书长)嘎绕巴、德列康沙、准切(副官长)多丹巴、乔切(大马官)德绕巴等为代表前去协商。龙夏和旦巴达杰对扎什伦布寺代表审问一两次后,除马官德绕外,把其他代表都关进了孜夏钦角监狱。"③1923 年 11 月,十三世达赖命令扎什伦布寺的几个负责官员前往拉萨,当他们到达拉萨后,未经审问,便被投入监狱。麦克唐纳在其所著的《旅藏二十年》中写道:"他的几个大臣已经被召,星夜赶到拉萨,并且在那里被拘入狱了。"

由于十三世达赖和九世班禅系统中的少数人为争权夺利,搬弄是非,制造矛盾,造成达赖和班禅两活佛的关系日渐疏远。事态愈加严重,九世班禅感到已与十三世达赖难以相容,且自身生命安全也不可能得到充分保障,于 1923 年 11 月 15 日夜秘密离开扎什伦布寺,出走内地。九世班禅一行经长途跋涉,历四个月零五天,最终于 1924 年 3 月 20 日到达甘肃西部的安西县,开始了在内地长达近 14 年之久的社会活动和藏传佛教活动,至 1937 年 12 月 1 日在青海玉树行辕甲拉颇章内圆寂。

---

① 一冈约合 50 亩。

② 两冈或四冈为一顿。

③ 固康·洛桑德吉:《九世班禅出逃内地前后》,西藏自治区政协文史资料研究委员会编:《西藏文史资料选辑》(四),第 59—60 页。

第三节　十三世达赖、九世班禅时期
中央政府的治藏政策

　　西藏地方是中国不可分割的一部分，自13世纪归入元朝行政版图起，历代中央政府皆实施了对西藏的治理。

　　清朝以《理藩院则例》中的《喇嘛事例》五卷作为管理喇嘛事务的专门法律。嘉庆年间纂修的《理藩院则例》①中，有《西藏通制》上卷14条和下卷11条，两卷合计共25条，后几经增修。光绪年间最后一次增纂的《理藩院则例》②中的《西藏通制》，在上卷增加了"后藏札什伦布增设业尔仓巴等官"一条。《西藏通制》是清王朝统治西藏的基本法律。光绪朝《西藏通制》所列条文如下：《西藏通制》上卷：西藏设驻扎大臣；西藏诸处事务均隶驻藏大臣核办；稽查商上公用；稽查商上收支；稽查外番差人来藏；打箭炉税银拨赏达赖喇嘛；噶布伦戴琫颁给敕书；噶布伦以下各官给予顶戴；后藏札什伦布增设业尔仓巴等官；噶布伦等官房庄田随任交代；拣放坐床堪布喇嘛；西藏喇嘛钱粮不许预领；番民争讼分别罚赎不得私议抄没；禁止私给照票免差；达赖喇嘛班禅额尔德尼族属不得揽越管事。《西藏通制》下卷：唐古忒属额设噶布伦以下各官；补放噶布伦以下各缺；增设戴琫以下各缺均按等第递升；边缺营官三年更换；东科尔及岁方准出差；设立番兵定额；番兵军器定制；唐古忒兵丁号衣；校阅番兵技艺；番目番兵应支银米于春秋二季散给；驻防员弁及戴琫等不得滋扰兵丁。其中，关于驻藏大臣的职权，"西藏设驻扎大臣"条规定，西藏设驻扎大臣二员，办理前、后藏一切事务。其大臣更代，均由特简。"西藏诸处事务均隶驻藏大臣核办"条还规定，驻藏大臣总办阖藏事务，与达赖喇嘛、班禅额尔德尼平行。噶布伦以下番目及管事喇嘛，分系属员，无论大小事务俱禀明驻藏大臣核办。至扎什伦布诸务，亦一体禀知驻藏大臣办理。不准岁琫、堪布等代

---

① 《钦定理藩院则例》（清），理藩院编，1817年（嘉庆二十二年）刻本。参见上海大学法学院、上海市政法管理干部学院张荣铮、金懋初、刘勇强、赵音点校：《钦定理藩部则例》，天津古籍出版社1998年版。

② 《钦定理藩院则例》（清），理藩院编，1891年（光绪十七年）刻本。参见上海大学法学院、上海市政法管理干部学院张荣铮、金懋初、刘勇强、赵音点校：《钦定理藩部则例》，天津古籍出版社1998年版。

办,该大臣巡边之便,稽察管束。"对于后藏扎什伦布增设业尔仓巴等官问题,"后藏札什伦布增设业尔仓巴等官"条规定,后藏扎什伦布旧设商卓特巴一人,增设四品虚衔业尔仓巴一人,四品虚衔小商卓特巴一人,五品虚衔管马达琫一人,作为定额,由驻藏大臣发给执照。出缺时,查照旧章拣选补放,不准私行挑补。关于西藏宗教事务管理,其一,"拣放坐床堪布喇嘛"条规定,各大寺坐床堪布喇嘛缺出,达赖喇嘛知会驻藏大臣办事呼图克图,公同拣放,给予合印执照,派往住持。其小寺堪布喇嘛缺出,由达赖喇嘛自行补放。其二,"达赖喇嘛班禅额尔德尼族属不得挽越管事"条规定,大小番目及前后藏管事喇嘛,均不得以达赖喇嘛、班禅额尔德尼族属挑补挽越管事。俟达赖喇嘛、班禅额尔德尼转世后,方准将前辈亲族量才录用,以昭公允。清政府为严格管束西藏与当时的"外番"廓尔喀、布鲁克、哲孟雄等的往来,"稽查外番差人来藏"条规定,西藏地方遇有廓尔喀禀请之事,均由驻藏大臣总理。其呈送达赖喇嘛、班禅额尔德尼土物,应给谢礼回谕,也由驻藏大臣代为酌定给发。如有关系地方事件及通问、布施,均报明驻藏大臣,听候办理。其布鲁克巴素信红教每年遣人来藏向达赖喇嘛呈递布施,哲孟雄宗木洛敏达等小部落差人来藏,均由边界官查明人数,禀明驻藏大臣验放进口,并令江孜、定日驻扎备弁实力稽查。其到藏瞻礼后,该部落差人禀明驻藏大臣,由驻藏大臣给谕。其呈达赖喇嘛等禀启,俱应呈送驻藏大臣译出查验,由驻藏大臣与达赖喇嘛将谕帖酌定给发,查点人数,再行遣回。其噶布伦虽系达赖喇嘛管事之人,不准与各部落私行通讯。即各部落有寄信噶布伦者,也令呈送驻藏大臣与达赖喇嘛商同给谕,仍不准噶布伦等私行发给。倘有私行来往,暗通信息之事,驻藏大臣即将噶布伦等革退。

清代自雍正年间设立驻藏大臣直至清末,建立了一整套完整的驻藏大臣制度。但是,范·普拉赫①在《西藏的地位》、夏格巴②在《藏区政治史》中声称,"清廷派出的驻藏大臣只不过是个大使"。他们的谬误在于否认清朝与西藏是中央与地方的关系。至于驻藏大臣有何职掌,《钦定藏内善后章程》二十九条明确规定,驻藏大臣督办藏内事务,其地位与达赖、班禅平等,共商处理政事。清驻藏大臣,先后共有一百多员。到清朝末年,除张荫棠、温宗尧两人系汉族出身外,其余绝大多数是满族和少数的蒙古族人。

1906年(清光绪三十二年)4月,清政府派张荫棠"领副都统"衔,以驻藏

---

① 范·普拉赫,荷兰人,曾任十四世达赖喇嘛的法律顾问,1987年出版其专著《西藏的地位》。
② 夏格巴,西藏原噶厦政府仔本夏格巴·旺秋德丹,1967年、1976年分别出版英文版、藏文版《西藏政治史》(中文译作《藏区政治史》)。

帮办大臣的身份，进藏"查办藏事"，借以挽回西藏地方武备政令废弛的危局。① 此前，张荫棠上奏清政府，提出《请速整顿藏政收回政权》。他说："我国整顿藏事，迟早皆应举办，今事机迫切，尤为刻不容缓。"②张荫棠颇富远见卓识，清廉果敢。这也是他此时被派驻西藏的原因之一。1906 年 11 月 27 日，张荫棠到达拉萨。他整顿藏政，从澄肃吏治入手，革除惩办，以维边疆人心。1907 年 1 月，他致外务部，电请代奏参藏中吏治积弊，指出："今藏中吏治之污，弊孔百出，无怪为藏众轻视，而敌国生心。查驻藏大臣历任所带员弁，率皆被议降革之员，钻营开复，幸得差委，身名既不足惜，益肆无忌惮，鱼肉藏民，侵蚀库款。"③他痛陈藏中吏治积弊，请旨革除惩办前驻藏大臣有泰、清朝驻藏系统和西藏地方政府的贪劣官吏。

张荫棠大力整顿吏治，深为西藏各界群众所拥护，全藏上下，民气大振。他在其奏折中说："臣此次奉命入藏，全藏极为震动，屏息以觇我措施，以为臣系奉特旨查办藏事人员，与寻常驻藏者不同。"④张荫棠对于西藏吏治的整顿，增进了清朝中央的权威，为革新藏事进行了尝试。张荫棠也被西藏民众尊称为"张大人"。这一美誉至今还流传不衰，成为藏汉民族团结的象征。

张荫棠根据"现藏众悔祸输诚，愿变法听指挥"，整顿西藏地方内部事务，推行新治藏政策，革新藏政。1907 年 2 月，他致外务部电陈治藏刍议，陈述其新的治藏政策。他在《传谕藏众善后问题二十四条》中宣称："世界上无论何国，贫者弱而富者强，智者兴而愚者亡。虔唪经典，不足以御巨炮也，谬信符咒，不足以御快枪也。洋人挟其兵力，以耶稣之教，压制全藏为牛马奴隶，此时虽欲唪经诵而不可得。经此创巨痛深之后，宜亟筹惩前毖后之谋。本大臣奉命来藏查办事件，首以启发民智、日进富强为唯一之目的。"⑤他认为，英印政府对西藏意在侵略，开埠只是表面名词。清政府应亟筹收回政权，练兵兴学，以图抵制而杜借口。他说："藏属纵横七千里，矿产甲五洲，将来必为我绝好边地。经理得人，十年收效必倍，每岁商务所入何啻千万。及今不经理，恐落他人之手。"⑥他还提出了包括加封达赖、简官收权、增兵练兵、修路开矿、兴学征税等十九条治藏建议。其主要内容是，优待达赖、班禅，视如印度藩王；恢复藏王体制，以汉官监督；仿印度总督体制，设置西藏行部大臣，另设会办大臣，

---

① 《清德宗实录》卷五百五十八，光绪三十二年四月。
② 《张荫棠驻藏奏稿》，吴丰培辑：《清代藏事奏牍》，中国藏学出版社 1994 年版，第 1304 页。
③ 《张荫棠驻藏奏稿》，吴丰培辑：《清代藏事奏牍》，中国藏学出版社 1994 年版，第 1318—1319 页。
④ 《张荫棠驻藏奏稿》，吴丰培辑：《清代藏事奏牍》，中国藏学出版社 1994 年版，第 1317 页。
⑤ 《张荫棠驻藏奏稿》，吴丰培辑：《清代藏事奏牍》，中国藏学出版社 1994 年版，第 1334 页。
⑥ 《张荫棠驻藏奏稿》，吴丰培辑：《清代藏事奏牍》，中国藏学出版社 1994 年版，第 1330 页。

统治全藏;拨北洋新军六千驻藏,调内地武备生来藏训练藏兵十万;架通巴塘至拉萨电线,修好打箭炉、江孜、亚东牛车路;广设汉文学堂,准许汉藏军民开矿,革除藏中繁重差役及苛刻刑罚;试种茶树,以抵制印茶在开禁后输入;在各盐井处设局征税,酌定畜产品出入口税则;前后藏台站改办巡警;创办汉藏文白话报,扩充拉萨制械厂;设置银行;由国家岁拨经费二百万,办理一切新政。① 为推动藏政革新,他提议设立交涉、督练、盐茶、财政、工商、路矿、学务、农务、巡警九局,作为执行新政的常设机构,并附设植物园,划分为五谷区、蔬菜区、果实区、树木区、花草区。

张荫棠治藏政策的出发点是巩固清中央政府对西藏的主权,加强国防建设,对外防止和反对帝国主义乘隙继续侵犯西藏,赢得西藏民众的好感和拥护。尽管这些具体措施最终因清朝腐败而没有能够付诸实施,除了分设九个局的措施为西藏地方当局采纳并沿袭下来之外,其他大部分政策都没有得到实行。

张荫棠的治藏行动引起了驻藏大臣联豫的猜忌,也引起了朝廷中一部分满族亲贵的恐慌和嫉恨。1907 年(清光绪三十三年),清朝政府以赴印度谈判江孜开埠和修订通商条约为由,将他调离西藏。张荫棠离开西藏,仍不忘告诫僧俗民众,指出:"今日之西藏教宜保旧,而政必维新。凡任事僧俗各员,断不可谬执成见,仍沿陋习,不思改革,以自处于劣败之地位,将被强者之鱼肉,可危可惧。勉之慎之。"②张荫棠及其治藏新政,流传在僧俗民众中间。

追及辛亥革命爆发,两千多年的封建帝制被推翻,代之以民主共和。中华民国成立后,临时大总统孙中山即宣布实行五族共和,宣慰西藏地方,民国临时政府从治国纲领和原则上重申了对西藏的主权。这就是说,作为藏民族聚集地的西藏是中华民国的有机组成部分。藏族与汉、满、蒙、回等民族一样,在中华民国之内享有平等的民族政治权利,西藏的政治、法律地位和主权归属并没有因国家政治的变革而改变。

当然,"五族共和"思想是有其历史局限性的。首先,中国不是只有汉、满、蒙、回、藏诸族,还包括其他少数民族,它们与"五族"也应该是平等的。孙中山后来也逐步认识到,"这五族的名词很不当,我们国内何止五族呢?"③其次,"五族共和"并没有在真正意义和实际意义上得到实现。单从孙中山后来对"五族共和"实施状况的剖析中也能窥其一斑,孙中山说:"汉族光复之后,

---

① 《致外部电陈治藏刍议》,《张荫棠奏牍》卷二,载吴丰培辑:《清季筹藏奏牍》(第三册),商务印书馆 1933 年印行。
② 《张荫棠驻藏奏稿》,吴丰培辑:《清代藏事奏牍》,中国藏学出版社 1994 年版,第 1371 页。
③ 孙中山:《民国修改章程之说明》,《中央党务月刊》第 7 期。

把所有世袭的官僚,顽固的旧党,和复辟的宗社党,都凑合在一起,叫做五族共和,岂知根本的错误就在于这个地方。"事实是当时各民族人民仍处在民族压迫之下。以汉族为中心乃至大汉族主义,即使是在倡行"五族共和"的孙中山的思想认识中依然存在,这就是所谓的"民族同化"。孙中山认为,"本党尚须在民族主义上做功夫,务使满、蒙、回、藏同化于我汉族,成一大民族主义的国家"。① 因此,"五族共和"不可能解决当时业已存在的民族不平等问题,而且"民族同化"为后来的国民党政府推行大汉族主义的强权政治提供了根据。

但是,即便如此,"五族共和"在维护和保障中国对西藏主权方面的积极意义却是抹杀不了的。孙中山在向蒙藏统一政治改良会宣讲"五族共和"的精神时说:"今我民国成立,凡属蒙藏青海、回疆同胞,在昔受制于一部者,今皆得为国家主体,皆得为共和国之主人翁。"②

孙中山让位于袁世凯,袁世凯当上了中华民国临时大总统后,于1912年3月25日在《劝谕蒙藏令》中宣布,"自兹以往,内外扎萨克蒙古各盟旗,暨两藏地方,原来疾苦之事,应俟查明次第革除。并望各王公呼图克图喇嘛等,于中央大政,及各该地方应兴应革事宜,各抒所见,随时报告,用图采择。"③4月22日,袁世凯发布命令:"在地方制度未经划一规定以前,蒙、藏、回疆应办事宜,均各仍照向例办理。"所谓"向例"系指《理藩院则例》。④

民国政府在对西藏事务的管理中,以西藏办事长官制度取代驻藏大臣制度,向西藏派驻西藏办事长官。为筹办西藏事务,1912年5月9日,国务院电四川都督尹昌衡等,要求"汉藏现有冲突速设法联络","请以钟颖任西藏办事长官,已加任命矣,亦应迅速转告钟长官,俾得专心筹办藏事,是为至要。"但在半殖民地半封建的社会历史条件下,西藏也未能幸免于英国等的侵略。此时派驻西藏办事长官,无疑具有攘外安内的作用。8月13日,民国政府外交部电示驻各国的临时外交代表,分别向各驻在国政府声明中国对满、蒙、藏的主权五原则,其中第三条指出,民国政府对于满、蒙、藏各地,有自由行动之主权,外人不得干预。1913年4月2日,民国政府又任命陆兴祺为护理驻藏办事长官。由于英使干涉藏事,陆兴祺迟迟不能入藏。尽管如此,这一措施则表明,民国中央政府对筹办西藏事务是相当重视的,并要以加强西藏办事长官制来具体实施。

由于西藏地方政制为政教合一,寺院不仅是宗教活动场所,而且是当地政

① 《孙中山全集》第五卷,中华书局1985年版,第189页。
② 《孙中山全集》第二卷,中华书局1982年版,第254页。
③ 《中国大事记》,《东方杂志》第八卷,第十一号。
④ 《中国大事记》,《东方杂志》第八卷,第十二号。

治、文化的一个载体。中央政府对西藏事务的管理,其中包括宗教寺院事务。就宗教寺院制度来说,中华民国政府内务部于1913年6月2日颁布了《寺院管理暂行规则》①。该规则所称寺院,以供奉神像见于各宗教之经典者为限。寺院神像设置多数时,以正殿主位之神像为断。寺院财产管理由其住持主之。住持之继承,各暂依其习惯行之。寺院住持及其他关系人,不得将寺院财产变卖、抵押,或与于人,但因特别事故得呈请该省行政长官,经其许可者,不在此限。不论何人不得强取寺院财产。依法应归国有者,须由该省行政长官呈报内务总长并呈财政总长,交国库接收管理。应归国有之财产,因办理地方公益事业时,得由该省行政长官呈请内务总长、财政总长许可拨用。一家或一姓独立建立之寺院,其管理及财产处分权,依其习惯行之。这一规则分别对寺院供奉、寺院财产管理、寺院住持等方面作了规定,对于维护寺院的秩序,以及保障寺院与僧众的权益,提供了法律依据。

国民政府成立后,仍沿袭清制,实行严格的展觐制度。1934年1月8日,蒙藏委员会公布了《达赖班禅代表来京展觐办法》②。该办法规定,达赖喇嘛、班禅额尔德尼为报告西藏政情起见,应每年轮派代表一人来京展觐。展觐代表应于每年12月20日携带委任文件及衔名履历,向蒙藏委员会报到。展觐时间为每年12月20日至次年1月20日止。达赖、班禅的展觐代表得随带秘书及翻译各1人,随侍2人至4人。达赖、班禅代表来京展觐程序为:12月24日,由蒙藏委员会委员长、副委员长引导谒总理陵。次日,由蒙藏委员会委员长、副委员长引导谒见行政院长。12月26—27日,由蒙藏委员会派员引导谒见各院部会长官。12月28—30日,由蒙藏委员会召集会议,宣布中央施政方针,并由各该员报告边政情形。新年1月1日,由蒙藏委员会委员长、副委员长引导觐见国民政府主席。1月2—5日,国民政府主席定期筵宴一次,并分别颁布赏品。1月6—11日,由蒙藏委员会派员引导,赴各处参观或游览名胜。1月12—15日,由蒙藏委员会委员长引导晋谒国民政府主席辞行,并接受训词。1月16—19日,向蒙藏委员会辞行,准备回藏。1月21日起停止招待。

1935年12月9日,国民政府公布了《管理喇嘛寺庙条例》③,规定喇嘛寺庙及喇嘛向由当地官署管理者,仍由各该官署管理,并受蒙藏委员会监督。北平等处喇嘛寺庙向由中央主管机关管理者,由蒙藏委员会设专管机关管理。其他各地喇嘛寺庙,如经该会认为有管理之必要时,得另设专管机关。喇嘛转

---

① 北洋军阀政府印铸局刊行:《法令全书》1913年第2期。
② 《中华民国法规大全》(第一册),商务印书馆1936年版,第689—690页。
③ 史筠:《民族事务管理制度》,吉林教育出版社1991年版,第260—261页。

世,以从前曾经转世者为限;其向不转世之喇嘛,非经中央政府核许,不认为转世。喇嘛寺庙所设各职任喇嘛,仍照惯例酌予设置。喇嘛之道行高深或有勋劳于党国者,得由蒙藏委员会分别呈请奖励;其有违反教律或法令者,由蒙藏委员会分别呈请惩处。喇嘛寺庙及喇嘛,应向蒙藏委员会申请登记。喇嘛之札付及度牒,由蒙藏委员会核给。喇嘛之转世、任用、奖惩、登记等办法,由蒙藏委员会拟定,呈请行政院核定。

对于实行政教合一的西藏来说,由于寺院具有较强的社会政治统治功能,中央政府通过对当地寺院进行管理,也就在一定意义上增进了对西藏社会的政治统治以及宗教事务的管理。

在政教合一制度下,宗教寺院既是宗教活动的中心,宗教文化与教育的基地,也是地方政治的一个中心。中央政府实施对西藏的治理,也不得不考虑这一事实。无论是清朝的驻西藏大臣,还是民国历届中央政府驻藏人员和奉命赴藏处理西藏事务的人员,在向中央报告西藏政情时,都将西藏的宗教状况包括在其中,供中央政府决策参考。这也给后人了解西藏的宗教历史沿革,保存了大量历史文献资料。九世班禅出走内地时期的西藏宗教尤其令人关注,因为这一时期内忧外患,达赖与班禅关系不和睦,外国插手并干涉西藏宗教事务。西藏的宗教状况直接影响着西藏社会政治稳定、达赖与班禅系统的关系,以及中央政府对西藏的政策走向。

关于这一时期的西藏宗教,记载最为集中的历史文献有两种。一是黄慕松 1934—1935 年奉使入藏册封并致祭达赖,完成使命后撰拟的《报告书》①,其中对当时的西藏宗教作了概述和分析;二是吴忠信 1939 年奉使入藏主持第十四达赖喇嘛坐床典礼后所作的报告。该报告起初是 1939 年 8 月 26 日吴忠信在国民政府联合纪念周上的"入藏办理达赖转世事宜"演讲,后有蒙藏委员会秘书、入藏随行人员周昆田整理,1941 年 5 月 3 日正式呈送行政院。②

黄慕松在报告书中谈起西藏的宗教,回顾了西藏宗教的历史,特别指出:"达赖、班禅在黄教中同为教师,与藏事具有密切关系。现在藏事虽由达赖,班禅在僧俗民众中之信仰仍在。"③接着,他重点介绍了西藏拉萨三大寺,即哲

① 中国第二历史档案馆、中国藏学研究中心合编:《黄慕松、吴忠信、赵守钰、戴传贤奉使办理藏事报告书》,中国藏学出版社 1993 年版,第 7—114 页。
② 中国第二历史档案馆、中国藏学研究中心合编:《黄慕松、吴忠信、赵守钰、戴传贤奉使办理藏事报告书》,中国藏学出版社 1993 年版,第 127—201 页。
③ 中国第二历史档案馆、中国藏学研究中心合编:《黄慕松、吴忠信、赵守钰、戴传贤奉使办理藏事报告书》,中国藏学出版社 1993 年版,第 80 页。

蚌寺(别蚌寺)、色拉寺和甘丹寺的组织及现有喇嘛数量。他说:"别蚌寺为三大寺中最大寺院,在逊清时定额七千七百人,创该寺者为宗喀巴高弟塔西坪丁,建立于纪元[前]一千四百十六年,达赖第二、第三、第四三辈坐床之地,喇嘛众多,寺院壮丽,为西藏寺院中势力最大者。"①至于该寺院组织,在纵的方面而言,为扎仓,有堪布六人,扎仓中以罗司令扎仓力量最大,有喇嘛4500余人。果芒扎仓1900余人。扎仓之下为康尊,康尊之下为密尊,密尊之下为喇嘛,如果分发外面者不在此数,共有6521名。喇嘛又分为初入寺喇嘛(藏名康巴)及久入寺喇嘛两种。此外,果芒扎仓所属之哈东康尊和曲朱密尊,有内外蒙古、汉僧人数二百多。在横的方面,分为教学、教仪、教务、杂务四部,均归大僧统辖,按照惯例,大僧由六堪布中选出,每年改选一次。教学部分为研钻与熏修显、密两种,内有三个大学院,收容一切学僧,学年为十五期,普通二十年左右方得毕业。课程修完时,可考受格西学位,为大导师,可以向众生说法。其学问道德最高者,得考甘丹赤巴,其地位在宗教中最高。甘丹赤巴,据佛经所载,系宗喀巴化身,代代相传,承授宗喀巴遗教,教化僧徒。教仪部掌管显、密二教仪式的事务,因为宗教对于仪式甚为注重,必须采用种种仪式,全力实习,所以特设此部以养成仪式喇嘛之人才。教务部掌管寺内行政司法等事,如每寺每年由喇嘛中选出铁棒喇嘛一人至四人,管理全寺喇嘛的行为,以及喇嘛出外念经交涉事项。杂务部掌管一切庶务,指挥归寺管辖的地方人民,以及处理寺院财产的出纳事项,并有权向各部挑选壮丁组织僧兵团为,作为政府后备兵。说到色拉寺,黄慕松记述,色拉寺因寺址平坦,房舍清洁可爱,喇嘛少于别蚌寺,为三大寺中第二大寺,前清例定喇嘛5500人。创该寺者系宗喀巴高弟沙加爱塞,建立于1419年。寺院组织与别蚌寺略同,不过堪布仅有四人。扎仓三个,即姐扎仓、呀巴扎仓、涅扎仓,其中以姐扎仓力量最大。该寺喇嘛与政府关系密切,当局重要官吏,如热振呼图克图及西藏驻京代表贡觉仲尼、阿旺坚赞等,均系该寺出身。在此寺学佛汉、蒙人有三百余人。甘丹寺创于宗喀巴黄教之祖,建立于1409年,距拉萨有八十余华里,住于俄克里山,高度12200多英尺,地势壮观。其规模小于别蚌、色拉二寺,喇嘛定额为3300人。寺内组织教制,与别蚌、色拉寺相同,教规及佛教研究较好。因黄教主圣迹大多在此寺内,西藏僧俗民众多来此膜拜。黄慕松还说,"喇嘛二字,藏语译为上人,有时亦可译为主上,是佛教徒称高僧之语,盖以高僧知识超越三界,立于众生之上,指导教化,位置甚高,如达赖、班禅等是也。今之信佛人民称普通信徒亦曰

---

① 中国第二历史档案馆、中国藏学研究中心合编:《黄慕松、吴忠信、赵守钰、戴传贤奉使办理藏事报告书》,中国藏学出版社1993年版,第80页。

喇嘛,此仅恭敬语而已,其实不能随便称呼也。"①就喇嘛的称谓而言,初出家的小僧徒称班第,受三十六戒之后,称格次,也就是内地佛教的沙弥;受具足戒二百五十三条后,称为格隆,即比丘,此时成为正式的出家人。喇嘛不是一般僧侣的称谓。对一般僧侣称作札巴。转世的活佛,称为智叩,一般亦称喇嘛。在格鲁派中,第一等喇嘛是达赖、班禅;第二等喇嘛是西藏三大寺(色拉、哲蚌、甘丹)堪布、四大林(功德林、策却林、丁杰林、策满林)的呼图克图以及扎什伦布寺、拉卜楞寺、塔尔寺等各呼图克图、法台等;第三等是一般寺院住持堪布。其次是各级任职的僧侣和一般僧侣。

时隔五年之久,吴忠信在黄慕松之后来到西藏。他考察西藏的宗教状况,对西藏寺庙也格外关注。他说,清乾隆二年,对于西藏僧俗人口曾有统计,计前藏有喇嘛302500人,后藏有喇嘛13700人,两项共计316200人。西藏寺庙及喇嘛数目,虽无确切调查,以当时西藏宗教事业的情形而论,则喇嘛数目,只有减少,决无增加,因此估计西藏喇嘛人数,在20万至30万之间。全藏寺庙的住持堪布,均由达赖直接委派,不受地方官厅的管辖,也不负纳税当差的义务。寺庙的经济来源,一是寺庙本身财产及其经营商业所得利息;二是官民之供养及布施;三是喇嘛诵经所得报酬;四是政府之补助。他认为:"因藏人信佛甚深,往往倾其所有,贡献寺庙,故寺庙之收入颇丰。又以寺庙有免差免税特权,喇嘛常利用其特殊地位经营商业,藉获厚利,逐渐形成其雄厚之经济势力。一般藏人多不识字,只有寺庙喇嘛学习藏文,喇嘛之知识自较一般平民为高。故在西藏社会上,寺庙已成为一切经济与文化之中心。"②

就拉萨三大寺庙而论,吴忠信说,拉萨三大寺历史悠久,规模宏大,为西藏境内最驰名之寺庙,得全藏人民之讴歌崇仰。其地位与普通寺庙不同。他进一步指出,拉萨三大寺主要有下列特殊权利:其一,三大寺有参与政治之权。三大寺堪布可代表寺庙出席西藏政府各种政治及军事会议,并为出席民众大会之当然代表,其意见颇为政府所重视。其二,三大寺有管理拉萨市政及司法公务之权。在藏历每年一月五日至二十六日,为规定传召之期。在此期间,三大寺喇嘛齐集拉萨,白天在大昭寺念经传召,夜间即分居民家。所有拉萨全市僧俗人等,除达赖及中央官吏外,其管理处罚及街道之清除、交通之维持等事,均有三大寺铁棒喇嘛负责执行。

① 中国第二历史档案馆、中国藏学研究中心合编:《黄慕松、吴忠信、赵守钰、戴传贤奉使办理藏事报告书》,中国藏学出版社1993年版,第84页。
② 中国第二历史档案馆、中国藏学研究中心合编:《黄慕松、吴忠信、赵守钰、戴传贤奉使办理藏事报告书》,中国藏学出版社1993年版,第161页。

　　正是由于藏传佛教的地位与影响,在抗日战争时期,来自西藏的国民参政会参政员喜饶嘉措,1938 年 11 月向国民参政会第二次大会提出一个关于注意佛文化以增进汉藏感情的提案。① 在这一提案中,喜饶嘉措揭露日本军国主义的暴行,呼吁中华民族团结和睦,同仇敌忾,尤其加强佛教文化保护,稳固边疆。他说:"暴日蔑视公理,违背人道,以禽兽强者噬弱之行为恣意侵略,横肆杀戮,致我逼处日甚,土地日蹙,边疆各省已成为抗战之后方。尤其西藏高原为西部屏障,故其和睦团结极关重要。惟团结之本在于同心。西藏民族敬信佛法至为坚固,虽牺牲性命亦不能放弃其中心信仰。西藏之于中国历史悠久,关系深切。自唐初迄于清末千二百年来,已成不可分离之情势,其所以如此者,赖有佛法之联系耳。今若闻政府不崇佛法,必相率惊惧,致生离心,其危机不堪设想。一般边民之所以固执旧习,不能忘情于皇帝者,亦因满清专崇佛法一端,非他故也。近年英人把握此点,每年英员入藏,必以基金布施于藏中各大寺僧众,设法联络,以往帝俄时代,俄人来藏亦曾舍放布施,然在藏人心目中,认彼等为邪见外道,故一般民众、三大寺僧侣及藏政府多数官吏均不愿亲近,而对于中国则始终亲善,盖以为中国究竟系佛教之邦也。中央如能利用此心,以善巧方法崇尚三宝、敬重佛法,对于内地寺庙予以整顿保护,对于佛教及信徒予以尊重,并尊敬孔子等已往圣贤,则边疆民族之观感自然转移,拥护中央之心必能油然而生。果能如此,则和睦诚非难事;如不于此迅速注意,则将来变幻莫测,危险逆缘将不知其所至。而误用办法,不特无济于事,且足以贻害无穷也。"为此,喜饶嘉措提出如下办法:"请在内地及边疆诸省设立佛教学校,其名称虽冠佛教,而其实际则可具备有关政教之各种科学,一如其他教会学校,盖如此,则边人一闻其名,即对中央生信赖之心,其感情可不联自合。""请政府颁一明令,饬令国内汉藏各地寺院僧众,均须守持净戒,弘法利生,并为国家民族祈祷福利,不必纳税当兵,则边疆人民必将闻而赞叹。如能在日人煽动之先施此办法,则感情融洽必能蒸蒸日上,不可不加注意。""日本近年以来,常派佛教僧侣赴印度、南洋等地专事恶意宣传,谓中国不信佛法,不喜佛教,专事内乱,毫无秩序,云云。此种言论常时传入西藏,影响于藏人心理者至大。吾人亦应针对此事,将日本标榜而专行违背教义之无耻暴行与其煽惑野心,即速宣传于边疆各地及各佛教国家。""请设立边事编译机关(属于佛教学校亦可),聘请汉藏博学之士,将总理遗教、各项科学及藏中足以代表思想之名著,以美妙生动之文字互译为汉蒙(藏)语言,随分发蒙藏各地,则敌人诱惑

① 《国民参政会档案》,中国藏学研究中心、中国第一历史档案馆等合编:《元以来西藏地方与中央政府关系档案史料汇编》(七),中国藏学出版社 1994 年版,第 2965—2966 页。

无所施其伎俩,而汉藏互信之团结将牢不可破也。""达赖转世与班禅遗体①之入藏,为办理藏事之良机。政府应深思熟虑审慎处置,勿使错误致生阻碍。""请政府注意因倾向中央而投奔内地之西藏青年,勿使灰心,设法安插于中央行政机关或文化团体,使其有服务之机会而尽其所能。"喜饶嘉措说,在此国难时期,团结边民,尤其促进汉藏和睦,亟关重要。国民参政会议决,喜饶嘉措参政员等所提一案,本会认为本案之原则非常重要而正大,应请大会通过。其所拟办法,应请政府按照地域情形分别实行。②

抗战时期,西藏僧俗民众与内地同胞团结一致,同仇敌忾。他们以宗教等形式祈祷抗战胜利,声援抗战。中国抗战胜利,是包括西藏僧俗民众在内整个中华民族反对日本军国主义的胜利。在争取中国抗战胜利的过程中,内地与边陲、中央与西藏地方的关系得到进一步加深和增强。

第四节 《十七条协议》与西藏
地方团结的基本实现

正是以西藏地方是中国不可分割的一部分为和平解放西藏的政治基础,中华人民共和国中央人民政府在《十七条协议》谈判中,为解决西藏内部的团结问题而提出了班禅问题。陪同西藏地方政府首席谈判代表阿沛·阿旺晋美一行到北京的乐于泓回忆,一到北京,中央统战部部长李维汉就告诉他,班禅额尔德尼也将从青海来京,谈判要谈班禅与达赖的团结问题,要他向阿沛等代表说清楚。对此,阿沛提出:他们这次来京主要是和谈,不是解决班禅和达赖的关系问题;如达赖出走,班禅回藏,达赖所辖地区仍由他们实行区域自治。在谈判中,中央人民政府谈判代表团指出,班禅问题不能从协议中去掉,中央人民政府成立时,班禅即通电拥护,他们三十年来没有勾结帝国主义,没有出国,这是一个界限。这是西藏内部的问题,过去国民党时期没有得到解决,现在共产党的领导,不仅要解决汉藏民族间的团结,也要解决藏民族内部的团结。李维汉说:"宗喀巴有达赖、班禅两个弟子传到今天,已有五百多年之久,在很长时间里他们是团结的。后来才分裂了,现在有二三十年,但过去有五百

---

① 九世班禅于 1937 年 12 月 1 日圆寂。
② 《国民参政会档案》,中国藏学研究中心、中国第一历史档案馆等合编:《元以来西藏地方与中央政府关系档案史料汇编》(七),中国藏学出版社 1994 年版,第 2966 页。

年是在一起的。这种分裂,依我们看,主要是由于侵略西藏的帝国主义的作用和中国反动政府的挑拨、分裂。显然不是宗喀巴的意思。分裂了,对西藏是不好的。帝国主义、国民党,是拉一个打一个,或者拉达赖打班禅,或是拉班禅打达赖。这无论对西藏的政治、宗教都是不好的。中央人民政府、毛主席、共产党、人民解放军,不采取过去反动政府那样的办法,中央的方针是希望你们团结起来。你们不是希望将来能进步到所有藏族人都统一团结起来吗?这个希望是很好的。那么,现在就要使你们两方面首先团结起来。拉萨方面可能有这样的怀疑,就是说,共产党是否把班禅扶植起来打倒达赖,要帮助班禅报复。中央是反对这样办的。我们绝不会做这样的事情。班禅去年曾派代表计晋美先生到北京来,我们曾同他谈了这点意见,他们也同意中央的意见。如果我们是想用班禅来打达赖,那就不会现在还承认达赖的地位,还要求达赖回来,我们是要求你们团结起来的。历史上已经有几百年,达赖有达赖的地位,班禅有班禅的地位,还要按过去那样的规矩,使班禅回到西藏去。不是按那样的规矩把达赖赶出去,让班禅到拉萨去。在过去的几十年中间,由于分裂了,可能彼此心中有仇恨,不愉快,但究竟你们都是西藏人,都是宗喀巴的弟子,这一条大的方针,希望双方面都同意。至于其他具体问题,再帮助你们慢慢商量。在中华人民共和国的各民族大家庭中,我们和你们,你们自己,都要好好地团结起来。我们相信,只要西藏和平解放,在中央人民政府的领导帮助下,大家团结起来,西藏是一定不会受到外国人的欺侮,它一定会强大起来的。"①如前所述,据阿沛·阿旺晋美回忆,在和平谈判期间,"有一天,中央方面的和谈代表孙志远带着翻译平旺(现全国人大民委副主任)到我们住的北京饭店来看我,谈话的内容涉及到西藏前后藏的管辖范围在内的许多问题。主要是解决西藏地方政府与班禅堪布厅的矛盾。这个问题可能是中央提出来的,也可能是班禅堪布厅方面提出来的,因为当时班禅大师才十岁多一点。我当时提出,过去有过去的情况,现在不能说重新定个管辖范围。我们两人一直谈到十二点也没有任何结果。午休后又开始谈,一直谈到下午六点钟,还是没有谈拢。傍晚的时候,孙志远说:可不可以写上一条'维持十三世达赖喇嘛和九世班禅额尔德尼彼此和好相处的固有地位及职权'?我当即表示赞同。为什么呢?因为达赖喇嘛从五世到十三世,班禅喇嘛从四世到九世,这一时期根本不存在任何纠纷,维持十三世达赖喇嘛和九世班禅额尔德尼和好时期的固有地位和职权,这样写是合情合理的。最后经双方协商,意见统一了,我们就把正式的协议签

---

① 周爱明、袁莎:《金钥匙·十七条协议》,鹭江出版社2004年版,第536—537页。

订下来了。有关班禅问题所商定的内容就是《十七条协议》中第六条所写的内容。"①对于十三世达赖喇嘛和九世班禅彼此和好相处时的关系,中央人民政府和西藏地方政府关于和平解放西藏办法的《十七条协议》给予了充分肯定,并加以固定下来。《十七条协议》在第四条和第五条规定维持达赖喇嘛和班禅额尔德尼的固有地位及职权后,在第六条中着重规定,"达赖喇嘛和班禅额尔德尼的固有地位及职权,系指十三世达赖喇嘛与九世班禅额尔德尼彼此和好相处时的地位及职权。"②这一规定奠定了以达赖与班禅之间和好相处为基轴的西藏内部团结问题解决的基础与条件。

在 1951 年 5 月 23 日《十七条协议》签订仪式上,李维汉在签字结束后致词说,关于达赖喇嘛和班禅额尔德尼之间的和解办法,在整个协议中占去了三条,因为这是西藏僧、俗人民所共同关心的事情。在这个问题上经过反复商谈所取得的协议,从历史上和政治上说是公平的合理的,从宗教关系说,也是史有前例的,因此是符合于西藏内部团结的需要的。③ 阿沛也在致词中说:"藏族内部必须消除过去帝国主义和历代反动政府制造的分裂。由于毛主席民族政策的伟大感召,藏族内部目前十三世达赖和九世班禅之间以来的长期的不和睦,也得到公平的解决了。"④《十七条协议》签订的第二天,中央人民政府毛泽东主席设宴庆祝和平解放西藏办法的协议。在欢宴会上,毛泽东在致词中指出:"几百年来,中国各民族之间是不团结的,特别是汉民族与西藏民族之间是不团结的,西藏民族内部也不团结。这是反动的满清政府和蒋介石政府统治的结果,也是帝国主义挑拨离间的结果。现在,达赖喇嘛所领导的力量与班禅额尔德尼所领导的力量与中央人民政府之间,都团结起来了。这是中国人民打倒了帝国主义及国内反动统治之后才达到的。这种团结是兄弟般的团结,不是一方面压迫另一方面。这种团结是各方面共同努力的结果。今后,在这一团结基础之上,我们各民族之间,将在各方面,将在政治、经济、文化等一切方面,得到发展和进步。"⑤

---

① 中国藏学研究中心编:《和平解放西藏五十周年纪念文集》,中国藏学出版社 2001 年版,第
  301—302 页。
② 《中央人民政府和西藏地方政府关于和平解放西藏办法的协议》,西藏社会科学院、中国社
  会科学院等编:《西藏地方是中国不可分割的一部分》(史料选辑),西藏人民出版社 1986 年
  版,第 564—567 页。
③ 《人民日报》1951 年 5 月 28 日。
④ 《人民日报》1951 年 5 月 28 日。
⑤ 《在庆祝签订和平解放西藏办法协议宴会上的讲话》,《毛泽东西藏工作文选》,中央文献出
  版社、中国藏学出版社 2001 年版,第 43 页。

《十七条协议》的签订,西藏的和平解放,推动了十四世达赖与十世班禅之间关系的发展。1951 年 5 月 30 日,十世班禅致电十四世达赖喇嘛称:"达赖佛:在您亲政之日,即响应了我们各民族人民伟大领袖毛主席和平解放西藏的号召,派遣了自己的代表来中央谈判,并签订了关于和平解放西藏办法的协议。根据这个协议,我们西藏民族和中国各兄弟民族空前的团结起来,使我们西藏永远脱离帝国主义的压迫。我们西藏民族的宗教信仰和宗教事业得到合理的尊重与保护;我们西藏民族和西藏人民的生活得到逐步提高和发展,从而达到繁荣和幸福的可能。这是我们西藏民族僧俗人民的伟大胜利。"十世班禅表示:"愿竭绵薄,精诚团结,在中央人民政府和毛主席的英明领导下,协助您和西藏地方政府,彻底实行协议,为和平解放西藏而奋斗。特电致贺,并衷心地表示我们对您的敬意。"①达赖从亚东返回拉萨后,于 9 月 19 日致电班禅,表示欢迎班禅返回西藏,"即速起程回寺"②。自达赖 1951 年 10 月 24 日致电毛泽东表示拥护《十七条协议》后,毛泽东就班禅返回西藏之事,于 11 月 10 日致电达赖说:"班禅额尔德尼先生入藏事宜,已嘱西北地方人民政府负责帮助,一俟准备停当,即可起程。"③12 月 29 日,十世班禅和班禅堪布会议厅官员从青海西宁起程。1952 年 2 月 26 日,十四世达赖和西藏地方政府派出的欢迎十世班禅返藏的代表和后藏扎什伦布寺代表一起在唐古拉山北板扎念扎地区与十世班禅会合。4 月 28 日,十世班禅及其行辕全体人员抵达拉萨,并于当天下午与十四世达赖喇嘛在布达拉宫会晤,"彼此作了友谊的交谈"。④6 月 9 日,十世班禅由拉萨起程返回后藏,于 6 月 23 日上午在日喀则扎什伦布寺历代班禅举行坐床典礼的大殿内,隆重举行升座参禅。⑤

西藏内部团结问题的解决是西藏和平解放的内在组成部分。其中,达赖世系与班禅世系之间彼此团结的实现,是西藏内部团结的重要标志与象征。历史发展表明,西藏地方和西藏各民族只有在中央人民政府领导下,在中华人民共和国祖国大家庭内团结起来,才能从黑暗走向光明,从落后走向进步,从贫穷走向富裕,从专制走向民主,建设一个富裕、民主、文明、和谐的新西藏。

---

① 《班禅额尔德尼致达赖喇嘛电》,《人民日报》1951 年 5 月 30 日。

② 范明:《护送十世班禅大师返藏纪实》,《文史资料选辑》第 29 辑,中国文史出版社 1995 年版,第 26 页。

③ 《给达赖喇嘛的电报》,中共中央文献研究室、中共西藏自治区委员会、中国藏学研究中心编:《毛泽东西藏工作文选》,中央文献出版社、中国藏学出版社 2001 年版,第 57 页。

④ 《人民日报》1952 年 5 月 7 日。

⑤ 《人民日报》1952 年 7 月 5 日。

དེང་རབས་ཀྱུང་གོའི་བོད་ལྗོངས་
སྲིད་རྫས་དང་བདག་སྐྱོང་།།

第三章

《十七条协议》关于中央不予变更
达赖喇嘛固有地位及职权的历史基础

第一节　十三世达赖"不背中央"

清末民初,驻防拉萨的川军发生内讧。1912 年 1 月 1 日,中华民国创立,作为清朝驻藏大臣的联豫已不可能再在西藏。中央政府与西藏地方的直接联系需要由中华民国政府派员接续。1913 年 4 月,中华民国政府任命陆兴祺为驻藏办事长官,拟由海道前往拉萨。由于英国不许陆兴祺取道印度入藏,陆兴祺被迫滞留印度。民国政府宣布川军停止进藏后,十三世达赖一方派人赴新疆,通过新疆督军袁大化,向民国政府提出汉藏恢复关系的五项条件:"(一)西藏人保有与华人同一之权利;(二)中央政府每年补助西藏五百万元;(三)西藏有权许可他国之民,采掘矿山,但西藏与英国所结条约,当遵守之;(四)西藏有自由训练军队之权,中央政府驻藏军队,其数不得超过一千五百名以上;(五)西藏官制,由中央政府制定之,但西藏政府之官吏,应以西藏人任之。"①这就是当时达赖对中央的态度。西藏局势处于错综复杂的危险境地。

辛亥革命以来,达赖一直与中央政府的蒙藏事务局保持联系,还派代表驻北京雍和宫,派代表参加当时的参众两院会议。1918 年 9 月间,由十三世达赖委派为西藏驻京堪布的哲蚌、色拉、甘丹三大寺堪布罗桑巴桑、罗桑策殿、罗桑仁增,各随带徒弟十名,由藏上路来京。1919 年 2 月 11 日,罗桑巴桑等抵京,并于该日向蒙藏院作了呈报。2 月 13 日,西藏旅京同乡会也呈报蒙藏院称:"窃兹奉西藏达赖佛爷饬开:查雍和宫四学堪布,向章应由西藏三大寺派往,从前所派驻京堪布均皆先后病故,以致教授经卷各事不无遗误,宗教前途难免日衰,且汉藏从来之友谊,暨三大寺驻京堪布,诚恐从此间断。兹特查照向章,今由三大寺拣选经卷纯熟之别(哲)蚌寺堪布罗桑巴桑、色拉寺堪布罗桑策殿、噶勒(甘)丹寺堪布罗桑仁增等三人,均派为驻京堪布,当即发给旅费,遵照前往。如该堪布等抵京时,仰该前由藏拣派驻京人员公同呈请蒙藏院妥为办理。一俟该堪布等就职后,从速呈报来藏可也。"②为办理西藏驻京堪布的任差待遇问题,蒙藏院查阅旧卷,得知西藏堪布到京,应交掌印呼图克图

---

① 朱绣:《西藏六十年大事记》,1925 年铅印本;参见牙含章:《达赖喇嘛传》,华文出版社 2000 年版,第 267 页。

② 中国藏学研究中心、中国第一历史档案馆等合编:《元以来西藏地方与中央政府关系档案史料汇编》(七),中国藏学出版社 1994 年版,第 3070 页。

考验,令其任差,拨给房间住址,酌给钱粮。于是蒙藏院训令喇嘛印务处查照成案办理。但是,根据蒙藏院的调查结果,罗桑巴桑堪布等并非高级喇嘛,在藏不能与闻政治,来京职任,专在坐床、教经,纯属宗教范围。该堪布罗桑巴桑等此次到京,蒙藏院曾经向他们传询西藏情形,皆无所知。① 然而,蒙藏院在核验十三世达赖喇嘛发给罗桑巴桑堪布等的照文中却发现,达赖曾嘱咐这些堪布,五族共和永远相安,自应小心传经当差,不得有误。由此可见十三世达赖希望改善中央政府与西藏地方关系的愿望。

1921 年 2 月 1 日,蒙藏院拟请当时的大总统徐世昌加封罗桑巴桑等诺们罕名号。在此呈文中,蒙藏院称:"兹该堪布等在京当差将近两载,尚无遗误。本院为激励藏僧起见,并念该堪布等钱粮愆期,供差万用,无法支持,体统攸关,未便听其失所。拟援照二年间西藏堪布江赞桑布加封名号一案,请将该堪布五台山扎萨克喇嘛罗桑巴桑、雍和宫扎萨克喇嘛罗桑策殿、达赖喇嘛庙达喇嘛罗桑仁增均加封诺们罕名号;并请垂念远人,优加体恤,各赏银一千元,以昭优异,而示怀柔。"②2 月 10 日,徐世昌允准加封罗桑巴桑等诺们罕名号。

1923 年 8 月,因前派驻京堪布雍和宫住持扎萨克喇嘛罗桑策殿既经免职,十三世达赖特派贡觉仲尼赴京充补遗缺。1924 年 1 月 13 日,贡觉仲尼循例偕徒十名,由藏起程到京。贡觉仲尼,奉派为驻京当差,年仅三十九岁,原籍西藏拉萨人。自幼八岁在色拉寺出家,十二岁受班第戒,二十岁受格隆戒,二十六岁考取资林巴名号,在该寺充当噶什之差,三十岁考取拉林巴名号,三十五岁充当色拉寺大格斯贵,即受堪布喇嘛之职。③ 4 月 18 日,蒙藏院准予贡觉仲尼充补扎萨克喇嘛。在给喇嘛印务处的指令中,蒙藏院称,西藏来京堪布补充喇嘛缺额,自应查照例案办理。惟该堪布贡觉仲尼既奉达赖喇嘛谕,指明请补扎萨克喇嘛之缺,应即量为变通,准予请补。此系一时权宜之计,以后不得援以为例。至罗桑策殿坐床差使及钱粮各节,应俟该喇嘛假期满后,再行核办。贡觉仲尼奉达赖喇嘛之命来京当差,凡中华民国中央政府与西藏地方的关系问题,自应注意。他一听说中央政府将大清皇帝之优待条件业已取消,便向蒙藏院询问西藏待遇条件是否取消。因为大清皇帝之优待条件与蒙回藏待

---

① 《二史馆藏蒙藏院档案》,中国藏学研究中心、中国第一历史档案馆等合编:《元以来西藏地方与中央政府关系档案史料汇编》(七),中国藏学出版社 1994 年版,第 3070 页。

② 《二史馆藏蒙藏院档案》,中国藏学研究中心、中国第一历史档案馆等合编:《元以来西藏地方与中央政府关系档案史料汇编》(七),中国藏学出版社 1994 年版,第 3076—3077 页。

③ 《二史馆藏蒙藏院档案》,中国藏学研究中心、中国第一历史档案馆等合编:《元以来西藏地方与中央政府关系档案史料汇编》(七),中国藏学出版社 1994 年版,第 3079 页。

遇条件是同时宣布的,取消大清皇帝之优待条件,那么同时宣布的其他条件,是否一并取消,如果取消,又是什么理由,这是贡觉仲尼所不解的。他连日探询,未得真相。为此,11 月 27 日,贡觉仲尼呈请蒙藏院转请政府明示,如果约法所载之条件一律取消,堪布等即应回藏销差;如尚未取消,亦请明白批示,以便报告达赖喇嘛,免致远道传闻失实,转生误会。① 12 月 3 日,蒙藏院向西藏驻京堪布转致中华民国临时执政段祺瑞指令。此令称,满蒙回藏各族待遇条件暨蒙古王公待遇条件,历经颁布,大信昭然,效力确定,允无疑义。蒙藏院应明确宣示,以慰群情,并转行蒙古王公及西藏驻京堪布等一体知照。② 中央政府保持对满蒙回藏各族待遇条件的政策的稳定性,有利于满蒙回藏各地方对中央的信任,当然也有利于当时西藏与中央政府关系向着进一步和好与改善的方向发展。

正是在这种背景下,南京国民政府成立后,中央一级尽管出现了政权更迭,但中央政府与西藏地方之间的关系也没有发生逆转或倒退。1928 年,国民政府成立蒙藏委员会,主管蒙藏及边疆事务,其前身为蒙藏事务局、蒙藏院。是年冬天,罗桑巴桑奉达赖指令,前往南京谒见蒋介石,禀报达赖喇嘛的心意和西藏地方情况。遗憾的是罗桑巴桑不通汉语。蒙藏委员会以刘曼卿"谙藏语,礼聘入京,为罗桑巴桑通译"。罗桑巴桑也力邀刘曼卿为其通译。③ 随罗桑巴桑赴南京谒见蒋介石,是刘曼卿参与高层政治活动的开始,并赋予她贡献于中央政府与西藏地方关系发展的难得机会。在谒见的整个过程中,蒋介石颇为赞赏刘曼卿汉藏语文互译的才干。刘曼卿"以事觐蒋主席,蒋氏奇其才,委为国府书吏",任职国民政府行政院文官处一等书记官。④ 此次经历,刘曼卿在《康藏辒征》中记载,"罗桑巴桑先生南来,晋觐国府蒋主席。而罗君隔于语言,惧不能毕其意,嘱予为通译。既见,蒋先生颇致嘉许,越日遂饬予为国府书吏。"⑤文官处掌理国民政府一切法令、文告的宣达,印信、关防、勋章和奖章的铸发等职能。刘曼卿正是在这里较多地接受了政治活动的训练。与之同

---

① 《二史馆藏蒙藏院档案》,中国藏学研究中心、中国第一历史档案馆等合编:《元以来西藏地方与中央政府关系档案史料汇编》(七),中国藏学出版社 1994 年版,第 3084 页。

② 《二史馆藏蒙藏院档案》,中国藏学研究中心、中国第一历史档案馆等合编:《元以来西藏地方与中央政府关系档案史料汇编》(七),中国藏学出版社 1994 年版,第 3085 页。

③ 黄警顽:《探险家刘曼卿女士小传》,刘曼卿:《国民政府女密使赴藏纪实》(原名《康藏辒征》),民族出版社 1998 年版,第 28 页。

④ 黄警顽:《探险家刘曼卿女士小传》,刘曼卿:《国民政府女密使赴藏纪实》(原名《康藏辒征》),民族出版社 1998 年版,第 28 页。

⑤ 刘曼卿:《国民政府女密使赴藏纪实》(原名《康藏辒征》),民族出版社 1998 年版,第 1 页。

时,蒋介石在与罗桑巴桑的会见结束时写了一封给达赖的信,并托罗桑巴桑回西藏后代为转交。这次谒见,标志着西藏地方与国民政府发生关系的开始,也进一步密切了西藏地方与中央政府的关系。

刘曼卿,1906 年出生在西藏拉萨。藏名叫雍金。其母为藏族,父亲原是曾任清朝驻藏大臣秘书的刘华轩,刘华轩也曾任九世班禅在内地时的秘书。一个人的成长和命运是与其所处的时代息息相关的。这在刘曼卿身上也不例外。刘曼卿的童年生活是在西藏拉萨度过的。这时,恰逢清末民初,一方面,随着辛亥革命的成功,国家由封建专制转而实行民主共和;另一方面,英帝国主义加紧干涉侵略西藏,企图将西藏从中国分裂出去。西藏政局动荡,拉萨更是自不待言。刘曼卿的家就是在清末民初发生于拉萨的军事冲突中被焚毁的。1915 年,受局势所迫,九岁的刘曼卿随家迁到了印度大吉岭。大约过了三年光景,刘曼卿随家人经海路返回祖国,落户在北京。关于这一段经历,有文为证。根据蒋唯心记载,"越三年,沿海东走返国,住北京,遂尽毁旧时裳,学汉语。"会藏语,又学会了汉语,为她以后从事社会和政治活动打下了牢固的语言基础,也为她此后赢得了人生最大的机遇。20 世纪 20 年代前后的北京,新文化运动正在兴起,近代教育和文化逐步传播开来。但是,由于军阀争战,城头变幻大王旗,政治依然处在混乱之中。家居北京后,刘曼卿被父亲送入北京市立第一小学读书,接受教育,毕业后升入北京通州女子师范学校学习。刘曼卿从师范毕业后,进入道济医院当护士。她之所以选择这一职业,"旨在回归西藏,提倡改良康、藏女界生活,以期渐次促进于文明"。从此,可以看出,刘曼卿作这样的职业选择,表明她已经将自己的事业与西藏的未来建设紧密地联系在了一起。

国民政府成立后,对藏第一要务即在如何祛除中央与西藏之间的隔膜。国民政府除与在内地的九世班禅保持密切的联系外,先后允准刘曼卿和委派贡觉仲尼赴藏。

为中央政府与西藏地方关系的改善尽绵薄之力,刘曼卿是在文官处书记官任上主动请缨、密赴西藏的。她说:"侪辈俱一时上选,走笔应对之事,予仅随班附和而已。自知文绉绉做江南才子,非其所长,且非所愿,遂奉书古香芹①文官长,言有边行之志。"她认为:"康、藏为中国五族之一,土地之大,物产之富,向为列强所垂涎,曩因国事靡定,不暇注意边防,致使英帝国主义乘机侵略。"但是,在这种情况下,中央对西藏未闻有何种具体计划。究其原因,中央

---

　① 即国民政府行政院文官处文官长古应芬。

政府无从明了康、藏现状，盖两地隔膜既久，因为种种关系，不许内地汉人入藏。基于此种认识，刘曼卿向文官处古应芬文官长提出自愿前往康、藏调查现状，汇集成册供政府参考的请求。她在所提交的请求报告中指出，之所以请求自愿入藏，一是感谢中央政府知遇之恩，为图有以报效国家；二是自己本为西藏一分子，不无桑梓观念，舍此之外，绝无希图名利之心。

国民政府成立以来对藏事颇为关注。时任国民政府行政院院长的孙科对西陲边疆的重要性和所面临的危险境地是相当清楚的。他说："西藏与青海、新疆处吾国西陲，距内地至远；汉时张骞、班超通西域，赵充国营屯田，往史称之；厥后西陲与中土，或通或塞，或合或离，要其为吾国西方屏蔽，由来久矣。有清一代，中央在藏置驻藏大臣，以与达赖、班禅等分司政教之任，藏、卫宁而甘、川、滇诸省皆倚为屏障。"但是，"自帝国主义侵入亚洲，印、缅夷为英属。伊犁逼近强俄，于是吾国向称蕴而未辟之西方宝藏，乃为外人所觊觎，帕米尔之高原，喜马拉雅之峻岭，曾不足以限白人之足迹，而藏、卫遂儳焉不可终日。呜呼，帝国主义之侵略人国，类皆乘暇抵隙，以肆其馋噬，岂必江海通航之地，而后抉藩篱入堂奥哉。自交通利器发明，如铁道、如汽车、如飞行艇，均足为彼等侵略之工具；由是而我方视为行旅崎岖、交通梗阻之高原，邻已视为门庭仓库，开阖取携，而莫与抵抗之沃壤；藏事之亟，盖不减于沿江沿海诸省，此安边之计，所宜早为筹划也。"[1]

对于政教合一的西藏来说，中央实施有效治理，首要的是要尊重达赖和班禅的地位，并发挥他们的作用。否则，势必收效甚微。当时，九世班禅的态度是一贯的，也是明朗的。班禅坚持维护祖国领土完整和国家统一的立场，率先在南京设立了班禅驻京办事处，并发表了《班禅驻京办公处成立宣言》[2]。该宣言较为完整地表达了班禅的爱国爱西藏和爱教的思想。《班禅驻京办公处成立宣言》称："西藏之于中国，自汉唐以还，关系日深，清季更置官兵戍守，征诸历史与地理上之关系，西藏欲舍中国而谋自主，实不可能；反之，中国失去西藏，亦犹车之失辅，故中藏关系，合则两益，分则俱伤，此一定之道也。"《宣言》说："当清末民初之际，汉藏两方少数人为个人之利害关系，不顾大局，互相斗争，结果达赖逃亡于印度，同时产生亲英派结党操政，致于强邻以侵略之机会。辛亥之役，尽逐在藏之中国官兵，从此中藏感情日趋恶化。帝国主义者更从事

---

① 孙科：《康藏轺征》序言，刘曼卿：《国民政府女密使赴藏纪实》（原名《康藏轺征》），民族出版社 1998 年版，第 23 页。

② 《二史馆蒙藏委员会档案》，中国藏学研究中心、中国第一历史档案馆等合编：《元以来西藏地方与中央政府关系档案史料汇编》（七），第 3088—3090 页。

其经济文化之侵略,一方面又怂恿西藏独立。"在这种内忧外患的情况下,"班禅睹此情形,悲痛已极,乃容纳全藏僧民之公议,牺牲一切,代表东下,所抱宗旨,简单言之,不外三点:(一)西藏始终与中国合作,贯彻五族共和,共同抵制强邻之侵略;(二)希望中国以民族平等之观念,扶助及领导西藏人民,使之能自决自治;(三)继续保护维持西藏之宗教,再进而求光大佛学之真精神,以谋世界之和平。"《宣言》拥护孙中山的三民主义,并指出"中华民国,既为整个之国家,则孙中山先生所遗留之主义及政纲政策,须力求实现于整个之国土"。

在班禅出走内地的情况下,作为达赖一方,执掌西藏政教事务,其一言一行左右着西藏政局,影响着中央政府与西藏地方之间关系的发展。刘曼卿要求赴藏,自然有益于筹划西藏事务。时任国民政府行政院文官处文官长的古应芬特转恳政府,准以书记官名义密赴西藏。刘曼卿的报告很快得到批复。国民政府眷念西陲,以文官处文官长古应芬的名义,特派刘曼卿女士赴藏视察,由川、康而往拉萨,试探达赖的政治态度。稍后,国民政府拨给刘曼卿"盘川之资五千金,既非阔公使,买舟命驾亦已赡矣。但虑双影单形,万里长征略无照拂,适有康人叶履观将返康,藏人孔党将称欲入藏,遂邀约叶君,而代请政府与孔君以调查员职务,俾得偕行。"就这样,文官处二等书记官孔党将称以"西藏调查员"的身份随刘曼卿前往。拜见十三世达赖,是刘曼卿能否完成此次进藏任务的关键。

拜见十三世达赖之所以如此重要,是由于达赖在当时西藏政治和宗教中的至上地位所决定的。达赖是西藏藏传佛教的宗教领袖之一,而且在政教合一之下的西藏地方政府中,"达赖为最高权力"。在刘曼卿到达拉萨一个半月之后,十三世达赖召见了刘曼卿。① 1930 年 2 月 11 日,刘曼卿遵嘱,"以上好哈达封赞见礼藏银四两、黄油饭费三两,赘以政府公文、私人名片。她恭请虾素径呈达赖,外附各色绸缎六种、总理遗像及国府蒙藏会照片多张、茶碗零什等。达赖当回赐每月招待费七十五两。西藏虽自铸银币,然而以铜币流行最广。故此次所赠招待费,均以每枚值二分藏铜币折成,约合国民政府通行币值三十余元。护送者将铜币以大袋盛之,让人一五一十数清后,放在一张凳子上,并请刘曼卿过目,其手续相当清澈。3 月 28 日,刘曼卿第一次见达赖喇嘛。她与达赖佛面对面,仅隔一小茶几。达赖问:"能说西藏话否,须翻译否?"刘曼卿答:"勿须。"接着,达赖问:"途中受辛苦否?"随即,达赖为刘曼卿

---

① 刘曼卿:《国民政府女密使赴藏纪实》(原名《康藏轺征》),民族出版社 1998 年版,第 90—92 页。

摩顶。达赖又问："通藏文否?"刘曼卿答："对于文法殊欠研究。"其间,她向达赖自述所负使命,并介绍内地和中央政府的情况时说,"因北伐成功,国民党已由军阀手中夺回政权,重新在南京组织国民政府,所有措施,一依总理三民主义建国大纲进行,积极地努力于五族之真共和,主持大政者为蒋介石先生。"她说:"自蒋主席以下,各院部长官,莫不痛惜于中国之分崩离析,姑无论西藏之诚否受英人挟制,要不能让其久立于整个的中国团体之外,甚愿得一机会使大家互相了解,仍和好为兄弟如初,顷之此来,出万死一生,亦思以汉、藏人之两重资格,从中为之引线贯穿,尚望佛爷顾念大局,体惜愚忱,赐以明白之答复。"达赖谕云:"予之感想,与汝正同。惟此时时不我许,容后当再详细见告。至汝万里奔驰之苦心,与途中常语为西藏利益而来之善意,予均一一默识而深嘉之,决不负汝此行也。"但第一次见到十三世达赖,十三世达赖在中央与西藏地方关系问题上,并没有给刘曼卿明确答复。

5月25日下午1时,刘曼卿再次前往罗布林卡候见达赖。达赖问:"行期定否?"刘曼卿答:"不敢自定期,待佛指示,但客居已三数月,辱荷优待,感何可言,惟向中央复命亦不可违,久留荒废职务,将受重惩,愿早日得归。"达赖谕云:"汝之好意吾早领之,吾不敢背中央前已言之,累汝久待者,实因汝等远来劳顿,应稍加休养,方可言归。非有留难之意,今吾书牍已具,几楮墨所不能尽者,将口头告君,俾得私达于蒋主席,望归寓记之于书册,以免遗忘。"达赖说:"过去中央均漠视西藏,弃如石田。今新政府初立,即派汝致意,予实钦佩蒋主席与各执政之精明,能顾全大局,尚望始终如一,继续不断,更进而为实际之互助。吾所最希求者即中国之真正和平统一,前偶闻某某先后叛变,吾日诵经持咒以祝其平复。君等此次亦在三大寺念经礼佛,于国家不无益处。至于西康事件,请转告政府,勿遣暴厉军人,重苦人民,可派一清廉文官接收。吾随时可以撤回防军,都是中国领土,何分尔我,倘武力相持,藏军素彪悍,吾决无法制止其冲突,兄弟阋墙,甚为不值。"他说:"印度人民近来因反对英国受极度之压迫,有难言之痛苦,中国在扶助弱小民族之立场上,应予以切实之帮助。""不愿印度受英人之压榨,谅自己亦无入瓮之念。"谈到远在内地的九世班禅,达赖说:"吾与班禅原有师弟之谊,决无若何意见,闻渠近日旅居蒙古,想亦有不适之苦,吾至以为念。"他还说:"英国人对吾确有诱惑之念,但吾知主权不可失,性质习惯不两容,故彼来均虚与周旋,未尝与以分厘权利。中国只须内部巩固,康、藏问题不难定于樽俎;至于派遣代表,因西藏以教为本,人民对于政治,颇为冷淡,对于中原情形,尤为隔膜,恐去亦难有贡献。惟既承敦嘱,当竭力选派青年数人赴会,彼等虽无甚智识,而头脑敏活,可以在中央领受教诲,遇事则直达于吾以请决。俟挑齐后,当命其陆续登程。若全权代表,则一时尚难其选。吾于政府所求者不大,能于最近与藏以织布机、制革器,及各种工人已足。"刘曼卿答:"此决能邀准,不惟工人,即各科实业家及技师亦未为不可。"达赖又问:"内地近代名人何以多出广东?"刘曼卿答:"广东为总理桑梓,平时受总理精神之感化甚多,且粤人富有创造精神,故能成大业,望藏人亦常常接受孙先生之学说,则人民思想自有进步。"①

刘曼卿在拜见十三世达赖中,向十三世达赖传递了中央的意图和国民政府对西藏的政策,尤其是亲自探知到,达赖"不背中央","最希求者即中国之真正和平统一",与班禅"决无何意见",并对九世班禅"至以为念"。这些无疑对改善中央与西藏地方关系至为重要。在近代中央政府与西藏地方的关系发展史上,刘曼卿因受国民政府特派,密赴西藏视察而在当时遐迩闻名。更为大书特书的是,在那内忧外患的多事之秋,她的这次行动直接推进了中央政府与西藏地方关系的改善,可谓彪炳史册,千古流芳,不愧为巾帼女杰。当时的国民政府行政院院长孙科称赞:"长征远征方之汉代张、班诸人,固未遑多让,而吾国女子奉政府命从役边陲克著殊绩,则曼卿实为吾国有史以来所创见,其行可风,其事足传。"②

为改善中央与西藏地方之间的关系,国民政府在派遣刘曼卿秘密赴藏的同时,又选派雍和宫堪布贡觉仲尼③,以"赴藏慰问专员"的身份,前往西藏。在拉萨,当刘曼卿在走访西藏四噶伦之一察绒时,在察绒家中见到了贡觉仲尼。贡觉仲尼与察绒为同门弟子,故感情甚挚,他来拉萨即住在察绒家。贡觉仲尼与刘曼卿互致问候。贡觉仲尼对刘曼卿说,在北平雍和宫时,他常见刘曼卿挟书包匆匆行道中,故知道刘曼卿。然而,刘曼卿却不认识贡觉仲尼。尽管如此,二人均表示"同做一家事,当效一家人"。此后遇有事,故可随时相商。④

如前所述,贡觉仲尼,原籍西藏拉萨人,三十五岁充当色拉寺大格斯贵,即受堪布喇嘛之职。1929 年 8 月,贡觉仲尼、楚称丹增接到十三世达赖函,令他们向国民政府声明三事:"(一)达赖并无亲英之事,其与英国发生关系,不过系因英藏壤地毗连,不能不与之略事敷衍耳;(二)达赖仇华亦属误传,民六、

---

① 刘曼卿:《国民政府女密使赴藏纪实》(原名《康藏轺征》),民族出版社 1998 年版,第 112—114 页。

② 孙科:《康藏轺征》序言,刘曼卿:《国民政府女密使赴藏纪实》(原名《康藏轺征》),民族出版社 1998 年版,第 23—24 页。

③ 也写作"棍却仲尼"。

④ 刘曼卿:《国民政府女密使赴藏纪实》(原名《康藏轺征》),民族出版社 1998 年版,第 92—94 页。

民九、民十三达赖均有派员来华,并发有护照,内中言明中藏亲睦,现有护照可证;(三)达赖、班禅感情素惬,其始之发生误会,系因班禅部下之人行为不法,达赖逮捕数人,班禅遂惧而出走,并非达赖所逼。"①贡觉仲尼等转赴太原,向蒙藏委员会委员长阎锡山面陈了十三世达赖所声明的内容。阎锡山随即令贡觉仲尼等赴南京面陈。8月15日,阎锡山致电国民政府行政院,将贡觉仲尼所陈情形先行奉达。9月2日,贡觉仲尼、楚称丹增、巫怀清等三人到京,蒙藏委员会派刘朴忱、张至心会同参军处欢迎,由国民政府招待。9月3日,贡觉仲尼偕刘朴忱、张至心来见蒙藏委员会副委员长赵戴文,声明达赖不亲英人、不背中央、班禅也非被逼离藏三事。9月8日,赵戴文致电阎锡山,申叙达赖喇嘛不背中央。他在电文中说,"张至心、张豫和偕棍、楚、巫三人来见,会谈多时。该三人反复申叙达赖不亲英人,不背中央,愿班禅归藏,意态甚为诚恳。遂以私人资格询问班禅回藏究竟能否成为事实,愿闻真相。伊等言:此绝对系达赖诚意,班禅早归则早迎,晚归则晚迎。达赖深知班禅为极和善之老好人。当班禅走出,达赖派员迎之不获,曾为痛哭。前次班禅在雍和宫设坛诵经,以祝达赖多福多寿,我等均向达赖报告。其无隔膜,可以证明。即班禅为左右之人拨弄至如此,并且还邀班禅回藏,亦达赖所深知,并非亲英而拒绝班禅。"②9月9日,刘朴忱偕贡觉仲尼等见到蒋介石,声明达赖喇嘛不背中央、不亲英人,"棍等向主席声明达赖不亲英人,不背中央,愿迎班禅回藏。"③贡觉仲尼等见蒋介石后,巫怀清与刘朴忱进行了密谈,其内容主要是:"一、达赖确实原输诚中央。二、诚意欢迎班禅回藏。三、将来行政系统、军政、外交归中央办理,并派遣驻藏长官;藏人有充分自治权。四、军事可以达防军名义由班禅率少数军队回藏。五、森姆拉草约原系藏人主张,将来达赖可声明由中央主持解决,则英人方面自难藉口。六、将来达赖派正式代表,必须西藏三大寺承认始能有效。当班禅出走时,三大寺即主张派人迎归,不意班禅有借兵归藏之复函,三大寺因而亦不满意。但对班禅仍有信仰,一加疏通,自可赞成派正式代表及迎

①《阎锡山为达赖喇嘛令贡觉仲尼等声明无联英仇华等三事致国民政府行政院电》,中国藏学研究中心、中国第一历史档案馆等合编:《元以来西藏地方与中央政府关系档案史料汇编》(六),中国藏学出版社1994年版,第2473—2474页。

②《赵戴文为与贡觉仲尼等申叙达赖喇嘛不背中央等意致阎锡山电》,中国藏学研究中心、中国第一历史档案馆等合编:《元以来西藏地方与中央政府关系档案史料汇编》(六),中国藏学出版社1994年版,第2475页。

③《赵戴文为贡觉仲尼等会见蒋介石声明达赖喇嘛不背中央不亲英人等意致阎锡山电》,中国藏学研究中心、中国第一历史档案馆等合编:《元以来西藏地方与中央政府关系档案史料汇编》(六),中国藏学出版社1994年版,第2475—2476页。

班禅回藏。"①

9月10日,关于中央派遣回藏人选问题,赵戴文致电阎锡山称,"私谓棍、楚与现住雍和宫之江卜桃梅均极愿由中央派遣回藏,因此事可邀达赖之嘉慰,亦可想见达赖之极愿输诚。江卜桃梅系达赖最信任之人,事易见功,棍系总葛布伦信之人,总葛布伦因前有救达赖性命之特殊关系,故职居总揆,握有军政大权。后以亲英关系,达赖夺其实权。现总葛布伦仍谋恢复旧日信任,亦欲顺达赖意。""江卜桃梅与棍却仲尼二人,均有由政府正式派遣回藏之必要。"②9月11日,谢国梁呈阎锡山说:"中央解决藏事如取和平办法,则棍却仲尼来京最为重要。""中央对达赖先取和平解决一切,然后调停班禅与达赖之误会,使班禅得以回藏。一致团结,对付外交,庶可保全领土,恢复主权。"③

赵戴文派员与贡觉仲尼商洽会呈蒋介石解决西藏具体办法。对此,贡觉仲尼极表赞同。解决西藏的具体办法包括:"西藏与中央之关系恢复如前。""外交、军事、政治均归中央办理。""班禅回藏由达赖派员欢迎,中央护送。""达赖、班禅在西藏之政教权限一切如前。""达赖在京设立办公处,经费由政府发给。"等等。④ 9月15日,刘朴忱、张至心同贡觉仲尼、楚称丹增等商议派员入藏事,决定先请政府派贡觉仲尼入藏,留楚称丹增驻京。9月21日,赵戴文派刘朴忱呈蒋介石,均蒙允许,当批交古应芬文官长照办。国民政府派贡觉仲尼入藏,对于与贡觉仲尼等商定的办法,已经政府认可,交贡觉仲尼以非公式之名义带回,作达赖派大员来京时之责任范围。这就是:"一、中央与西藏之关系应如何恢复;二、中央对西藏之统治权如何行使;三、西藏地方自治权如何规定,范围如何;……五、达赖、班禅在西藏政教上之地位与权限一律照旧,抑或另有规定;六、班禅回藏,达赖如何欢迎,中央如何护送;七、达赖是否在京

① 《赵戴文为巫怀清密谈达赖喇嘛拥护中央等事致阎锡山电》,中国藏学研究中心、中国第一历史档案馆等合编:《元以来西藏地方与中央政府关系档案史料汇编》(六),中国藏学出版社1994年版,第2476页。

② 《赵戴文为中央派遣回藏人选致阎锡山电》,中国藏学研究中心、中国第一历史档案馆等合编:《元以来西藏地方与中央政府关系档案史料汇编》(六),中国藏学出版社1994年版,第2477页。

③ 《谢国梁关于解决及研究藏事几点意见阎锡山呈》,中国藏学研究中心、中国第一历史档案馆等合编:《元以来西藏地方与中央政府关系档案史料汇编》(六),中国藏学出版社1994年版,第2479页。

④ 《赵戴文为派员与贡觉仲尼等洽商会呈蒋介石解决西藏具体办法致阎锡山电》,中国藏学研究中心、中国第一历史档案馆等合编:《元以来西藏地方与中央政府关系档案史料汇编》(六),中国藏学出版社1994年版,第2477—2478页。

设立办公处，以便随时接洽，至于经费，可由中央发给；八、西藏对于中央有无其他希望。"①9月23日，蒋介石为派员赴西藏宣慰，致函达赖喇嘛。此函称："顷棍、楚二堪布来京转陈一切，备见法座倾诚内向，爱护共和，至为佩慰。""兹特派雍和宫堪布棍却仲尼赴藏慰问，并宣布中央意旨，希与接洽，并选派负责大员来京商洽一切，是所盼望。"②同时，蒋介石还致函西藏噶伦察绒称："藏卫虽遥，其地为中华民国之领土，其民为中华民国之国民，无不尽力扶植地方自治之基，以争存于世界。"

贡觉仲尼于1929年11月7日由北平起程赴藏，1930年1月16日抵拉萨，并受到达赖方面的隆重接待。③ 贡觉仲尼在拉萨住在噶伦察绒家，这也就有了前面所述刘曼卿与贡觉仲尼相见的一幕。3月15日，贡觉仲尼在噶伦察绒家给阎锡山写了一封信，报告会见十三世达赖喇嘛情形。他在信中说："仲尼即将中央德意力为宣传，并再三婉陈吾藏应仍与中央力谋联络，以收唇齿辅车之效，颇蒙佛爷及察绒采纳。刻正预备复书，并选派大员随同仲尼来京报聘并面陈一切。"④8月30日，贡觉仲尼从拉萨回到南京，同时带回达赖对处理西藏内部事务以及中央与西藏地方关系的基本意见，主要是：西藏以前原系至诚相见，现在更要竭力拥护中央；西藏先设办事处于南京、北平、西康等地，以后若有加添之处，再当陈请。

由上可知，贡觉仲尼与刘曼卿尽管赴藏身份不同，"同做一家事，当效一家人"，在为改善中央与西藏地方关系问题上，发挥各自优势，实现了沟通中央与西藏地方的目的。

---

① 《赵戴文为政府派贡觉仲尼等入藏向西藏当局提出八项办法致阎锡山电》，中国藏学研究中心、中国第一历史档案馆等合编：《元以来西藏地方与中央政府关系档案史料汇编》（六），中国藏学出版社1994年版，第2482—2483页。

② 《蒋介石为派员赴西藏宣慰事致达赖喇嘛函》，中国藏学研究中心、中国第一历史档案馆等合编：《元以来西藏地方与中央政府关系档案史料汇编》（六），中国藏学出版社1994年版，第2483页。

③ 《楚臣丹增为报贡觉仲尼抵拉萨受到隆重接待等情致刘朴忱函》，中国藏学研究中心、中国第一历史档案馆等合编：《元以来西藏地方与中央政府关系档案史料汇编》（六），中国藏学出版社1994年版，第2495页。

④ 《贡觉仲尼为报会见达赖喇嘛等晤谈情形事致阎锡山函》，中国藏学研究中心、中国第一历史档案馆等合编：《元以来西藏地方与中央政府关系档案史料汇编》（六），中国藏学出版社1994年版，第2496页。

第二节　十三世达赖选派代表出席全国性会议

　　西藏地方是中国不可分割的一部分,理当有权参与国家政治。早在刘曼卿赴藏之际,1929 年 7 月,古应芬就曾致函十三世达赖喇嘛,请十三世达赖派代表参加蒙藏会议。古应芬在该函中称:"自我孙总理领导革命,创建共和,尤以扶植弱小民族,共跻平等地位为职志,现在统一告成,寰区奠定,三民主义深入人心,党治邦基日臻巩固。自蒋主席总揽枢机,对于边地人民,从前藩属,无时不本和平博爱之精神,力谋扶植。回急[溯]满清暮气,军阀淫威,膜视苛待情形,深为可痛。盖五族共和之幸福,必依主义而实行,凡我同胞,当能共喻斯旨。法座望重西陲,必能洞观大势,于帝国主义者侵略之阴谋,谅不受其笼络,倾诚内向,千载一时,匪惟藏卫振兴之机,抑亦中央政府所深为嘉赖者也。现在政府定于本年十二月举行蒙藏会议,即祈法座派出代表一二人,于本年十二月以前到京参加会议。如因途远,派员不便,则请在现驻内地藏员酌派参加,并盼先期电告。兹因本处书记官刘曼卿回藏,特函介绍,并嘱面达一切,希赐接洽为幸。专此,顺颂。"①

　　但是,国民政府未能如期举行蒙藏会议。蒙藏委员会遵照国民党第三届中央执行委员第二次全体会议决议案,于 1930 年举行蒙古、西藏会议。蒙藏委员会在第 357 号函件中称:"前经拟具蒙藏会议提案标准,函请中央各院、部、会就其主管事项分别预备提案在案。蒙古会议业于本年五月举行竣事。现在西藏会议开会伊迩,所有关于西藏方面各种提案,务请迅赐检送,以便编列议程。"1930 年 10 月 30 日,遵照蒙藏委员会的要求,作为主管军事的部门,国民政府军政部拟具西藏军事提案一件,并函请蒙藏委员会查照办理。② 有关军政部提案的内容,据军政部致函蒙藏委员会称,"请中央特派高级军事专员前往西藏,实地调查军事情形及确定整理计划案。"该提案认为,"查西藏民

---

① 《古应芬为全国统一请派代表参加蒙藏会议事致达赖喇嘛函》,中国藏学研究中心、中国第一历史档案馆等合编:《元以来西藏地方与中央政府关系档案史料汇编》(六),中国藏学出版社 1994 年版,第 2472 页。

② 《军政部为西藏会议拟具军事提案致蒙藏委员会函》,中国藏学研究中心、中国第一历史档案馆等合编:《元以来西藏地方与中央政府关系档案史料汇编》(六),中国藏学出版社 1994 年版,第 2500—2501 页。

族为整个中华民族之一部分,近年以来,受帝国主义之侵略、威逼、利诱、压迫之下,日与中央隔离,驯至倾心外向,诚可痛心。前清政府以西藏远处边陲,历代多采怀柔政策,置该地军事于不顾,遂致西藏固有之主权、政治、文化悉为外人所操纵。往者已矣,今者革命告成,全国行将统一,若再不力图挽救,则外藩尽撤,侵及腹心,于我国国防前途殊为极大危险,而于总理所主张扶助弱小民族之遗教,亦将无由实施,是以中央对于西藏军事实有统筹兼顾、积极进行之必要。”

国民政府筹备西藏会议过程中,驻藏办事长官陆兴祺曾致函西藏地方政府,要求对选派代表出席西藏会议尽快作出决定。陆兴祺说:“汉番历来一家,今所差者,尚未恢复旧制耳。刻下中国革新以来,日趋强盛,西藏为我五族之一,唇齿相依,荣辱相与,断无离异之理。”①1930年藏历7月6日,噶厦公所致函陆兴祺,报告西藏代表“不日就道”。噶厦公所称:“中央各当局爱护西藏,尊崇达赖,慧心至深且切。京中原拟番五月内召集西藏会议,即派代表列席,协商藏中苦况,并请求恢复旧制各情,大有裨益,诚为金石之言,不胜铭感之至。当即转邀藏王暨达赖佛爷,恳请速派代表,已蒙允准。”②十三世达赖喇嘛就派代表出席会议的事情,也致函陆兴祺。他在函中称:“承示蒙藏会议将于阳历三月举行,着速派代表列席。等因。遵即特派雍和宫札萨克及驻京堪布卓尼罗藏娃,并加派商上卓尼尔阿旺坚参、纳仔营官仔仲顷批士(吐)丹二人由藏前往会同办理,该员等不日就道。”③1931年1月16日,国民政府驻印度加尔各答总领事卢春芳向蒙藏委员会报告,达赖所派亲善代表将赴南京,请予接见。④ 十三世达赖亲善代表到达内地后,国民政府财政部函请蒙藏委员会核实,西藏代表阿旺坚赞及曲批图丹等一行十余人,与加尔各答卢总领事所说的西藏亲善代表十二人是否系属一案。财政部要求蒙藏委员会“应请查照,迅予见复”。2月4日,蒙藏委员会致函财政部,经查,西藏代表阿旺坚赞

① 《噶厦公所致陆兴祺函报告西藏代表不日就道》,西藏社会科学院等合编:《西藏地方是中国不可分割的一部分》(史料选辑),西藏人民出版社1986年版,第493页。

② 《噶厦公所致陆兴祺函报告西藏代表不日就道》,西藏社会科学院等合编:《西藏地方是中国不可分割的一部分》(史料选辑),西藏人民出版社1986年版,第493页。

③ 陆兴祺:《西藏交涉纪要》下编,第225—227页,中国藏学研究中心、中国第一历史档案馆等合编:《元以来西藏地方与中央政府关系档案史料汇编》(六),中国藏学出版社1994年版,第2502页。

④ 《驻加尔各答总领事卢春芳为报达赖喇嘛派亲善代表赴京请予接见事致蒙藏委员会函》,中国藏学研究中心、中国第一历史档案馆等合编:《元以来西藏地方与中央政府关系档案史料汇编》(六),中国藏学出版社1994年版,第2502—2503页。

等一行十余人,即系卢总领事电告的西藏亲善代表。① 2 月 12 日,贡觉仲尼致函蒙藏委员会称:"查西藏全体代表瞬将到达。该代表等先在北平集齐,即由平联袂晋京。计有代表、秘书、办事员及随从人等约二十五六名,随带公文、行李多件,拟请垂念该代表等驰驱国事,远道来京,准咨铁道部查照,饬令平浦通车于该代表等晋京时,附挂头等车一辆,俾便乘用,以昭优遇,而利遄行。"② 2 月 16 日,为给西藏亲善代表提供头等车厢,蒙藏委员会致函铁道部。蒙藏委员会指出:"查该代表等此次来京,负有重要使命,并携带赠送蒋主席礼物多件,自应妥为招待,以示优遇。应即请贵部迅饬平浦铁路局,俟该代表等从北平南下时,即附挂头车一辆,俾便乘用。相应函达,即希查照见复为荷。"③ 接到蒙藏委员会的函件,铁道部即表示同意给西藏亲善代表附挂头等车辆,并电令北宁、津浦两路局照章收费,拨车挂运。

1931 年 4 月 1 日,贡觉仲尼等致函蒙藏委员会秘书室,递送筹设西藏无线电台提案,拟请提前列入蒙藏委员会常会的议事日程,以便讨论。这一提案事由是"拟请咨行交通部迅即筹设西藏无线电台,并限期成立,以利交通。"贡觉仲尼还对这一提案作了说明:"查西藏与内地距离辽远,端赖各种交通机关,以资连锁。现在邮电均未直达,交通梗阻,殊为一切事务之障碍,反而外国邮电,早即通行。值兹藏事解决,京藏间信息往还与一切要政推行,均须利用外国邮电转达。就中尤以电报最感困难,不惟电费奇昂,利权外溢(现在外电每字需费二元九角五分,动辄数百元),且明有漏泄与延搁等弊。盖明电则外人显知内容,密电则外人往往依政治作用,竟予扣留搁置,吾人莫可如何,似此情形,实于政治、国防大计攸关,惟有迅由政府在西藏拉萨地方先行设立无线电台,限于最短期内完成,以资应用。其余交通工具,续谋逐渐建设。更有进者,西藏无线电之安设,完全以应政治国防急切需要为前提,亦为中藏交通最低限度之要求,不能计及普通营利之盛衰而迟回瞻顾。并为避免外电操持之危难,尤应及早设立。况国家统一、边疆宁谧之后,商务必随之恢复而臻于发

---

① 《蒙藏委员会为阿旺坚赞等系西藏亲善代表事复财政部公函》,中国藏学研究中心、中国第一历史档案馆等合编:《元以来西藏地方与中央政府关系档案史料汇编》(六),中国藏学出版社 1994 年版,第 2503 页。

② 《贡觉仲尼为西藏代表晋京请附挂头等车辆事致蒙藏委员会函》,中国藏学研究中心、中国第一历史档案馆等合编:《元以来西藏地方与中央政府关系档案史料汇编》(六),中国藏学出版社 1994 年版,第 2504 页。

③ 《蒙藏委员会为给西藏代表提供头等车厢事致铁道部函》,中国藏学研究中心、中国第一历史档案馆等合编:《元以来西藏地方与中央政府关系档案史料汇编》(六),中国藏学出版社 1994 年版,第 2504 页。

达,则该处无线电之营业,亦必因而增进,将来无虞损失,此可敢断言者也。此节需向主管机关特别说明,以祛拟[疑]虑。是否有当,即请公决。"①蒙藏委员会呈请行政院转饬交通部,迅即筹设西藏无线电台,并限期成立以利交通。4月20日,行政院向蒙藏委员会发出指令,西藏无线电台"已如请令饬交通部从速筹设矣,仰即知照"。

　　1931年5月5日,国民政府在南京召开"国民会议",西藏地方指派代表参加了此次会议。这些代表分别是:前藏地区,贡觉仲尼、曲批图丹、巫明远、楚称丹增、阿旺坚赞、降巴旺曲;后藏地区,罗桑楚臣、罗桑坚赞、罗桑昂嘉、王乐阶。此外,前藏地区的楚臣尼麻、罗藏桑结、降巴年扎,以及后藏地区的邵章、金孝本、白瑞麟、海涛、樊泽培列席了会议。应蒋介石的邀请,当时正在内地的九世班禅额尔德尼出席了会议,并在国民会议上致颂词。班禅在致词中说:"秉承总理遗教,召集国民会议,周询群豪,协谋国是,订定约法,永固邦基。""近以藏康众民,纷吁和平,益深普度之怀,弥动恤怜之念,伏望诸公宏纾伟议,整顿边疆,本总理济弱扶倾之训,巩国家主权领土之基。"②此次"国民会议"通过了《中华民国训政时期约法》。约法在总纲中规定:"中华民国领土为各省及蒙古、西藏。""中华民国永为统一共和国。"在第七章"政府之组织"中规定:"蒙古西藏之地方制度,就地方情形,另以法律定之。"③

　　达赖代表晋京,中央须加招待。蒙藏委员会1931年度核定经常费内,列有招待费10800元。蒙藏委员会编造西藏达赖代表晋京招待费用预算为7000元。财政部向国民党中央执行委员会政治会议呈送该预算案,称蒙藏委员会"所送西藏达赖代表招待会预算,应否准予另列预算,或在该会核定经常费内匀支之处,请察核"。西藏达赖代表招待会预算交由政治会议财政组审查。政治会议财政组认为:"本预算列数虽觉稍短,惟查该代表等此次奉命来京解决藏事,所负使命极为重大,与该会招待寻常来京人员不同,所有招待设备自应特别优渥,此项特别开支,似应准其另列预算,拟即如数核定为七千元。根据政治会议财政组的审查结果,政治会议第二七八次会议决议,照审查意见通过。"④7

①　《贡觉仲尼等为递送筹设西藏无线电台提案致蒙藏委员会秘书室函》,中国藏学研究中心、中国第一历史档案馆等合编:《元以来西藏地方与中央政府关系档案史料汇编》(六),中国藏学出版社1994年版,第2505—2506页。

②　《国闻周报》,第八卷,第十九期。

③　陈荷夫编:《中国宪法类编》(下编),中国社会科学出版社1980年版,第448、454页。

④　《行政院为达赖喇嘛代表晋京招待费用事给蒙藏委员会训令》,中国藏学研究中心、中国第一历史档案馆等合编:《元以来西藏地方与中央政府关系档案史料汇编》(六),中国藏学出版社1994年版,第2509—2510页。

月 26 日,行政院给蒙藏委员会发出训令,令行遵办。

1931 年 9 月 21 日,蒙藏委员会为请速派代表来京出席西藏会议事,致十三世达赖喇嘛函称:"案查民国十八年七月奉行政院令,以中国国民党第三届中央执行委员第二次全体会议,关于举行蒙藏会议决议案,经决定于本年十一月召集蒙古会议,十二月召集西藏会议,令由蒙藏委员会负责筹备。等因。当以蒙古、西藏均为中华民国民族之一部,中央为遵奉总理遗教,以扶植蒙藏民族,使之能自决自治,与国内各民族实行团结起见,特举行蒙古、西藏两种会议。其主要意义,一方面在集合蒙藏地方长官、民众会集一堂,尽量报告蒙藏地方实际情况,并讨论关于推行训政及一切兴革事宜,一方面欲使中央政府统一全国。""此种会议,关系蒙藏前途至为重大,自应克期举行,以副中央关怀边远,扶植蒙藏之至意。遵即会同各院、部、会悉心筹划,金以蒙藏会议代表名额及产生标准为此次筹备中之先决问题。迭经精密会商,始拟定关于西藏代表应依照从前分配国会议员先例,并参酌现在情形,由前后藏及西康各选官民代表二十人,达赖、班禅各指派十人,再由中央派定若干人,为西藏会议出席代表。并为蒙藏地方明了此次中央召集会议意旨起见,由本会拟具蒙藏会议提案标准十二条,分送有关各省区,依照标准,预备提案,俾得各方意见咸趋一致,将来决议各案易于实行。所有前项代表名额,推选办法及提案标准,均于十八年十一月分别函送,并由西藏堪布驻平办事处转达贵处查照办理,各在案。嗣以沿边各省政府对于藏事不无关系,经本会呈准,加追沿边各省政府得各派代表一人。复准青海省政府咨,以该省藏族居多,请派代表参加;并奉行政院面谕,新疆回部人数繁多,情形特殊,应选派代表参加。等因。均经先后呈奉国民政府,提出国务会议议决,准追加青海番族代表二十人,新疆回部代表十人,一体来京参加会议。"①

由于日本侵略中国东北,1931 年 9 月 18 日,九一八事变爆发,全国掀起抗议日本侵华热潮。10 月 7 日,为抗日救亡,贡觉仲尼、刘曼卿等在南京的康、藏人士发起成立了"康藏旅京同乡抗日救国会"。② 参加会议的还有,巫明远、九世班禅额尔德尼驻京办事处处长罗桑坚赞、西康诺那活佛、松朋活佛以及就读于南京的藏族学生代表等。大会作出六项关于抗日的决议:(一)通电全国各族同胞一致抗日;(二)敦促国民党政府草订抗日作战方针;(三)电粤

---

① 《蒙藏委员会为请速派代表来京出席西藏会议事致达赖喇嘛函》,中国藏学研究中心、中国第一历史档案馆等合编:《元以来西藏地方与中央政府关系档案史料汇编》(六),中国藏学出版社 1994 年版,第 2510—2512 页。

② 《蒙藏旬刊》第三期。

息争,共同抗日;(四)发布"康藏旅京同乡抗日救国会"宣言;(五)为国难告康藏同胞书;(六)电十三世达赖喇嘛早日解决康藏纷争,共同抗日。"康藏旅京同乡抗日救国会"发出《告全国同胞书》,呼吁全国同胞紧急行动起来,抗日救国。《告全国同胞书》宣告:"同人等籍隶康藏,万里来京,大义所在,不敢后死,爰成立抗日救国会,以与我全国同胞同立一条战线,赴汤蹈火,在所不辞。除另电我六百万康藏父老兄弟姊妹,共膺斯文,为政府后盾外,特此电达。尚祈全国同胞以必死之心,求危亡之国,洗五分钟热度之讥,免一盘散沙之诮。"表示要"朝发宣战之令,夕饮倭奴之血,宁为刀下之鬼,不做亡国之奴"。"康藏旅京同乡抗日救国会"建立了自己的组织机构。与会代表推选罗桑坚赞、诺那活佛等七人为该会的执行委员,下属文书、宣传、会计、交际四个股,各股推选干事二至六人,负责日常工作。该会活动经费由康藏在京各办事处捐助。在本次成立大会上,与会代表积极捐款,达数千元。10月10日,"康藏旅京同乡抗日救国会"在南京发起康、藏同胞抗日大游行,宣传誓死抗日救国,以激励民众抗日热情。贡觉仲尼率西藏驻京办事处工作人员参加了康藏同胞抗日大游行。

1931年11月12日,国民党在南京召开第四次全国代表大会。参加这次会议的西藏地方代表有罗桑坚赞、罗桑昂嘉、贡觉仲尼、刘曼卿、阿旺坚赞和格桑泽仁等。由于日本帝国主义发动侵华战争,会议决定设立"对日问题专门委员会",定九一八为"国难纪念日";会议还通过了一些关于日侵华暴行的决议,要求收复东北失地,令各省官吏严守疆土。

当时正值日本帝国主义侵略中国,国难当头。在全国抗日怒潮中,社会上的民主派和国民党内的反蒋派,一致呼吁召开国难会议或国民代表会议、国民救国会议之类的会议。例如,由各界人士熊希龄、马相伯、章炳麟、沈钧儒、左舜生、黄炎培等六十余人组成的中华民国国难救济会发表宣言,并连续发表通电。他们认为,招致日本侵略的重要原因之一,是"以国内一部分人之集团,标榜党治,掌握政权,自属于统治阶级,而无视大多数国民之国家主人地位"。他们要求国民党"立时解除党禁,进行制宪",保障人民的集会结社等自由,"万不宜复袭训政之名,行专制之实"。上海、北平、天津等地陆续成立了一批要求民主宪政的团体。当时有的报纸曾称,这是一次宪政运动。对于抗日和民主要求,国民党当权派权力抵制,但在各方面的压力下,不得不答应召开国难会议。国民党四届一中全会决定:"国难会议由国民政府于半个月内召集,讨论御侮救灾绥靖各事宜。"根据这一决定,国民政府下令召集国难会议。会议的召集由行政院办理。参加会议的会员"由国民政府就全国各界富有学识经验资望之士聘任之"。国民政府召开国难会议的命令颁布后,王造时、史量才、沈钧儒、黄炎培、荣宗敬、刘鸿生、李璜等六十二人提出一项《救济国难之具体主张》。他们主张:不辞任何牺牲,维护国家主权及领土之完整。"应以武力自卫为主,以国际折冲为辅。"对内实行民主政治。

1932 年 1 月 21 日,贡觉仲尼等奉十三世达赖命令,呈请行政院,要求国民救国会议等法定西藏人民代表,应由当地民选产生。贡觉仲尼在呈文中称:"窃奉西藏达赖喇嘛电令开:国民救国会议及以后关于民选代表机关法定西藏选出者,应在西藏地方由人民依法选举,业经电陈府、院在案。仰该代表等就近呈请核准并复为要。等因。奉此,查法定人民代表应由各地方人民依法产生,此为现代选举之通则,亦民主制度之大经,本无待于请求。惟国家对于西藏地方选举,向于法律之外附加富有弹性之条文,以资迁就,几成一种立法例。即如民元国会议员及二十年国民会议代表等,凡法定应由西藏地方选出者,皆加订容许条文,曾由前蒙藏院或蒙藏委员会在中央政府所在地集合西藏旅京少数人就近举办。此种特别权宜办法,超出地方之范围,由旅京之少数人所支配,非惟不足代表地方全体之公意,亦与民选之原则不符。国家与地方向均不无缺憾之感。民元容或基于不得已之情形,现在西藏既已拥护中央,以完成国家之统一,当此国难期中,本属一中全会决定,立即召集国民救国会议,其目的在集中全国人民之意见,使成一整个的表现,载诸宣言,内外共喻。值此机会,自当使西藏人民真正爱国意见得以直接尽量表现,以集中于全国意见之林,而完成一整个的目的,庶符中央召集该项会议之本旨。""兹奉西藏达赖喇嘛电令前因,实鉴于以前关于西藏选举之未协民意,复根据人民正当之要求而来,既经迳电陈明国民政府行政院、钧院、钧会在案。应请钧院、钧会鉴情嘉纳,准于制定国民救国会议办法及嗣后凡关于民意机关组织之分子,应由各地方人民公选者,由当地人民自由选举,毋再有特别权宜之规定,俾本地真正民意得以自动表现。此为西藏人民之权利,亦其对于国家之义务,毋庸旅京少数人民一再代庖也。"[①]3 月 20 日,行政院秘书处致函蒙藏委员会称,国民救国会议代表由当地民选事,"交蒙藏委员会查照办理"。

1932 年 4 月 7 日,国难会议由国民政府行政院长主持,在洛阳召开。国难会议原定会员为 227 人,到时出席者仅一百四五十人。西藏地方代表贡觉仲尼、罗桑坚赞、刘家驹、刘曼卿等出席。在会议上,他们就藏事提出了"改善蒙藏军事政务、宗教、教育以御外侮案"等,表示要在紧要关头使"边疆人民心

---

① 《行政院秘书处转呈贡觉仲尼为国民救国会议代表由当地民选事致蒙藏委员会函》,中国藏学研究中心、中国第一历史档案馆等合编:《元以来西藏地方与中央政府关系档案史料汇编》(七),中国藏学出版社 1994 年版,第 2961—2962 页。

理上有所皈依,亦即巩固蒙藏地方,维护中央抵御外侮"。国难会议于4月11日闭幕。

西藏地方代表参加全国性的会议,参与对国家事务的管理,并为改善中央与西藏地方的关系作出了贡献。

第三节　十三世达赖设立西藏驻内地办事处

南京国民政府成立后,最早设立的西藏驻京办事机构是西藏班禅驻京办公处。1929年1月20日,西藏班禅驻京办公处组织成立,并发表成立宣言。①《班禅驻京办公处成立宣言》宣告:"最亲爱之中华民国五族同胞钧鉴:中华民国,分崩扰乱十七年,内受军阀之蹂躏,外遭列强之压迫,使五族同胞各不相顾,甚至情形隔膜,痛痒莫关,西藏远处西陲,所受影响尤深。""抵内地以后,转瞬六年,只因内乱绵延、中枢无主,班禅满腹苦衷,无门告述。今幸统一告成,训政伊始,内部既已平靖,宜尽力于国防之巩固。""中华民国既为整个之国家,则孙中山先生所遗留之主义及政纲、政策,须力求实现于整个之国土。且藏、康、青海,地广人稀,芸畴万里,蕴藏丰富,若依中山先生之实业计划,则大有裨于国计民生。假使国人视线及政府眼光只周旋于珠江、长江、黄河三流域之间,对于边疆仍旧漠视,则内地纵由训政而宪政,亦非国家长治久安之计,即中国之国民革命,亦不能谓为成功也。爰是本处在京筹备成立,本班禅东下宗旨,向政府报告、接洽一切,更希全国同胞群起注意藏事,不胜企祷之至。谨以至诚作此宣言。"

贡觉仲尼从拉萨回到南京后,被达赖派为西藏驻京总代表,负责处理西藏地方在内地的事务,联络西藏地方与中央的关系。1930年10月8日,贡觉仲尼向蒙藏委员会提出筹建西藏在南京等地的办事机构,并请求中央给予拨款。12月间,国民政府内政部和蒙藏委员会就西藏设立驻南京、驻北平和驻西康办公处及其经费预算问题,致呈行政院。此呈文称:"窃查职会前据达赖代表棍却仲尼函询,关于设立驻京、驻平、驻康办公处经费如何拨给一案,当经据情呈请钧院鉴核转陈国民政府核示。旋准钧院秘书处函开:奉谕,此案经提出本

---

① 《西藏班禅驻京办公处组织成立并检呈宣言致阎锡山函》,中国藏学研究中心、中国第一历史档案馆等合编:《元以来西藏地方与中央政府关系档案史料汇编》(七),中国藏学出版社1994年版,第3088—3090页。

院第九十次会议决议,交内政部与蒙藏委员会会商。等因。奉此。遵由职部、职会派员会商,金以西藏设立驻京办公处,系去岁蒋主席派棍却仲尼赴藏时携去八款之一。本年八月间,棍却仲尼回京复命,携有达赖答复蒋主席书,对于设立驻京办公处一件,表示赞同;并请同时成立驻平、驻康二办公处。迨棍却仲尼赴归德谒见蒋主席时,又蒙面谕迅速组织成立。所有西藏驻京办公处,自应准其及早组织,以资办公。至北平,寺庙林立,向为喇嘛汇集之地,与西藏关系甚多;康定为川藏往来要道,将来该处事务势必日见纷繁,所请同时成立驻平、驻康二办公处一节,似应一并照准。究应如何办理之处,敬请钧院核转饬遵。又据棍却仲尼呈称:伏思设处一节,云云,实为公便。等情。并附预算书五册前来。当经职部、职会共同审核,尚无不合,拟请钧院将该三处十九年度预算书,专案转送中央政治会议提前核办,并饬令财政部准予先行借给该三处经费,俾其早日开办,以利藏事进行。"①

西藏设立驻京、驻平、驻康办事处获准后,贡觉仲尼奉令着手筹设。1931年1月29日,贡觉仲尼致呈蒙藏委员会,请求蒙藏委员会准予刊发西藏驻京、驻平、驻康办事处关防各一颗,以资信守,实为公便。1月31日,蒙藏委员会向贡觉仲尼发出指令称:"准予刊发西藏驻京、驻平、驻康办事处木质关防三颗,随令颁发,仰即查收启用,并将启用日期分别具报备查。此令。计发关防三颗。"②2月9日,西藏驻京、驻平、驻康办事处关防正式启用。第二天,贡觉仲尼向蒙藏委员会报告西藏驻京、驻平、驻康办事处正副处长名单。贡觉仲尼为西藏驻京办事处处长,阿旺坚赞为副处长;曲批图丹为西藏驻平办事处处长,巫明远为副处长;降巴曲汪为西藏驻康办事处处长,楚称丹增为副处长。2月23日,行政院给蒙藏委员会指令,允准西藏驻京、驻平、驻康办事处正副处长并启用印信,予以备案。3月28日,贡觉仲尼致呈蒙藏委员会,报送西藏驻京、驻平、驻康办事处组织大纲草案。西藏驻京、驻平、驻康办事处根据蒙藏委员会1931年5月的第914号训令,分别对组织大纲进行修正。同时,还根据西藏驻京、驻平、驻康办事处最近预算案,分别酌情修改。

西藏驻京、驻平、驻康办事处依其组织大纲设置和运行。1935年10月19

① 《内政部蒙藏委员会为西藏设立驻京平康办公处及其经费预算事致行政院呈》,中国藏学研究中心、中国第一历史档案馆等合编:《元以来西藏地方与中央政府关系档案史料汇编》(七),中国藏学出版社1994年版,第3095—3096页。
② 《贡觉仲尼为西藏驻京平康办事处关防启用日期事致蒙藏委员会呈》,中国藏学研究中心、中国第一历史档案馆等合编:《元以来西藏地方与中央政府关系档案史料汇编》(七),中国藏学出版社1994年版,第3097页。

日,西藏驻京、驻平、驻康办事处致呈蒙藏委员会,将修改后的西藏驻京、驻平、驻康办事处组织大纲,呈请蒙藏委员会鉴核。11 月 27 日,西藏驻京、驻平、驻康办事处组织大纲呈奉行政院备案。修正后的西藏驻京办事处组织大纲共计十八条,其主要内容是:"西藏驻京办事处,由国民政府核准设于首都。""本处秉承达赖大师意旨,受蒙藏委员会之监督指导,办理关于西藏在京应行接洽事宜。""本处置处长、副处长各一人,由达赖大师选任,呈由蒙藏委员会核转备案。处长综理本处全体事务,并指挥监督所属职员;副处长辅助处长执行职务。处长有事故时,副处长代理之。本处遇必要时,得由处长或副处长召集秘书、科长开处务会议。"驻京办事处设秘书室、总务科、会计科、宣传科、交际科等。秘书室职掌撰拟机要文电,翻译汉藏文件,审核各科稿件和处务会议记录及整理议案事项,以及处长交办事件。总务科职掌典守印信收发及配达文件,以及办事处职员进退、庶务、各项统计登记、保管公有物和其他不属于各室科事项。会计科职掌预算决算、出纳公款及支配本处经费事项,以及关于会计之簿记表册,稽核并整理一切收支单据等。宣传科职掌撰著一切宣传文字或图画,编辑汉藏文字刊物,翻译有关藏事的书报,以及关于刊物或宣传品印刷及发行事项。交际科职掌对外接洽或联络,接待来宾及新闻记者,以及西藏派京公务员、留学生或传教过京的西藏喇嘛临时招待及指导等事项。①

根据第二历史档案馆所藏蒙藏委员会档案记载,截至 1948 年,西藏驻京办事处设正副处长各一人,下设秘书室,置汉文秘书一人,藏文秘书二人;总务、会计、宣传、交际四科,各置科长一人,共置科员六人,书记六人。西藏驻京办事处。其代表五年交换一次。时由西藏代表土丹桑布任处长,主任秘书罗桑,藏文秘书罗桑土丹,汉文秘书刘受饴,总务科长韩柏增,会计科长扎西彭错,宣传科长袁鹏飞,交际科长曲批。"三十六年度核列经常费共五百六十三万元。当时,办事处实行的重要单行法规为西藏驻京办事处组织大纲。机关所在地址在南京建康路二九三号。"②

西藏驻京、驻平和驻康办事处的设立,表明西藏与中央政府的关系日益改善和正常化,西藏与内地的联系也更加密切,国家的主权和统一得到维护和加强。

---

① 《修正西藏驻京办事处组织大纲》,中国藏学研究中心、中国第一历史档案馆等合编:《元以来西藏地方与中央政府关系档案史料汇编》(七),中国藏学出版社 1994 年版,第 3105—3107 页。

② 《西藏驻京办事处组织概况》,中国藏学研究中心、中国第一历史档案馆等合编:《元以来西藏地方与中央政府关系档案史料汇编》(七),中国藏学出版社 1994 年版,第 3110 页。

第四节　十四世达赖派全权代表与中央
举行和平解放西藏谈判

　　和平解放西藏是在中华人民共和国成立之后实现的,而和平解放前夕的西藏地方则由十四世达赖主政。

　　1933 年 12 月 17 日,十三世达赖圆寂,西藏事务暂由司伦和噶厦负责处理。关于如何褒恤十三世达赖,12 月 21 日,国民政府行政院在追赐达赖喇嘛封号的呈文中称:"达赖喇嘛护持正法,卫国安民,功绩昭著,似宜特予褒恤,以示优异。因此,拟请明令追赐'护国弘化广慈圆觉大师'封号。"①当日,国民政府颁布追封达赖命令。此令说:"西藏达赖喇嘛,教思宏溥,觉性澄明,卫国安民,懋著勋绩;方冀住世悠长,安边阐教,兹闻圆寂,震悼良深。达赖喇嘛应追赠'护国弘化普慈圆觉大师'封号。"②1934 年 1 月 12 日,国民政府发布致祭专使命令,特派黄慕松为致祭十三世达赖喇嘛专使。③ 9 月 23 日,黄慕松在拉萨主持册封十三世达赖仪式,由总堪布代受玉册玉印。西藏地方政府以致祭达赖为重典,一再选择吉期,于 10 月 1 日在布达拉宫举行。④ 对于国民政府特派黄慕松致祭达赖,10 月 5 日,贡觉仲尼等致电称,达赖喇嘛圆寂后,中央特派黄慕松册封致祭,"具仰中央对藏亲爱之意,至深且厚,感慰莫名"。⑤

---

① 《国民政府行政院追赐达赖喇嘛封号的呈文》,西藏社会科学院、中国社会科学院民族研究所等编:《西藏地方是中国不可分割的一部分》(史料选辑),西藏人民出版社 1986 年版,第504 页。

② 《国民政府追封达赖命令》,西藏社会科学院、中国社会科学院民族研究所等编:《西藏地方是中国不可分割的一部分》(史料选辑),西藏人民出版社 1986 年版,第504 页。

③ 《国民政府派遣黄慕松为致祭专使命令》,西藏社会科学院、中国社会科学院民族研究所等编:《西藏地方是中国不可分割的一部分》(史料选辑),西藏人民出版社 1986 年版,第504页。

④ 《黄慕松主持册封、致祭第十三世达赖喇嘛》,西藏社会科学院、中国社会科学院民族研究所等编:《西藏地方是中国不可分割的一部分》(史料选辑),西藏人民出版社 1986 年版,第505页。

⑤ 《西藏代表贡觉仲尼等谢国民政府特派黄专使致祭达赖电》,西藏社会科学院、中国社会科学院民族研究所等编:《西藏地方是中国不可分割的一部分》(史料选辑),西藏人民出版社 1986 年版,第506 页。

达赖喇嘛转世灵童依照宗教仪规寻访到后,需遵循历史定制,由中央政府派员主持。1938 年 12 月 12 日,西藏地方摄政热振呼图克图呈电蒙藏委员会称:"所有中央派员参加办法一则,业经与司伦、噶厦商议,三灵儿迎到后,举行掣签典礼之际,为昭大信,悦迩遐[遐迩]计,中央应当派员参加。""至于各佛法卦内所示,今年内若不将三灵儿齐迎入藏,于达赖本身实有不祥之兆。因此事关系重大,仔肩难当,恳请先将在青之灵儿,饬令青海省政府,催促纪仓佛随同,即速起程进藏为感。"①12 月 28 日,国民政府发布训令,特派蒙藏委员会委员长吴忠信会同热振呼图克图,主持十四世达赖喇嘛转世事宜。② 1939 年 9 月,国防最高委员会第十五次常务会议议决《国民政府关于吴忠信奉使入藏谈话要旨十一项》。其主要内容是:"中央在保持中华民国之完整之唯一条件之下,中央只求增进西藏地方人员之福利,如西藏政教领袖愿趁机谈论以后关系问题,应以极诚恳极坦白之态度与之交换意见";"西藏为中国领土之一部,但中央不将西藏划为省区,可按照特种地方自治,允许西藏维持其政教制度";"中央应在拉萨设驻藏办事大员,代表中央宣达意旨,并体察地方情形,随时具报";"西藏得在国民政府所在地设立办事处,负联络之责,西藏人员经中央依法遴选者,得在各院部会及所属机关任职";"西藏治安,应由西藏负责维持,但如受外国侵犯或遇其他重大事变,请求中央援助时,中央当尽量予以援助";"西藏应服膺三民主义";"西藏应拥护国民政府";"西藏对外关系应由中央政府依照国际条约及惯例统筹办理";"西藏与西康边界问题,应由西藏与西康省政府会商查勘,呈请中央核定,或迳由中央根据地理及其他情况,从详研讨,秉公决定之";"中央对于西藏宗教、卫生、经济、文化等项建设事业,可循西藏之请求,予以物质上及人才上之补助";"西藏对于中央近年来建设进步之情况应切实明了,其不准确之认识,应为剀切说明"。③

十四世达赖转世和认定,是通过国民政府免予掣签实现的。1939 年 10 月,根据热振向蒙藏委员会呈报的关于迎接达赖转世灵童的情况,达赖转世灵童是藏历八月十四日到达热振寺的,定期于藏历八月二十二日驻锡日加寺,于

① 《热振呈蒙藏委员会电》,西藏社会科学院、中国社会科学院民族研究所等编:《西藏地方是中国不可分割的一部分》(史料选辑),西藏人民出版社 1986 年版,第 508 页。
② 《国民政府训令》,西藏社会科学院、中国社会科学院民族研究所等编:《西藏地方是中国不可分割的一部分》(史料选辑),西藏人民出版社 1986 年版,第 508 页。
③ 《国民政府关于吴忠信奉使入藏谈话要旨十一项》,西藏社会科学院、中国社会科学院民族研究所等编:《西藏地方是中国不可分割的一部分》(史料选辑),西藏人民出版社 1986 年版,第 509 页。

藏历八月二十五日迎入拉萨。① 10月5日，国民政府复电热振，批准达赖灵童"应准照所定日期迎入拉萨"。② 10月21日，西藏噶厦呈报蒙藏委员会，称"灵儿一行人等于藏历六月一日由青海首途，沿途毫无险阻，于八月七日到达黑河，廿五日安抵拉萨。驻锡罗卜岭岗格桑颇章宫殿。所有应行大小礼节均已办理妥善"。③ 蒋介石复电噶厦称："达赖化身灵儿平安到达，无任欣慰。惟征认手续暨各种礼节，应俟吴委员长莅藏后，会同热振呼图克图主持办理，会衔呈核方足以昭大信，而杜纠纷，希即遵照为盼。"④1940年1月28日，吴忠信致电国民政府，呈报关于灵童拉木登珠种种灵异确系第十三世达赖化身，请免予抽签。他在电文中称："据西藏摄政热振呼图克图来函略称，第十三辈达赖转世一案，迭经观海降神及僧俗官民大会公认青海觅得之灵童拉木登珠种种灵异，确系第十三辈达赖化身，应请免予抽签。""忠信复查所述灵异各节，均属确实，拟请转呈国府颁布命令，准以该灵童拉木登珠继任第十四辈达赖，俾得及时筹备坐床典礼，以昭郑重。"⑤据此，国民政府于2月5日下达命令称，青海灵童拉木登珠，慧性湛深，灵异特著，查系第十三世达赖喇嘛转世，应即免予抽签，特准继任为第十四世达赖喇嘛，"其坐床大典所需经费，着由行政院转饬财政部拨发四十万元，以示优异"。⑥ 2月22日，吴忠信在拉萨布达拉宫大殿主持十四世达赖喇嘛坐床典礼，并赠赐礼品。

十三世达赖喇嘛圆寂后，由热振摄政"所有全藏政教大权"，"至军事政治一切事宜，仍由司伦噶厦负责办理"。⑦ 1935年5月29日，国民政府册封热振

① 《热振呈报迎接灵童情形电》，西藏社会科学院、中国社会科学院民族研究所等编：《西藏地方是中国不可分割的一部分》(史料选辑)，西藏人民出版社1986年版，第510页。

② 《国民政府主席批准达赖灵童迎入拉萨》，西藏社会科学院、中国社会科学院民族研究所等编：《西藏地方是中国不可分割的一部分》(史料选辑)，西藏人民出版社1986年版，第510页。

③ 《西藏噶厦呈报灵儿已安抵拉萨电》，西藏社会科学院、中国社会科学院民族研究所等编：《西藏地方是中国不可分割的一部分》(史料选辑)，西藏人民出版社1986年版，第510页。

④ 《蒋介石委员长复电》，西藏社会科学院、中国社会科学院民族研究所等编：《西藏地方是中国不可分割的一部分》(史料选辑)，西藏人民出版社1986年版，第511页。

⑤ 《吴忠信呈报关于灵童拉木登珠种种灵异确系第十三世达赖化身请免予抽签等情电》，西藏社会科学院、中国社会科学院民族研究所等编：《西藏地方是中国不可分割的一部分》(史料选辑)，西藏人民出版社1986年版，第512页。

⑥ 《国民政府特准拉木登珠免予抽签继任达赖喇嘛令》，西藏社会科学院、中国社会科学院民族研究所等编：《西藏地方是中国不可分割的一部分》(史料选辑)，西藏人民出版社1986年版，第512页。

⑦ 《西藏地方政府呈报公举热振出任摄政电》，西藏社会科学院、中国社会科学院民族研究所等编：《西藏地方是中国不可分割的一部分》(史料选辑)，西藏人民出版社1986年版，第516页。

"辅国普化禅师"名号。① 但是,十四世达赖喇嘛坐床后不久,热振辞职。1941年1月16日,他在呈报辞职电中称:"兹以本衲身体精神诸多羸弱,政务殷繁,更兼才疏学浅,深感不胜。乃向达赖喇嘛及三大寺藏政府大会辞职,已经大会决议通过,准卸仔肩。继任人选,亦已由大会公推现任达赖云蒸达札佛继任。"②然而,以摄政达扎为首的少数上层分裂主义分子,于1942年成立所谓"外交局",于1947年派代表参加印度政府召开的"泛亚洲会议",不久又派出所谓"商务考察团"赴英美等国进行非法活动。1949年7月8日,西藏噶厦以全体噶伦的名义,为请中央驻藏人员限期撤离西藏,致电李宗仁代总统。该电文称:"李大总统宗仁钧鉴:径启者,西藏全体噶伦致函电,今据全藏民众大会呈称:'兹因中央国民党与共产党发生内战,至今尚未平息。中央官兵所在之地无不发生有共产之宣传与鼓动,故中央驻藏各机关人员等,亦难保其无人。现更传藏境及拉萨区内,增加潜杂共产党嫌疑分子者,有中国人及巴安人等等之说,而难于分别指定。至于本地,乃佛法弘扬圣地之西藏,甚恐受其恶党之侵蔓与毒害,现全藏人众发生无限恐怖忧愁。而我中藏之悠久檀越情感,内部并无分毫革[隔]阂。为我中藏政局及内部安宁起见,不得不驱尽代[带]有共产嫌疑之秘密工作人员。因又无法检查分别,更为杜绝潜杂之计,将驻藏中央办事处、无线电台、学校、医院及其他有嫌疑之人员等,应请限期离藏,各回原籍。等情。'兹准将各机关人员由拉(萨)至印境之沿途旅费及一切乌拉支应、护送官兵,由本政府备有特别从优隆厚待遇外,其他所有嫌疑之中国人及巴安人等,亦派有护送军队,即回原籍。该事均已接洽声明矣。希我中央政府请祈俯念重于实为安靖,并非罔法孟浪,原谅幸甚,感之不尽也。特此草函。恭候国安。附阿喜哈达以佐芜函。"③随后,大批全副武装的藏兵包围了驻藏办事处,没收国民政府交通部拉萨无线电台,并占领中央气象测绘局拉萨气象测绘所,关闭了国立拉萨小学。国民政府驻藏办事处人员及家属和其他汉族人员二百多人,于7月11日、17日和20日,分三批被藏兵武装押送至中印边境,经印度由海路遣返内地。④ 这就是历史上的"七八驱汉"事件。针对拉萨发生的"驱汉"事件,新华社1949年9月2日发表了题为《决不容许外国侵略者吞并中国的领土——西藏》的社论,指出:"七月八日西藏地方当权者驱逐汉族人民及国民党驻藏人员的事件,是在英美帝国主义及其追随者印度尼赫鲁政府的策划下发动的",其目的就是企图在中国人民解放军即将解放全国的时候,使西藏人民不但不能得到解放,而且进一步丧失独立自由,变为外国帝国主义的殖民地奴隶。① 在西藏发生图谋西藏"独立"的严重事件面前,中国共产党旗帜鲜明地表明立场,给英美帝国主义和西藏少数亲帝分裂主义分子以坚决回击,捍卫西藏是中国不可分割一部分的历史地位和主权归属。

近代以来,西藏上层统治集团内部存在着维护西藏主权归属的爱国力量与图谋西藏"独立"势力之间的斗争。实行和平解放西藏方针,特别是昌都战役胜利以来,以达扎为代表的亲帝分裂主义分子不得人心,达扎被迫辞职下台。1950 年 11 月 17 日,即藏历 10 月 8 日,十四世达赖喇嘛亲政。达赖当即写信给毛泽东主席说:"在我尚未成年之时,发生了汉、藏冲突的事情,甚感痛心。如今西藏僧俗人民同声呈请我亲政,实难推卸责任,不得已于藏历十月八日亲政。盼望毛主席关怀,施恩于我本人和全体西藏人民。"②当时年仅 15 岁的十四世达赖提前理政,促使西藏局势朝着有利于和平解放的方向发展,但在此后不久,又于 12 月 19 日与部分西藏地方政府官员一起离开拉萨,以备出走印度,经江孜于 1951 年 1 月 2 日到达西藏边境重镇亚东,并将西藏地方政府一分为二,任命鲁康娃、洛桑扎西两司曹(代理摄政)及少数官员留拉萨维持局面,组成拉萨噶厦,③在此之外,另组了"亚东噶厦"。

达赖亲政后,毛泽东向其表示祝贺。据 1951 年 2 月 1 日中国驻印度大使袁仲贤在给达赖喇嘛的信中说:"毛主席令我代表他祝贺你的执政。你的意见经我呈中央人民政府,已得到指示:中央人民政府是一直欢迎你派代表赴北京商谈和平解放西藏问题的。"④达赖自接到中央人民政府毛泽东主席祝贺其亲政的电报后,除仍向袁仲贤表示希望人民解放军撤退外,一方面声明已派阿

---

① 《决不容许外国侵略者吞并中国的领土——西藏》,中国藏学研究中心编:《和平解放西藏五十周年纪念文集》,中国藏学出版社 2001 年版,第 15—16 页。

② 土丹旦达:《〈关于和平解放西藏办法的协议〉签订前后》,中国藏学研究中心编:《和平解放西藏五十周年纪念文集》,中国藏学出版社 2001 年版,第 305 页。

③ 中共西藏自治区委员会党史研究室编著:《中国共产党西藏历史大事记》(1949—2004),第 1 卷,中共党史出版社 2005 年版,第 33 页。

④ 刘少奇、周恩来:《关于西藏问题近期处理情况给毛泽东的电报》,中共中央文献研究室、中共西藏自治区委员会编:《西藏工作文献选编》(1949—2005),中央文献出版社 2005 年版,第 40 页。

沛为赴北京的和谈代表团团长，"并派两助理代表经印度赴北京；另方面带信给阿沛，委其为全权代表，称其为西藏僧俗中最有威信的噶伦，劝其好好赴北京和谈。"①自此，十四世达赖接受和平解放西藏谈判。

　　1951 年 1 月，十四世达赖致信中央人民政府，信中说，"余此次接受西藏全体人民热烈而诚恳的要求执政"，"决定和平达成人民之愿望"，派代表"向中央人民政府谋求解决西藏问题"。西藏地方政府在中央人民政府和平解放西藏的方针和民族平等政策的影响下，于 1951 年 2 月，由十四世达赖喇嘛任命阿沛·阿旺晋美为首席全权代表，凯墨·索安旺堆、土丹旦达、土登列门和桑颇·登增顿珠等四人为代表，赴北京全权处理和中央人民政府谈判事宜。"噶厦给每个代表颁发了一份盖有印章的全权证书，证书外面注明了西藏全权代表五人姓名及身份，里面写有承认西藏为中国领土等内容。可答应每年向中央政府进贡，此外不得作任何许诺等字样。"②在谈判中，西藏地方政府谈判代表完全自主地决定是否向西藏地方政府和达赖请示。据阿沛在 1989 年西藏自治区五届人大二次会议上讲话时说，谈判开始不久，关于人民解放军进入西藏问题，他们"就通过凯墨和土丹旦达带来的密码向在亚东的达赖喇嘛和噶厦发了电报，说明在和谈中，其他方面问题都不大，就是如不承认人民解放军进藏守卫边疆这个问题，谈判恐怕谈不成"。他还在《回顾西藏和平解放的谈判情况》的回忆文章中说："代表的思想统一了，认识一致以后，又一致决定：在谈判中，一般问题不请示。这是很关键的一着。因为你向噶厦请示一个问题，他就要回答一个问题，如果不同意，不仅拖延时间，还没法处理，甚至无法取得谈判成果。况且电报一来一往说不清楚，反而使问题拖延不决，无头无尾，更加复杂化。所以，整个谈判，只在班禅问题上，同亚东噶厦联系过两次。"③土丹旦达根据其切身经历谈到，双方代表通过亲切会谈，交换意见，平等协商，很快就许多原则问题取得了一致意见。先是西藏地方政府代表接受了中央提出的十条。接着，西藏地方政府代表也提了九条建议，中央对正确的部分加以采纳和研究综合，并对不合理的部分进行了耐心解释。他说："我作为译仓派出的僧官，在谈判过程中对宗教信仰、寺庙收入等提的建议较多，中

①　刘少奇、周恩来：《关于西藏问题近期处理情况给毛泽东的电报》，中共中央文献研究室、中共西藏自治区委员会编：《西藏工作文献选编》(1949—2005)，中央文献出版社 2005 年版，第 39 页。

②　土丹旦达：《〈关于和平解放西藏办法的协议〉签订前后》，中国藏学研究中心编：《和平解放西藏五十周年纪念文集》，中国藏学出版社 2001 年版，第 305 页。

③　阿沛·阿旺晋美：《回顾西藏和平解放的谈判情况》，《中共党史资料》1988 年第 3 期。

央大都采纳了。"①为了便于在返藏后让达赖了解谈判的详细情况,使他接受签订的协议,西藏地方政府谈判代表每次商量问题时,都注意请达赖的姐夫、谈判代表团汉文翻译尧西·彭措扎西参加。

1951年5月23日,中央人民政府全权谈判代表和西藏地方政府全权谈判代表在友好协商的基础上签订了关于和平解放西藏办法的《十七条协议》。其中,协议第四条规定:"对于西藏的现行政治制度,中央不予变更。达赖喇嘛的固有地位及职权,中央亦不予变更。各级官员照常供职。"由于当时达赖移居西藏亚东,该协议另订一个附件,双方各执一份,对外不宣布,同样起作用。② 其附件包括《关于人民解放军进驻西藏的若干事项的规定》③和《关于西藏地方政府负责执行和平解放西藏办法的协议的声明》。其中,声明共2条。它规定:"一、西藏地方政府全权代表声明:(甲)西藏地方政府及其军队负责执行和平解放西藏办法的协议。(乙)希望中央人民政府允许达赖喇嘛在西藏地方政府执行和平解放西藏办法的协议第一年内,如因某种需要,得自行选择驻地。在此期间内返职时,其地位和职权不予变更。二、中央人民政府全权代表同意西藏地方政府全权代表之上项声明。"④在维护西藏是中国不可分割一部分和达赖喇嘛拥护和平解放西藏的前提下,《十七条协议》及其附件将中央不予变更达赖喇嘛固有地位及职权规定下来。

第五节　十四世达赖喇嘛致电中央 拥护《十七条协议》

十四世达赖移居到亚东,并将西藏地方政府一分为二。这一局面的出现,为和平解放西藏增添了达赖能否留在西藏的变数,中央人民政府与西藏地方政府商谈和平解放西藏办法时不得不予以慎重考虑和稳妥应对。

协议签订后,达赖仍然滞留在亚东,也没有及时对协议表明态度。特别是

---

① 土丹旦达:《〈关于和平解放西藏办法的协议〉签订前后》,《和平解放西藏五十周年纪念文集》,中国藏学出版社2001年版,第316页。

② 阿沛·阿旺晋美:《回顾西藏和平解放的谈判情况》,《中共党史资料》1988年第3期。

③ 《关于人民解放军进驻西藏的若干事项的规定》,西藏自治区党史办公室编:《周恩来与西藏》,中国藏学出版社1998年版,第19—20页。

④ 《西藏地方政府关于执行协议的声明》,西藏自治区党史办公室编:《周恩来与西藏》,中国藏学出版社1998年版,第20页。

在美国的插手下,一小撮亲帝国主义分裂分子企图伺机把达赖带到国外。6月2日,美国国务卿艾奇逊致电美驻印度大使称:"如果他(指达赖)留在如印度或锡兰这样靠近西藏的国家,将会对西藏人的自主(独立)事业发挥最大的作用。"①西藏地方政府谈判代表团把协议内容发到亚东后,一小撮亲帝国主义分裂分子异常恐惧,叫嚷签订的协议丧失了西藏所有的权利,并进一步策划达赖出国。② 当时,内外因素交织在一起,达赖离开西藏的可能性是严重存在着的。

关于和平解放西藏中如何对待达赖问题,早在谈判前,中央就曾于1950年2月25日同意派志清法师说服达赖集团给西南局并西北局的指示中指出:"我军进驻西藏计划,是坚定不移的,但可采用一切方法与达赖集团进行谈判,使达赖留在西藏并与我和解。"③1951年1月29日,中央就欢迎达赖派代表来京商议和平解决西藏问题致电指示我国驻印度大使袁仲贤:"大使馆应好好款待达赖代表,并从旁探询西藏内部情况及达赖执政后的动向。如西藏内阁已换了人,而三大寺代表又已取得实权,你可向达赖两代表及彭泽扎西表示,达赖活佛不应离开西藏。离开西藏不仅有碍和平解放西藏的商谈,且将丧失达赖原在西藏的地位。"④考虑到达赖有可能离开西藏的情况,《十七条协议》在附件中规定了一个关于西藏地方政府负责执行和平解放西藏办法的协议的声明。这就是:西藏地方政府全权代表声明,西藏地方政府及其军队负责执行和平解放西藏办法的协议;希望中央人民政府允许达赖喇嘛在西藏地方政府执行和平解放西藏办法的协议第一年内,如因某种需要,得自行选择驻地。在此期间内返职时,其地位和职权不予变更。⑤

在谈判和签订《十七条协议》的过程中,张经武作为中央人民政府全权谈判代表之一,协助首席谈判代表李维汉,经常与西藏地方政府代表面对面地谈判,参加了谈判的整个过程。协议签订后,毛泽东主席和中央指示进军西藏的同时,为了争取达赖能够从亚东返回拉萨,承认并拥护协议,特委派张经武以

---

① 编委会:《解放西藏史》,中共党史出版社2008年版,第169页。

② 土丹旦达:《〈关于和平解放西藏办法的协议〉签订前后》,《和平解放西藏五十周年纪念文集》,中国藏学出版社2001年版,第317页。

③ 《中共中央同意派志清法师说服达赖集团的指示》,中共中央文献研究室、中共西藏自治区委员会编:《西藏工作文献选编》(1949—2005),中央文献出版社2005年版,第14页。

④ 《周恩来为中央起草的关于欢迎达赖派代表来京商议和平解决西藏问题复袁仲贤并告邓小平、贺龙电》,西藏自治区党史办公室编:《周恩来与西藏》,中国藏学出版社1998年版,第12页。

⑤ 西藏自治区党史办公室编:《周恩来与西藏》,中国藏学出版社1998年版,第19—20页。

中央代表的身份奔赴西藏。

1951 年 5 月 24 日,即协议签订的第二天,毛泽东手书一封给达赖的信,希望达赖和西藏地方政府认真实行协议,尽力协助人民解放军和平进驻西藏。他在这封信的结尾处说:"我特派张经武代表同你的代表们一道前来你处,以资联络。如你有需要他协助的地方,可随时与他接洽。"①这是中央委派张经武赴藏以及关于张经武赴藏身份的最早表述。显然,毛泽东这时称张经武为"代表",与西藏地方政府和谈代表对等并称,应该说是对张经武在和平谈判和签订协议时作为"中央人民政府和谈全权代表"称谓的一种沿用,或者说是中央要张经武以中央人民政府和谈全权代表这一特殊身份,继续从事与之相称的工作。毕竟,达赖和西藏地方政府尚未就协议表态,协议从签订到贯彻执行还需要一个具体落实的过程,需要做大量的工作。张经武通过参加整个和谈工作,从中进一步了解了西藏当时的情况,并比较熟悉中央对西藏的政策,由他作为中央代表,联络中央和西藏地方,是比较合适的,有利于中央对达赖和西藏地方政府开展工作。

张经武此次赴藏,最紧要的就是首先争取达赖回到拉萨,否则,达赖一旦离开西藏,将会给西藏地方局势带来严重混乱,并危及协议的贯彻执行。因此,争取达赖返回拉萨,避免其出走国外,便成为协议签订后急需要做的事情。张经武自接受赴藏任务后,就意识到了完成任务的艰巨性,并有了在藏长期工作的思想准备。据他的妻子杨岗后来追忆,张经武赴藏前曾对她说,西藏和平解放,关系到祖国大陆的统一,意义十分重大,"党把这一光荣任务交给我,是对我的信任和考验。不论有多大困难,我都要克服它,决不辜负党的重托。"当她提出要与张经武一起赴藏时,张经武说:"你身体不好,暂时不要去,等打开局面后你再去。"②

张经武在离开北京前,周恩来总理在紫光阁约其谈话,交代了进藏任务和中央开展西藏工作的方针政策。③ 同时,希望他挑起这副重担,努力完成任务。随后,毛泽东主席在丰泽园接见了他,并同他从晚饭后一直长谈到深夜。谈到达赖问题,毛泽东就达赖托阿沛带来的一封信指出:"看信的口吻,达赖不会很快就逃亡国外,还在亚东。达赖年幼,他周围的一些反动分子是会竭力

① 中共中央文献研究室、中共西藏自治区委员会、中国藏学研究中心编:《毛泽东西藏工作文选》,中央文献出版社、中国藏学出版社 2008 年版,第 45—46 页。
② 杨岗:《回忆和学习张经武同志》,《人民日报》1980 年 1 月 23 日。
③ 中共中央文献研究室编:《周恩来年谱》(1949—1976),上卷,中央文献出版社 2007 年版,第155 页。

煽动他向国外跑的。"毛泽东嘱咐张经武在西藏注意工作方法,统战上层,爱国一家,一定要说服达赖回到拉萨。①

历史上,赴藏既可以走国内路线,也可以绕道境外。张经武代表考虑到走国内路线赴藏,道路难行,需时太长,尤其是到亚东要穿过拉萨、日喀则,而且,"在藏族群众对我不了解的情况下,很可能会引起种种议论;一些分裂主义分子,也会借机造谣生事"。② 因此,为争取时间,尽快与达赖接触,经请示中央并得到同意,张经武一行选择了绕道香港、印度而转赴西藏。

由于赴藏时间紧迫,张经武轻车简从,只是做了必要的准备工作。1951年6月13日下午6时45分,张经武代表一行乘车离京赴藏。随员有:列席和谈的乐于泓,藏语文翻译朋措扎西,机要译电员郝广福,机要秘书郝创兴,联络部刘雨屏(又名黄斌),警卫员李永柯,副官李天柱,医生徐乐天,护士冯冠森,司药魏晓峰,译电报务员李作勋、张昌鼎、杨树荣,③同行的还有西藏地方政府谈判代表土丹旦达、凯墨·索安旺堆和桑颇·登增顿珠,他们经印度返西藏,是为了先行向达赖和"亚东噶厦"作口头汇报。历经艰辛,张经武一行于7月14日到达亚东。前往驿站迎接的有噶伦然巴和他带领的地方政府部分官员、达赖的警卫团官兵。他们为张经武举行了迎接仪式。仪式结束后,张经武一行前往亚东下司马,住在噶厦为他们准备好的房舍。稍事歇脚,他即通知住在亚东东噶寺的达赖,表示"希望尽快相见"。④

在安排张经武与达赖会面的问题上,负责具体工作的乐于泓与噶伦然巴之间发生了所谓会面时达赖要"升座"的争执。张经武对乐于泓说:"政治上西藏地方政府要尊重中央人民政府,宗教上我们尊重西藏的风俗习惯。"⑤双方最后商妥的办法是,达赖在他的寝室楼上坐在一靠背椅上,给张经武也设一靠背椅,两位相见后,坐着交谈。⑥

① 郝广福:《在张代表身边的日子里》,《和平解放西藏五十周年纪念文集》,中国藏学出版社2001年版,第228页。
② 郝广福:《在张代表身边的日子里》,《和平解放西藏五十周年纪念文集》,中国藏学出版社2001年版,第229页。
③ 随员名单由当时的随行医生、曾任北京协和医院外科主任的徐乐天通过张经武之子张华川向作者提供。
④ 郝广福:《在张代表身边的日子里》,《和平解放西藏五十周年纪念文集》,中国藏学出版社2001年版,第231页。
⑤ 赵慎应:《中央驻藏代表——张经武》,西藏人民出版社1995年版,第19页。
⑥ 朋措扎西(即彭哲):《我所经历的西藏和平解放》,《见证百年西藏——西藏历史见证人访谈录》,五洲传播出版社2003年版,第113页。

东噶寺与张经武住地——下司马之间相距有四五公里路程。1951年7月16日11时，噶伦然巴来到住地请张经武前往东嘎寺与达赖会面。快到东嘎寺时，西藏地方政府的官员列队迎接。张经武下马和前来迎接的官员一一握手，表示感谢。他在帐篷里休息片刻后，由噶伦们陪同与达赖会面。据乐于泓日记载："达赖住东噶庙上，在庙前见了百官，即款待至临时支设的帐篷，由噶伦陪同憩坐，并陪同至达赖内室。达赖坐较高座上，我与张代表设两座在右侧。""当张代表步入达赖喇嘛的寝宫时，达赖喇嘛从座位上下来和张代表握过手，然后就座。他们两人的座位下面都铺有地毯。不过张代表的座位比达赖喇嘛的座位略低一些。按藏族礼节，敬过茶和甜米饭后，张代表和达赖喇嘛交谈。"①

在会面中，张经武将携带的毛泽东致达赖的亲笔信和《十七条协议》抄本交给达赖，达赖问候毛主席健康。毛泽东在信中感谢达赖经阿沛带给他的信和礼物，指出西藏地方政府在达赖理政以后，开始改变以往的态度，响应中央人民政府和平解放西藏的号召，派遣以阿沛为首的全权代表来北京举行谈判，这项举措是完全正确的；中央人民政府全权代表和西藏地方政府全权代表在友好基础上，经过多次商谈，签订的《十七条协议》符合西藏民族和西藏人民的利益，同时也符合全中国各民族人民的利益。他说："从此，西藏地方政府和西藏人民在伟大祖国大家庭中，在中央人民政府统一领导下，得以永远摆脱帝国主义的羁绊和异民族的压迫，站起来，为西藏人民自己的事业而努力。"②毛泽东的这封亲笔信由张经武的藏语文翻译朋措扎西翻译成藏文，并作为副本供达赖阅读。③达赖对张经武不辞辛劳远道而来，并带来了毛主席的亲笔信表示感谢、欢迎并慰问。毛泽东送给达赖的大批礼物，由于从海路运输没有及时运到。张经武对达赖说，到拉萨后奉送。④

张经武向达赖介绍了《十七条协议》的谈判情况和协议内容，以及中国共产党的民族、宗教政策。达赖当时对协议持观望态度，借口要等阿沛回到拉萨，并经噶厦研究后再表态。张经武希望达赖早日返回拉萨，达赖明确表示已作出要回拉萨的决定。张经武问达赖何时返回拉萨，达赖说今明两天就要起

---

① 乐于泓：《和平解放西藏日记摘抄》，《和平解放西藏五十周年纪念文集》，中国藏学出版社2001年版，第249页。

② 《给达赖喇嘛的信》，中共中央文献研究室、中共西藏自治区委员会、中国藏学研究中心编：《毛泽东西藏工作文选》，中央文献出版社、中国藏学出版社2001年版，第45页。

③ 赵慎应：《中央驻藏代表——张经武》，西藏人民出版社1995年版，第21—22页。

④ 朋措扎西（即彭哲）：《我所经历的西藏和平解放》，《见证百年西藏——西藏历史见证人访谈录》，五洲传播出版社2003年版，第113页。

程,并问张经武先行还是他先行。张经武说:"你随行官员多,还是你先行,我随后就来。"①

这次会面之后,在达赖对协议表态问题上,据乐于泓日记载:7 月 17 日,"凯墨、土丹旦达按我们通知来到。凯墨说,(关于《十七条协议》)必须等阿沛与诸噶伦见面后,噶厦再表示态度。我提出,协议内容已电告噶厦,这次把抄本也带来了,他们见了中央代表和毛主席的信,应表示态度,不一定等全体噶伦开会。早表态对达赖在全国威信有好处。接着,张代表又谈到班禅拥护达赖,为了团结,达赖也应表态。凯墨答应转告噶厦。"②7 月 20 日下午,尧西·彭措扎西和达赖哥哥洛桑三旦到张经武代表住处拜访,谈到西藏地方政府致中央人民政府民族事务委员会的电文内容。在这一电文中,西藏地方政府称:"张代表经武与达赖喇嘛晤面,含有亲密的友谊在前进中,甚谢。现在已决定于藏历五月十八日离开亚东返拉萨。抵拉萨后,候噶伦阿沛来接受协议正本,然后即召开全体(官员)大会研究实行后,即致达中央人民政府。"③西藏地方政府一直强调,对协议表态,要等阿沛回来才能作出。

在亚东,张经武将第一次会面达赖的情况,经我国驻印度大使馆报告给了中央。第二天,中央在复电中赞扬了张经武的工作成绩,并对下一步工作进行了指示。这份复电是张经武离开北京和见到达赖之后,第一次收到中央的指示。④

达赖返回拉萨问题解决之后,争取达赖承认并拥护《十七条协议》就成为了张经武工作的中心环节。

达赖于 1951 年 7 月 21 日率西藏地方政府僧俗官员多人离开亚东,8 月 17 日到达拉萨。随后,张经武代表也于 7 月 23 日起程,先后途经帕里、吐那、加拉、康马、江孜、车仁、打隆、浪卡子、白地、捏索楚卡、曲水、涅塘,于 8 月 8 日先于达赖抵达拉萨。

张经武在抵达拉萨的第三天,即 8 月 10 日,撰写情况简报,向中央报告了工作。其中,关于西藏地方政府对协议的态度问题,张经武说:"在江孜之噶厦及在拉萨之代理司伦一致表示待阿沛到来再谈,均不表示意见,从侧面了解

---

① 朋措扎西(即彭哲):《我所经历的西藏和平解放》,《见证百年西藏——西藏历史见证人访谈录》,五洲传播出版社 2003 年版,第 113 页。

② 乐于泓:《和平解放西藏日记摘抄》,《和平解放西藏五十周年纪念文集》,中国藏学出版社 2001 年版,第 249—250 页。

③ 新华社 1951 年 8 月 14 日电讯。见《解放西藏史》,中共党史出版社 2008 年版,第 172 页。

④ 郝广福:《在张代表身边的日子里》,《和平解放西藏五十周年纪念文集》,中国藏学出版社 2001 年版,第 236 页。

他们对协议第十五条人事问题有意见。一般表示解放军来多了粮食很困难。此外怀疑对宗教不利。贵族害怕分财产。打害热振之达扎派如索康等怕报复，与英美有深厚经济关系之官员暗中仍勾结……"①中央于 8 月 18 日致电张经武，指出目前对达赖及拉萨官员上层，主要是设法接近，进行宣传解释，以解除疑虑，不宜急躁，一切活动须采取谨慎方针。②

阿沛携带《十七条协议》正本，先于张经武一行离开北京，由张国华陪同返藏。在离开北京时，阿沛是抱定了必须贯彻执行协议的决心出发的。他说："无论西藏发生了什么变化，即使达赖喇嘛真的出走了，协议既已签字，就必须贯彻执行，我义不容辞地要担负起执行协议的责任，这是历史赋予我的重大使命。贯彻执行协议，我是铁了心的。"③阿沛于 9 月 12 日回到拉萨，在 21 日向达赖报告了在北京与中央人民政府全权代表和谈的情况。

阿沛回到拉萨，为张经武在拉萨开展工作提供了必要条件。从此，他们开始了在西藏长达 15 年的合作共事。

在达赖返回拉萨后，张经武首先要做的，就是完成在亚东没有来得及做的工作，即代表毛泽东主席给达赖赠送礼品。9 月 23 日，乐于泓到噶厦，商谈张经武代表毛泽东主席给达赖赠送礼品的问题。乐于泓提出，赠送礼品的仪式应遵守一个原则，就是政治上尊重中央人民政府与地方政府的正确关系，宗教上尊重西藏人民的宗教信仰与习惯。他还谈了希望达赖尽早致电中央表示拥护协议，争取在国庆节前发出电报，以及举行庆祝国庆大会和班禅回藏问题。对此，噶厦答应第二天讨论，第三天给予答复。到了第三天，噶厦派凯墨、柳霞来传达意见。其中，关于送礼仪式，噶厦同意乐于泓提出的原则。至于国庆前后发电拥护协议问题，噶厦表示有困难。这时，张经武提出最好争取国庆节前发出拥护协议的电报。随后，张经武接到噶厦关于向达赖赠送礼品的一个正式答复，即书面通知，时间定在了 9 月 28 日。④

在阿沛回到拉萨后，就达赖如何对协议表态问题，西藏地方政府于 9 月 24—26 日召开了全体僧俗官员、三大寺堪布、藏军甲本以上军官等 300 多人的官员大会。阿沛在会上报告了协议签订的经过，出示了协议正本，介绍了协

① 中共西藏自治区委员会党史研究室编著：《张经武与西藏解放事业》，中共党史出版社 2006 年版，第 61 页。

② 《周恩来审改的中央致张经武电》，西藏自治区党史办公室编：《周恩来与西藏》，中国藏学出版社 1998 年版，第 21—22 页。

③ 阿沛·阿旺晋美：《回顾西藏和平解放的谈判情况》，《中共党史资料》1988 年第 3 期。

④ 赵慎应：《中央驻藏代表——张经武》，西藏人民出版社 1995 年版，第 42—43 页。

议内容,指出签订协议完全是为了达赖喇嘛和全藏人民的利益,中央对协议是有诚意的,并表示愿以全体代表的身家性命和财产担保。据土丹旦达回忆说:"我们五名和谈代表在会议开始后才入场,由阿沛·阿旺晋美报告签订《十七条协议》的经过,执行代表证书精神的详细情况。并且表示,我们五人愿以身家性命和财产保证,协议对达赖喇嘛的宏业、西藏的政教、全藏黎民的利益都是有好处的。如果大会证明协议对上述种种不利,则请惩办我们不经请示、自作主张之罪。我补充说,按过去的规矩,凡出外办事的人员,有功者回来受奖。我们签订《十七条协议》是一件很大的事,如果是成功的,对达赖和人民都有益处,我们并不要求奖励,但如果是不利的,则可以用身家性命和财产保证。大家当着我们的面不好批评、指责,我们可以退出会场,让大家畅所欲言。"①经过两天讨论,大家一致认为协议很好,表示拥护。于是,大会通过了呈报达赖的如下文稿:签订的《十七条协议》,对于达赖之宏业,西藏之佛法、政治、经济诸方面,大有裨益,无与伦比,理当遵照执行。② 但这次僧俗官员大会后,噶伦然巴和噶伦厦苏来到中央代表处说,怕国庆节时间赶不上,内部有分歧,希望推迟几天给中央发电报。

9月28日,张经武按事先约定,到拉萨西郊的罗布林卡,代表毛主席向达赖赠送礼品。据乐于泓统计,礼物中有特织哈达1件,毛主席画像1幅,中国人民政治协商会议第一届会议纪念刊1册,天安门彩色照片1帧,伟大祖国照片1套(523张),年画30份,象牙雕球1件,象牙白菜1件,象牙桥1座,象牙笔阁1对,玛瑙瓶1件,墨玉和平鸽1对,黄玉鸟1对,玉帆船1件,景德镇瓷餐具1件(光绪年造),景泰蓝花瓶1对,湘绣挂屏4扇,黄宫缎10疋,红藏袍缎10疋,幻灯机1具(附幻灯片9套)。③ 当这些礼物抬经拉萨大街时,拉萨僧俗人民争先围观。达赖接受毛主席的礼物,并向毛主席的画像致敬。

礼物接受完毕后,达赖接见了张经武代表。张代表传达了毛主席、中央人民政府和各首长对达赖的关怀。谈到贯彻执行协议问题,张经武说:"阿沛先生在北京签订了《十七条协议》,这是中国各民族进一步大团结的表现,人民解放军及入藏工作人员来西藏就是忠诚地执行协议的。"他指出:"中华人民共和国第二个国庆即将到来,这是极宝贵的一天,在这一天,北京将举行盛大

① 土丹旦达:《〈关于和平解放西藏办法的协议〉签订前后》,《和平解放西藏五十周年纪念文集》,中国藏学出版社2001年版,第320页。
② 土丹旦达:《〈关于和平解放西藏办法的协议〉签订前后》,《和平解放西藏五十周年纪念文集》,中国藏学出版社2001年版,第320页。
③ 乐于泓:《回忆投身西藏和平解放的历程》,《中共党史资料》1989年第4期。

的海陆空阅兵典礼,协议已签订数月,我到西藏也一个多月了,希望达赖喇嘛最好在国庆前给中央发一个电报,说明对协议的意见。"对此,达赖回答:"我正准备做哩!"①但是,由于西藏上层亲帝分子的阻挠,噶厦对发电问题进行拖延,张经武所倡议的在国庆节前由达赖致电拥护协议,未能实现。

1951 年 10 月 1 日,张经武在拉萨欢度新中国第二个国庆节,这也是他在西藏过的第一个国庆节。国庆节过后,张经武接到噶厦写给他的信。噶厦在信中提出在拍发对协议表态的电报以前,要求张经武答复如下三个问题:一是军政委员会的职权问题,包括达赖的地位和职权问题;二是军队少来问题,包括改编藏军问题;三是全部藏族地区统一问题,包括昌都地区划归西藏地方政府问题。出现这一情况,是因为西藏地方政府中有一些人对中央人民政府和人民解放军仍然存有怀疑和顾虑,而这种怀疑和顾虑是历史上中国反动政府和帝国主义侵略势力长期造成的民族隔阂的结果。

对于上述问题,张经武经请示中央批准后,于 10 月 14 日,在乐于泓的随同下,到噶厦作了明确答复。关于军政委员会的职权问题,张经武答复,军政委员会是中央人民政府在西藏必须有的一个代理机构,西藏军区只是一个军事机关,它与西藏地方政府会经常发生关系,军政委员会可以管理西藏地方政府和人民解放军两方面的事情。关于军队少来问题,他说,人民解放军来藏只是一个军,2 万人左右,驻防江孜、日喀则、阿里、林芝等边防一带,拉萨只驻4000 人左右。军用粮草不要西藏人民负担,中央用银元购买,其他由内地运输。关于全部藏族地区统一问题,他指出,这一问题要由川、甘、滇、青各省藏族人民投票表决,只要他们赞成即可,但目前初获解放,一切尚未就绪,而且其他藏区解放早,工作进展快,现在还不能谈统一;关于昌都地区,经中央批准即可划归西藏,估计没有什么问题。噶厦对张经武的答复进行了讨论,进一步消除了有关怀疑和顾虑。

这期间,中国人民政治协商会议第一届全国委员会即将在北京召开第三次会议,邀请西藏地方政府派代表参加。10 月 19 日,西藏地方政府致人民政协第一届全国委员会第三次会议贺电称:"承邀请西藏地方政府派代表的通知,已由张经武代表转到。本应参加共同协商国事,实因旅途遥远不能按时赶到,容下次会议当再遵派代表出席。谨电致歉,并祝会议成功。"②这次会议于10 月 23 日—11 月 2 日在北京召开。周恩来在政治报告中指出:"西藏已和平解放,整个中国大陆出现了历史上从来没有过的人民的统一。"在民族事务方

① 赵慎应:《中央驻藏代表——张经武》,中国藏学出版社 2001 年版,第 37 页。
② 《人民日报》1951 年 10 月 24 日。

面,他报告的第一件事就是"和平解放西藏的协议正在开始执行,人民解放军已开进拉萨,受到西藏人民的热烈欢迎"。① 会上,十世班禅等18人被补选为全国政协委员。

也正是在这次政协会议召开期间,达赖根据西藏僧俗官员大会关于《十七条协议》的呈文②,于1951年10月24日致电毛泽东主席,表示拥护协议。③该电文全文为:"中央人民政府毛主席:今年西藏地方政府特派全权代表噶伦阿沛等五人于1951年4月底抵达北京,与中央人民政府指定的全权代表进行和谈。双方代表在友好基础上已于1951年5月23日签订了关于和平解放西藏办法的协议。西藏地方政府及藏族僧俗人民一致拥护,并在毛主席及中央人民政府领导下积极协助人民解放军进藏部队巩固国防,驱逐帝国主义势力出西藏,保护祖国领土主权的统一,谨电奉闻。"电文是用藏文严格按照以往向上行文的惯例,写在一张上好的藏纸上,抬头处留得很宽,并绘有藏式图案。电文由朋措扎西译成汉文送张经武阅后,用电报发出。两天后,即10月26日,毛泽东复电达赖,感谢他对实行和平解放西藏协议的努力。电文称:"达赖喇嘛先生:你于一九五一年十月二十四日的来电,已经收到了。我感谢你对实行和平解放西藏协议的努力,并致衷心的祝贺。"④毛泽东的这一复电也是由朋措扎西译成藏文送交西藏地方政府的。

但是,十四世达赖在1959年西藏发生全面武装叛乱而逃亡印度后,却妄称"《十七条协议》是武力逼迫下强加给西藏的"。⑤ 达赖对协议态度的转变,纯粹是其错误立场使然。当时的十四世达赖喇嘛在分裂主义分子的影响和包围下,已经走上了分裂祖国的不归之途。然而,这不仅抹杀不了西藏和平解放的历史事实,也改变不了协议的固有性质与历史地位。2008年4月7日,国家档案局对外公布了中央档案馆所藏"第十四世达赖喇嘛为拥护协议事致毛泽东主席的电报"的档案原件。那时,达赖之所以能够发出这一拥护协议的

① 周恩来:《政治报告——一九五一年十月二十三日在中国人民政治协商会议第一届全国委员会第三次会议上的报告》,《人民日报》1951年11月3日。
② 西藏全区大会呈文:"签订的十七条协议,对于达赖之宏业,西藏之佛法、政治、经济诸方面,大有裨益,无与伦比,理当遵照执行。"土丹旦达:《〈关于和平解放西藏办法的协议〉签订前后》,《和平解放西藏五十周年纪念文集》,中国藏学出版社2001年版,第320页。
③ 土丹旦达:《〈关于和平解放西藏办法的协议〉签订前后》,中国藏学研究中心编:《和平解放西藏五十周年纪念文集》,中国藏学出版社2001年版,第320页。
④ 中共中央文献研究室、中共西藏自治区委员会、中国藏学研究中心编:《毛泽东西藏工作文选》,中央文献出版社、中国藏学出版社2008年第二版,第56页。
⑤ 国务院新闻办公室:《西藏的主权归属与人权状况》,《人民日报》1992年9月23日。

电文，主要是党的民族政策和协议精神的感召，以及西藏上层爱国进步力量斗争的结果。

争取达赖致电中央拥护《十七条协议》，是西藏和平解放的重要步骤，为在西藏贯彻执行协议创造了必不可少的条件。在中央人民政府和西藏地方政府贯彻执行《十七条协议》中，西藏迎来了和平解放和发展的历史新篇章。

དེ་རབས་གྱུང་གོའི་བོད་ལྗོངས་
སྲིད་དུས་དང་བདག་སྐྱོང་།།

第四章

《十七条协议》关于应予维持
班禅额尔德尼固有地位及职权的历史基础

九世班禅为向中央政府陈述西藏情况，以巩固中央与西藏地方的密切关系，前往内地，并在内地前后居住生活了 14 年之久。其间，他为消弭军阀混战奔走呼号，为反对外国侵略，维护祖国统一和民族团结而不懈斗争。其业绩可书，彪炳史册。班禅世系爱国爱教的历史传统，由九世班禅在近代中国半殖民地半封建的社会历史条件下延续，并由十世班禅在中国和西藏地方近现代历史变革中继承与发展。班禅世系也因此成为和平解放西藏的重要参与者和团结的力量。

第一节　九世班禅倾心内地与护国宣化

　　班禅倾心内地，北上东进。据刘家驹所著《班禅大师全集》记述，1923 年 11 月 15 日夜，九世班禅秘密率随从十五人，轻装出发。他们乘黑夜赴纳当，涉藏青大河，经节耶而入旷野草地。此路平常商人需一月之程，佛等星夜遄行，仅七日七夜即到，时藏中尚无人知觉。是月十八日晚，班禅之苏本堪布罗桑坚赞、曲本堪布旺堆诺布、森本堪布甘登绕结、古觉堪布罗桑般丹、罗桑昂嘉、仲译钦布王乐阶、大卓尼锺苏郎，德匡巴夏慈仁、僧纲桑结甲错、苏德巴罗桑图丹等及随从念经喇嘛等共百余人，乘月逃出，追赶大师，过藏青大河，几遭灭顶。他们疾行五日五夜，得昭大师，咸庆脱险，向南再走三日，可合大路，佛忽改而北驰，众随之，过后始知若南去恰遇追兵，共仰大师之神异。①

　　九世班禅出走内地前，给四大扎仓的活佛和僧俗执事留有一封信。他在信中说："噶厦政府中的负责办事官员，向达赖喇嘛虚报情况，强迫本辖区负担全藏军饷总额的四分之一，使扎什伦布所辖各寺的供养费用日益减少，为了解决这一困难，我不得不前赴内地，到各地募化，请求布施。我去后，请求各大活佛、各位僧俗官员料醒政教事务。按规定收租税，不得额外增加百姓负担，

还得保证寺内僧众的供养。待我返回,再论功奖赏。"①扎什伦布寺向日喀则基宗呈上这封信,禀告了九世班禅出走的情况。日喀则基宗立刻派人到江孜,将这一重大事情以电话向噶厦政府作了通报。达赖得知消息,便命令仔本龙夏、代本崔科率领骑兵一千人,向东北那曲方向星夜追赶班禅。但是,九世班禅一行则是由日喀则向正北方向前进,经过藏北羌塘无人区,进入青海境内。虽然,追兵一直追到唐古拉山,由于路线不对,与九世班禅走岔了路,加之遇上大雪封山,只得无功而返。

九世班禅一行一路上可谓历经千辛万苦,又颇多惊险神奇。据团康·格桑德吉回忆:"班禅一行,离开扎什伦布后,路经那塘、达拉、波东、波日波多果沙到达了'协'地区后,分成数批,依次前行。走在最前面的是班佛和他的两名随从。当他们走进'协'戳科村庄去讨水喝时,被一个朝过佛的小孩一眼看见。这小孩便大声喊道:'阿妈!你看!后面那个骑马的人,真像佛爷啊!'"那时,"协"地区,有一位谢通门的"黀堆"(这里的庄园是属于扎什伦布寺的,"黀堆"是扎寺委任负责行政的官员),九世班禅受到了这位"黀堆"的恭迎接待,并接受了他奉献的糌粑、面粉、大米、酥油、肉、干面条、干菜和牲口饲料,还有给随行人员的鹿皮面黑羊皮里的藏袍、皮袍二十多件和几顶帐篷。这对班禅一行确实解决了大的困难。班禅经过"协"的羌布地方,朝北前行,几天后,到达了部落头领绕西噶尔本的辖地陶巴夏。这位噶尔本是一个虔诚的佛教徒,因而对班禅十分礼敬,凡所需都尽量作了补充,还派两名骑士护送了几个驿站的路程。以上这些情况,被南木如宗的一个孜仲发觉,并向噶厦作了汇报。噶厦立即将他召至拉萨,关押起来,严刑审讯,受尽折磨。最后不知何因,死在狱中。②

1924年3月20日,九世班禅一行历经四个月零五天的长途跋涉,从扎什伦布寺到达甘肃西部的安西县。安西县县长为九世班禅一行接风洗尘,并将之一一安顿下来,同时,立即电告兰州督军陆洪涛。陆洪涛向当时的北洋政府作了报告。北洋政府得知班禅前来,决定依照清朝乾隆时清高宗欢迎六世班禅的礼节和规格接待,并将中南海瀛台作为班禅在京时的行辕。总统曹锟还下令蒙藏院拟订组织招待班禅事宜处条例。蒙藏院认为,此次招待班禅事宜,本系临时任务,拟订办事规则原无不可,但定名条例,恐不适宜,应改称招待班

---

① 团康·洛桑德吉:《九世班禅出逃内地前后》,西藏自治区政协文史资料研究委员会编:《西藏文史资料选辑》(四),第60—61页。

② 团康·洛桑德吉:《九世班禅出逃内地前后》,西藏自治区政协文史资料研究委员会编:《西藏文史资料选辑》(四),第6—8页。

禅事宜处职掌暂行章程。《招待班禅事宜处职掌暂行章程》①规定:班禅来京奉令招待,遵于蒙藏院设立招待班禅事宜处。该处设处务主任一人,由蒙藏院副总裁中指定一人充任。该处设置总务股,管理招待及机要事宜;文牍股管理公牍函电;会计股管理经费收支;庶务股管理购置物品及杂项。各股酌设股长、副股长、事务员,均由蒙藏院职员内选派充。设招待员若干人,承长官之命助理招待。酌设翻译员,专司翻译事宜。

　　班禅一行在沿途各地政府和民众的迎护下,从安西到凉州,然后改乘特意准备的八抬大轿,于5月4日抵达兰州。北洋政府特派专员李乃芬从北京赶来,宣布总统令,赐给九世班禅"致忠阐化"的封号。8月,班禅由兰州起程,取道西安往北京。到西安时,正值国民军与直系军阀交战。正如刘家驹所著《班禅大师全集》载,经与交战双方接洽,交战双方"均以大师爱护祖国,远道来京,竭诚欢迎,各方地方官员负责送出防线。沿途尸骸遍野,大师恻然动情,为诵经超荐。"②班禅大师离藏出走内地,不辞艰辛,万里跋涉,莅临中原,倾心祖国。甚为敬佩。

　　九世班禅置身祖国内地,每走到哪里,就把一个爱国高僧的形象耸立在哪里。他护国利民,更为直接地融入到了内地社会政治生活之中。但是,他又怎能忘怀西藏! 自从他出走内地后,十三世达赖命令日喀则基宗乘机完全掌管了后藏地区,后来又委派古觉大堪布罗桑丹增为扎什伦布寺扎萨喇嘛。九世班禅所属寺庙和宗溪控制于达赖及噶厦政府。班禅时刻不忘其政教职责,总是惦念着生活在那里的僧俗民众,希望能与达赖捐弃前嫌,修好如初,希望能早日回归故里,建设美好家园!

　　在1924年的第二次直奉军阀战争中,冯玉祥于10月23日率部发动北京政变,迅速占领了北京,囚禁贿选总统曹锟,至此,直系军阀控制的北京中央政权垮台。北京政变后,冯玉祥组建"中华民国国民军",通电全国休战言和,召开国民会议,共商国家建设大计。但是,由于冯玉祥在北京政变后缺乏明确的政治目标,"公请段芝泉(祺瑞)出山,以资过渡"。11月24日,段祺瑞在北京就任临时执政,总揽军民政务,统率陆海军,冯玉祥遭到皖系和奉系军阀的排挤,不得已通电下野。

　　九世班禅深感国家危急存亡,呼吁停止内战,团结救国。1924年12月29日,他向全国发出通电。通电此举,是班禅到达内地以后,第一次公开表示对

① 《蒙藏院档案》,中国藏学研究中心、中国第一历史档案馆等编:《元以来西藏地方与中央政府关系档案史料汇编》(六),中国藏学出版社1994年版,第2468—2469页。
② 牙含章:《班禅额尔德尼传》,华文出版社2000年版,第249页。

于时局态度的宣言书。他在通电中称："我国值风雨飘零之际，正危急存亡之秋，亟应速息内讧，力图上理。""班禅身受国封，与同休戚，年来受外界之刺激，见沿途闾里之萧条，知战祸不可再延，元气亟宜休养。所望彻底觉悟，共保和平。"①

　　九世班禅一行从西安到太原，受到山西督军阎锡山的欢迎。从北京赶来的临时执政段祺瑞长子段宏业、蒙藏院代表图桑诺布、蒙古王公杨桑巧及章嘉呼图克图等人，至太原迎接九世班禅赴京。1925 年 2 月 2 日，九世班禅从太原乘专列赴京，受到万众欢迎。

　　段祺瑞控制北京政权后，以召开善后会议代替国民会议，并制定了善后会议条例。1925 年 2 月 1 日，北洋政府召开善后会议，西藏地方也派了代表参加。十三世达赖指派顿珠旺杰为代表，九世班禅指派罗桑坚赞为代表，护理驻藏办事长官陆兴祺也派朱清华为代表，出席了善后会议。② 尽管此次善后会议由军阀控制，自然不会有什么好的结果，但是，班禅出于拳拳爱国之心，虽不能亲自到会，还是特意派了大堪布罗桑坚赞代为出席，并早在 1 月 27 日致函善后会议。他说："此次奉执政电招与会，某于二月一日未能亲到，派大堪布罗桑代表，俟后亲到详言。值此齐集开会之初，第一要紧为何事？某以为已往做大官秉权者，彼此因小有嫌怨，渐至闹大，酿出国内兵争，丧军民之生命，耗国家之金钱，其原因皆起于做大官秉权者自私之一念。今后尽释前嫌，化除我见，将是己非人的病、轻公重私的病都改悔了，只是一心想中国往好处走，自然五族共助，人同此心，从此财政富足，民生安乐，想诸大君子对此自有良谋。某以为善后诸事，以诸大君子同心诚意、化除我见为基础，自然容易办理。譬如无垢白布，自易受染；又如果生于树，人争摘果，伤及树根，则枝叶枯而果亦不产，更如同舟共济，乘客职业各异、思想各异，而希望此船平安共渡之心则无异，何独对于国而不然？！是故此次之会乃国家之公事，非一人、一家、一党派、一地方之私事，各本公心，通盘计划，利民福国，均系乎此。先此奉告，余俟晤陈。"③善后会议期间，九世班禅致电提出《意见书》，呼吁消弭战祸，实行五族共和。他在《意见书》中说："窃维拨乱反治，非群策群力不为功。而所谓群策群力者，尤必内外一体，无畛域之分，无隔阂之情，而后能推诸全国，可以收实

① 牙含章：《班禅额尔德尼传》，华文出版社 2000 年版，第 250 页。
② 中国第二历史档案馆、中国藏学研究中心编：《九世班禅内地活动及返藏受阻档案选编》，中国藏学出版社 1992 年版，第 2 页。
③ 《筹备国会事务局档案》，中国第二历史档案馆、中国藏学研究中心编：《九世班禅内地活动及返藏受阻档案选编》，中国藏学出版社 1992 年版，第 2 页。

际之效果。""世界民族建立国家,必有固定之疆域、良好之政治、高远之观察、公平之法律,而后能久安长治,永保统一,可断言也!""国家建设之根本计划,须先得地方无战争,然后可期实施。观在中国战争不断,如野草然,经一度之野烧,暂时消灭而根株在地,春风一吹,萌芽又生。是故欲救今日中国,非实施新国家之建设计划不可;欲实施新国家建设计划,非弭止时起时伏之地方战争不可;欲弭止时起时伏之地方战争,非深明致此战争之潜在祸根掘而尽之不可;欲掘尽战争之潜在祸根,非五族人民同心合力如弟兄、如手足、自相捍卫、自相保护不可。""班禅对于中国,世受国恩,虽僻在边隅,而报国之心无日或忘。"①九世班禅致善后会议《意见书》是一份宝贵的思想财富,九世班禅爱国之情溢于字里行间。但是,这份《意见书》又生不逢时,当时军阀专制,是不可能给予重视的。

1925 年 8 月 1 日,段祺瑞命令内务总长龚心湛为册封正使、蒙藏院总裁贡桑诺布为册封副使,持金册金印,来到九世班禅下榻的北京中南海瀛台,颁给其"宣诚济世"的封号。② 九世班禅护国利民,爱国爱教,劳其心智,厚德载物,在中国当时的政治舞台上发挥了重要作用,为世人所敬仰。③

九世班禅在内地,积极参加国务和社会活动,巩固中央与西藏地方的关系,维护祖国统一。同时,向中央政府陈述西藏的具体情况,希望中央政府对西藏给予重视。

段祺瑞在任临时执政期间颁布临时执政令,册封九世班禅"宣诚济世"的同时,还批准九世班禅在北京福佑寺设立班禅驻京办公处。班禅任命罗桑楚臣为处长。随后,班禅又派阿旺金巴在成都组织班禅驻川办公处,派旺堆诺布在青海西宁组织西宁班禅办公处,"专以翻译总理诸遗训,依次宣传,俾得蒙藏民众早日觉悟主义,团结一气,对于藏事共策进行,兼与各地互通消息,以便接洽事务起见,特设上项机关以司其事。"④因西宁建立青海省,西宁班禅办公处又于 1929 年 5 月更名为青海班禅办公处。

1928 年 3 月,国民政府在南京正式成立。九世班禅选派苏本罗桑坚赞和

① 《筹备国会事务局档案》,中国第二历史档案馆、中国藏学研究中心编:《九世班禅内地活动及返藏受阻档案选编》,中国藏学出版社 1992 年版,第 3—4 页。
② 丹珠昂奔主编:《历辈达赖喇嘛与班禅额尔德尼年谱》,中央民族大学出版社 1998 年版,第637—638 页。
③ 《蒙藏委员会档案》,《元以来西藏地方与中央政府关系档案史料汇编》(六),中国藏学出版社 1994 年版,第 2470 页。
④ 中国第二历史档案馆、中国藏学研究中心编:《九世班禅内地活动及返藏受阻档案选编》,中国藏学出版社 1992 年版,第 10 页。

朱福安为代表,前往南京祝贺,九世班禅与国民政府正式建立联系。国民政府成立后,班禅希冀国民政府扶持西藏。9月2日,九世班禅致函国民政府,在谈到西藏的处境时,他说,西藏民族内受暴政之压迫,外逼强邻之侵略,正处于如水益深,如火益热,奄奄一息。为此,他恳请国民政府鼎力扶持。

1929年1月18日,西藏班禅驻京办公处处长罗桑坚赞致国民政府蒙藏委员会,备案西藏班禅驻京办公处组织成立。1月20日,西藏班禅驻京办公处正式成立,并发表《成立宣言》。《成立宣言》宣称西藏班禅驻京办公处的宗旨为:"(一)西藏始终与中国合作,贯彻五族共和,共同抵制强邻之侵略;(二)希望中国以民族平等之观念,扶助及领导西藏人民,使之能自决、自治;(三)继续保护、维持西藏之宗教,再进而求光大佛学之真精神,以谋世界之和平。"①同时,《成立宣言》称,班禅"抵内地以后,转瞬六年,只因内乱绵延、中枢无主,班禅满腹苦衷,无门告述。今幸统一告成,训政伊始,内部既已平靖,宜尽力于国防之巩固。"②1月24日,西藏班禅驻京办公处致函阎锡山,称"班禅因鉴于国防之颠危,藏民之疾苦,特联合革命立场上之同志,以求西藏民族之解放。近以吾藏同志来京呼号者日益加多,非成立驻京办公处,实不足以资团结,共策进行。"③2月28日,国民政府批准西藏班禅驻京办公处成立。这一班禅驻内地办公处的成立,是西藏地方与国民政府建立联系的重要组成部分。

十三世达赖同样与国民政府建立了联系。1928年冬,西藏驻五台山堪布罗桑巴桑奉达赖指示到南京见蒋介石,蒋介石经由罗桑巴桑致函达赖。1929年8月,达赖又派贡觉仲尼和楚臣丹增到南京,代表达赖声明:"达赖不亲英人,不背中央,愿迎班禅回藏。"④

1930年,国民政府召开蒙藏会议,西藏地方政府特派雍和宫扎萨克等参加。1931年5月,国民政府召开国民会议。不过,在国民会议的西藏代表名额问题上,班禅与达赖双方曾经过一番争辩。据《蒙藏新志》载:"关于国民会议西藏代表选举一事,先是蒙藏委员会接达赖来电,以前后藏政教统归执掌,西藏代表应完全由达赖选充。嗣复接班禅电称:前北政府时代,参众两院国会

---

① 中国第二历史档案馆、中国藏学研究中心编:《九世班禅内地活动及返藏受阻档案选编》,中国藏学出版社1992年版,第8页。

② 中国第二历史档案馆、中国藏学研究中心编:《九世班禅内地活动及返藏受阻档案选编》,中国藏学出版社1992年版,第8页。

③ 中国第二历史档案馆、中国藏学研究中心编:《九世班禅内地活动及返藏受阻档案选编》,中国藏学出版社1992年版,第7页。

④ 《蒙藏委员会档案》,西藏社会科学院、中国社会科学院民族研究所等编:《西藏地方是中国不可分割的一部分》(史料选辑),西藏人民出版社1986年版,第486页。

议员人数,均系前后藏平均分配,此次国民会议代表,亦应依照历届成例办理等语,双方争执颇坚,迄未解决。旋因时间迫促,深恐有误会期,迭经蒙藏委员会设法调处,拟于西藏代表定额内,由达赖选出六人,班禅选出四人,为出席代表,以符法定人数。复经该会派员与达赖班禅在京各代表一再磋商,该代表等始无异议,惟达赖仍以出席代表人数过少,请增加列席代表三人,班禅亦以后藏代表不足全人数之半,引为憾事,拟请增加列席代表五人。当经两方将出席列席各代表名单,呈送蒙藏委员会恳予转呈核定,该会乃拟以呈明国民会议选举总事务所,并谓经再三考虑,以解决藏事正在进行,达赖班禅两面自应兼筹并顾,以免有伤感情,且双方一再请求增加代表名额,足征达赖班禅拥护中央均皆具有诚意,似应准如所请,以示怀柔远人之至意云云。至是前后藏代表名额之分配问题,始告解决。"①在蒙藏委员会的统筹兼顾下,最终形成一项名额分配方案。参加国民会议的达赖方面有 6 人,班禅方面有 4 人。班禅与达赖在国民会议的西藏代表问题上争辩,表明双方对国民会议都是相当重视的。

1931 年 5 月 5 日,九世班禅在国民大会开幕式上致颂词。②当日,九世班禅还在国民党中央党部总理纪念周演讲会上,发表了《希望国人认识西藏》的讲演。据牙含章所著《班禅额尔德尼传》记载,5 月 10 日,班禅在南京新亚细亚学会第三次会员大会上作了《西藏是中国的领土》的演讲。他在演讲中说:"西藏为中国的领土一层。""元代曾尊封西藏之贵族卓根却吉帕巴为国师,并以西藏之土地,嘱其管理。至明代实为西藏之大施主。达赖第五世、班禅第六世,曾相继至中原朝觐大皇帝,清时准噶尔人之侵略西藏,清帝派兵援助削平之后,即派驻藏大臣于拉萨,并率相当兵力保护达赖、班禅,捍卫国土。以上所举,可资证明西藏为中国领土。"他说:"西藏是中国的领土,如被帝国主义者侵略,可无异于自己的门户被人拆毁,不免有唇亡齿寒之忧。"③九世班禅喇嘛对西藏历史的诉说,可谓字字铿锵,句句有声。同时,九世班禅喇嘛向觊觎西藏的外国帝国主义发出了警告:西藏是中国领土,不容侵犯。在以后的日子里,九世班禅仍不忘宣讲西藏,尤其是将西藏前途与祖国的命运紧紧联系在一起。1933 年 1 月 21 日,在蒙藏委员会纪念周上,班禅受邀作了《西藏历史与五族联合》④长篇演讲。他说:"蒙藏委员会是办理五大民族中二大民族之机

---

① 牙含章:《达赖喇嘛传》,华文出版社 2000 年版,第 306 页。

② 《国闻周报》,第八卷,第十九期。

③ 牙含章:《班禅额尔德尼传》,华文出版社 2000 年版,第 259 页。

④ 中国第二历史档案馆、中国藏学研究中心编:《九世班禅内地活动及返藏受阻档案选编》,中国藏学出版社 1992 年版,第 53—57 页。

关,所负责任异常重大。""当余去年由此赴蒙之时,承政府及蒙藏委员会之委托,时记在心,未尝或忘。故在海拉尔方面,余已将中央政府爱护人民之主意详为宣述。两月之后,适值东北事件发生,东盟途径,因之断绝。在海拉尔为中日俄三国交界之地,甚恐变化莫测,尤其恐锡林果勒盟将受他人诱惑,更有以宣传维持人心之必要。故不敢辞却劳苦,即由北路经过外蒙边地,以至内蒙各盟旗籍宗教以广为宣传中央之意旨,及帮办蒙民之一切设施,并力说五族应坚固意志,切实联络。故蒙民各王公民众,悉为感动,力行团结,乃派代表来京。""现在又蒙政府委余以宣化西陲之职,余为实践责任,不久将赴西陲宣传文化,提倡宗教,使蒙藏民众明了中央实际之意旨与五族联合之必要。余对此责任,极愿负担。""过去蒙藏地方,虽对中央似无若何供献,但五族一家,且为我国国防关系极为重大,在宗教上又为佛教来源之地,今以毗连外国国境,若不共同设法,力图保全,一旦被外国占领,则宛如一人之被截去其手足。证以今之外蒙,吾国于政教方面,其感受痛苦为何如也。余甚望诸位详察外蒙之过去,而多注意于蒙藏之将来,及早设法筹划,使宗教兴盛,则政治自然昌明。"

正是由于九世班禅和十三世达赖均派代表参加了国民会议,蒙藏委员会以此作为双方拥护中央政府的事实依据,拟请中央分别授予班禅和达赖名号,给予褒奖。1931 年 6 月 24 日,当时的国民政府颁布命令,封授九世班禅为护国宣化广慧大师之名号。此令指出:"班禅额尔德尼志行精诚,朔赞和平统一,此次远道来京,眷念勋劳,良深嘉慰。著加给护国宣化广慧大师名号,用示优异。"①同日,九世班禅致信国民政府,申谢颁赐护国宣化广慧大师名号。

此次封授典礼,国民政府进行了细致筹备。1931 年 6 月 30 日,国民政府参军处典礼局致函文官处,披露了封授典礼仪式的内容。7 月 1 日上午 10 时,封授典礼仪式在国民政府大礼堂举行。典礼仪式上,最隆重的是册授②。册授共有 19 项程序,依次为:全体肃立;主席就位;护国宣化广慧大师班禅额尔德尼就任;奏乐;唱党歌;向国旗、党旗及总理遗像行三鞠躬礼;主席恭读总理遗嘱;行授印礼;护国宣化广慧大师班禅额尔德尼向主席行三鞠躬礼;捧册印官恭捧册印呈主席,主席宣读册文;主席亲授册印,护国宣化广慧大师班禅额尔德尼敬谨祗受;护国宣化广慧大师班禅额尔德尼向主席行三鞠躬礼;护国宣化广慧大师班禅额尔德尼恭递哈达;主席回授哈达;主席训词;护国宣化广

---

① 《国民政府档案》,中国第二历史档案馆、中国藏学研究中心编:《九世班禅内地活动及返藏受阻档案选编》,中国藏学出版社 1992 年版,第 28 页。

② 中国第二历史档案馆、中国藏学研究中心编:《九世班禅内地活动及返藏受阻档案选编》,中国藏学出版社 1992 年版,第 31 页。

慧大师班禅额尔德尼答词；奏乐；礼成；摄影。但是，封授典礼仪式结束后，到1931年11月5日，国民政府才颁发护国宣化广慧大师班禅玉印。国民政府在致行政院的公函中称："现奉国民政府颁发班禅玉印一颗，文曰'护国宣化广慧大师班禅之印'。"①当时，九世班禅驻锡内蒙。1932年2月24日，蒙藏委员会派藏事处长罗桑坚赞奉送护国宣化广慧大师玉印一颗。班禅敬谨接受，并于当日正式启用。是年5月5日，九世班禅向国民政府呈报启用玉印日期，并请备案。遗憾的是，国民政府在授予九世班禅"护国宣化广慧大师"名号时，却没有同时授予达赖名号。造成的实际效果是，十三世达赖和噶厦政府对此极为不满，还曾就此提出四项要求：一是对于班禅名号印册及新授职位，即予收回成命；二是对于班禅购储军火，立即予以分别没收查禁，并将班禅暂留北平和南京；三是对于班禅俸银及招待费，迅速予以取消；四是班禅各地办公处，迅速予以撤销。国民政府这种不与九世班禅一起同时授予十三世达赖名号的做法，引起十三世达赖一方对九世班禅的误会，也引起十三世达赖一方对国民政府的抗议，不仅不利于九世班禅与十三世达赖关系走向和解，反而增添了后来解决班禅返回西藏问题的难度。

1931年9月18日日本发动侵略中国战争，面对东北危机、华北危机、中华民族危机的国难之危局，九世班禅于1932年3月4日，发出安抚蒙民通电。通电称："沈阳事变，正班禅拟南来之际，乃倭寇猖獗，得寸进尺，甚至多方离间，播散流言，以期逞其野心。班禅蒙政府待遇优容，自愧涓埃之报，当此国难，凡属人民，亦宜奋起，况班禅受国家尊重，岂敢稍存坐视。故绕道西行，由东蒙至西蒙，将及五月，沿途经过，王公百姓，遮道欢迎。班禅即于此时，宣传中央意旨，喻以大义。咸谓东省沦陷，深盼国家决计恢复，誓共图存，以固疆土。等情。足征民心未死。抚绥蒙民，望政府及时注意，速筹良法，免失指臂之效，国防幸焉。至班禅朝夕犹与蒙古各寺喇嘛诵经祈祷，祝邦家之永奠，弭祸患于无形，区区苦衷，谨电奉闻。"②这一通电的重要意义在于，班禅在通电中揭露日本军国主义的野心，呼吁全国人民奋起抗战，希望政府能够改变其放弃东三省和不抵抗的政策，誓共图存。

为向各地喇嘛寺院宣传三民主义、中央政令，抚慰僧众，国民政府特派九世班禅为西陲宣化使。国民政府之所以特派九世班禅为西陲宣化使，正像时

① 《行政院档案》，见中国第二历史档案馆、中国藏学研究中心编：《九世班禅内地活动及返藏受阻档案选编》，中国藏学出版社1992年版，第37页。
② 《蒙藏旬刊》，第12期；中国第二历史档案馆、中国藏学研究中心编：《九世班禅内地活动及返藏受阻档案选编》，中国藏学出版社1992年版，第38页。

任蒙藏委员会委员长马福祥在致行政院的呈文中所指出的,其一,班禅额尔德尼此次来京觐见,面陈藏事,并参加国民会议,其拥护中央热诚,洵堪嘉尚。其二,班禅通达教理,行持精严,康、藏各处喇嘛僧众信仰至深。① 这正是九世班禅在政治上和宗教上的优势之所在。不仅如此,西陲宣化使还须在青海、西康两省境内选择适宜地点组织行署,以便办理一切宣化事宜。对于行署内部组织、经费以及班禅待遇问题,蒙藏委员会拟写了一份《特派班禅为西陲宣化使办法》②。该办法规定:"国民政府为宣传三民主义、中央政令暨抚慰青海、西康等处喇嘛寺院及信仰佛教之民众起见,特派班禅额尔德尼为西陲宣化使。""宣化使除对于喇嘛寺院及信仰佛教之民众宣布教化及执行国民政府所特许之慰抚事宜外,对于青、康两省之行政有意见时,须建议于国民政府或两省省政府请求决定办法,宣化使不得直接干涉。""西陲宣化使得在青海、西康两省境内选择适宜地点组织行署,内设参赞二人,由中央简派,辅助宣化使办理一切宣化事务。""西陲宣化使行署内,得设秘书、宣传、教务三处,其职员名额及任用办法另定之。""西陲宣化使得派宣传员分往青、康各地慰抚寺院、教化人民。""西陲宣化使行署经费,每月定为一万五千元,警卫队经费每月定为一万五千元,均由中央发给。""班禅额尔德尼年俸定为十二万元,由中央按月发给,其个人费用及随从僧徒之生活等费,均由年俸内开支,所有招待费一律停止。"国民政府特派九世班禅为西陲宣化使,给身在内地的九世班禅搭起了一个从事护国利民活动的大舞台。

1932 年 3 月 19 日,九世班禅致电行政院,请颁发西陲宣化使名义文件,以资信守。3 月 21 日,蒙藏委员会接到西藏驻京办公处处长罗桑坚赞有关同一问题的呈文,转呈报行政院,也请颁发九世班禅西陲宣化使名义,并允准九世班禅在回西藏之前,在青海香尔德驻锡办公。③ 经行政院第十八次会议议决通过,颁发班禅西陲宣化使名义,并指定在青海香尔德驻锡办公。行政院随后于 4 月 4 日将议决通过事项呈报国民政府,呈请国民政府发表,鉴核施行。4 月 14 日,国民政府致行政院指令。该令称:"呈据蒙藏委员会呈请特派班禅额尔德尼为西陲宣化使并指定青海香尔德驻锡办公,除指令外,转请鉴核施行

① 中国第二历史档案馆、中国藏学研究中心编:《九世班禅内地活动及返藏受阻档案选编》,中国藏学出版社 1992 年版,第 26 页。
② 《行政院档案》,中国第二历史档案馆、中国藏学研究中心编:《九世班禅内地活动及返藏受阻档案选编》,中国藏学出版社 1992 年版,第 26—27 页。
③ 中国第二历史档案馆、中国藏学研究中心编:《九世班禅内地活动及返藏受阻档案选编》,中国藏学出版社 1992 年版,第 40 页。

由。呈悉。班禅额尔德尼一员,已有明令照准特派为西陲宣化使矣。所请指定青海香尔德驻锡办公一节,并予照准。仰即转饬遵照。此令。"①根据国民政府的这一指令,行政院相继向蒙藏委员会、青海省政府、川康边防督办下达行政院训令。九世班禅原本计划在北平就任西陲宣化使,并组织宣化使署,同时责令班禅驻京办事处草拟西陲宣化使署组织大纲,以便早日实行组织,进行宣化事宜。1932年12月24日,西陲宣化使就职典礼在南京国民政府礼堂举行。在就职典礼上,九世班禅宣读誓词表示:"奉行法令,忠心及努力于本职;余决不妄费一钱,妄用一人,并决不营私舞弊及授受贿赂。如违背誓言,愿受最严厉之处罚。"②

国民政府在任命九世班禅为西陲宣化使的同时,还任命了章嘉活佛为蒙古宣化使。随后,国民政府军政部提议,将西陲宣化使和蒙古宣化使行署改称行院。军政部在提议案中称:"班禅、章嘉两使行署名称,均宜改称行院,其院内组织及人选,亦宜以僧侣为主干,庶几名正言顺。""收宣化之全功,且与其他行政机关可以稍示区别。"③12月31日,经行政院第81次会议议决,军政部提议将西陲宣化使和蒙古宣化使行署改称行院一案,获原则通过。同时,会议要求,由军政部召集内政部、蒙藏委员会,并邀请参谋本部,进一步会商修正。关于西陲宣化使公署名称问题,九世班禅一方则希望维持原案,即维持"公署"名称。他们的理由是,西陲宣化使为国民政府特任,并指定青海香尔德为驻锡办公地点。公署名称由此而来。④

为组织西陲宣化使公署,国民政府制定了《西陲宣化使公署组织条例》。1933年5月27日,行政院根据国民政府第217号训令,颁布了行政院第2374号训令,令蒙藏委员会施行《西陲宣化使公署组织条例》,并将这一条例传达至所属系统,遵照执行。《西陲宣化使公署组织条例》⑤规定,西陲宣化使公署直隶于行政院,掌理西陲宣化事宜,设置总务处和宣传处。西陲宣化使特任,

① 中国第二历史档案馆、中国藏学研究中心编:《九世班禅内地活动及返藏受阻档案选编》,中国藏学出版社1992年版,第42页。
② 中国第二历史档案馆、中国藏学研究中心编:《九世班禅内地活动及返藏受阻档案选编》,中国藏学出版社1992年版,第49页。
③ 《蒙藏委员会档案》,中国第二历史档案馆、中国藏学研究中心编:《九世班禅内地活动及返藏受阻档案选编》,中国藏学出版社1992年版,第51页。
④ 《蒙藏委员会档案》,中国第二历史档案馆、中国藏学研究中心编:《九世班禅内地活动及返藏受阻档案选编》,中国藏学出版社1992年版,第59页。
⑤ 《蒙藏委员会档案》,中国第二历史档案馆、中国藏学研究中心编:《九世班禅内地活动及返藏受阻档案选编》,中国藏学出版社1992年版,第61—62页。

总理公署事务,监督所属职员。至于西陲宣化使公署办事细则,1933 年 6 月 29 日,班禅行辕致函蒙藏委员会,希望蒙藏委员会早日拟订,以便着手组织实施。迟至 1935 年 1 月 26 日,蒙藏委员会奉行政院第 241 号指令,致函西陲宣化使,才送达《西陲宣化使公署办事细则》。

九世班禅宣化辛劳,行政院致电国民政府,请求予以明令嘉慰。1933 年 10 月 18 日,国民政府发布嘉奖班禅令。国民政府令称:"护国宣化广慧大师、西陲宣化使班禅额尔德尼,矢忠党国,愿力恢弘。前膺宣化使命,寒暑遄征,勿辞劳瘁。"①

正当九世班禅奔赴国难、西陲宣化之际,1933 年 12 月 17 日,十三世达赖圆寂,西藏等地僧众祈盼九世班禅早日返藏。九世班禅返藏,迅被提上议事日程。1934 年 1 月,行政院电召九世班禅到南京晤商边防事宜,并列席国民政府四次全会。九世班禅到南京,又被国民政府委以国民政府委员。2 月 20 日,他在就职典礼上致答谢词,称"班禅历代受国家优礼,惟以承佛祖之教泽,奉国家之法令,上弘下化,饶益众生为务,幸赖三宝加被,四恩保佑,得以五百余年奉职无缺,感激之诚,匪可言喻"。他表示:"数年以来,班禅屡次受政府之厚遇,此次又蒙中央选任国民政府委员,今后益当竭尽至诚,仰体总理天下为公之心,推行主义,弘扬大法,以期弼成国家之一统,建设人民之幸福,促进世界之和平。"②

九世班禅自西陲宣化以来,先是在内蒙宣化大小盟旗,恪尽职守。对于九世班禅的宣化业绩,《班禅大师东来十五年大事记》中有这样一种评价,认为"九一八国难后,日本用种种办法,勾煽其间,而内蒙古官民,屹然不为所动者,大师宣化之功也。"③内蒙宣化结束之后,1935 年 3 月 19 日,班禅致函蒙藏委员会,其中谈到下一步的宣化计划和活动安排。他说:"班禅自奉命宣化,即拟径赴西陲。奈斯时国难方殷、边防危殆,是以移缓济急,先事内蒙宣化大小盟旗,均皆亲往宏法利生,恪尽己职。尚幸内蒙各王公、贝子、佛寺堪布、大喇嘛等深明大义,拥戴中央,共御外侮,社会生活,咸歌乐业,差堪告慰锦注耳。惟惭西陲宣化尚未普及,青康各地兵燹连年,民不聊生,急待视察,力予救济。若径行回藏,不特有负中央使命,且令众生失望,亦非我佛普渡宏愿。故拟克

① 《国民政府档案》,中国第二历史档案馆、中国藏学研究中心编:《九世班禅内地活动及返藏受阻档案选编》,中国藏学出版社 1992 年版,第 71 页。

② 中国第二历史档案馆、中国藏学研究中心编:《九世班禅内地活动及返藏受阻档案选编》,中国藏学出版社 1992 年版,第 74 页。

③ 喜饶尼玛:《近代藏事研究》,西藏人民出版社、上海人民出版社 2000 年版,第 170 页。

日入青转康,被灾之寺宇,倡助修复,流离四野之喇嘛,竭诚招抚,寺产僧纪,严加整饬,民众痛苦,力图苏教,开诚宣化,团结五族,用报国恩于万一。但上陈各事,并非空口宣化所能奏效,尚希中央酌拨赈款,分散民间,以示党国爱扶边氓之至意。"①蒙藏委员会考虑到当时的情况,对于九世班禅的宣化方案,认为入藏为急,赈款为缓。随后经行政院210次会议议决,赈灾一事,交财政部、赈务委员会会同蒙藏委员会办理。

九世班禅在西陲宣化使任上,护国宣化,抗日御侮,泽于边疆,堪称爱国之楷模。

第二节 九世班禅筹划西藏建设

九世班禅在内地,致力于政教事业,同时不忘西藏建设,并在向国民政府提出解决藏事意见的过程中,逐步形成一项"西藏建设计划"。该项建设计划表达了九世班禅对西藏未来的祈盼。

1931年5月16日,九世班禅拟具解决藏事内政外交意见书。在意见书中,他说,依法订定西藏地方制度,国民政府办理西藏对内对外交涉,乃藏务之重要关键,其他若交通、实业、税则、司法,均有彻底兴革的必要。待内蒙宣化结束,九世班禅的西藏建设计划渐具雏形。1935年3月19日,九世班禅致函蒙藏委员会,陈述其西藏建设计划。这一建设计划的内容,包括兴办交通、通讯和文化教育等。正如九世班禅所说,"若欲国防之巩固、民族之融洽,必先从事建设,以维民生,利其交通,用资联络,藉开民智。查青、康、卫、藏,建设毫无,交通梗塞,文化落伍,设不幸而一旦国防有变,处处掣肘,援救无方,审势度情,不寒而栗。班禅此次回藏,拟先开辟青、康、卫、藏长途汽车公路以应急需;继在重要各县架设电台、分置邮局;并饬各宗及兴办小学,教授藏文,以养其读书习惯,再进而加授中文及科学常识,按期选派青年留学内地,以资深造。此项开办经费,预计约在百万,尚望政府及早筹发,以便着手进行,共策久远,若能再饬交通、教育两部酌派专家、技师协同办理,尤所欢迎。"②

---

① 中国第二历史档案馆、中国藏学研究中心编:《九世班禅内地活动及返藏受阻档案选编》,中国藏学出版社1992年版,第111页。

② 《蒙藏委员会档案》,中国第二历史档案馆、中国藏学研究中心编:《九世班禅内地活动及返藏受阻档案选编》,中国藏学出版社1992年版,第111页。

兴办藏区交通和教育,九世班禅是先行者之一。从一定意义上说,九世班禅所提出的西藏建设计划是新政,是对西藏近代化的一种设想。对于这一建设计划,蒙藏委员会认为,发展交通、教育,各项建议极为扼要。同时,考虑到国家财力,以及时机之缓急,为巩固西部边防,拟由中央交有关部门统筹规划,分别办理为好。经行政院第 210 次会议议决,有关西藏建设计划,交财政、交通、铁道、实业和教育五部,会同蒙藏委员会统筹计划,待蒙藏委员会拟具计划后,再行讨论。5 月 1 日,行政院密令蒙藏委员会遵照办理。5 月 17 日和 24 日,上述五部会同蒙藏委员会,两度开会讨论。会议修正并通过了西藏建设初步计划。6 月 20 日,财政部等五部将西藏建设初步计划报呈行政院。6 月 28 日,行政院临时会议议决修正通过。在西藏建设初步计划①中,关于公路,拟就旧时西宁至拉萨驿道,修筑西宁——拉萨公路。其路线如下:西宁——湟源——哈城——恰不恰——沙珠玉——切吉——大河坝——拉尼巴尔——特门库珠——阿拉克撒——必留儿——古尔昂——娘磋族——苦苦赛尔桥——泡河老(以上青海境)——马捏——旁吾——拉萨(以上西藏境)。上述路线,长约五千余华里,地势大致平坦,惟沿途多荒凉之境,人烟稀少,如公路修筑完成,当可渐次繁荣。青海省军政当局为实行兵工政策计,当时正在修筑西宁至玉树公路,其自西宁至大河坝计五站约四百里,已经竣工,并在恰布恰(即恰不恰)、大河坝两处修筑营房,屯驻军队,以资护路。关于电台,除等待青藏公路完成,于适当地点酌设电台外,拟先在后藏扎什伦布增设五百瓦特电机一架,仍由交通部派员随同班禅前往架设,以资灵通消息。关于邮政,当时西藏邮政状况,自拉萨起,南可通至江孜,东可通至江达,自江达以东至昌都等处,则用递骑办法。惟无人通信,交邮投递者甚少,公文则有驿站,私函则用专差,故邮务不甚发达。且西藏邮政既不受本国邮政局管辖,又未经万国邮政总会承认,故拉萨邮局所印邮票,只能在江孜以上通行,过江孜仍须加贴印度邮票。根据这些情形,计划拟由邮政总局令饬西川及甘肃管理局,将巴安至甘孜邮线及甘孜至青海邮线早日筹划进行,以资通邮。自甘孜至昌都间增设邮线,以资与西藏驿站衔接。设法将拉萨邮局归并邮政总局管辖办理。由交通部令饬邮政总局派员随同九世班禅前往考察,筹拟整理及发展计划。关于教育,在后藏扎什伦布及其他相当地点设立小学五所,即由教育部派员前往筹设,课程及编制不必尽与内地相同,应参酌西藏宗教及社会情形,另订教学标准,循序渐进,并特别注重国文、国语。一俟办有成效,再行设法推广。以上计划所需经费,

---

① 《蒙藏委员会档案》,中国第二历史档案馆、中国藏学研究中心编:《九世班禅内地活动及返藏受阻档案选编》,中国藏学出版社 1992 年版,第 151—153 页。

除公路一项,应待铁道部派员随同九世班禅前往勘测后,再行造具预算呈候拨款筹办外,其他无线电、邮政、教育各项,即由主管各部设法筹拨。各部所派专员,拟暂由九世班禅委以西陲宣化使公署顾问、参议等职前往襄助办理。至于工商、农矿、卫生等建设事业,当时尚难举办,计划拟由各主管机关派员随同九世班禅前往实地调查,以做他日建设之准备。当时,正值抗战。该项计划虽然在九世班禅在世时未能实现,却为开发和建设西藏遗留下一份宝贵的精神和思想遗产。

九世班禅时刻不忘西藏及僧俗民众,为解决藏事而奔走,为与十三世达赖和解而不懈努力,并为西藏未来建设谋划长远大计,厥功甚伟。

第三节　九世班禅返藏受阻与圆寂

早日返回西藏,是九世班禅的夙愿,也是藏区僧俗民众的祈盼。十三世达赖圆寂后,西藏地方主持无人,藏族僧俗民众失去重心,加之列强垂涎藏土,西藏岌岌可危。甘孜孔萨土司、青海各呼图克图等纷纷致函蒙藏委员会,欢迎九世班禅早日返藏,入藏主持一切。

为欢迎九世班禅返藏,扎什伦布寺推岭扎仓等致函国民政府,恳请国民政府赞助九世班禅返藏。据行政院秘书处1934年5月15日为抄转该呈文致蒙藏委员会函,推岭扎仓等在信中称:"窃以班禅佛座,昔年由藏晋京,乃为谋全藏地方之教政发扬及本国边防之巩固,是以未便坚留。惟起行时,曾向民等宣布不久即还,殊一去十余年未归,民等如大旱之盼云霓。""藏众比如婴孩,常以达赖、班禅两佛座为父母,今既失达赖,而班禅仍不回藏,是犹失父母之孤子。且恐天降灾疫,人事兵祸不常,陷藏众于水火之中,莫能自拔。"因此,恳请中央政府迅予赞助班禅大师回藏,"俾西藏教政得以继续维持,而全藏人民亦得永久安定,民等更当矢志报效国家"。①

是年7月,行政院接到参议蒋致余从拉萨发回的密电。其电称:噶厦派定降巴曲汪为政府代表,三大寺也派一堪布为代表,前往内地欢迎九世班禅回藏,约两月后起程。此间各方,因中央尊重佛教,极表好感。"巡视堪布,即秘

① 《蒙藏委员会档案》,中国第二历史档案馆、中国藏学研究中心编:《九世班禅内地活动及返藏受阻档案选编》,中国藏学出版社1992年版,第78页。

密表明彼等久望汉官入藏。一切唯中央是听。"①7 月 11 日,蒙藏委员会将这一信息转告给了九世班禅。7 月 21 日,班禅行辕就九世班禅返藏,致函蒙藏委员会,称九世班禅离开藏地已有 11 年,"近自达佛圆寂以来,卫藏僧俗迭派代表来京,请即回藏主持一切,以慰众望。此次入京报告,又蒙中央准予赞助,故回藏路线决定取道蒙古、青海。"②同时,班禅行辕就返藏沿途所需物品,开列出由京赴青和由青入藏沿途所需物品。自京至蒙古、青海,沿途文武官长,由政府电令负责妥慎招待保护。在百灵庙一切行李物件,均应一律运青。此事请政府电令沿途各省政府帮同运输照料。由京赴蒙青的路费,由政府随意发给。希望政府拨给装甲汽车两辆,上装枪炮。如无,则拟请政府发给护照,由九世班禅自办。由青到藏,沿途人烟稀薄,物资乏少,交通不便,所需人夫、驼马、帐幕及一切设备,颇为费事,应请政府设法补助。此次回藏,一方关系国家威信,一方关系人民切望,故请政府务必简派得力文武大员一同护送回藏,俾藏民得见中央威仪,知爱护西藏政教人民之至意。③

对于九世班禅取道青海入藏,噶厦表示反对,并请九世班禅由海道入藏。噶厦认为,如由青海入西藏,则随带卫队,恐启人民惊疑,致生误会,所请取道青海,绝对不能赞成。④ 九世班禅与噶厦在返藏路线上发生争端,蒙藏委员会建议中央政府对九世班禅返藏一事应作出决定。在政策上,宜有一贯之主旨。在手续上,宜有正式之决定。在体制上,决定办法后,应明令公布。⑤ 赴藏致祭十三世达赖专使黄慕松从拉萨发回密电称:"西藏自达赖圆寂,在宗教上之最高信仰及政治上之稳定安同,青康藏各级民众成极望班禅早日归藏,确系事实,亦为西藏现时局面急切之需求。其回藏路线及安全自由问题,似应尊重班禅意旨。即在中央政府怀柔远人而论,班禅离故土十余载,亦应为其筹切实之保卫。""班禅只身由海道回藏,在班禅方面断难办到。""班禅回藏之后,其地位与权限概照其旧,对班禅自身亦应须有相当之保障,明以利害,责以大义,若

① 《蒙藏委员会档案》,中国第二历史档案馆、中国藏学研究中心编:《九世班禅内地活动及返藏受阻档案选编》,中国藏学出版社 1992 年版,第 82—83 页。
② 《蒙藏委员会档案》,中国第二历史档案馆、中国藏学研究中心编:《九世班禅内地活动及返藏受阻档案选编》,中国藏学出版社 1992 年版,第 84 页。
③ 《蒙藏委员会档案》,中国第二历史档案馆、中国藏学研究中心编:《九世班禅内地活动及返藏受阻档案选编》,中国藏学出版社 1992 年版,第 84—85 页。
④ 《蒙藏委员会档案》,中国第二历史档案馆、中国藏学研究中心编:《九世班禅内地活动及返藏受阻档案选编》,中国藏学出版社 1992 年版,第 86 页。
⑤ 《蒙藏委员会档案》,中国第二历史档案馆、中国藏学研究中心编:《九世班禅内地活动及返藏受阻档案选编》,中国藏学出版社 1992 年版,第 88 页。

能得有相当结果,彼时班禅回藏,更较妥适。"①

　　1935年3月19日,九世班禅致函蒙藏委员会,陈述返藏意见。② 他说:"请中央简派得力大员护送回藏。""班禅无论采取何种方式入藏,必须略备卫队,以资安全,而扬国威。"班禅驻京办事处曾编制一份九世班禅返藏旅费概算书,并交行政院核准,以便九世班禅能够早日起程返藏。

　　九世班禅返藏,事关重大,一些疑难问题有待国民政府讨论决定。1935年4月18日,蒙藏委员会向行政院呈《班禅大师回藏办法草案》③。该办法草案包括班禅回藏方式、护卫队员、回藏经费、回藏路线、启行程序及注意事项等。该办法草案规定,为尊崇体制,酬答勋劳,由中央简派大员,挑选卫队,护送入藏。表明中央态度,认为在时机上、环境上为西藏谋利益、谋安定,九世班禅诚有回藏的必要,通知藏方准备欢迎。九世班禅来内地,所有政、军、宗教方面随员甚多,其人数由九世班禅自行决定,呈报中央备案,其薪俸由西陲宣化使公署支配。其中,中央护送大员者,要熟悉藏情;明了中央意旨,处置有方;与班禅有相当情感;能得藏方同情者。回藏经费,约需一百四十九万二千四百四十元。回藏路线中,由青海转西康入藏,给养较为便利。由青海经当拉岭入藏,沿途无藏军,顾虑甚少,路程较近,但因沿途人烟稀少。给养补充较为困难。上述两条路线利害相权,自以避免顾虑、缩短路途、便于行旅,由青海经当拉岭入藏为宜。④

　　1935年4月27日,与九世班禅商讨返藏事宜的蒙藏委员会委员诚允报告商讨情形。他在电文中说,连日商讨结果:(一)经费:班禅急欲得现,中央能将院定百万之数早日全发,其他各费均可缓商。(二)保护:班禅意在中央派最有威望大员,借壮声势;卫队数目,亦不坚执,俟将数目指明,再行续商。(三)班禅意回藏路线走西康,嘱为请指示。再,班禅因环境关系,急谋回藏,中央似应利用时机,不容错过,应付得宜,最近即可解决一切。⑤ 次日,诚允再致电蒙藏委员会,称"卫队五百之数,商得班佛同意,并请由中央指拨,以除误

① 《蒙藏委员会档案》,中国第二历史档案馆、中国藏学研究中心编:《九世班禅内地活动及返藏受阻档案选编》,中国藏学出版社1992年版,第90—91页。
② 《蒙藏委员会档案》,中国第二历史档案馆、中国藏学研究中心编:《九世班禅内地活动及返藏受阻档案选编》,中国藏学出版社1992年版,第111—112页。
③ 《蒙藏委员会档案》,中国第二历史档案馆、中国藏学研究中心编:《九世班禅内地活动及返藏受阻档案选编》,中国藏学出版社1992年版,第118—122页。
④ 《蒙藏委员会档案》,中国第二历史档案馆、中国藏学研究中心编:《九世班禅内地活动及返藏受阻档案选编》,中国藏学出版社1992年版,第122页。
⑤ 《蒙藏委员会档案》,中国第二历史档案馆、中国藏学研究中心编:《九世班禅内地活动及返藏受阻档案选编》,中国藏学出版社1992年版,第137页。

会。但必最佳之军队,藉壮声威。"①行政院第 210 次会议决议,准允班禅带卫队返藏,卫队数目由蒙藏委员会核定。与之同时,蒙藏委员会致电西藏摄政热振和噶厦诸位噶伦等,征询对于班禅返藏的意见。拉萨布达拉宫连日召开会议,讨论九世班禅回藏问题。九世班禅方面要求一切照清末旧例办理。② 关于护送班禅卫队问题,诚允与马步芳商讨后,致电蒙藏委员会称,马步芳的态度是护送班禅返藏,极其愿意效力,并听命中央。③ 九世班禅返藏所需经费、护送卫队及遣派大员护送入藏等事项,经行政院第 217 次会议议决,班禅驻京办事处呈送班禅回藏旅费概算,共列一百六十余万元,经饬据蒙藏委员会核为八十万元,另加预备费二十万元。九世班禅曾一再请求简派得力大员护送入藏。此次九世班禅回藏,关系国家视听,中央威信,且指导今后宣化建设事宜,按诸事实,宜由中央简派得力大员护送。④ 尽管西藏噶厦在九世班禅返藏路线和护送卫队问题上仍与中央意见不尽一致,但九世班禅返藏的脚步已势不可当。

护送九世班禅返藏,同样责任重大,国民政府对选派护送专使极为重视。1935 年 6 月 30 日,蒋介石致电蒙藏委员会,护送九世班禅回藏大员,应从行政院秘书长褚民谊和蒙藏委员会委员诚允中选择其一充任。褚民谊资深望重,对边疆颇有研究,诚允为人老成练达。7 月 10 日,蒙藏委员会致呈行政院,请圈定护送班禅大员人选。至于护送大员的名义,或为专使,或为大员。7 月 23 日,行政院会议通过诚允为护送班禅回藏专使,责令其组织专使公署,并拨付经费 20 余万元。行政院会议还决议,护送卫队一事,考虑到拉萨方面的意见,同时照顾九世班禅方面的感情,须慎重处理。蒙藏委员会随即致电诚允来南京特任。行政院第 222 次会议决议,通过蒙藏委员会呈送的《特派护送班禅大师回藏大员行署办法草案》和《特派护送班禅大师回藏大员行署经费核算书》,并令蒙藏委员会将办法草案和核算书中的"大员"改为专使。7 月 27 日,蒙藏委员会致电九世班禅,告知护送专使,业经中央决定,特派诚允担任。

关于护送专使的职责与组织,特派护送西陲宣化使护国宣化广慧大师班

---

① 《蒙藏委员会档案》,中国第二历史档案馆、中国藏学研究中心编:《九世班禅内地活动及返藏受阻档案选编》,中国藏学出版社 1992 年版,第 137 页。

② 《蒙藏委员会档案》,中国第二历史档案馆、中国藏学研究中心编:《九世班禅内地活动及返藏受阻档案选编》,中国藏学出版社 1992 年版,第 145 页。

③ 《蒙藏委员会档案》,中国第二历史档案馆、中国藏学研究中心编:《九世班禅内地活动及返藏受阻档案选编》,中国藏学出版社 1992 年版,第 160 页。

④ 《蒙藏委员会档案》,中国第二历史档案馆、中国藏学研究中心编:《九世班禅内地活动及返藏受阻档案选编》,中国藏学出版社 1992 年版,第 164—165 页。

禅额尔德尼回藏专使行署办法①规定,专使的任务在于护送班禅大师回藏,与各方接洽联络及保卫其安全事宜;沿途视察、宣布中央德意及安慰边地官民,使深知五族共同建国之真谛,竭诚拥护中央事宜。护送专使设行署,专使综理行署对内对外一切事务并监督所属职员。入藏路线,由京转青海入藏。回京路线,由专使临时呈请决定。九世班禅同意中央所定的护送卫队办法,并请诚允转请中央尽早筹备。据此,宪兵司令部组织宪兵一营,加机枪和迫击炮各一连,编定成护送班禅回藏卫队。

1935 年 8 月 18 日,九世班禅致电蒙藏委员会,感谢中央特派诚允为回藏护送专使,同时催促诚允早日返回青海,以便及早起程入藏。九世班禅回藏在即,依照惯例,蒙藏委员会作为蒙藏事务主管机关,向九世班禅馈赠了价值一千五百元的礼品,待护送专使赴青海时代为致赠。行政院第 232 次会议议决,核准蒙藏委员会所拟特派护送班禅大师回藏专使训条。② 10 月 2 日,行政院密令蒙藏委员会委员长黄慕松将此训条转交专使诚允。训条主要内容是:"西藏对于中央应恢复原来密切之关系。""西藏不得与外国自由订立条约。""西藏与外国旧订之约,应提请国民政府处理。""西藏之军政重大事项及外交,应由国民政府处理。""国民政府得依西藏官民之愿望,允许维持其固有之政教制度。""国民政府在国法之允许范围内,尊崇西藏宗教。""达赖、班禅之待遇程序及在西藏政教上之职权,概仍旧制。""康藏驻军及行政区域暂维现状,应即恢复交通,所有划界问题,可从长计议。""西藏得派专员在京设立办事处,并可由国民政府酌给办公费。"

但是,西藏地方政府拒阻中央派员和仪仗队护送九世班禅入藏,并于1935 年 9 月 22 日致电蒙藏委员会称,护送班禅官兵,无论多寡,不特不得越进藏境,且须一概撤回。班禅如需护卫,可以依照佛意,等到了西藏境内,自有西藏方面迎护。③ 西藏驻京办事处致电蒙藏委员会,转陈噶厦请勿派官兵护送班禅入藏的意见。蒙藏委员会致电热振和噶伦,就特派专使和仪仗队护送九世班禅入藏作了具体解释,指出"中央此次特派诚专使允护送班禅大师回藏,原诚专使系满洲同胞,在东北历任高等法院院长、吉林民政厅长、代理主席,现任本会委员,为人老成持重,酷爱和平,对边事素抱热诚,对藏事尤多研究。至仪仗兵,

① 《蒙藏委员会档案》,中国第二历史档案馆、中国藏学研究中心编:《九世班禅内地活动及返藏受阻档案选编》,中国藏学出版社 1992 年版,第 180—182 页。
② 《蒙藏委员会档案》,中国第二历史档案馆、中国藏学研究中心编:《九世班禅内地活动及返藏受阻档案选编》,中国藏学出版社 1992 年版,第 209—210 页。
③ 《蒙藏委员会档案》,中国第二历史档案馆、中国藏学研究中心编:《九世班禅内地活动及返藏受阻档案选编》,中国藏学出版社 1992 年版,第 202 页。

系由中央宪兵司令挑选,其任务为尊重体制,其性质为爱好和平,军纪严肃,军警素佳。"①10 月 3 日,蒙藏委员会再电噶厦,认为中央为尊崇佛教、隆重仪典起见,自应派遣负责官员及仪仗队随同欢送回藏,于维护班禅大师尊严及维持西藏现状双方兼顾,情礼俱尽。② 同时,蒙藏委员会电复西藏驻京办事处,重申派遣专使及仪仗队护送班禅入藏缘由,认为班禅为维持尊严,保护安全,应带所要之卫队。中央应派专使及仪仗队,在迎送西藏之佛教领袖,已有成例,实非创自今日。欢迎班禅回藏,为全藏人民所渴望。今班禅俯循民意,实行回藏,如中央不派专使及仪仗队为之保障,不独无以表中央推崇佛教之真诚,且班禅势必自行招募不十分精练之卫队,以壮观瞻。③ 中央一再向噶厦解释派遣专使及仪仗队护送班禅入藏缘由,九世班禅至为感动,致电蒙藏委员会,深表谢意。

1935 年 11 月 25 日,护送班禅回藏仪仗队由南京起程赴青海。诚允电询九世班禅的行期。九世班禅复电,天寒雪重,行旅艰难,须等到明年开春三四月起程。诚允就此制订了专使行署的整个计划,并准备食粮,选购马匹。12 月 1 日,诚允带领专使行署全体人员就道赴青,以便护送。在塔尔寺,诚允与九世班禅及堪布会议厅的官员晤面,共同研究了如何护送班禅入藏问题。

九世班禅急切早日返藏,国民政府特派专使和仪仗队护送,这些本是情理之中的事情。但是,噶厦在少数亲英分子的左右下蓄意刁难,英帝国主义更是无端干涉。随着抗日战争爆发,九世班禅返藏暂缓,中途受阻。尽管中央再三规劝,并解释派遣专使及仪仗队护送班禅入藏缘由,但噶厦仍不接受。1935 年 11 月 13 日,噶厦开会讨论班禅回藏问题。会上,有人宣称,中央派官兵护送班禅回藏,已无法挽回,应致电九世班禅,恢复其所有在西藏地方的权利,但请其不要带兵入藏。对此,全场不置可否。这时,英国极尽干涉之能事,阻止国民政府派专使和仪仗队护送班禅入藏。1935 年 11 月 9 日,英国公使贾德干向国民政府外交部提出,"奉本国外部电:据报班禅喇嘛此次回藏,带有军队三百人,藏政府曾有电致贵国政府及班禅表示异议,迄未得复。此事既为藏政府所反对,大国政府对于西藏治安,素极关心,亦觉贵国政府此举,有发生困难之可能。经告以班禅喇嘛为保护其自身之安全及维持其尊严起见,原欲多带卫队入藏,嗣因藏方希望人数不必过多,始由中央派卫队三百人,完全系护

① 《蒙藏委员会档案》,中国第二历史档案馆、中国藏学研究中心编:《九世班禅内地活动及返藏受阻档案选编》,中国藏学出版社 1992 年版,第 203 页。

② 《蒙藏委员会档案》,中国第二历史档案馆、中国藏学研究中心编:《九世班禅内地活动及返藏受阻档案选编》,中国藏学出版社 1992 年版,第 210 页。

③ 《蒙藏委员会档案》,中国第二历史档案馆、中国藏学研究中心编:《九世班禅内地活动及返藏受阻档案选编》,中国藏学出版社 1992 年版,第 211—212 页。

卫性质,而非军队。藏方反对之电,并无所闻,本国政府并无藉此机会派遣军队入藏之意。彼复谓班禅即无卫队入藏时,其部下甚多,且多武装者,必可加以护卫,已入藏后,可由藏方派队护卫,何必由中央派队护送?兹根据《森姆拉条约》第三条及藏方之异议,希望贵国政府对于此事予以慎重考虑。"①蒙藏委员会拟定了应付英国干涉护送班禅回藏原则。该委员会在致行政院的电文中称,班禅回藏,为藏中官民所期望,又系班禅大师之宿志,且属西藏内部问题。至随带卫队问题,西藏当局虽曾一度食言反对,但自行政院、蒙藏委员会去电解释后,迄今未有异议。"而英使所引用之森姆拉条约,我政府从未签字承认,亦少法律根据。"因此,在办理班禅回藏问题上,以"维持中央向来对藏之惯例"、"维护班禅尊严"、"不妨障藏中秩序"和"不致引起对外纠纷"为原则,继续进行。"因此项事件而起之对英外交,以事属我国内政问题与之委婉周旋。"②蒋致余根据所掌握的西藏最近情形,也向国民政府建言,请中央不要顾虑英国恫吓,速送九世班禅入藏。③ 行政院第242次会议决议:"班禅回藏卫队,仍照原案护送,一面将英使抗议,由蒙藏委员会通知班禅,征询其意见,再定办法。"④九世班禅对此态度坚决。他在致黄慕松的电文中说:"窃思班禅个人回藏,达赖在时即经欢迎,而迟迟未归者,即欲达到恢复汉藏旧有关系之初旨。且查噶厦函中各件,不过为一二当局之私见,决非民众公意。我公知之有素,毋庸顾忌。班禅仍拟依照原定计划,开春入藏。望中央一秉成案,以期贯彻。倘明春行抵藏边,万一藏方有武力拒绝汉兵入藏之时[事],想善后策划,中央定有成竹。"⑤黄慕松电复班禅称:"大师回藏,中央仍照成案办理。但渴望西藏能得佛佑,永保和平,望剀切晓谕,以求至善。"⑥由于噶厦拒绝护送九世班禅官兵入藏,九世班禅返藏受阻。

1936年8月12日,九世班禅接行政院来电,告知护送专使诚允辞职照

① 《蒙藏委员会档案》,中国第二历史档案馆、中国藏学研究中心编:《九世班禅内地活动及返藏受阻档案选编》,中国藏学出版社1992年版,第214—215页。
② 《蒙藏委员会档案》,中国第二历史档案馆、中国藏学研究中心编:《九世班禅内地活动及返藏受阻档案选编》,中国藏学出版社1992年版,第233—234页。
③ 《蒙藏委员会档案》,中国第二历史档案馆、中国藏学研究中心编:《九世班禅内地活动及返藏受阻档案选编》,中国藏学出版社1992年版,第222—223页。
④ 《蒙藏委员会档案》,中国第二历史档案馆、中国藏学研究中心编:《九世班禅内地活动及返藏受阻档案选编》,中国藏学出版社1992年版,第236页。
⑤ 《蒙藏委员会档案》,中国第二历史档案馆、中国藏学研究中心编:《九世班禅内地活动及返藏受阻档案选编》,中国藏学出版社1992年版,第245页。
⑥ 《蒙藏委员会档案》,中国第二历史档案馆、中国藏学研究中心编:《九世班禅内地活动及返藏受阻档案选编》,中国藏学出版社1992年版,第248页。

准,特派赵守钰继任。赵守钰赴任前,请蒙藏委员会追加经费概算。8 月 21
日,九世班禅在赵守钰的护送下,离开拉卜楞寺,向青海玉树进发,准备从那里
起程入藏。

1937 年 7 月 24 日,专使赵守钰向行政院报告,班禅归念甚切,决定短期
内入藏。九世班禅定于八月中旬从玉树起程,噶厦近来对仪仗队已无拒绝表
示,在护送班禅仪仗队入藏问题上稍有松动,只是住藏时间尚须交涉。九世班
禅一方与噶厦商讨仪仗队入藏条件。噶厦提出由三大寺保证仪仗队到藏后即
撤回。九世班禅答复,噶厦须先解决日喀则宗问题,方可允准照办。噶厦训令
索康答复九世班禅说,仪仗队只准护送径赴后藏,到后即速撤回,须外国人居
间担保,日喀则宗不让,九世班禅如不允诺,即实行拒抗。① 由于抗日战争爆
发,华北战事正紧,噶厦的态度又变得强硬起来,表示坚决拒绝护送班禅官兵
经过拉萨,即使赴后藏,也必须由他国担保撤回,而且,撤回时须改走海道。关
于前后藏问题,噶厦要求须完全解决,始允许九世班禅回藏。② 8 月 10 日,蒙
藏委员会致电专使赵守钰指出,护送班禅入藏,须由国际担保,决不可行。这时,
英国一意孤行。英使向国民政府外交部表示,如果护送班禅仪仗队入藏,无论
噶厦意见如何,英国决不同意。8 月 17 日,蒙藏委员会致电赵守钰,九世班禅回
藏日期和路线,中央正在研究,待中央电令再行起程。8 月 18 日,九世班禅离开
玉树,前往青海与西藏交界的拉休寺,等待西藏方面的乌拉前来承担运输任务。

出乎九世班禅预料,行政院第 325 次会议决议:"抗战期间,班禅应暂缓
入藏,先暂住政府指定地点。"行政院训令蒙藏委员会致电赵守钰转告九世班
禅。赵守钰在拉休寺与九世班禅晤谈,婉劝九世班禅务以大局为重,暂缓起程
为要。九世班禅虽然归心似箭,但很尊重中央的意旨。九世班禅暂缓入藏,于
1937 年 10 月 8 日离开拉休寺。10 月 12 日,九世班禅重返玉树,行辕设于玉
树寺的甲拉颇章宫内。九世班禅在玉树为抗战捐款捐物,诵经祈祷抗战胜利,
并等待着中央指定驻锡之地。

九世班禅暂缓入藏,拟请行政院指定西康甘孜驻锡。四川省政府主席刘
文辉致电蒙藏委员会,恳请将九世班禅驻锡地改为康定。他在电文中称:"班
禅奉令停止回藏,自宜择一相当地点暂驻,惟西康自匪乱以还,民生憔悴,甘孜
一带,受祸尤深,供应实属不易。""康定物力比较稍丰,又为一省最高行政官

---

① 《蒙藏委员会档案》,中国第二历史档案馆、中国藏学研究中心编:《九世班禅内地活动及返
藏受阻档案选编》,中国藏学出版社 1992 年版,第 437 页。
② 中国第二历史档案馆、中国藏学研究中心合编:《黄慕松、吴忠信、赵守钰、戴传贤奉使办理
藏事报告书》,中国藏学出版社 1993 年版,第 393—394 页。

署驻在地,若班禅移驻其间,即便就近保护。"①专使赵守钰与九世班禅商定,行辕决定移驻康定。行政院在核准九世班禅西康甘孜驻锡不久,复指定康定为班禅驻锡地,并令川康军政当局妥为照料和保护。时届隆冬,草枯冰寒。九世班禅自拉休寺返玉树,身体即稍感不适,初起仅右胸部作断续隐痛。② 1937年12月1日,九世班禅病情恶化,于青海玉树行辕甲拉颇章内圆寂。③ 九世班禅在其最后的日子里,留下一份遗嘱,经古教堪布二人侍侧签字。九世班禅遗嘱全文如下:"余生平所发宏愿,为拥护中央,宣扬佛化。促成五族团结,共保国运昌隆。近十五年来,遍游内地,渥蒙中央优遇,得见中央确对佛教尊崇,对藏族平等,余心滋慰,余念益坚。此次奉派宣化西陲,拟回藏土,不意所志未成,中途圆寂。今有数事切嘱如下:后藏政教,前已委定罗桑坚赞为扎萨喇嘛,所有宣化使职,亦着由彼暂代。在未到职前,印信暂交丁杰佛,并由堪布会议厅及回藏设计委员六人共同负责,仍宜请示中央,听候处置。至宣化使署枪支,除卫士队及员役自卫者外,其余献与中央,共济国难,俟余转生,再请发还。又关于历代班禅所享权利,应早图恢复。最后望吾藏官民僧俗,本中央五族建国精神,努力中藏和好。扎萨喇嘛及各堪布,尤宜善继余志,以促实现。此嘱。"④九世班禅始终不忘拥戴中央,民族团结,共济国难。

九世班禅圆寂,时值国家危难之际,国民政府内迁重庆。1937年12月23日,国民政府颁布褒奖令,追封九世班禅为"护国宣化广慧圆觉大师"。此令称:"国民政府委员西陲宣化使护国宣化广慧大师班禅额尔德尼,觉性圆明,志行精卓,早岁翊赞统一,懋著功勋,比年阐教西陲,勤宣德化,边民感戴,称颂翕然。方期兼程回藏,振导祥和,永资矜式。乃以忧国积劳,遽尔圆寂,眷怀勋勚,震悼弥深!应予特令褒扬,追赠护国宣化广慧圆觉大师封号。"⑤12月25日,九世班禅佛榇奉运甘孜。

佛榇早日回藏,圆九世班禅生前返藏之夙愿。按照惯例和历史定制,九世班禅的遗体应盛入金塔,供奉于扎什伦布寺。关于班禅善后问题,赵守钰在玉

① 《蒙藏委员会档案》,中国第二历史档案馆、中国藏学研究中心编:《九世班禅内地活动及返藏受阻档案选编》,中国藏学出版社1992年版,第462页。
② 中国第二历史档案馆、中国藏学研究中心合编:《黄慕松、吴忠信、赵守钰、戴传贤奉使办理藏事报告书》,中国藏学出版社1993年版,第364页。
③ 中国第二历史档案馆、中国藏学研究中心合编:《黄慕松、吴忠信、赵守钰、戴传贤奉使办理藏事报告书》,中国藏学出版社1993年版,第364页。
④ 中国第二历史档案馆、中国藏学研究中心合编:《黄慕松、吴忠信、赵守钰、戴传贤奉使办理藏事报告书》,中国藏学出版社1993年版,第364—365页。
⑤ 牙含章:《班禅额尔德尼传》,华文出版社2000年版,第287页。

树时即向中央建议,原则上维持其团体存在,免使随班禅者对中央有所失望。至甘孜后,蒙藏委员会以安置班禅人员、裁撤宣化使署、另组善后委员会之办法电商。鉴于九世班禅灵榇尚须回藏,中央与西藏地方关系尤应继续努力,赵守钰建议可改善后名义为护送佛榇回藏名义,并酌量参加中央人员,以资联系。班禅行辕方面的意见,其最初所提请求为:(一)请求中央于阴历四月间派兵武力护送佛榇回藏;(二)如因抗战关系暂难顾到,请中央授权西康刘文辉与专使妥筹回藏办法;(三)如二者均难办到,则请中央授权各堪布自行交涉回藏。其后,班禅行辕派丁杰佛、刘家驹秘书长赴渝商洽善后,班禅驻京代表罗桑坚赞由港到渝,经缜密商讨,始由蒙藏委员会正式拟具办法,呈奉行政院核准。该办法主要是:西陲宣化使公署裁撤;班禅行辕暂予保留,办公费照发;班禅年俸停发;班禅驻京办事处仍予保留;班禅驻京办事处附设补习学校,由教育部、蒙藏委员会会同查明,拟具办法呈核;西陲宣化使公署无线电台,其原由交通部发给者,仍由交通部处理,余由班禅行辕拟具办法呈核;护送专使行署俟戴传贤院长赴甘致祭后即行结束,仪仗队也同时撤回;其余各项,照蒙藏委员会原拟办法办理。西陲宣化使公署武器,应照九世班禅遗嘱献与中央;班禅灵榇由班禅行辕直接向藏方商洽;班禅卫队由班禅行辕酌量处理;班禅财产及遗物仍由班禅行辕照旧负责保管。[1] 赵守钰也致电蒙藏委员会认为,各堪布虽回藏之念甚切,但因久受大师训诲,颇知尊重中央。且基于个人利害,亦不愿违背中央而甘受西藏当局压迫。他们所提自行交涉回藏意见,系出于最后不得已时的办法,但这一办法尚须奉中央许可方行。[2] 1938 年 2 月 28 日,蒙藏委员会研究了各堪布的意见后,致呈行政院称,班禅灵榇停康,原为暂时权宜之计,日后回藏,不外乎政府护送与行辕负责人员自行接洽两种办法。自抗战发生,西藏地方当局的态度忽转强硬,以致班禅生前回藏不能实现。政府在这个时候与藏方接洽佛榇回藏,实觉机缘未至。若派重兵护送,无论由中央或地方当局负责办理,值此时艰,均觉不太适宜。然而,各堪布因班禅遗言,坚持四月回藏之主张,也不能置之不顾。对于佛榇回藏一事,蒙藏委员会认为,拟请行政院采纳堪布等自行设法护送回藏的意见,允准其向西藏地方当局直接商洽进行,以免延误。但他们仍要将交涉情形,随时呈行政院核定,一旦接洽成熟,政府即电告西藏地方当局迎接佛榇,中央政府所派护送官兵仅至边

① 中国第二历史档案馆、中国藏学研究中心合编:《黄慕松、吴忠信、赵守钰、戴传贤奉使办理藏事报告书》,中国藏学出版社 1993 年版,第 369—370 页。

② 《蒙藏委员会档案》,中国藏学研究中心、中国第一历史档案馆等编:《元以来西藏地方与中央政府关系档案史料汇编》(七),中国藏学出版社 1994 年版,第 2793 页。

境为止。① 1938 年 3 月 8 日,行政院批准蒙藏委员会所拟意见,并下令照此办理。8 月 5 日,考试院院长戴传贤抵甘孜致祭九世班禅。8 月 23 日,致祭结束。② 1940 年 2 月 6 日,九世班禅灵榇从甘孜运回青海玉树。

西藏班禅驻京办事处经与班禅行辕堪布会议厅商洽,提出一套班禅大师行辕奉灵回藏交涉步骤。③ 1939 年 10 月 20 日,西藏班禅驻京办事处将上述步骤呈蒙藏委员会,并强调班禅行辕得早日奉灵回藏,可以解除中央对西部边陲的后顾之忧,也可安抚西藏、康巴和安多僧俗。当时,蒙藏委员会委员长吴忠信行将入藏主持十四世达赖坐床典礼。西藏班禅驻京办事处和班禅行辕希望吴忠信对于班禅灵榇回藏,应先详为商定办法后,与西藏地方当局妥为接洽,促使班禅灵榇得以早日回藏。1940 年 3 月 16 日,蒙藏委员会委员长行辕秘书处奉命致函噶厦,向噶厦转达蒙藏委员会委员长吴忠信与其商谈事。是日,蒙藏委员会委员长行辕秘书处还将班禅大师行辕奉灵回藏对前藏所提条件呈送噶厦。吴忠信主持十四世达赖喇嘛坐床典礼后,便与噶厦商谈护送班禅灵榇回藏事宜。他说,班禅法体亟应回藏,俾早办理入塔转世,以重教宗而尊佛法。④ 经吴忠信与噶厦数次商谈,噶厦最终同意班禅灵榇由中央护送至边境,由藏方接奉回藏。1940 年 4 月,国民政府特派赵守钰为护送班禅灵榇回藏专使,负责护送班禅灵榇回藏一切事宜。对于班禅灵榇回藏,国民政府意在早结此案,一切手续以简单为宜。于是,9 月 25 日,蒙藏委员会致电赵守钰称,班禅灵榇回藏路线中的到达地点一项,经电拉萨孔庆宗处长探询藏方意见。得到孔庆宗的答复是,班禅灵榇回藏原定送至藏边,藏方已派觉伯代本率骑兵百余赴距玉树十日程的嘉桑卡(即类乌齐)迎候。若经三十九族至黑河,则须二十余站,且带青兵一团前往,逼近拉萨,噶厦看法有违原议,并将疑及别有作用,征询意见实难接受。因此,蒙藏委员会认为,可否即送嘉桑卡,由觉伯代本接回。⑤ 10 月 17 日,行政院致电蒙藏委员会,指令护送班禅灵榇回藏办法内所拟到达地点黑水改为嘉桑卡,并径电赵守钰专使遵照办理。在此期间,

---

① 中国藏学研究中心、中国第一历史档案馆等编:《元以来西藏地方与中央政府关系档案史料汇编》(七),中国藏学出版社 1994 年版,第 2794 页。

② 牙含章:《班禅额尔德尼传》,华文出版社 2000 年版,第 288 页。

③ 《蒙藏委员会档案》,中国藏学研究中心、中国第一历史档案馆等编:《元以来西藏地方与中央政府关系档案史料汇编》(七),中国藏学出版社 1994 年版,第 2795—2797 页。

④ 《蒙藏委员会档案》,中国藏学研究中心、中国第一历史档案馆等编:《元以来西藏地方与中央政府关系档案史料汇编》(七),中国藏学出版社 1994 年版,第 2798 页。

⑤ 《蒙藏委员会档案》,中国藏学研究中心、中国第一历史档案馆等编:《元以来西藏地方与中央政府关系档案史料汇编》(七),中国藏学出版社 1994 年版,第 2804 页。

班禅行辕曾几度要求暂不回藏,意欲移灵香日德,冀俟抗战胜利后再行奉安返藏。11 月 20 日,班禅灵榇到达藏边的嘉桑卡,班禅灵榇移交噶厦代表接奉回藏。完成护送班禅灵榇回藏的使命后,12 月 7 日,赵守钰起程返回西宁。1941 年 2 月 4 日,班禅灵榇安抵扎什伦布。① 扎什伦布寺为九世班禅建宝塔,永资供养。正如《班禅大师全集》所言:"大师的法身,继历代佛堂而一灯常明,大师之勋绩,光中藏史册将千载不朽。"②

第四节　十世班禅拥护和平解放西藏

九世班禅的转世事宜,按照传统的宗教仪规、历史定制和中央批准正常进行。1949 年 6 月 3 日,国民党政府代总统李宗仁颁布命令:"青海灵童官保慈丹,慧性澄圆,灵异凤著,查系第九世班禅额尔德尼转世,当即免予掣签,特准继任为第十世班禅额尔德尼。"③6 月 18 日,国民政府行政院发布关于第十辈班禅坐床典礼的训令。该训令称:"令内政部,据蒙藏委员会转呈蒙藏地方各大活佛及宗教社团电请明令公布灵童官保慈丹为第十世班禅正身,并请隆重护送回藏,或援例先在青海塔尔寺坐床,派遣大员主持坐床典礼,以顺应边疆民意等情到院,案经提出本年五月十八日本院第六十次会议决议:'呈请总统明令公布官保慈丹为第十辈班禅额尔德尼呼毕勒罕,并准在青海塔尔寺先行坐床,由中央派员前往主持办理。'除已呈奉明令公布,至派员主持坐床典礼各节,另案办理暨分行外,合行令仰知照,此令。"④8 月 10 日,十世班禅坐床典礼在塔尔寺举行,国民政府派关吉玉赴青海主持了这一典礼。第二天,关吉玉向国民政府内政部报告主持十世班禅坐床典礼情形称:"第十辈班禅坐床典礼,未蒸上午十一时在塔尔寺普观文殊殿前大讲经院隆重举行。由职与马长官代办马继融厅长会同主持,并代表总统宣读明令,颁赐礼品。当由班禅敬谨接受。是时风日晴和,人天欢畅,到有青省府官员及蒙藏各大活佛,暨青、

① 中国第二历史档案馆、中国藏学研究中心合编:《黄慕松、吴忠信、赵守钰、戴传贤奉使办理藏事报告书》,中国藏学出版社 1993 年版,第 551 页。
② 牙含章:《班禅额尔德尼传》,华文出版社 2000 年版,第 291 页。
③ 范明:《护送十世班禅大师返藏纪实》,《文史资料选辑》第 29 辑,中国文史出版社 1995 年版,第 4 页。
④ 《行政院关于第十辈班禅坐床典礼的训令》,西藏社会科学院、中国社会科学院民族研究所等编:《西藏地方是中国不可分割的一部分》,西藏人民出版社 1986 年版,第 523 页。

康、甘千百户头人等,共五千余人。仪式庄严和穆,至下午三时典礼观成。同深赞叹,谨先电陈,余容续报。"①8 月 11 日,十世班禅致电李宗仁,申谢派员主持坐床典礼,电文称:"班禅世受国恩,备蒙优渥,此次蒙政府颁布明令,特准继承第九辈法统,既承特派关专使吉玉马副使步芳莅青主持坐床典礼,复荷礼遇有加,赐颁厚贶,国恩浩荡,良深铭感。遵已于八月十日在青海塔尔寺举行坐床典礼,今后只有一本历辈班禅顷诚中央,受护众生之一贯意志,竭尽天职,努力以赴,以期仰达优助之德意。肃电申谢,敬乞垂察。"②李宗仁复电十世班禅称:"坐床大典礼成,无任欣慰。至希弘法修持,以教辅政,是所企荷。"③

国民党中央政府批准第十世班禅的全部公文,由时任班禅驻南京办事处处长计晋美向国民党政府办理了有关手续。在《十七条协议》谈判中,针对当时西藏地方政府不承认第十世班禅的合法地位问题,计晋美将这些文件和第十世班禅在塔尔寺坐床时的照片转交给了中央人民政府首席谈判代表李维汉。④ 由此,第十世班禅的合法地位获得西藏地方政府谈判代表团的承认。

1949 年 10 月 1 日,中华人民共和国举行开国典礼当日,居住在青海的第十世班禅额尔德尼致电毛泽东主席和朱德总司令,表示拥护中央人民政府成立,期望西藏早日解放。他说:"钧座以大智大勇之略,成救国救民之业,义师所至,全国腾欢。班禅世受国恩,备荷优崇。二十余年来,为了西藏领土主权之完整,呼吁奔走,未尝稍懈。第以未获结果,良用疚心。刻下羁留青海,待命返藏。兹幸在钧座领导之下,西北已获解放,中央人民政府成立,凡有血气,同声鼓舞。今后人民之康乐可期,国家之复兴有望。西藏解放,指日可待。班禅谨代表全藏人民,向钧座致崇高无上之敬意,并矢拥护爱戴之忱。"⑤毛泽东和朱德接读班禅来电甚为欣慰,并于 11 月 23 日联名复电班禅并嘉慰,指出:"西藏人民是爱祖国而反对外国侵略的,他们不满意国民党反动政府的政策,而愿意成为统一的富强的各民族平等合作的新中国大家庭的一分子。中央人民政

---

① 《关吉玉报告主持十世班禅坐床典礼情形》,西藏社会科学院、中国社会科学院民族研究所
   等编:《西藏地方是中国不可分割的一部分》,西藏人民出版社 1986 年版,第 523—524 页。

② 《班禅申谢派员主持坐床典礼电》,西藏社会科学院、中国社会科学院民族研究所等编:《西
   藏地方是中国不可分割的一部分》,西藏人民出版社 1986 年版,第 524 页。

③ 《总统府二局为抄十世班禅致谢电暨李宗仁代总统复电事致蒙藏委员会笺函》(民国三十八
   年八月十八日),中国藏学研究中心、中国第二历史档案馆编:《九世班禅圆寂致祭和十世班
   禅转世坐床档案选编》,中国藏学出版社 1990 年版,第 381 页。

④ 范明:《护送十世班禅大师返藏纪实》,《文史资料选辑》第 29 辑,中国文史出版社 1995 年
   版,第 19 页。

⑤ 《人民日报》1949 年 11 月 24 日。

府和中国人民解放军必能满足西藏人民的这个愿望。希望先生和全西藏爱国人士一致努力,为西藏的解放和汉藏人民的团结而奋斗。"①十世班禅在致电毛泽东、朱德的同时,还致电人民革命军事委员会副主席兼人民解放军第一野战军司令员彭德怀,恳求解放西藏拯救藏民。电文称:"兹幸在钧座领导之下,西北已获解放,边民同声欢忭。今后人民之康乐有期,国家之复兴可待。即久被忽视之西藏人民,亦莫不引领而望,卜庆来苏。仍恳领导义师,解放西藏,肃清叛国分子,拯救西藏人民。"11 月 23 日,彭德怀电复十世班禅称:"来电敬悉。查西藏乃中国之领土,在国民党卖国政策下,遭受帝国主义之蹂躏,致全藏人民陷于水深火热。今我人民解放军在中央人民政府毛主席领导下,即将解放全国,摧毁国民党残余,驱逐英美帝国主义者一切侵略势力,求中国领土之全部独立与解放,登全民于衽席,西藏解放,已可预期。尚望先生号召藏族人民,加紧准备,为解放自己而奋斗。"②

十世班禅为解放西藏而奔走呼吁,始终反对"西藏独立"。针对当时西藏地方政府以所谓"亲善代表团"的名义,派遣非法代表赴英美等国活动,企图勾结帝国主义,制造所谓西藏"独立"的阴谋,班禅堪布会议厅于 1951 年 1 月 31 日从青海致电毛泽东主席及朱德总司令,表示愿率全藏爱国人民,支援解放军解放西藏。电文指出:西藏系中国领土,为全世界所公认,全藏人民亦自认为中华民族之一。今拉萨当局此种举动,实为破坏国家领土主权完整,违背西藏人民意志。谨代表西藏人民,恭请速发义师,解放西藏,肃清反动分子,驱逐在藏帝国主义势力,巩固西南国防,解放西藏人民。本厅誓率西藏爱国人民,唤起西藏人民配合解放大军,为效忠人民祖国奋斗到底。③

中央人民政府和西藏地方政府关于和平解放西藏的《十七条协议》第五条规定:"班禅额尔德尼的固有地位及职权,应予维持。"1951 年 5 月 23 日;班禅额尔德尼驻京办事处在协议签订的当晚,举行庆祝晚会。④ 班禅额尔德尼暨班禅堪布厅全体人员发表声明,拥护关于和平解放西藏办法的协议。⑤

① 《人民日报》1949 年 11 月 24 日。
② 《人民日报》1949 年 11 月 24 日。
③ 《人民日报》1950 年 2 月 7 日。
④ 《人民日报》1951 年 5 月 28 日。
⑤ 《人民日报》1951 年 5 月 29 日。

རེད་རབས་ཀྱང་གོའི་བོད་ལྗོངས་

ལྗིད་རྫས་དང་བདག་སྐྱོང་།།

第五章

西藏实行民族区域自治的经济基础

民族区域自治是经济因素与政治因素的有机结合。西藏实行民族区域自治，是《共同纲领》和《十七条协议》所规定并加以巩固起来的西藏地方的一种基本政治权利，其法律地位不可动摇。西藏民族区域自治是中国少数民族聚居区民族区域自治的重要组成部分。它立足于中国民族地区的实际和西藏的区情，植根于西藏和平解放尤其是自治区成立以来的历史进程之中，成为西藏地方经济社会建设与发展的政治制度保障和动力源泉。

第一节　西藏实行民族区域自治的经济因素

中国是一个单一制的多民族国家，但无论是从区域还是从民族而言，区域间或民族间经济、政治的发展都是不平衡的。作为新中国临时宪法性质的《共同纲领》，在关于中央与地方关系问题上，规定要"既利于国家统一，又利于因地制宜"；在关于民族关系问题上，规定各民族"一律平等"，"均有平等的权利与义务"；同时，"各少数民族聚居的地区，应实行民族的区域自治，按照民族聚居的人口多少和区域大小，分别建立各种民族自治机关"。①《共同纲领》的这些规定及其精神，对于全国各地和各民族都具有普遍的意义和广泛的约束力，而对于当时尚未实现解放的西藏及其各民族来讲，则规定了其未来发展的方向、道路和目标，成为其实行民族区域自治的政治和法律基础。因此，西藏与全国其他民族聚居区一样，实行民族区域自治在新中国成立伊始就已经确定，广义上的西藏民族区域自治应该说从这里就开始了。尽管西藏自治区至《共同纲领》颁布 16 年之后才正式成立，但这正说明了西藏实行民族区域自治的艰巨性和历史必然性。实行民族区域自治既是为了实现和保障民族间政治的平等，又是为了满足民族经济社会发展的需要；尤其是在民族政治和法律地位平等的基础上，经济、文化落后而导致的"民族间事实上的不平

①　《中华人民共和国人民代表大会文献资料汇编》(1949—1990)，中国民主法制出版社 1990
　　年版，第60—63页。

等"的存在,最终要靠经济社会的发展来逐步解决。

民族地区的政治发展依赖其经济社会基础,实行民族区域自治也是如此。周恩来在《关于我国民族政策的几个问题》中分析民族区域自治问题时曾指出,与苏联不同,"在中国适宜于实行民族区域自治,而不宜于建立也无法建立民族共和国。历史发展没有给我们造成这样的条件,我们就不能采取这样的办法。历史发展给我们造成了另一种条件,就是中国各民族杂居的条件,这种条件适宜于民族合作,适宜于实行民族区域自治。"他还指出:"我们根据我国实际情况,实事求是地实行民族区域自治,这种民族区域自治,是民族自治与区域自治的正确结合,是经济因素与政治因素的正确结合。"①西藏实行民族区域自治一方面基于藏族与其他民族杂居的条件,另一方面基于藏族又在西藏形成聚居的局面,因此它同样是这两种自治的正确结合。其经济社会因素主要表现为:

一是必须首先要摆脱半殖民地经济和封建农奴制经济的严重束缚。

和平解放前,西藏实行的是封建农奴制经济,并在近代中国半殖民地半封建的社会历史条件下,遭受到帝国主义的侵略和羁绊,致使西藏经济社会长期处在封闭、停滞和衰败的状态。为驱逐帝国主义侵略势力出西藏,使西藏民族和西藏人民获得解放,回到中华人民共和国大家庭中来,并与国内其他各民族享受同样的民族平等的权利,发展其政治、经济和文化教育事业,中央人民政府在命令人民解放军进军西藏之际,通知西藏地方政府派遣代表来中央举行和平谈判。中央和西藏地方经和平谈判,签订了关于和平解放西藏办法的《十七条协议》。该协议规定:"在中央人民政府统一领导下,西藏人民有实行民族区域自治的权力。"同时,"依据西藏的实际情况,逐步发展西藏的农牧工商业,改善人民生活。"②西藏驱除帝国主义势力,使包括经济社会在内的整个西藏各项事业摆脱半殖民地化。同时,早在解放初期还处在经济恢复时期,为了帮助西藏发展经济建设事业,中央就投入了大量资金(直接投资两亿余元)修筑康藏公路、青藏公路。从此西藏民族和人民实行民族区域自治才有了初步的经济社会条件。

上述条件虽是必要的,但显然还不充分。在国务院1955年3月9日通过成立西藏自治区筹备委员会的决定后,《人民日报》发表《西藏地方工作发展

---

① 周恩来:《关于我国民族政策的几个问题》,《周恩来选集》(下卷),人民出版社1984年版,第257—258页。

② 《中央人民政府和西藏地方政府关于和平解放西藏办法的协议》,中国藏学研究中心编:《和平解放西藏50周年纪念文集》,中国藏学出版社2001年版,第90—91页。

的新阶段》社论指出:"实行民族区域自治是一项复杂细致的工作,因此西藏自治区筹备委员会在它的工作过程中,应该充分估计西藏地区政治、经济、文化、宗教信仰,风俗习惯等方面的特点,努力团结各方面人士,加紧培养为将来自治区机关所必需的民族干部,积累工作经验,为将来正式成立统一的西藏自治区创造各种条件。"①要获得民族区域自治所必备的和充分的经济社会条件,就要逐步废除西藏封建农奴制,完成西藏民族民主革命,实现西藏社会主义改造,并与全国各族人民一起进行社会主义建设,实现共同富裕。十世班禅在西藏自治区筹备委员会成立大会上的报告中指出,"实行民主改革是西藏民族向前发展和进步、逐步过渡到社会主义必须经历的过程,也是藏族广大人民切身的要求。如果不经过民主改革,西藏广大人民的力量和劳动的积极性就不能得到发挥,社会经济就不能发展,以往落后的状况就不能改变,西藏民族的进步和发展也就不可能实现。"②

西藏内部的民主改革和社会主义改造是西藏人民获得彻底解放必须完成的历史性任务。由于西藏地区经济社会各方面比汉族地区和其他少数民族地区有很大的不同,在西藏地区进行改革时所采取的办法,也必须与汉族地区和其他少数民族地区有所不同。西藏自治区筹备委员会确定西藏要走社会主义道路,要进行改革,改革的主要目的是要发展生产,改善人民生活,包括贵族和寺庙喇嘛在内。西藏地区的改革,采取的是由上而下、和平协商的办法,按照大多数人民的意愿进行的。首先是充分发动群众,大力开展反对叛乱、反对乌拉差役制度、反对奴役和进行减租减息的运动,其次是进行土地改革,彻底消灭封建农奴制度。经过民主改革和西藏农牧业与各项建设事业的发展,西藏自治区成立的经济社会条件业已基本成熟。1965 年 9 月,西藏自治区第一届人民代表大会第一次会议举行,西藏自治区宣告正式成立,西藏的历史也由此进入新的发展阶段。

二是必须继承和发展与其他民族在历史上的经济社会联系。

西藏以藏族为主体民族,但藏族在历史上也是与中国其他民族相杂居的。如在青海、甘肃、四川和云南,则分布有藏族自治州、自治县,这些地方和所在省的经济社会关系极为密切,便于合作。经济社会活动的特性决定,民族经济要发展,不仅不能割裂这种经济社会联系,相反要能够维护和加强这种关系,以促进交流和互补。藏族实行区域自治,不仅在西藏可以有以藏族为主体的

① 《人民日报》1955 年 3 月 13 日。
② 《在西藏自治区筹备委员会成立大会上班禅额尔德尼的报告》,《新华半月刊》1956 年第 10 号,第 8—9 页。

民族自治区,而且在很多地方建立藏族的自治州、自治县和民族乡等。这样一来,在经济上,不仅使聚居在西藏的藏族及其他民族能够充分享受到包括经济自主在内的自治权利,而且使杂居在其他地方的藏民族在与所在省加强经济联系的基础上也能享受到相应的自治权利,并有利于本民族之间以及各民族之间的合作互助,以求得共同发展和繁荣。

三是尊重和发展西藏经济社会的民族形式,并利用这些民族形式推动其经济社会发展。

西藏实行民族区域自治,能够赋予并保证西藏民族维护、发展和变革其民族经济形式的自主权利。民族地区的经济是民族的,具有其民族特性,不仅历史上形成一定的民族形式,而且在新的历史条件下,也要通过其经济社会的合理的民族形式,实现民族经济社会的发展。西藏民族有着自己传统的经济生产方式和经济生活习惯,并表现为相应的民族形式,如青稞、牧业、氆氇、藏医藏药生产以及宗教方面的经济活动等。这些民族经济形式,是建立在以藏民族为主体的西藏民族的生活条件的基础上的。发展这些富有民族习惯的经济方式,才易于被西藏民族所接受,才能够比较适宜地为西藏农牧民的社会生产和生活服务,因而也才能够满足西藏民族不断增长的物质和文化生活的需要。而且,这些民族经济形式的改变,从根本意义上要依靠本民族经济社会基础本身的发展,是不可能随意或武断地进行改革的。否则,如果不注意民族的特点和习惯,就有可能行不通,而搞"一刀切",则是完全行不通的。在民族区域自治下,西藏民族和人民能够根据本区域本民族的经济社会形式,自主安排其生产和生活,或在自觉自愿的基础上,以有利于发展民族经济为目的,改变其经济社会的某些具体的民族形式。

四是必须依靠和调动西藏民族与西藏人民在经济社会改革和发展方面的积极性与创造性。

民族区域自治是保障西藏民族推动西藏发展的主体地位,实现其生存权和发展权的最好的政治形式。从历史上看,旧西藏遗留给新西藏的,是对其发展的很多不利的政治和经济条件,要消除这些不利条件,关键在于西藏要进行社会改革。周恩来在谈到民族繁荣和社会改革的问题时说,"我们新中国就是要帮助各民族发展,这就必须实行一个根本性的措施,就是进行社会改革。社会改革是我们中国各民族的共同性的问题。""我们所说的社会改革,最根本的是经济改革。"①而在西藏实施这样的经济社会改革,中央是不加强迫的,

---

① 周恩来:《关于我国民族政策的几个问题》,《周恩来选集》(下卷),人民出版社1984年版,第264页。

而应以西藏民族和人民的意愿为转移，由西藏地方自动进行，人民提出改革要求时，得采取协商的办法解决。毛泽东在《十七条协议》签订后不久就指出："因为政治、经济、文化、宗教等项固有制度的改革以及风俗习惯的改革，如果不是出于各民族人民和人民有联系的领袖们自觉自愿地去进行，而由中央人民政府下命令强迫地去进行，而由汉族或他族人民中出身的工作人员生硬地强制地去进行，那就只会引起民族反感，达不到改革的目的。"①同时，改革也需要充分发动藏民族和人民大众。离开了这些，改革是难以推行的，也不可能成功。因为西藏民族和西藏人民最了解西藏的具体情况，只有尊重他们在经济社会发展中的主体地位，充分发挥广大藏族干部和群众的积极性和创造性，才能为西藏经济社会的发展注入无穷的力量和源泉，并逐步提高他们的物质文化生活水平。即使在全国各民族和各地支援的情况下，没有西藏民族和西藏人民积极性和创造性的调动和发挥，要改变西藏历史上经济文化长期落后的面貌显然也是不可能的。

西藏实行民族区域自治的经济因素，在与民族平等、团结、互助、合作相结合中，成为西藏实行民族区域自治的经济动力。正是在这些经济因素与民族平等基础上的政治因素的有机结合，保障和推动了西藏民族与全国其他民族之间真实的和全面的民族平等与共同发展。

第二节　西藏和平解放和自治区筹备成立时期的财经工作

新中国成立以来党的西藏财经工作，是党的西藏工作的重要组成部分和全国财经工作的有机构成。其中，西藏自治区筹备成立时期党的西藏财经工作，从西藏区情出发，以中央直接领导西藏工作为基本体制，在稳定西藏物价、发展对外贸易、统一币制、重点建设和发展个体经济等方面功绩卓著，为西藏实现和平解放、民主改革和民族区域自治提供了应有的政策基础和物质保障。

---

① 毛泽东：《必须恪守和平解放西藏办法的协议》，《毛泽东西藏工作文选》，中央文献出版社、中国藏学出版社 2001 年版，第 50 页。

一、中央直接领导西藏工作及其财经工作

新中国成立伊始,解放西藏被党中央提上日程。在党的和平解放西藏战略方针指导下,1951 年 5 月 23 日,中央人民政府和西藏地方政府经和平友好谈判,在北京签订了《十七条协议》,宣告了西藏和平解放。该协议签字仪式由朱德、李济深和陈云主持。① 陈云尽管是代周恩来参与主持,却从此开始了他参与西藏和平解放以来党的西藏工作的生涯。

然而,《十七条协议》在付诸实施之初,却遭到了当时西藏少数分裂主义分子的破坏。1951 年 11 月,以鲁康娃等为首的上层反动分子煽动群众向进藏部队寻衅闹事,导致拉萨骚乱。1952 年 4 月 7 日,西南局致电中央,提出关于拉萨骚乱事件的处置由中央直接给西藏工委发布指示的请示。次日,中央指示西南局和西藏工委,"同意西南局意见拉萨骚乱事件由中央直接处理",并决定"嗣后关于我方和藏方发生的政治、军事、外交、贸易、宗教、文化等交涉、商谈和处理事件,均集中由中央解决,西藏工委直接向中央作报告,同时告知西南局。西南局对这些问题的意见向中央提出。"②这是中央关于西藏工作由中央直接领导的最初表述。1952 年 5 月 19 日,中央在致西藏工委的一份复电中再一次指出,"你们和西藏人相关的各项工作,每项均须事前报告中央,经过批准,然后执行。"③为此,西藏工委曾就成立西藏农牧部未报中央一事,于 12 月 24 日向中央和西南局报告了有关情况,并作检讨。12 月 29 日,毛泽东在该报告上批示:"根据中央过去规定,我党委和军队一切与西藏人民和西藏政府有关的重要问题,都须报请中央处理,不归西南处理。"④

中央之所以对西藏工作实行直接管理,是由西藏问题的特殊性和西藏工作的重要性所决定的。1952 年 4 月 6 日,中央在《关于西藏工作的方针》中就指出,"西藏情况和新疆不同,无论在政治上经济上西藏均比新疆差得多。""我军是处在一个完全不同的民族区域。"⑤4 月 8 日,中央又指出,"必须认识

---

① 《人民日报》1951 年 5 月 28 日。

② 中共中央文献研究室、中共西藏自治区委员会编:《西藏工作文献选编》(1949—2005),中央文献出版社 2005 年版,第 72 页。

③ 《建国以来毛泽东文稿》(第 3 册),中央文献出版社 1989 年版,第 450 页。

④ 中共中央文献研究室、中共西藏自治区委员会编:《西藏工作文献选编》(1949—2005),中央文献出版社 2005 年版,第 94 页。

⑤ 中共中央文献研究室、中共西藏自治区委员会编:《西藏工作文献选编》(1949—2005),中央文献出版社 2005 年版,第 68 页。

藏族问题的极端严重性,必须应付恰当,不能和处理寻常关系一例看待。"①
1957 年 5 月 14 日,中央在关于西藏进行民主改革和收缩方针的指示中进一
步指出,"西藏工作统一由中央直接领导。"②中央从对西藏问题直接处理、集
中解决到对西藏工作直接领导,其中无不包括党的西藏财经工作。从这一意
义上说,中央直接领导西藏工作就成为了一定时期党的西藏财经工作的领导
体制和决策工作机制。

《十七条协议》对于西藏经济方面规定,"依据西藏的实际情况,逐步发展
西藏的农牧工商业,改善人民生活。"根据协议的有关精神,中央通过实行对
西藏工作的直接领导,制定了一系列稳定和发展西藏财经工作的方针与政策。
例如,1952 年 4 月,中央财经委员会(简称"中财委")根据中央《关于西藏工
作的方针》,向西藏工委、财委提出了《关于西藏财经工作的意见》,并将之告
知西南局和西南财委。1955 年 3 月 11 日,中央批复同意西藏工委 1 月 5 日关
于西藏金融贸易工作在公路通车后几项措施的意见,同时指出了在处理西藏
贸易、公私合营、外汇牌价、海关、粮食公司和藏商等问题上的原则与方法。
1959 年 7 月 29 日,中央批复同意西藏工委关于收兑藏币办法的意见,认为收
兑藏币的时间,愈快愈有利,同时指出了收兑藏币应掌握的原则和注意事项
等。这些说明,在这一时期党的西藏财经工作中,中财委及后来的中央财经领
导机构从西藏的实际出发而非照搬全国或其他地区的做法,直接参与了中央
关于西藏财经工作的决策,并按照中央确定的原则和部署,通过西南局、西藏
工委及其财经部门给予了具体指导和执行。

中财委及后来的中央财经领导机构是党的西藏财经工作最重要的智囊团
和参谋助手。中财委由陈云、薄一波等负责筹备组建于新中国成立前夕,新中
国成立后归属中央人民政府政务院。1949 年 10 月 19 日,陈云在中央人民政
府委员会第三次会议上被任命为政务院副总理兼财经委员会主任。这时的政
务院财经委员会实际上又是中共中央的财经委员会。陈云主持中财委工作,
直至 1954 年机构撤销。政务院改为国务院后,陈云继续担任副总理,1957 年
1 月兼任中央经济工作五人小组组长。1958 年 6 月,中央经济工作五人小组
改为中央财经小组,陈云仍任组长。正由于此,在西藏和平解放至自治区成立
这一历史时期,陈云在中央领导西藏财经工作中发挥了重要作用。他为中财

① 中共中央文献研究室、中共西藏自治区委员会编:《西藏工作文献选编》(1949—2005),中央
  文献出版社 2005 年版,第 72 页。
② 中共中央文献研究室、中共西藏自治区委员会编:《西藏工作文献选编》,中央文献出版社
  2005 年版,第 201 页。

委起草了《关于西藏财经工作的意见》，在他提出"不理不兑藏钞利小害大"和"以收兑藏钞为好"的建议下，中央在收兑藏币①问题上的政策由"不理藏钞"转变为"收兑藏币"。关于西藏军垦农场问题，西藏工委、西藏军区在筹备成立西藏自治区之初，曾要求将军垦农场移交给地方。1956 年 11 月 28 日，陈云在给邓小平的信中指出，由地方屯垦，势必雇人。按西藏的财力，这是办不到的。还是以军垦为好，否则宁可少垦。次日，邓小平表示同意陈云意见。②由上表明，在党的第一代中央领导集体的领导下，陈云主持全国财经工作，直接而具体地参与了党对西藏财经工作的一系列决策，指导了西藏财政经济由旧到新的变革与建设工作。

二、中央关于西藏财经工作政治意义的认识

在实现西藏和平解放和贯彻《十七条协议》的过程中，党的西藏财经工作面对西藏内外环境，主要受到西藏经济落后、民族隔阂的影响和制约，以及帝国主义侵略势力和西藏少数分裂主义分子在西藏的阻挠与破坏等。从这一实际出发，中央深刻揭示了党的西藏财经工作的政治意义与作用。

（一）西藏财经工作是重大的政治工作，必须慎重处理。实施《十七条协议》的过程，就是实现西藏和平解放和为西藏民主改革做准备的过程。根据协议规定，并为保证协议由签字到付诸实践，中央向西藏派出了以十八军为主力的入藏部队，以巩固国防。部队从入藏到驻藏，首要的问题就是如何才能够在西藏站稳脚跟。1951 年 9 月 13 日，毛泽东就入藏部队当时的任务问题指出，"生产与筑路并重"。③ 1952 年 4 月 6 日，中央在《关于西藏工作的方针》中指出，入藏部队要在西藏这个特殊的民族区域立于不败，惟靠两条基本政策：一是精打细算，生产自给；二是同印度和内地打通贸易关系，使西藏出入口趋于平衡，"不因我军入藏而使藏民生活水平稍有下降，并争取使他们在生活上有所改善"。中央强调，"只要我们对生产和贸易两个问题不能解决，我们

---

① 近代西藏的货币，分硬币和纸币两种。硬币有银币和铜币。银币有十两、三两两种。铜币有五钱、三钱五分、一钱、五分和一分半五种。纸币以银两为单位，有一百两、五十两、二十五两、十两、七两五钱、五两等。藏钞（纸币）由原西藏地方政府为弥补财政赤字从1926年起发行。《人民日报》1959 年 4 月 23 日。
② 中共中央文献研究室编：《陈云年谱》（中卷），中央文献出版社 2000 年版，第 351 页。
③ 中共中央文献研究室、中共西藏自治区委员会编：《西藏工作文献选编》，中央文献出版社 2005 年版，第 56 页。

就失去存在的物质基础。"①这一时期的西藏财经工作对于巩固西藏和平解放的成果具有基础性作用,直接关系着入藏部队能否立足,并深远地影响着西藏民主改革和西藏经济社会发展的进程。陈云在为中财委起草的《关于西藏财经工作的意见》中指出,"财经问题是西藏重大的政治问题。财政、贸易、外汇三者必须配合西藏工委、西藏财委,必须妥善掌握,使其步调一致。"②1956年2月10日,西藏工委向中央报告1956年西藏地区降低物价的计划。3月18日,陈云在为中央起草的致西藏工委的电报中指出,"降低粮价的斗争是一场经济和政治的斗争。你们必须随时注意各方面的动态,慎重处理。"③

（二）必须争取西藏民族和人民。消除历史上的民族隔阂,除在政治上实行民族平等政策,还要在经济上保证并逐步改善少数民族的物质生产和生活。对此,《十七条协议》规定:"西藏民族和西藏人民获得解放,回到中华人民共和国大家庭中来,与国内其他各民族享受同样的民族平等的权利,发展其政治、经济、文化教育事业。"④陈云在西藏财经工作中贯彻《十七条协议》,把维护西藏民族和人民的利益作为基本出发点。1952年3月26日,十八军向西南局财委并政务院财经委、贸易部报告说,西藏羊毛无销路,大量积压,造成大批资金亏损。此问题如继续下去,会使现有商业遭到破坏,同时直接影响广大牧民的生活。4月3日,陈云将报告批示给贸易部长叶季壮,指出"此报极重要,必须做,在政治上才能争取藏族人民。不仅羊毛,而且其他也应收"。⑤他还在《关于西藏财经工作的意见》中指出,"国营贸易机构不要向老百姓直接收购和抵消,不要把王公、贵族、喇嘛在贸易经营上原有的利益挤掉。例如,他们过去是经营羊毛的,仍让他们照过去一样在内地收购;他们愿意自己出口,也让他们自己出口;他们因出口不利要求我收购时,则我们用足够的价格收购之。又如,他们过去是向外国经营进口业务的,让他们照旧经营,如要求我们银行批汇时则酌量批给之。这样做,对我们是有利的。否则,王公、贵族、喇嘛会不满。因此,也就可能脱离群众。"⑥1952年5月2日,西藏工委决定由贸易

---

① 中共中央文献研究室、中共西藏自治区委员会编:《西藏工作文献选编》,中央文献出版社2005年版,第69页。

② 《陈云文集》第二卷,中央文献出版社2005年版,第402页。

③ 《陈云文集》第三卷,中央文献出版社2005年版,第13页。

④ 中共中央文献研究室、中共西藏自治区委员会编:《西藏工作文献选编》,中央文献出版社2005年版,第43页。

⑤ 《陈云文集》第二卷,中央文献出版社2005年版,第373页。

⑥ 中共中央文献研究室、中共西藏自治区委员会编:《西藏工作文献选编》(1949—2005年),中央文献出版社2005年版,第78页。

总公司以优惠价格收购藏商积压的大批羊毛,收购总额达 400 多亿(旧人民币)。①

由于西藏财经工作的特殊性及其与全国其他地方发展的不平衡性,一些带有全国性的财经政策不在西藏推行,是允许的,也是从西藏实际出发的一种表现。1953 年 11 月 24 日,陈云就《关于实行粮食计划收购和计划供应的命令》《粮食市场管理暂行办法》的有关问题,在致周恩来的信中说,要在报纸上发个消息,说明有些地区并不实行,这样新疆、西藏等地商人就不会恐慌了。② 当然,随着一些全国性财经政策在西藏推行条件的成熟,西藏有关政策势必要适时作出调整或改变。1959 年 5 月 19 日,陈云在关于收兑藏钞问题上,对不收藏钞和收兑藏钞的害处进行了比较分析并指出,政治上争取西藏人民,其中包括寺庙贵族等,收兑藏钞,"政治上十分主动有利"③。上述思想认识反映出陈云指导西藏财经工作的一个特点,就是把争取广大藏族人民群众与开展西藏上层统战工作有机结合起来,以扩大西藏财经工作的政治社会基础。

(三)必须打破帝国主义对西藏的经济封锁。《十七条协议》签订,特别是入藏部队进驻西藏后,美、英、印等国对西藏贸易实行半封锁半禁运,并拒绝购买西藏羊毛,造成货物大量滞销积压。据从 20 世纪 40 年代初便开始从事西藏羊毛外销印度贸易活动的夏钦·扎西次仁回忆,"当时,冬季运抵噶伦堡的西藏羊毛堆积如山。"④1952 年 4 月 4 日,周恩来在接到中央驻藏代表张经武反映西藏经济困难的电报后,立即与陈云商议,决定给西藏增调军用、民用物资,调剂市场,平抑物价。⑤ 在当时,羊毛是西藏对外贸易的主要商品,相应地,收购羊毛就成为打破帝国主义对西藏贸易封锁的重要方面。当月,陈云在致西藏工委及财委等的电报中说,"必须打破帝国主义对西藏出口羊毛的压价封锁。"他指出,"凡属西藏卖不出的羊毛,我们应该全数收购,收价应照未封锁压价前的价格一样,甚至可以略为提高。所收的羊毛,可以由印度转回国内或由中贸部在印度转口给苏新国家。"他强调,"必须储存一部分羊毛,万一印度封锁棉布、棉衣入藏时,可以羊毛纺线和代替絮棉,保证入藏部队

① 中共西藏自治区委员会党史研究室编著:《中国共产党西藏历史大事记》(1949—2004),第 1 卷,中共党史出版社 2005 年版,第 58 页。
② 《陈云年谱》(中卷),中央文献出版社 2000 年版,第 186 页。
③ 中共中央文献研究室、中共西藏自治区委员会:《西藏工作文献选编》(1949—2005 年),中央文献出版社 2005 年版,第 235—236 页。
④ 《西藏文史资料选集》,第 21 辑,民族出版社 2004 年版,第 88—89 页。
⑤ 《陈云年谱》(中卷),中央文献出版社 2000 年版,第 134 页。

的衣服。"①这就是说,帝国主义压价和封锁西藏贸易,必须与之针锋相对,开展反经济封锁斗争,优惠收购被压价或禁运商品,以扶植西藏民族商业。

三、和平解放初期西藏物价的稳定

驻藏部队贯彻"进军西藏,不吃地方"的方针,一方面从 1951 年冬季起便在各地进行开荒生产,另一方面就地购粮购物。但在初期,"由于我军购粮购物,拉萨市场的银元已经膨胀,物价大涨,其中粮、菜、柴似乎涨得更多并在续涨。"针对这一情况,陈云向西藏工委及财委指出,为了缓和物价涨势,中财委继续拨给拉萨人民银行一批印度卢比外汇,以便出售卢比收回银元。同时,依靠这些外汇,批给本地商人,不论是藏商还是印商、尼商,让他们在有利条件下向印度购买物品入藏。除经过商人购物入藏,西藏工委可经过"驻印华商宝元通"购买。他说,由印入藏的物品越多,就越能拖住西藏的物价涨势。出售外汇和节约支出,是农业生产自给以前缓和物价的重要办法。② 为了减轻银元膨胀的程度,陈云还要求西藏工委修正年度概算,除保证部队的供给并储备一部分以防事变外,其他支出须尽量节省,少抛光洋,减轻银元膨胀。

1955 年 11 月 28 日,毛泽东在给刘少奇、周恩来、陈云、邓小平的信中说,"张国华提出对西藏贸易每年赔钱 1800 万元至 2000 万元以求降低物价的计划。我认为很值得注意,似应实行他这个计划。"他进一步指出,"西藏不能和新疆、内蒙相比,那是一个很特殊的地方,要用特殊的办法解决。而目前行得通的办法,就是经济上长期补贴办法。他还说,此事请陈云、先念、小平研究一下。"③当日,陈云收到毛泽东的来信。12 月 2 日,中央政治局就西藏问题召开扩大会议。12 月 9 日,陈云在给周恩来和彭德怀的信中说:"今天约张经武、张国华等同志商谈后,对运送西藏的物资做了安排。其中,从明年一月至四月,由青藏路先运二千五百万斤粮食,争取早日稳定西藏物价。"④

1956 年 2 月 10 日,西藏工委向中央报告关于 1956 年西藏地区降低物价的计划。3 月 18 日,陈云为中央起草的给西藏工委的电报指出,中央除同意西藏工委的计划外,关于物价斗争上的关键问题,中央认为,估计大量青稞运到拉萨后,市场粮价会有变化。西藏工委的降价计划所定的各地粮价,可以作

① 中共中央文献研究室、中共西藏自治区委员会编:《西藏工作文献选编》(1949—2005 年),中央文献出版社 2005 年版,第 77—78 页。
② 《陈云文集》第二卷,中央文献出版社 2005 年版,第 401—403 页。
③ 《建国以来毛泽东文稿》,第 5 册,中央文献出版社 1991 年版,第 460 页。
④ 《陈云文集》第二卷,中央文献出版社 2005 年版,第 693 页。

为一个拟议的计划,但必须在实施降价前,根据当时情况再认真地考虑一次。同时,粮价采取一次降低还是分次降低,也需要根据当时情况加以研究。因此,工委必须注意内地青稞到达拉萨时的粮价变化和贵族动态,在实行降价前对粮价下降幅度再研究一次,提出意见,报告中央。为争取降低粮价斗争的胜利,中央指出,除原定运藏的三千万斤粮食中的二千二百万斤青稞以外,正由粮食部再征集一二千万斤青稞继续运藏。百货运藏情况,随时注意。何时开始降低粮价与物价,按照青稞和百货运输到达情况来决定。必须在确实掌握了青稞和物资的情况才动手。为了配合降低物价的斗争,中央指出,西藏工委必须节省可能减少的财政支出和其他方面的现金支出,但又不要使市场筹码过紧。"如果西藏地方政府在粮价下降、藏钞跌价时愿意要我们收回藏钞,西藏工委必须在各地准备足够数量的光洋进行收兑,避免市场筹码的青黄不接。"①

中央指导西藏物价稳定工作,以组织协调西藏物资供给为优先,并特别强调要根据不断变化的市场适时调整工作计划,同时做到开源节流,统筹兼顾。

其中,陈云在党的西藏财经工作中,将马克思主义民族理论与西藏具体实际相结合,形成陈云经济思想中关于民族财经工作的一系列重要论述。陈云对西藏和平解放至自治区成立时期财经工作的指导,贯穿于从决策到执行的整个历史过程中,并富有开创性。陈云以其关于西藏等少数民族地区财经工作的认识与实践,成为党的民族经济工作的主要开拓者之一。

第三节　中央人民政府处理藏币问题的
决策与人民币制在西藏的确立

西藏和平解放以后,其地方性货币——藏币的流通一直持续到西藏民主改革的实行才被废止,从此人民币成为西藏地方流通的本位货币。在 1951—1959 年这八年中,中央根据西藏地方的特殊性和复杂性,按照《十七条协议》精神,对藏币问题进行了慎重稳进的处理,适应了筹备成立西藏自治区的需要。

---

① 《陈云文集》第三卷,中央文献出版社 2005 年版,第 12—13 页。

一、允许藏币继续流通

1948 年 12 月 1 日，中国人民银行发行第一套人民币，"定为华北、华东、西北的本位货币，统一流通。所有公私款项收付及一切交易，均以人民币为本位货币。① 该套人民币共 12 种券别、62 种版别。建国之初，随着各解放区发行的货币逐步由人民币收兑，人民币成为全国大部分地区的本位货币。1949年 5 月 5 日，中国人民银行发出总字 87 号通令称："人民币发行以来，信用颇高，已渐成为全国统一的货币。"1951 年 3 月 20 日，中央人民政府政务院颁布《关于收回东北银行地方流通券及内蒙古人民银行地方流通券的命令》，由中国人民银行限期以人民币收回东北银行和内蒙古人民银行发行的地方流通券。自 4 月 1 日起，东北地区和内蒙古地区一切计价、记账、契约等，统一改为以人民币为法定货币本位，1951 年 4 月 1 日以前的债权债务关系，均按每九元五角兑换人民币一元的比价计算清偿。② 5 月 17 日，中国人民银行发行印有蒙文的 5000 元和 10000 元面值的人民币，并规定带蒙文的和不带蒙文的人民币等价在全国流通。至此，在已解放的国土上，除新疆外，实现了币制的统一。

而这时，西藏尚未获得解放。解放前，在西藏流通的货币主要是藏币、内地铸币和国外货币。其中，藏币是西藏地方政府造币厂印行的纸币和硬币，流通于市场的主要是：银币，如"章噶噶布"（主要是"甘丹颇章"，一钱五分）、桑松郭母（三两）、"桑冈雪阿"（一两五钱）；铜币，如"雪冈"（一钱）、"雪阿"（五钱）和十两镀银铜币；纸币，由机器印制的一百两、二十五两、十两、七两五钱（五十章噶）和五两五种套色纸币。③ 1941 年，国民政府蒙藏委员会委员长吴忠信在呈送行政院的"入藏办理达赖转世事宜"报告中称："西藏货币，种类至杂。""民国以来，藏政府自设造币厂，专铸银币、铜币及印行纸币，近且改用新式机器，铸造银质一两五钱、三两及一钱铜币三种硬币。纸币方面，则印行七两五钱、一百两两种纸票。"④内地的铸币，如早期的川铸光绪像仿卢比藏元、

---

① 《当代中国的金融事业》，中国社会科学出版社 1989 年版，第 30—31 页。

② 《中央人民政府政务院命令》，《人民日报》1951 年 4 月 1 日。

③ 肖怀远编著：《西藏地方货币史》，民族出版社 1987 年版，第 57—58 页。

④ 《吴忠信奉使入藏主持第十四世达赖喇嘛坐床典礼报告》，中国第二历史档案馆、中国藏学研究中心编：《黄慕松、吴忠信、赵守钰、戴传贤奉使办理藏事报告书》，中国藏学出版社 1993年版，第 183 页。

云南省造的"光绪元宝"半元龙洋①、康定纳关税用的"炉关锞"银币等;民国元年以后在内地发行的铸有孙中山头像的开国纪念币、袁头银元、铸有帆船图案的船洋、四川军政府银元,其中以袁头银元流通广泛。② 袁头银元是昌都和部分农牧区流通的主币。③ 在西藏地方流通使用的国外货币,主要有英印卢比、尼泊尔章噶、克什米尔银币、印度西海德拉巴银币、俄国银卢布、德国银马克、英国在孟买和加尔各答铸造的站人银洋、锡金小铜币等。外币以卢比和尼泊尔银币为代表。其中,在藏流通的卢比多为硬币。④ 它占据西藏阿里、亚东、帕里和山南部分地区的金融市场,拉萨、日喀则、江孜等地也有流通。⑤ 关于西藏币制,1944 年 4 月 28 日,西康省⑥政府在致财政部公函中称:"西藏通行藏银、藏钞、藏洋、卢比四种币制。"⑦可以说,和平解放前的西藏地方流通货币形成以藏币为本位、多种货币混合流通的格局。尽管国民政府时期曾试图铸造西陲适用货币,"以求达到西陲普遍通用此一种之目的"⑧,但在国家处于半殖民地半封建社会的状态下,统一西藏地方的币制则是不可能实现的。

在西藏和平解放前夕,西南局财委曾就西藏解放后藏币是否另印或改为推行人民币问题,向中央请示。1951 年 4 月 12 日,时任中央财经委员会主任的陈云签发中财委复西南财委请示电。该复电称,藏币发行总额仅相当于银元 280 万元,数目甚小,故不急于推行人民币或另印纸币。要先把旧藏币稳定巩固,把贸易工作做好。⑨ 为适应争取西藏和平解放的需要,中央决定藏币继续流通。

在 1951 年 5 月 23 日中央人民政府和西藏地方政府经和平友好谈判而签订的《关于和平解放西藏办法的协议》中指出,"西藏民族和西藏人民获得解

① 半块、龙圆,法定重量为三钱六分。见《格桑泽仁建议制造西陲适用之货币的有关文件》,中国藏学研究中心、中国第二历史档案馆编:《民国时期西藏及藏区经济开发建设档案选编》,中国藏学出版社 2005 年版,第 2 页。

② 肖怀远编著:《西藏地方货币史》,民族出版社 1987 年版,第 59 页。

③ 宋赞良:《和平解放时期西藏的财经工作》,《中国藏学》1989 年第 4 期。

④ 肖怀远编著:《西藏地方货币史》,民族出版社 1987 年版,第 58 页。

⑤ 宋赞良:《和平解放时期西藏的财经工作》,《中国藏学》1989 年第 4 期。

⑥ 西康,旧省名,辖今四川省西部地区和西藏自治区东部地区。1955 年撤销。

⑦ 《西康省政府就康藏贸易公司并无操纵汇水事致财政部公函》(1944 年 4 月 28 日),中国藏学研究中心、中国第二历史档案馆编:《民国时期西藏及藏区经济开发建设档案选编》,中国藏学出版社 2005 年版,第 9 页。

⑧ 《格桑泽仁建议制造西陲适用之货币的有关文件》,中国藏学研究中心、中国第二历史档案馆编:《民国时期西藏及藏区经济开发建设档案选编》,中国藏学出版社 2005 年版,第 3 页。

⑨ 《陈云年谱》(中卷),中央文献出版社 2000 年版,第 92 页。

放,回到中华人民共和国大家庭中来,与国内其他各民族享受同样的民族平等的权利,发展其政治、经济、文化教育事业。"①其中,该协议对于西藏经济方面规定:"依据西藏的实际情况,逐步发展西藏的农牧工商业,改善人民生活。"根据协议精神,并贯彻"进军西藏,不吃地方"的方针,十八军在进军西藏途中,购粮购物,用袁头银元支付,以照顾西藏人民的交换习惯。这些袁头银元主要来自人民政府接收的国民党政府1935年实行法币而收回国库的银元。②之前,朱德曾就支援进藏和补给工作,于1950年2月致函时任西南军区司令员的贺龙,提出了解决进藏部队使用银元等问题的建议。③ 人民解放军进驻西藏后,一方面从1951年冬季起便在各地进行开荒生产,另一方面就地购粮购物。

但在进军西藏初期,"由于我军购粮购物,拉萨市场的银元已经膨胀,物价大涨,其中粮、菜、柴似乎涨得更多并在续涨。"针对这一情况,1952年4月,陈云向西藏工委及财委指出,为了缓和物价涨势,中财委继续拨给拉萨人民银行一批印度卢比外汇,以便出售卢比收回银元。同时,依靠这些外汇,批给本地商人,不论是藏商还是印商、尼商,让他们在有利条件下向印度购买物品入藏。除经过商人购物入藏,西藏工委可经过"驻印华商宝元通"购买。他指出,由印入藏的物品越多,就越能拖住西藏的物价涨势。出售外汇和节约支出,是农业生产自给以前缓和物价的重要办法。④ 为了减轻银元膨胀的程度,西藏工委应修正年度概算,除保证部队的供给并储备一部分以防事变外,其他支出须尽量节省,少抛光洋,减轻银元膨胀。

这时,处在"多路向心"进军西藏⑤格局之中的新疆开始以人民币限期收回当地银元票。1951年9月21日,中央人民政府政务院命发布命令,决定自1951年10月1日起,限期以带维吾尔文的人民币,收回新疆省银行所发行的

① 中共中央文献研究室、中共西藏自治区委员会编:《西藏工作文献选编》,中央文献出版社2005年版,第43页。
② 肖怀远编著:《西藏地方货币史》,民族出版社1987年版,第65—66页。
③ 多杰才旦、江村罗布主编:《西藏经济简史》,中国藏学出版社1995年版,第636—637页。
④ 《陈云文集》第二卷,中央文献出版社2005年版,第401—403页。
⑤ 1950年1月16日,西南局和第二野战军致电中央军委建议:"在决策进军部署及拟定补给线时,曾考虑到新、川、滇界线围绕康、藏成一手枚形。我们当以主力从横断山脉及五河由正面前进。如可能时,最好由青、新各派骑兵配合,似较省事与收效,亦请考虑。"1月19日,刘伯承、邓小平致电中央军委提出:"进军西藏宜沿四省(此电报加了云南)适当路线作向心的迂回部署,尤其照顾到地形、经济困难,亦以多路的向心进兵为宜。"中共西藏自治区委员会党史研究室编著:《中国共产党西藏历史大事记》(1949—2004),第1卷,中共党史出版社2005年版,第9—10页。

银元票,并准在全国流通。同时,不带维吾尔文的人民币也可在新疆省内流通。新疆省境内一切计价、记账、契约等,均改为以人民币为法定货币本位。①至此,中国大陆除西藏外,实现了币制的统一。

在西藏,至 1953 年 7 月 22 日,西藏工委向中央报告今后一个时期的工作计划中,提出了实行藏币统一的意见。然而,中财委在 8 月 12 日的批复中,指示西藏工委不要急于实行藏币统一,强调"对藏币问题的处理要十分慎重","西藏货币与内地币值统一暂无可能也不必要","对藏币以采不理态度,逐渐削弱的方针。俟削弱到一定程度,各方面条件具备,西藏上层当权派主动向我们要求统一时,再考虑解决藏币问题。"②其中,不理藏币,逐渐削弱,作为实现藏币统一的一项基本策略被提了出来。

因此,在西藏和平解放之初,西藏地方的流通货币暂时得到了基本维持。中央人民政府对于金沙江以西,对于进藏部队、机构和人员,实行以袁头银元为本位币,并对人民币采取限制的政策;对藏币不是限期收兑,而是不收不付和不理,只将藏铜币作为找零辅币使用,对印度卢比,从业务上限制和缩小其范围。

二、停发并逐步收回藏钞的商议与暂缓西藏币制改革

和平解放前,藏钞(纸币)流通于西藏拉萨、日喀则、江孜等城镇及其周边农牧区。③ 然而,藏钞没有准备金制度。吴忠信曾在其上述报告中说:"只以无准备金,长此以往,继续发行为可虑耳。"④据统计,西藏地方政府为维持其财政,自 1951 年至 1955 年,印刷发行藏钞六千三百三十万两,造成藏钞大量贬值。为此,1953 年 11 月 6 日,中央和军委指示,严格控制银元投放,以免引起货币贬值,影响群众工作。⑤ 这也表明,西藏地方的货币流通问题越来越严重起来。此后,藏币统一问题,在达赖和班禅联袂参加第一届全国人民代表大

① 《中央人民政府政务院命令》,《人民日报》1951 年 10 月 1 日。

② 中共西藏自治区委员会党史研究室编著:《中国共产党西藏历史大事记》(1949—2004),第 1 卷,中共党史出版社 2005 年版,第 69 页;多杰才旦、江村罗布主编:《西藏经济简史》,中国藏学出版社 1995 年版,第 64 页。

③ 宋赞良:《和平解放时期西藏的财经工作》,《中国藏学》1989 年第 4 期。

④ 《吴忠信奉使入藏主持第十四世达赖喇嘛坐床典礼报告》,中国第二历史档案馆、中国藏学研究中心:《黄慕松、吴忠信、赵守钰、戴传贤奉使办理藏事报告书》,中国藏学出版社 1993 年版,第 183 页。

⑤ 多杰才旦、江村罗布主编:《西藏经济简史》,中国藏学出版社 1995 年版,第 641 页。

会第一次会议和在内地参观期间,成为了双方解决彼此之间若干历史悬案遗留问题的一个重要议题。

1954年10月20日,时任班禅堪布会议厅主任的计晋美在与时任达赖喇嘛出席第一届全国人民代表大会随行官员领导小组组长的阿沛的商谈中,提出藏币应该统一起来。对此,阿沛说:"噶厦的藏币印刷是以藏文字母编制的,到现在为止,每个字母单就一百两的票子来说,已印刷达五万秤的样子,其他如二十五两、十两等的还有很多,确实发的数字太大了,继续下去不得了。关于这一问题,噶厦虽然在内部也作过研究,但意见没有统一。"10月22日,计晋美与阿沛再次商谈。关于他们上次商谈的货币等问题,阿沛说这些事情还不能急,需要进行说服。① 正是通过多方反复商议和讨论,达赖喇嘛出席第一届全国人民代表大会随行官员领导小组在北京期间提出了一个停发停用藏钞的方案。

关于这一方案,1955年1月2日,十四世达赖喇嘛向国务院总理周恩来作了汇报。他汇报说:"过去西藏地方政府为了解决本身的财政问题发行藏钞。由于时间长,发行数字大,逐渐贬值,造成了物价上涨。今后随着两路通车,商业必定日趋发展,藏钞也将更加贬值,故拟停发藏钞。但停发后地方政府本身的财政将收不敷支,每年约有六十万至七十万银元的赤字,希国务院予以补助。另外,过去发行约值四百万银元的藏钞,由西藏地方政府收回处理,但地方政府没有这笔财力,请国务院借给银元四百万元。这些意见,是地方政府在京官员一致同意的,如果噶厦同意,则向国务院正式作出书面报告。"② 周恩来原则同意了达赖喇嘛的汇报意见。他指出:财政问题是关系西藏建设的大事,停止发行藏钞和在过渡期间用银元收回藏钞的原则是对的,同时全国统一的人民币将来也会在西藏逐渐流通。交通便利,商业发展之后必然产生这个结果。但我们照顾到西藏人民习惯于银元,相信银元,所以可先用银元把藏钞收回来,等大家习惯于使用人民币之后,再使用人民币或人民币与银元同时使用。关于停发藏钞后西藏地方政府的财政赤字,国务院应该补助,过去对拉章也有补助。将来对全西藏都要补助。③ 对此,邓小平也指示考虑将来在西

① 张定一:《1954年达赖、班禅晋京记略——兼记西藏自治区筹备委员会成立》,中国藏学出版社2005年版,第171、174页。
② 肖怀远编著:《西藏地方货币史》,民族出版社1987年版,第67页。
③ 肖怀远编著:《西藏地方货币史》,民族出版社1987年版,第67页;西藏自治区人民政府办公厅、西藏自治区党委党史研究室编著:《全国支援西藏》,西藏人民出版社2002年版,第277页。

藏采取人民币和银元平行使用的办法。于是,中央有关方面就藏钞等问题,与达赖随行官员领导小组进行了反复商谈,确定了停止印发并逐步收回藏钞的一些原则和基本措施。据阿沛回忆说,李维汉"同西藏地方政府方面反复商谈,充分交换意见,对改编藏军、收回藏钞等问题,确定了切实可行的原则和基本措施"。① 2月23日,毛泽东在同达赖和班禅的谈话中强调:"藏钞问题,起初噶厦不同意,你们向他们解释,征求他们的意见,这样做很好。"②关于收回藏钞等问题的意见,被报送到国务院研究。

当时就全国而言,新人民币发行在即。1955年2月21日,国务院颁发了《关于发行新的人民币和收回现行的人民币的命令》。3月1日,新人民币发行。然而,考虑到西藏人民习惯于银元,中央人民政府并没有因新人民币的发行而要求以人民币收兑藏钞。3月9日,国务院举行第七次全体扩大会议,通过了《国务院对于达赖喇嘛随行官员领导小组关于西藏自治区筹备委员会组成人员的名额和比例及其主要人员、藏钞、藏军问题的报告的批复》。③ 3月11日,中央批复同意西藏工委1月5日关于西藏金融贸易工作在公路通车后几项措施的意见,同时指出了在处理西藏贸易、公私合营、外汇牌价、海关、粮食公司和藏商等问题上的原则与方法。

但是,停发和回收藏钞的主张却遭到了当时西藏地方政府的反对。西藏"伪人民会议"分子在达赖喇嘛返藏后,以藏币等问题为借口,企图阻挠国务院关于成立西藏自治区筹备委员会等项决议的实现。由于少数人的阻挠和破坏,藏钞没有停发,也没有回收。中央根据《十七条协议》第十一条关于"有关西藏的各项改革事宜,中央不加强迫,西藏地方政府应自动进行改革,人民提出改革要求时,得采取与西藏领导人员协商的方法解决之"的规定,暂缓了西藏币制改革工作。④

然而,随着1954年青藏、康藏公路的通车,西藏与内地的贸易往来日趋扩大,人民币在市场上的流通越来越多。为此,1955年9月,经报请国务院批准,西藏财政经济委员会将昌都地区由使用银元改为人民币与银元混合流通市场,⑤机关部门开支均使用人民币,人民币与银元的比价暂定为一枚银元兑

① 阿沛·阿旺晋美:《良师诤友——缅怀李维汉同志》,《人民日报》1986年6月2日。
② 毛泽东:《同达赖喇嘛、班禅额尔德尼的谈话》,中共中央文献研究室、中共西藏自治区委员会编:《西藏工作文献选编》(1949—2005),中央文献出版社2005年版,第115页。
③ 《人民日报》1955年3月13日、1986年6月22日。
④ 《人民日报》1959年4月23日。
⑤ 中共西藏自治区委员会党史研究室编著:《中国共产党西藏历史大事记》(1949—2004),第1卷,中共党史出版社2005年版,第58页。

人民币一点五元。塔工地区以西仍以银元为主。

　　1956年2月10日,西藏工委向中央报告关于1956年西藏地区降低物价的计划。3月18日,陈云为中央起草的给西藏工委的电报指出,为了配合降低物价的斗争,中央指出,西藏工委必须节省可能减少的财政支出和其他方面的现金支出,但又不要使市场筹码过紧。"如果西藏地方政府在粮价下降、藏钞跌价时愿意要我们收回藏钞,西藏工委必须在各地准备足够数量的光洋进行收兑,避免市场筹码的青黄不接。"①

　　西藏自治区筹备委员会成立后,于1956年5月27日召开了常务委员会第二次会议,研究通过了《关于西藏地区银元外流管理方案》。② 10月7日,时任中华人民共和国外交部副部长的章汉夫同尼泊尔驻华大使拉纳会谈中,同意中华人民共和国政府按照管理外汇的规定给予在中国西藏地方的尼泊尔商人以外汇方面的便利,并进行了中尼关于外汇方面的问题的换文。③ 此前,1954年4月29日,《中华人民共和国、印度共和国关于中国西藏地方和印度之间的通商和交通协定》在北京签订,规定了我国西藏地方和印度共和国间的贸易规则。

　　随着西藏金融形势的发展,1958年,经国务院批准,驻藏干部、解放军指战员开始使用一部分人民币,系内部使用,即只可在我国营贸易公司内使用。人民币与银元的兑汇牌价按中国人民银行出售外汇的牌价折算。一个卢比兑0.522元人民币,一枚银元兑三个卢比,折算为一枚银元兑人民币1.566元。驻藏人员的货币使用实际上开始了由袁头银元向人民币的过渡。

三、收兑藏币,禁止外币和银元,普遍发行人民币,在西藏建立人民币制

　　由于原西藏地方政府不同意,中央本着宽大政策,以团结为重,给他们以充分考虑的宽裕时间,不但藏军始终没有改编,制度丝毫没有改革,而且西藏地方政府还始终没有停发过藏钞。④ 然而,由于1959年3月西藏发生全面武装叛乱,中央随之对西藏实行平叛改革,国务院下令解散了西藏地方政府,决定由西藏自治区筹备委员会行使西藏地方政府职权。

---

① 《慎重处理降低粮价的斗争》,《陈云文集》第三卷,中央文献出版社2005年版,第12—13页。
② 《西藏自治区筹委会常委会开会》,《人民日报》1956年5月28日。
③ 《中尼关于外汇方面的问题的换文》,《人民日报》1956年11月4日。
④ 《阿沛·阿旺晋美代表驳斥所谓"达赖喇嘛的声明"》,《人民日报》1959年4月23日。

在西藏地方政府解散后，藏钞迅速贬值，造成物价飞涨，市场金融混乱，藏族人民的利益受到严重损害。人民解放军查封了札什造币厂①，缴获了大量未来得及发行的藏钞和新刻的藏钞印版。

1959年5月19日，陈云致信邓小平、李先念指出，不理藏钞、不收兑藏钞需加考虑。关于不收兑藏钞的弊病，他说："我们不可能（实质上）对藏钞持有者采取两种态度：对寺庙、贵族的不兑，对劳动人民的收兑。寺庙、贵族会想各种办法（收购土产、付劳动人民工资、请劳动人民代向银行兑换人民币），把藏钞转到劳动人民手上，那时我们还得把大部分藏钞以人民币收回，得了一个拒收藏钞之名，而所得之实惠很少。同时总有一部分劳动人民因为区别对待时我们照顾不到而吃亏，他们会抱怨我们。"关于收兑藏钞后的弊端，他指出，一是人们以藏钞兑成人民币后抢购物资，物资一时供不上；二是收回藏钞后，银元横流，变为西藏实际流通货币而使人民币吃不开。他认为，"第一种可能肯定存在；第二种危险有，但不大。理由是市场上总要有一种筹码，而且在西藏环境下（我们的物资运去不可能多），硬币驱逐软币的原则总是存在的，因此相反的，西藏市场上会出现银元隐藏，人民币到处横流。"他还对收兑藏钞要花多少钱进行测算后指出，"所花不多"。他说，根据西藏工委的报告，以二十两藏钞折合人民币一元，共约人民币一千万，如果每五角人民币合一卢比，也只有五百万卢比；如果照人民银行所附的报告，五百万盾卢比只值一百万美元。如果暂时无物资运去西藏，可以出售卢比，把藏钞收回。办法是先以人民币收藏钞，又以卢比收回这些人民币，应付拉萨金融混乱局面，绰绰有余。他指出，"不理藏钞，反使寺庙、贵族鼓动西藏人民来反对我们，历史上成为反对我们的一种借口。"因此，他认为，不理不兑藏钞利小害大，以收兑藏钞为好。②

7月10日，西藏工委财政经济工作部发出通知，决定七月起在拉萨行使人民币，凡进藏干部战士职工工资，机关费用，藏回族职工工资，临时工工资全部发给人民币。凡企业事业单位，营业单位一律从7月1日起改以人民币为计价单位，人民币与银元的比价调整为一枚银元析人民币1.5元。7月11日国营民族商业门市部开始营业，同时收进和付出人民币。

根据陈云关于收兑藏钞的意见，结合西藏地方政府解散后藏钞贬值的实际情况，国务院决定西藏与全国统一货币。1959年7月15日，西藏自治区筹

① 札什造币厂，是原西藏地方政府于清宣统元年（1909年）在拉萨城北札什地方创办的水动力机器造币厂。
② 陈云：《对收兑藏钞问题的意见》，中共中央文献研究室、中共西藏自治区委员会编：《西藏工作文献选编》（1949—2005年），中央文献出版社2005年版，第235—236页。

备委员会布告全区普遍发行使用人民币,自即日起,"全体商民人等切实遵照执行,不得有违,违者依法论处"。布告规定:"中国人民银行发行之人民币,为法定本位金,任何人不得拒绝收受和贬值使用";"禁止任何人采取任何方式携带和私运人民币出入我国国境";"银元(袁头)准许继续流通。银元与人民币的比价暂定为银元一元值人民币一元五角"。①

1959年7月17日,西藏自治区筹委会第二次全体委员会议作出了关于进行民主改革的决议。7月22日,西藏工委向中央报告了关于收兑藏币的办法的意见。7月29日,中央批复同意西藏工委关于收兑藏币办法的意见,并根据从开始使用人民币的初步反映情况,认为收兑藏币的时间,愈快愈有利。

对于收兑藏币应掌握的原则和注意事项等,中央指示,关于收兑比价,不分地区、不分阶层一律按西藏工委所提出的五十两藏币折人民币一元收兑。这一规定表明,此次收兑藏币继承了1955年发行新人民币时实行不分对象等价划一的政策。当时,由于不收兑银元,也不以银元收兑藏币,所以银元和藏币之间,可不规定直接比价,银行不公开挂牌。关于收兑期限,全区不必统一,可根据不同地区,规定不同的期限。原则是收净西藏境内现有藏币,并且不让流出国外的藏币重新流入国内。具体收兑期限,大体分为边境区、中心区和藏北牧区三种。边境区期限可以短些,中心区可稍长些,藏北牧区可再长些,如一个月不够,还可适当延长。关于假藏币问题,不分阶层,一律不能收兑。但如果有群众持少量假藏币来兑换时,可以不究办,仍不能收兑。在当时物资缺乏的情况下,为了发行人民币和收兑藏币,一方面要积极筹备物资,加紧调运,应付市场供应的需要,可以从查封的粮食中拿出一部分用来支持人民币;另一方面,要严格控制财政开支,控制货币投放,对机关、部队向市场投放的人民币,要压缩到最低限度。加强关于收兑藏币问题的对内对外的宣传教育工作。在收兑藏辅币的同时,对于持原西藏政府发行的金属币兑换者,根据含金成色,按照全国统一金价收进,以质论价。②

1959年8月10日,西藏自治区筹备委员会发出由代理主任委员班禅额尔德尼·确吉坚赞,副主任委员张国华、帕巴拉·格列朗杰、阿沛·阿旺晋美共同签署的《宣告"藏币"作废的布告》③。布告指出:为了保护人民利益,稳

---

① 《西藏日报》1959年7月15日。

② 陈云:《对收兑藏钞问题的意见》,中共中央文献研究室、中共西藏自治区委员会编:《西藏工作文献选编》(1949—2005年),第1卷,中央文献出版社2005年版,第235—236页。

③ 59筹布字第003号,《西藏日报》1959年8月14日。参见多杰才旦、江村罗布主编:《西藏经济简史》,中国藏学出版社1995年版,第449页。

定市场金融物价,活跃城乡经济,决定以人民币限期收兑"藏币"。布告规定:
"藏币"为非法货币,自即日起宣布作废,禁止使用。自 1959 年 8 月 10 日起,
由各级地方政府和军事管制委员会以人民币限期收兑"藏币",具体收兑时间
由各地区自行规定。禁止任何人采取任何方式携带和私运"藏币"出入我国
国境。有关收兑"藏币"的比价及兑换手续等办法,由中国人民银行西藏分行
规定公布。①

西藏自治区筹委会的布告公布后,中国人民银行西藏分行同时公布了兑
换范围和价格。(一)一百两、二十五两、十两、七两五钱(五十章嘎)、五两五
种机器印制的纸币和十两的镀银铜币按五十两折人民币一元兑换。(二)藏
银币均按其含银量计价收兑。纯银每市两值人民币一点二五元,按此折价,各
种银币每枚兑分为:"桑冈郭母",即宣统元年铸造的一两银元,每枚重零点五
五至零点六四市两,含银量百分之九十八,兑人民币七角;"桑冈雪阿",每枚
重零点一八至零点一九市两,含银量百分之七十八至百分之八十二,兑一角八
分;"桑松郭母",每枚重零点三八至零点三九市两,含银量百分之七十八,兑
三角七分;"章嘎嘎布",每枚重零点一三至零点一六市两,含银量百分之六十
至百分之七十五,兑价一角;五两银币("新章嘎嘎布"),每枚重零点一五至零
点一六市两,含银量百分之九十八,兑一角八分。(三)铜币"雪阿"每四十枚
兑人民币一元;"雪冈"每二百枚兑人民币一元。

"限期收兑"的实际执行情况是,兑换时间一般规定为十五天。为防止已
流出国外的藏钞和假藏钞继续流入,边境地区兑换时间一般规定为十天。那
曲地区牧民群众居住分散,规定了更长时间予以兑换。为照顾农牧民群众,稍
过兑换时间持纸币兑换者,查明情况一般也予兑换。在兑换价问题上,硬币除
十两镀银铜币超过兑换时间每枚折价一角三分外,其他均按原价继续兑换。②
1959 年 8 月 10 日,拉萨、日喀则和那曲等地开始了兑换工作,设置兑换点或
派兑换小组下乡收兑。至 10 月底,藏币基本收兑完毕。至年底,人民银行系
统共收兑藏币 1 亿多两,用于收兑付出的人民币达 200 多万元。③ 这时,人民
币在西藏发行流通后,仍允许"袁大头银元"继续流通,银行只收不放以回笼。

为统一币制,稳定金融,有利于发展生产,保护人民利益,制止金银投机,
禁止外币、银元流通,西藏自治区筹委会于 1962 年 5 月 10 日公布了《西藏自

① 多杰才旦、江村罗布主编:《西藏经济简史》,中国藏学出版社 1995 年版,第 449 页。
② 肖怀远编著:《西藏地方货币史》,民族出版社 1987 年版,第 72 页。
③ 西藏自治区人民政府办公厅、西藏自治区党委党史研究室编著:《全国支援西藏》,西藏人民
出版社 2002 年版,第 278 页。

治区金银管理和禁止外币、银元流通暂行办法》①。这里的金银系指各种生熟金银、金银货币、金银首饰、金银器皿及其他金银制品，外币为各种外国纸币、硬币及外币票据，银元为袁头银元及其他杂牌银元。该办法规定，统一区内的币制，以人民币为本位币。禁止金银、外币、银元计价行使流通。取缔金银自由市场，禁止金银私相买卖。允许人民储存金银、银元，并允许人民向中国人民银行按牌价兑换人民币。凡持有外币的商民人等，限在自 5 月 10 日以后五十天内自行处理或运往国外，逾期即禁止外币在市场流通和出入国境。禁止金银、银元出口，凡进出国境旅客携带自用、家用合理数量范围内的金银、外币，按海关中国人民银行有关办法的规定办理。外国商民到西藏边境市场交易如携有外币，不准计价行使、买卖，准许其原数携回国外。人民储存的金银如在国内迁移必须携带者，如黄金超过二市两，白银超过二十市两。须向区以上人民政府申请，开给携带证，具明携带人姓名、住址、所带金银数量及理由，经往地点、时间等。但人民习惯所佩戴的金银首饰，应予允许，可不携带证明。凡医用、工业或其他正当用途需要购用金银原料者，可向当地中国人民银行申请，由中国人民银行酌情售给。金银饰品业须向当地中国人民银行登记，除按国家规定价格出售原存成品和代客加工外，不得私相买卖，不得收兑，并应将所存材料、成品及每日成交情况呈报当地中国人民银行。

对于违犯该暂行办法的规定者，规定由县以上各级人民政府处理。（一）在本区内携带金银不按规定持合法证件者，或以金银计价行使者，由中国人民银行按牌价贬低百分之十五至三十收兑；但经证明确系不明暂行办法者得酌情按牌价兑换。（二）私相买卖金银者，分别情况予以贬价兑收、没收其一部分或全部；如属屡犯和情节重大者，除全部没收外，并科以一至三倍的罚金。（三）逾期以外币计价行使，买卖者分别给以没收、科罚和其他适当的处分。凡军民人等对违犯各项规定的现行犯，均有检举、告发、查获的权利。对报告人、查获人酌情予以奖励。凡经政府贬价兑换或没收者均给以正式凭证。如有假借暂行办法进行勒索、敲诈者，允许人民控告。②

此前，为在西藏地区设立海关，1961 年 12 月 15 日，国务院全体会议第 114 次会议通过国务院关于在西藏地区设立海关的决定，并且批准《中华人民共和国西藏地区海关征收进出口税暂行办法》。③ 12 月 26 日，中央对外贸易

① 《西藏日报》1962 年 5 月 10 日。

② 多杰才旦、江村罗布主编：《西藏经济简史》，中国藏学出版社 1995 年版，第 449 页；中共西藏自治区委员会党史研究室编著：《中国共产党西藏历史大事记》(1949—2004)，第 1 卷，中共党史出版社 2005 年版，第 153 页。

③ 《人民日报》1961 年 12 月 16 日。

部转批了西藏自治区筹备委员会报送国务院的《中华人民共和国西藏地区海关对进出口货物监管暂行办法》、《中华人民共和国西藏地区海关对进出国境驮运牲畜监管暂行办法》、《中华人民共和国西藏地区海关对进出国境旅客行李物品监管暂行办法》和《中华人民共和国西藏地区海关奖励查私和处理走私案件罚金、没收物品变价报解暂行办法》，并作了修改。① 1962 年 5 月 10 日,西藏自治区筹备委员会除公布《西藏自治区金银管理和禁止外币、银元流通暂行办法》外,还公布了《中华人民共和国西藏地区海关征收进出口税暂行办法》、《西藏自治区关于实施对外贸易管理暂行条例的暂行办法》等,并自公布之日起在西藏全区实施。同时,根据国务院关于在西藏地区设立海关的决定,西藏地区海关机构正式成立。海关设立初期,对进出国境的货币等实行监管,并代管对外贸易。西藏地区海关征收进出口税的税率比我国其他地区海关进出口税的规定要低。在海关征收进出口税以后,对边境地区居民同邻国人民之间习惯性的小额贸易,仍允许照常进行。实行对外贸易的管制、监督后,凡经营进出口货物的商人,包括外国商人,都应向所在地的对外贸易管理机关进行申请,经批准发给进出口许可证,才能办理货物的进口和出口。无论对西藏地方的商人或是在西藏通商地点做生意的外国商人,只要他们遵守政府法令,进行正当营业,人民政府都给予保护。② 西藏地区海关正式开关,彻底结束了外国过剩商品倾销西藏,为禁止外国货币计价行使提供了监管保证。

至此,无论是事实上还是法律上,人民币取代藏币而成为西藏地区流通的本位货币,并实现了西藏与全国币制的统一。这一币制的统一,在一定意义上反映了新中国在西藏地方实行民族平等,消除民族隔阂,争取西藏民族和人民的历史进程。人民币制为推动西藏经济社会发展和保障人民生活奠定了与全国统一的、稳定的货币流通体系,进一步加强了西藏地方与祖国内地的经济联系。

---

① 侯彦昌:《西藏地区海关设立过程》,西藏自治区政协法制民族宗教文史委员会编:《西藏文史资料选辑》(22),民族出版社 2005 年版,第 284—289 页。
② 《西藏自治区筹备委员会公布西藏地区海关征收进出口税等办法》,《人民日报》1962 年 5 月 13 日。

དེང་རབས་གྱུང་གོའི་བོད་ལྗོངས་
ཕྱིད་དུས་དང་བདག་སྐྱོང་།།

第六章

西藏平叛与民主改革

1959 年至 1961 年，西藏在平息全面武装叛乱的基础上，通过民主改革，废除了封建领主生产资料所有制和上层僧侣贵族专政的"政教合一"的封建农奴制度，百万农奴翻身解放、当家作主，成为了新西藏的真正主人。西藏由和平解放、筹备成立自治区到民主改革，成为人民民主的新西藏。

第一节　西藏民主改革的历史必然性与中央关于西藏"六年不改"方针

西藏在平息武装叛乱基础上实行的民主改革，是西藏社会由封建农奴制到人民民主的历史性变革和跨越发展。回顾西藏现代史上这一深刻社会变革，无论是应当改革、暂缓改革还是边平叛边改革，始终是在以毛泽东同志为核心的党的第一代中央领导集体正确认识和处理少数民族地区改革，特别是西藏民主改革的历史必然性与社会基础，时机与条件，策略与步骤，以及性质与前途等问题，并相应地作出和平协商、"六年不改"和"稳定发展"等方针的指导下开展和实现的。正是在这一历史进程中，西藏由和平解放、筹备成立自治区到民主改革，跨越几个世纪而成为人民民主的西藏。

一、西藏民主改革的历史必然性、社会基础与和平协商方针

新中国成立之初，毛泽东根据全国解放的形势和进军西藏的实际需要，最终确定由西南局担负进军和经营西藏的主要职责。在酝酿和制定和平解放西藏政策中，西南局由邓小平起草，于 1950 年 5 月 27 日拟定了一份与西藏地方政府谈判条件的意见，其中规定"有关西藏的各项改革事宜，完全根据西藏人民的意志，由西藏人民采取协商方式加以解决"。[①] 西南局将这一意见报送中

---

① 《西藏工作文献选编》，中央文献出版社 2005 年版，第 19 页。

央审查。5月29日，毛泽东在"由西藏人民"后加写"及西藏领导人员"，改为了"由西藏人民及西藏领导人员采取协商方式解决"①，由此从思想认识和政策上明确了西藏民主改革的社会基础，也从根本意义上规定了西藏民主改革实行协商解决的基本方略。1951年5月23日，中央人民政府和西藏地方政府签订的《关于和平解放西藏办法的协议》(简称《十七条协议》)，将这些内容以法的形式确定下来。协议根据《共同纲领》规定："有关西藏的各项改革事宜，中央不加强迫。西藏地方政府应自动进行改革，人民提出改革要求时，得采取与西藏领导人员协商的方法解决之。"②这表明，西藏解放后要实行民主改革是肯定的、必然的，但何时改、以何种方式改，则取决于西藏人民的意志及其与西藏领导人员的协商。

　　1951年5月24日，毛泽东设宴庆祝协议的签订，在致词中指出："现在，达赖喇嘛所领导的力量与班禅额尔德尼所领导的力量与中央人民政府之间，都团结起来了。""这种团结是兄弟般的团结，不是一方面压迫另一方面。""今后，在这一团结基础之上，我们各民族之间，将在各方面，将在政治、经济、文化等一切方面，得到发展和进步。"③随后，《人民日报》于5月28日公开发表了协议全文，并配发《拥护关于和平解放西藏办法的协议》的社论指出，为实现政治、经济和文化上的平等，各民族内部不可避免地需要有步骤地实行适合于本民族发展情况的改革的规律，同样适用于西藏。此前，毛泽东于5月26日在审阅社论稿时，就协议关于西藏改革的规定，加写了一段内容强调，少数民族地区政治、经济、文化、宗教等项固有制度的改革以及风俗习惯的改革，如果不是出于各民族人民以及和人民有联系的领袖们的自觉自愿，而由中央人民政府下命令强迫进行，或由汉族或其他民族人民中出身的工作人员生硬地强制进行，就只会引起民族反感，达不到改革的目的。他从少数民族地区改革的主体性，强调了这一改革应基于各民族人民以及和人民有联系的领袖们的意愿，由少数民族社会所内生。此后，毛泽东反复强调这一思想。1952年10月8日，他在接见西藏致敬团代表时指出："西藏地区，现在谈不上分地，将来分不分，由你们自己决定，并且由你们自己去分，我们不代你们分。"④1954年3月23日，他在宪法起草委员会第一次会议上指出，未来西藏自治机关，"究竟搞个什么形式，由那里大多数人民的意愿决定。"他说："我对西藏代表团说

---

① 《西藏工作文献选编》，中央文献出版社2005年版，第18页。
② 《西藏工作文献选编》，中央文献出版社2005年版，第44页。
③ 《毛泽东西藏工作文选》，中央文献出版社、中国藏学出版社2008年版，第43页。
④ 《毛泽东西藏工作文选》，中央文献出版社、中国藏学出版社2008年版，第89页。

过,我们不强迫你们,你们搞不搞土地改革,搞不搞选举,由你们决定。""不能干人家反对干的事情,要等待人民的觉悟。"①10 月 9 日,他在同达赖谈话时也说:"改革的事,没有多数人赞同是办不通的。""不要以为中央急于想改革,我们并不是这样想的。""要西藏人民自己愿意,不能将汉人的意愿强加于西藏人民。"②1955 年 10 月 23 日,他还在与西藏参观团的谈话中说:"改革要人民同意。""西藏的事归你们管,你们藏人看怎么办就怎么办,你们不赞成的就不办。""改革要你们下决心,你们不干,我们是不干的。贵族、喇嘛赞成了才干,我们不能替你们下决心。"③

在封建农奴制度下,政教合一的封建领主专政既统治又代表着西藏地方。因此,西藏实行民主改革,既要做好影响群众工作,又要做好上层反帝爱国统一战线工作。能否实现西藏民主改革的协商进行,关键在于当时西藏上层统治集团。1951 年 5 月 26 日,毛泽东还曾在审阅上述《人民日报》社论稿中加写内容说:"在西藏人民中,佛教有很高的威信。人民对达赖喇嘛和班禅额尔德尼的信仰是很高的。因此,协议中不但规定对宗教应予尊重,对寺庙应予保护,而且对上述两位藏族人民的领袖的地位和职权也应予以尊重。"他指出:"这不但是为和解藏族内部过去不和睦的双方,也为使国内各民族对藏族领袖引起必要的尊重。"④能否实现西藏民主改革的协商进行,关键在于当时西藏上层统治集团。为做好西藏上层反帝爱国统一战线工作,1952 年 4 月 6日,毛泽东在《关于西藏工作方针的指示》中指出:"要用一切努力和适当办法,争取达赖及其上层集团的大多数,孤立少数坏分子,达到不流血地在多年内逐步地改革西藏经济政治的目的。"⑤这一指示进一步阐述了《十七条协议》关于西藏民主改革协商进行的精神。

一方面,对达赖及其上层集团的大多数采取"争取"的方针,并把商量办事作为实现西藏民主改革的重要方式。1953 年 10 月 18 日,毛泽东在与西藏国庆观礼团、参观团谈话时指出:"西藏政治、经济、文化、宗教的发展,主要靠西藏的领袖和人民自己商量去做。"⑥1955 年 2 月 23 日,他在同达赖、班禅谈话时也指出:"做事情应广泛地和大家商量。""我们在中央办事也经常征求地

① 《毛泽东西藏工作文选》,中央文献出版社、中国藏学出版社 2008 年版,第 105 页。
② 《毛泽东西藏工作文选》,中央文献出版社、中国藏学出版社 2008 年版,第 110 页。
③ 《毛泽东西藏工作文选》,中央文献出版社、中国藏学出版社 2008 年版,第 130 页。
④ 《毛泽东西藏工作文选》,中央文献出版社、中国藏学出版社 2008 年版,第 50—51 页。
⑤ 《毛泽东西藏工作文选》,中央文献出版社、中国藏学出版社 2008 年版,第 62—63 页。
⑥ 《毛泽东西藏工作文选》,中央文献出版社、中国藏学出版社 2008 年版,第 103 页。

方政府的意见，和你们商量，请你们放心，我们不会强迫你们办任何事情。"①
在西藏自治区筹备委员会即将成立之际，他于 1956 年 2 月 12 日同在京的藏
族人士谈话时强调，西藏民主改革，"要由达赖喇嘛、班禅额尔德尼下决心，要
由西藏的僧俗官员和寺院里的喇嘛、堪布们决定。要有一个酝酿的时期，一
年、二年、三年，通过讨论，打通思想。有人赞成，也有人反对，两方面的意见都
可以讲。多酝酿、多讨论有好处，大家都讲，慢慢地就讲通了。"他指出："关于
民主改革这一条，这里要讲清楚，不要回去乱讲，说我讲了西藏现在要实行土
地改革了。我是要你们回去酝酿，回去报告达赖和班禅，可行即行。""我不能
一定叫你们做什么，我只是提建议给你们，采纳不采纳是你们的事，不要误
会。"②西藏自治区筹委会成立后，毛泽东致信达赖说："现在还不是实行改革
的时候，大家谈一谈，先做充分的精神上的准备，等到大家想通了，各方面都安
排好了，然后再做。"③这些论述都充分体现了中央与西藏地方协商办事，特别
是协商进行西藏民主改革的精神。

另一方面，毛泽东明确指出了西藏民主改革的基本特征，即"不流血"地
逐步改革。他认为，在改革条件不具备的情况下，"暂时一切仍旧，拖下去。"④
1956 年 2 月 12 日，他在同藏族人士谈话时指出，西藏地区的土地改革要采用
云南的办法，通过和平协商的办法进行。6 月 30 日，西藏工委在《关于西藏地
区 1956 年至 1960 年五年规划的初步意见》中提出了西藏民主改革及准备工
作的意见，并报告中央。9 月 4 日，中央就西藏民主改革问题指出，西藏地区
的民主改革必须是和平改革，并对西藏上层一定要做好准备工作以后再去进
行。其中，要同他们的各方面的领导人员协商好，取得他们真正的同意而不是
勉强同意。同时，要把上层安排好，在不降低上层政治地位和生活水平的原则
下，把所有僧侣贵族的工作和生活，特别是他们的代表人物的政治地位和生活
待遇，经过协商，作出适当安排。中央指出，在实行改革的时候，不做到这一
点，就会失信于人。在这样重大的问题上失信于西藏，是很不利的。否则，宁
可暂缓，而不要勉强进行。后来于 1959 年开始的西藏民主改革，尽管是在平
叛的基础上进行的，但正如毛泽东与班禅、阿沛等谈话时所指出的："打完仗
以后，就搞和平改革。"⑤和平改革贯穿于毛泽东对西藏民主改革的认识和对
实际工作的指导之中。

①《毛泽东西藏工作文选》，中央文献出版社、中国藏学出版社 2008 年版，第 114—115 页。
②《西藏工作文献选编》，中央文献出版社 2008 年第 2 版，第 140—141、141、142 页。
③《毛泽东西藏工作文选》，中央文献出版社、中国藏学出版社 2008 年版，第 154 页。
④《毛泽东西藏工作文选》，中央文献出版社、中国藏学出版社 2008 年版，第 63 页。
⑤《毛泽东西藏工作文选》，中央文献出版社、中国藏学出版社 2008 年版，第 204 页。

二、西藏民主改革的时机、条件与“六年不改”方针

新中国成立后,对于少数民族地区的改革问题,中国共产党向来主张在坚持民族平等的基础上谨慎对待。这种谨慎立足于从实际情况出发,强调改革要以条件是否充分和成熟为前提。1950 年 6 月 6 日,毛泽东在党的七届三中全会上讲话时指出,必须谨慎对待少数民族地区的社会改革,无论如何不能急躁。条件不成熟,不能进行改革。一个条件成熟了,其他条件不成熟,也不要进行重大的改革。没有群众条件、人民武装和少数民族自己的干部,就不要进行任何带群众性的改革工作。这一讲话精神不仅强调了改革条件的必要性,而且注重改革条件的充分性,认为只有在这些条件成熟时,改革才有基础与保障。这对于西藏也是如此。《十七条协议》签订的当天下午,毛泽东在与进军西藏的十八军军长张国华谈话时指出:“在西藏考虑任何问题,首先要想到民族和宗教问题这两件事,一切工作必须慎重稳进。”①

西藏和平解放之初,由于当时的历史和现实条件的制约,《十七条协议》不可能一揽子全部实行。1952 年 4 月 6 日,毛泽东在《关于西藏工作方针的指示》中比较西藏和新疆的情况后指出:“无论在政治上经济上西藏均比新疆差得多。”“西藏至少在两三年内不能实行减租,不能实行土改。”他还就执行协议问题强调,当时没有全部实行协议的物质基础、群众基础和上层基础,勉强实行,害多利少。他指出:“只做生产、贸易、修路、医药、统战(团结多数,耐心教育)等好事,以争取群众,等候时机成熟,再谈全部实行协定的问题。”②这就是要拖要等待,时间拖得愈久,实行协议的理由就愈多,同时积极创造条件,为实行协议做准备。

为出席第一届全国人民代表大会,达赖与班禅联袂到京,并提出希望中央帮助西藏人民提高生活水平。毛泽东于 1954 年 10 月 9 日与达赖谈话时说:“你们希望中央帮助西藏人民提高生活水平,这是从经济上,同时也是从政治上代表大多数西藏人民提出的意见。”但是,“这是不能性急的,性急反倒慢了,不性急反倒会快。现在,在西藏上层反对改革的人较多,如果勉强办,你就会孤立。改革的事,没有多数人赞同是办不通的。首先是这些人还不信任汉人。他们要汉人来帮助,但又不信任汉人,就不好改革。这就需要有时间。”他指出:“要让西藏人看到改革有好处,才肯改革。第一,汉族、藏族要互相了

---

① 张国华:《西藏,回到了祖国的怀抱》,《人民日报》1962 年 10 月 25 日。
② 《毛泽东西藏工作文选》,中央文献出版社、中国藏学出版社 2008 年版,第 64 页。

解、信任;第二,汉族要帮助西藏办一些能办的事,试试看,使大家觉得有好处。还要帮助藏族训练干部,帮助他们成长起来。西藏要办小学、中学,还要办大学,不仅要有大学生,还要有各种各样的干部和科学家。这些都需要花时间来做。要有计划地、逐步地创造改革的条件,如增强互相信任,培养人才,进行经济、文化等方面的建设工作。"他强调:"西藏的改革,有一个重要条件,就是要西藏地方政府的官员们和寺庙负责人赞成,至少是他们的多数人赞成,才能进行。少数人急进,不会得人心。""条件不具备就不要改革。要西藏人民自己愿意,不能将汉人的意愿强加于西藏人民。急性的人,大家反对,丧失信用,以后再进行改革就更困难。我们现在采取的态度,就使那些反对改革的人松了一口气,这样来安定他们的心思,等待他们的觉悟,不等待他们的觉悟是不行的。要团结一切能够团结的人。"①达赖、班禅在北京、天津、东北、华东等地参观后,认为内地进步很快,而拉萨、日喀则还很落后,心里很着急。1955 年 2 月 23 日,毛泽东在同他们谈话时说:"你们根本不前进,我们是不赞成的。我们欢迎你们进步,但是你们应该根据实际情况,和大家团结一致地搞工作。"②

在西藏自治区筹委会成立之际,全国社会主义改造将要基本完成,邻近西藏几个省的少数民族地区业已开始或将准备改革。西藏工委也认为,当时西藏已经进入一个可能进行和必须着手进行民主改革的新阶段,并提出要在昌都和日喀则地区实行民主改革重点试办。对此,中央于 1956 年 9 月 4 日指示西藏工委:"从西藏当前的工作基础、干部条件、上层态度以及昌都地区最近发生的一些事件看来,西藏实行改革的条件还没有成熟,我们的准备工作也绝不是一两年内能够做好的。因此,实行民主改革,肯定不会是第一个五年计划期内的事,也可能不是第二个五年计划期内的事,甚至还可能要推迟到第三个五年计划期内去。"③这是中央第一次提出西藏民主改革可能不在第二个五年计划时期进行。这也就是说西藏民主改革至少在 1962 年以前,即六年内不进行,为此后确定西藏"六年不改"方针奠定了思想认识基础。中央指出,在西藏的民主改革问题上,必须等待,"因为西藏民族至今对汉族、对中央也就是说对我们还是不大信任的,而采取一切必要的和适当的办法,来消除西藏民族的这种不信任的心理,乃是我们党的一项极其重大的任务。"④同时,中央指出,等待不是消极的,相反必须积极进行工作,从现在开始到进行改革这个期

① 《毛泽东西藏工作文选》,中央文献出版社、中国藏学出版社 2008 年版,第 109、110、111 页。
② 《毛泽东西藏工作文选》,中央文献出版社、中国藏学出版社 2008 年版,第 114 页。
③ 《西藏工作文献选编》,中央文献出版社 2005 年版,第 183 页。
④ 《西藏工作文献选编》,中央文献出版社 2005 年版,第 182—184 页。

间,抓紧上层统一战线、培养藏族干部、发展党员和团员、扶助群众生产、尽可能地改善群众生活和逐步使自治区政权民主化等重要环节,努力做出成绩,为改革做好准备。

1956 年下半年,达赖和班禅因受邀参加纪念释迦牟尼涅槃 2500 周年活动去了印度。期间,周恩来出访印度,并在印度同达赖进行了三次谈话。在1956 年 11 月 29 日的第一次谈话中,他转达了毛泽东关于西藏实行民主改革要得到达赖同意的意见。他说:"西藏——包括昌都及前后藏三个地区的一切改革,都要得到你们的同意,毛主席这次要我转达你。照毛主席看,现在肯定不谈改革,在大家都没有安置好以前不改。"①这次谈话后不久,毛泽东于12 月 16 日在审阅中央关于西藏可能发生暴乱的对策问题给西藏工委等的电报稿时,加写了一段文字指出:"改革一定要得到达赖、班禅和僧侣领导人的同意,要各方条件成熟,方能实行。现在无论上层和人民条件都不成熟,所以目前几年都不能实行改革,中央认为第二个五年计划时期是不能实行的,第三个五年计划时期也还要看情况如何才能决定。""目前应把在六年内不改革的方针在党内在藏族上层加以传达。"②这样,西藏至少在六年内不实行民主改革,由认识上的"可能"变成了政策上的"是",被作为一项方针正式确定下来。随后,周恩来分别在 1956 年 12 月 30 日和 1957 年 1 月 1 日同达赖的第二与第三次谈话中,转达了这一方针的基本精神。1957 年 2 月 27 日,毛泽东在最高国务会议第十一次(扩大)会议上作《关于正确处理人民内部矛盾的问题》的报告中,结合我国少数民族地区绝大部分基本完成民主改革和社会主义改造的情况,对西藏"六年不改"方针作了进一步阐述。

西藏"六年不改"方针,是毛泽东提出,经过中共中央政治局常委多次议论才决定的。暂不改革的主要原因是西藏现在不具备改革的条件,即使实行了改革,经济建设等一系列工作也跟不上,多用钱也办不了好事。③ 从 1957年春,根据毛泽东的指示,邓小平主持中央书记处工作会议,讨论和研究了西藏工作问题,指出西藏今后在六年内不改革是肯定的,这是对外已经宣布了的,内定不改的时间还要长,可能第三个五年计划之内即 11 年不改。④ 1957

① 西藏自治区党史办公室编:《周恩来与西藏》,中国藏学出版社 1998 年版,第 146 页。
② 《西藏工作文献选编》,中央文献出版社 2005 年版,第 189 页。
③ 中共西藏自治区委员会党史研究室编著:《中国共产党西藏历史大事记》,第 1 卷,中共党史出版社 2005 年版,第 107—108 页。
④ 中共西藏自治区委员会党史研究室编著:《中国共产党西藏历史大事记》,第 1 卷,中共党史出版社 2005 年版,第 107—108 页。

年 2 月,西藏工委在《1956 年工作基本总结和 1957 年的工作方针与任务》中总结西藏民主改革问题上的经验教训,提出了 1957 年要实行"适当收缩、巩固提高、稳步前进"的方针。① 5 月 14 日,中央作出《对西藏进行民主改革和收缩方针的指示》,重申了西藏"六年不改"方针,并指出这不是把整个工作收缩起来,更不是放弃积极的目的,而要为将来实现积极的目的创造有利条件。在西藏"六年不改"时期,西藏工作"有可为和不可为的两个方面"。其中,可为的方面主要是,继续进行和开展上层统一战线工作,培养藏族干部,办一些群众欢迎的、上层同意的、而又有条件办的、能够对群众发生积极影响的经济和文化事业,坚持把国防、外事和国防公路等事项置于中央管理之下,要通过各种适当方式,向西藏上层和人民群众进行爱国主义教育,反对分裂活动。1957年 8 月 18 日,毛泽东致信达赖说,1956 年"对实行民主改革提得早了,工作机构也太大了,这是缺点。现在决定在第二个五年计划期内不改革,并且把过大的机构作了精简,这就改正了缺点。"②

西藏"六年不改"方针,规定了此后一段时期内西藏经济社会发展的方向,消除了在西藏民主改革问题上的急躁和疑虑,成为党的西藏工作必须遵循的一项重要方针。

第二节　中央关于西藏平叛的决策与平定叛乱

在西藏和平解放后的改革问题上,《中央人民政府和西藏地方政府关于和平解放西藏办法的协议》(简称《十七条协议》)规定,中央不加强迫,西藏地方政府应自动进行。但是,西藏和平解放后,在逐步实施《十七条协议》的同时,始终存在着西藏上层亲帝分裂势力的干扰和破坏,乃至叛乱。他们反对改革,要求"永远不改",并在局部不断发动骚乱、叛乱,而致全面武装叛乱。

1951 年 11 月间,以西藏地方政府两个代理司伦(即司曹)鲁康娃和洛桑扎西为首的上层分裂主义分子,拼凑了一个以商人和无业流氓为骨干,盗用西藏人民名义,纠合各种社会渣滓拼凑组成非法"人民会议"。这个组织从成立之日起,就有计划、有步骤地制造骚乱。他们还在人民解放军进驻西藏立足未

---

① 中共西藏自治区委员会党史研究室编著:《中国共产党西藏历史大事记》(1949—2004),第 1
卷,中共党史出版社 2005 年版,第 106—107 页。

　② 《毛泽东西藏工作文选》,中央文献出版社、中国藏学出版社 2008 年版,第 168 页。

稳之际,进行粮食封锁。1952 年 3 月 11 日,非法"人民会议"在拉萨制造骚乱,并起草了一份"请愿书",反对《十七条协议》,反对改编藏军,要求人民解放军"撤出西藏",并组织反动武装"解放大队"。同时,他们在拉萨进行示威,一时造成市内秩序混乱,商店关门。① 鲁康娃与洛桑扎西的代理司伦职务被撤销后,骚乱暂时平息下来。

对于此后西藏叛乱由局部发展到全局的历史轨迹,毛泽东曾经指出:"达赖要叛乱的阴谋从 1955 年由北京回去后就开始了。1957 年初他从印度回来,到 1958 年布置了两年。"②十四世达赖参加第一届全国人大一次会议后,于 1955 年 5 月由内地返藏。途经四川省时,随行的西藏地方政府噶伦索康、达赖副经师赤江在四川藏区,以佛事活动为名,策动武力对抗当地实行民主改革。西藏"人民会议"领导人阿乐群则以迎接达赖回藏为名,也赴西康省雅安、康定等地组织策划武装叛乱。1956 年 11 月,达赖受邀去印度参加释迦牟尼涅槃 2500 周年纪念大会。西藏分裂分子一方面利用达赖不在西藏的机会"搞起乱子"。藏军六个团的如本(营长)、甲本(连长)集体盟誓:"誓死保卫西藏的各种制度,保卫神圣的宗教,反对在西藏进行任何改革。"③另一方面,他们与美国中央情报局互勾结,要使达赖留在印度。经周恩来在印度访问期间的劝说,达赖最终于 1957 年 2 月回到西藏。1957 年 5 月,"四水六岗"④叛乱组织在西藏地方政府噶伦柳霞·土登塔巴、先喀·居美多吉支持下成立,并于 8 月公开提出"保卫宗教"、"西藏独立"、"政教永存"等口号。1958 年 6 月 15 日,叛乱分子恩珠仓·公布扎西带着两名藏籍美特、电台,离开拉萨到山南哲古宗(今措美县),建立叛乱武装根据地。7 月间(藏历五月八日)以"四水六岗"组织名义,召集了有 27 个地区的叛首会议,宣布成立"四水六岗卫教志愿军",由恩珠仓·公布扎西任司令,要求"西藏独立",反对改革。⑤

面对西藏愈来愈严峻的叛乱形势,1958 年 6 月 24 日,毛泽东在批转青海省委《对全省镇压叛乱问题的指示》中就指出:"西藏要准备对付那里的可能

① 中共西藏自治区委员会党史研究室编著:《中国共产党西藏历史大事记》(1949—2004),第 1 卷,中共党史出版社 2005 年版,第 55 页。

② 国务院新闻办公室:《西藏民主改革 50 年》白皮书,2009 年 3 月 2 日。

③ 编委员会著:《解放西藏史》,中共党史出版社 2008 年版,第 333—334 页。

④ 古代藏文典籍中对青、藏地区的总称,包括黄河、金沙江、怒江、澜沧江四大河流上游和色莫岗、绷波岗、马杂岗、木雅热岗等六大高地。此处泛指西藏和四川、云南、甘肃、青海等省藏区。

⑤ 中共西藏自治区委员会党史研究室编著:《中国共产党西藏历史大事记》(1949—2004),第 1 卷,中共党史出版社 2005 年版,第 118 页。

的全局叛乱。""只要西藏反动派敢于发动全面叛乱,那里的劳动人民就可以早日获得解放,毫无疑义"。①7月14日,中央电复西藏工委《关于西藏可能发生叛乱问题的报告》,指出:"你们应当对噶伦们表示严正的态度,告诉他们,他们对西藏地区的反动分子和从江东逃入西藏地区的叛乱分子采取纵容的立场是完全错误的。"②中央的方针是力求和平改革,但是如果反动分子一定要武装叛乱,中央就一定坚决实行武装平息叛乱。根据中央的指示精神,张经武和张国华于7月18日向达赖转达了中央对西藏改革及叛乱武装等问题的既定方针,指出西藏地方政府对叛乱武装采取纵容的态度是错误的,要西藏地方政府改变态度。然而,叛乱分子的叛乱活动不仅没有收敛或停止,而且向拉萨地区蔓延。7月21日,叛乱武装在拉萨以东的墨竹工卡宗争莫寺附近伏击解放军运输车辆。至此,叛乱活动发展到拉萨地区。8月27日,中共西藏工委对平息叛乱有关政策发出指示,指出叛乱如果停止在局部状态,仍然坚持"六年不改"的方针,但在叛乱地区,就要通过平叛行动适当地发动和组织群众,适当地改造旧政权、削弱封建统治。局部叛乱如果发展为全面叛乱,就要坚决地、彻底地摧毁封建农奴制度,解放劳动人民。

　　1959年3月10日,西藏上层反动集团在外国势力支持下,蓄意破坏《十七条协议》的实行,发动了武装叛乱。达赖本来预定这一天前往西藏军区礼堂看戏,但西藏叛国集团经过事前布置,就放出西藏军区部队要扣留达赖的谣言,并且以此为借口,于当天在拉萨市区聚众,把达赖喇嘛困在罗布林卡,并公开实施武装叛乱。叛乱分子打伤西藏军区副司令员桑颇·才旺仁增,用石头打死自治区筹委会委员堪穷帕巴拉·索朗降措,并拴在马尾上拖尸到拉萨市中心示众。当日,西藏军区政治委员、代理中央驻藏代表谭冠三致信达赖,说明由于反动分子的叛乱,请他暂时不要来看戏。3月11日,达赖致信谭冠三说:"反动的坏分子们正在借口保护我的安全而进行着危害我的活动。对此我正设法平息。"③3月11日,谭冠三第二次致信达赖,指出反动分子公开进行军事挑衅,要求西藏地方政府负责立即予以制止。信中说:"现在反动分子竟敢肆无忌惮,公开地狂妄地进行军事挑衅,在国防公路沿线(罗布林卡北面的公路)修了工事,布置了大量机枪和武装反动分子,已经十分严重地破坏了国防交通安全。过去我们曾多次向噶厦谈过,人民解放军负有保卫国防,保卫

---

① 中共西藏自治区委员会党史研究室编著:《中国共产党西藏历史大事记》(1949—2004),第1卷,中共党史出版社2005年版,第118页。

② 西藏自治区党史资料征集委员会等编:《平息西藏叛乱》,西藏人民出版社1995年版,第64页。

③ 《达赖喇嘛和谭冠三将军的来往信件》,《人民日报》1959年3月30日。

国防交通安全的责任,对于这种严重的军事挑衅行为,实难置之不理。因此,西藏军区已去信通知索康、柳霞、夏苏、帕拉等,请他们通知反动分子,立即拆除一切工事,并撤离公路。否则由此引起恶果,完全由他们自己负责。"①3月12日,达赖复信谭冠三,再次说明反动分子以保护他的安全为名而"制造的严重离间中央与地方关系的事件",并表示他"正尽一切可能设法处理"。②

毛泽东这时正在武昌。3月11日,他致电中央,对西藏叛乱问题作出指示。第二天,中央转发了这一指示,并指出,西藏工委目前策略,应是军事上采取守势,政治上采取攻势。目的是分化上层,争取可能多的人站在我们一边;教育下层,准备群众条件。③3月15日,谭冠三第三次致信达赖,说明中央对此次叛乱事件的态度,指出:"西藏一部分上层反动分子所进行的叛国活动,已经发展到不能容忍的地步。这些人勾结外国人,进行反动叛国的活动,为时已久。中央过去一向宽大为怀,责成西藏地方政府认真处理,而西藏地方政府则一贯采取阳奉阴违的态度,实际上帮助了他们的活动,以致发展到现在这样严重的局面。现在中央仍然希望西藏地方政府改变错误态度,立即负起责任,平息叛乱,严惩叛国分子。否则,中央只有自己出面来维护祖国的团结和统一。"④谭冠三还告诉达赖,第二届全国人民代表大会第一次会议已决定于4月17日举行。谭冠三发出这封信后,毛泽东当日在武昌致信中央说,这封信"很好,政治上使我处于主动"。他指示应再复达赖一信,"如有复信,不论态度怎样,均应再复一信。以后礼尚往来,可再给信。这些信,准备在将来发表。为此,要准备一封信历述几年以来中央对诸大事件宽大、忍耐的目的,无非等待叛国分子、分裂分子悔悟回头,希望达赖本着十七条及历次诺言,与中央同心,平息叛乱,杜绝分裂分子,归于全民族团结,则西藏便有光明前途,否则将贻害西藏人民,终遭人民弃绝。"⑤3月16日,达赖致信回复谭冠三,说他已经向西藏地方政府官员进行了教育,并表示几天之后可能到军区去。⑥按照毛泽东的指示,谭冠三第四次写信给达赖,希望他本着历次诺言,与中央同心,制止叛乱活动。然而,当卸任噶伦·却吉尼玛将这封信带到罗布林卡时,达赖已

① 《达赖喇嘛和谭冠三将军的来往信件》,《人民日报》1959年3月30日。
② 《达赖喇嘛和谭冠三将军的来往信件》,《人民日报》1959年3月30日。
③ 西藏自治区党史资料征集委员会等编:《平息西藏叛乱》,西藏人民出版社1995年版,第81—82页。
④ 《达赖喇嘛和谭冠三将军的来往信件》,《人民日报》1959年3月30日。
⑤ 中共西藏自治区委员会党史研究室编著:《中国共产党西藏历史大事记》(1949—2004),第1卷,中共党史出版社2005年版,第132页。
⑥ 《达赖喇嘛和谭冠三将军的来往信件》,《人民日报》1959年3月30日。

经出逃。3月17日夜间,达赖喇嘛逃离拉萨,到拉萨东南的山南地区。3月19日夜,叛乱集团发动了对人民解放军驻拉萨部队和中央代表机关的全面进攻。西藏全面武装叛乱爆发。

西藏全面武装叛乱发生时,在武汉的毛泽东于1959年3月12日指出,照此形势发展下去,"西藏问题有被迫(这种'被迫'是很好的)早日解决的可能"。① 5月10日,他在与德意志民主共和国人民议院代表团谈话时说,西藏民主改革的条件成熟了,"武装叛乱为我们提供了现在就在西藏进行改革的理由"。② 中央驻藏代表张经武在得知西藏发生叛乱后,同张国华一起抵达武昌。毛主席在武昌驻地与他们谈了西藏平叛和改革问题。之后,张经武返回北京,参加中央有关会议。

根据西藏叛乱的形势,中央对平息西藏叛乱作出如下决策:

(一)确定边平叛边改革方针。1959年3月21日,中央作出《关于在西藏平叛中实现民主改革的若干政策问题的指示(草案)》。草案指出,西藏地方政府已经撕毁《十七条协议》,叛变祖国,发动西藏的全面叛乱。局势迫使我们提前同西藏上层反动分裂分子进行决战,进行一次彻底解决西藏问题的平息叛乱的战争。在这种情况下,中央原来决定的六年不改革的政策,自然不能再继续执行下去。为了发动广大劳动人民积极参加平息叛乱的斗争,并保证叛乱平息后,不再死灰复燃,中央认为在这次平息叛乱的战争中,必须同时坚决地放手发动群众,实行民主改革,以便彻底解放藏族人民群众,引导西藏地区走上社会主义的道路,并从根本上消除叛国分裂活动的根源。中央还明确指出,民主改革要"依靠劳动人民,团结一切可能团结的力量,有步骤、有区别地消灭封建农奴制度"。"西藏地方政府拥有的耕地必须分给农民所有,其债务、乌拉和差役应予废除。对于贵族的封建占有制也要一律废除。但在做法上应根据他们的政治情况,加以区别对待:凡参加叛乱的分子,他们所有的耕地、房屋、耕畜、粮食和农具一律没收,分给农民;其债务、乌拉和差役一律废除。对没有参加叛乱的分子,应该经过和他们协商,将土地和多余的房屋、耕畜和农具分给农民,废除其债务、乌拉和差役。对于在平息叛乱和民主改革中表现进步并且政治上还有较大影响的进步分子,可采取赎买的办法。"③4月

---

① 西藏自治区党史资料征集委员会等编:《平息西藏叛乱》,西藏人民出版社1995年版,第81页。

② 《毛泽东西藏工作文选》,中央文献出版社、中国藏学出版社2008年版,第209页。

③ 《中共中央关于在西藏平叛中实现民主改革的若干政策问题的指示(草案)》,中共中央文献研究室、中共西藏自治区委员会编:《西藏工作文献选编》(1949—2005),中央文献出版社2005年版,第203—206页。

15 日,毛泽东在第十六次扩大的最高国务会议上指出:"现在是平叛,还谈不上改革,将来改革的时候,凡是革命的贵族,以及中间派动摇摇的,总而言之,只要是不站在反革命那边的,我们不使他吃亏,就是照我们现在对待资本家的办法。"①这一办法就是实行和平赎买政策。

为了充分利用政治上处于完全主动地位的有利条件,中央还在《关于在西藏平叛中实现民主改革的若干政策问题的指示(草案)》指出:"现在的公开口号,只提平息叛乱,不提实行民主改革。民主改革在平息叛乱的口号下进行。我们的方针是边打边改,叛乱地区先改,未叛乱地区暂时缓改。"②

(二)解散原西藏地方政府。鉴于西藏发生全面武装叛乱,3 月 28 日,国务院发布命令,为维护国家统一和民族团结,除责成中国人民解放军西藏军区彻底平息叛乱外,特决定自即日起,解散西藏地方政府,由西藏自治区筹备委员会行使西藏地方政府职权,班禅副主任委员代理主任委员职务。任命自治区筹备委员会常务委员帕巴拉为副主任委员;常务委员兼秘书长阿沛·阿旺晋美为副主任委员兼秘书长。③ 西藏地方政府解散,标志着西藏旧政权的瓦解,百万农奴开始当家做主人。依此为据,在西藏民主改革 50 周年之际,西藏自治区九届人大二次会议于 2009 年 1 月 19 日审议通过了《关于设立西藏百万农奴解放纪念日的决定》,确定每年的 3 月 28 日为"西藏百万农奴解放纪念日"。④

西藏自治区筹备委员会行使西藏地方政府的职权后,于 4 月 8 日召开了第一次全体会议,作出《关于贯彻执行国务院 3 月 28 日的命令的决议》。⑤ 筹委会在决议中表示,坚决彻底地执行平息叛乱的命令和中央对于叛乱分子所采取的"首恶必办,胁从不问,立功受奖"的政策。为了迅速彻底平息叛乱,筹委会号召西藏各族各界全体僧俗人民,立即行动起来,认真执行国务院的命令和西藏军区以及各地军事管制委员会布告中所宣布的规定和任务,大力支援

① 毛泽东:《关于西藏平叛》,中共中央文献研究室、中共西藏自治区委员会编:《西藏工作文献选编》(1949—2005),中央文献出版社 2005 年版,第 212 页。
② 《中共中央关于在西藏平叛中实现民主改革的若干政策问题的指示(草案)》,中共中央文献研究室、中共西藏自治区委员会编:《西藏工作文献选编》(1949—2005),中央文献出版社 2005 年版,第 203—204 页。
③ 《中华人民共和国国务院命令》,《人民日报》1959 年 3 月 29 日。
④ 《西藏自治区人民代表大会关于设立西藏百万农奴解放纪念日的决定》,《西藏日报》2009 年 1 月 20 日。
⑤ 《西藏自治区筹委会行使西藏地方政府职权的首次全体会议作出决议》,《人民日报》1959 年 4 月 11 日。

人民解放军平息叛乱,积极进行生产;要求原西藏地方政府各级行政人员应立即向当地军事管制委员会或军事代表登记,并且切实负责保管公共财物和文件,听候处理,不得有任何破坏和不法行为。

随后,第二届全国人民代表大会第一次会议详细地讨论了有关西藏的各方面问题,并于4月28日通过了《关于西藏问题的决议》。决议指出,原西藏地方政府和上层反动集团的叛乱不是偶然的。自英帝国主义在19世纪末20世纪初以印度为基地对我国西藏地方实行军事、政治和经济的侵略以来,反侵略的西藏爱国人民同被外国侵略势力所收买利用的少数西藏分裂分子之间,就展开了长期的尖锐的斗争,而在中国解放前夜,亲帝国主义分子在原西藏地方政府的领导集团中是占着优势的。1951年西藏和平解放以后,中央人民政府为了等待这批亲帝国主义分子的觉悟,对他们采取了宽大的态度,让他们在原地方政府继续供职,只要他们割断同帝国主义及其他外国干涉者的联系,不再进行破坏活动,就不究既往。但是,原西藏地方政府中的分裂主义分子对于和平解放西藏的十七条协议阳奉阴违,继续同帝国主义者和外国干涉者勾结,阴谋实现帝国主义和外国干涉者所要求的所谓"西藏独立",并且发动武装叛乱。中央人民政府直至叛匪向拉萨人民解放军驻军发动进攻以后,才命令人民解放军讨平叛乱,才命令解散原西藏地方政府。"一切理由完全在中央人民政府和一切拥护中央人民政府方针的人们方面。"决议强调,在西藏,同在其他少数民族地区一样,应当坚决实现中央人民政府统一领导下的民族区域自治。原西藏地方政府和上层反动集团妄想实现所谓"西藏独立",因而积极反对民族区域自治,现在随着原西藏地方政府的解散和西藏上层反动集团叛乱的失败,已经有可能在实行人民解放军军事管制的同时,在西藏自治区筹备委员会领导下,逐步建立西藏自治区的各级地方行政机构和藏族人民的自卫武装,并且开始执行自治职权。①

中共西藏工委执行中央的决策,于5月2日拟定了《关于当前在平叛工作中几个政策问题的决定》②,就接管旧政权、重划行政区划、对旧官员的处理、处理叛乱分子、收缴枪支、建立地方武装、牧区工作、农村工作、对于寺庙、交通运输、财政工作、涉外事宜等方面的问题,制定了具体政策和执行办法。其中,关于叛乱分子的处理原则,西藏工委指出,根据镇压与宽大相结合和首恶必办、胁从不问、立功受奖的方针,采取坚决镇压、分化瓦解、区别对待的政策。

---

① 《关于西藏问题的决议》,《人民日报》1959年4月29日。
② 中共西藏自治区委员会党史研究室编著:《中国共产党西藏历史大事记》(1949—2004),第1卷,中共党史出版社2005年版,第147—148页。

关于牧区工作,当前的基本任务是,平息叛乱建立政权,不实行民主改革,牧主牲畜仍归牧主所有,实行牧主牧工两利政策,大力发动群众,保护牲畜。关于寺庙问题,总任务是坚持宗教信仰自由政策,保护爱国守法的寺庙和宗教界人士,彻底肃清寺庙的叛乱,彻底摧毁寺庙的封建特权。关于农村工作问题,西藏工委指出,要开展反叛乱、反乌拉、反奴役和减租减息的群众运动。

为平息叛乱,在西藏叛乱分子发动对人民解放军驻拉萨部队的全面进攻的第二天,即3月20日,中国人民解放军西藏军区发出布告,指出:"为了维护祖国统一和民族团结,解救西藏地区人民的疾苦,本军奉命讨伐,平息叛乱。望全藏僧俗人民,积极协助本军,讨平叛逆,不窝匪,不资敌,不给叛匪通风报信。对于叛乱分子,本军将本宽大政策,区别对待:凡脱离叛匪来归者,一概不究既往;有立功表现者,给予奖励;对俘虏一律优待,不杀,不辱,不打,不搜腰包;对执迷不悟,坚决顽抗者,严惩不贷。"①人民解放军奉命实施平息叛乱。

为控制拉萨市战略要点,3月20日,西藏军区以10个步兵连和1个炮兵团攻占了药王山。随后,人民解放军迂回包围叛乱武装,捣毁了设在罗布林卡的叛乱武装指挥部,驻守罗布林卡的藏军第一代本和拉萨北郊的第二代本相继放下武器投降。3月21日,人民解放军对拉萨市城区叛乱武装分割包围,攻占叛乱分子恩珠仓宅、朗加多吉宅和木鹿寺、然巴宅、尧西林卡等主要据点,大昭寺、布达拉宫和哲蚌寺的叛乱分子缴械投降。至3月22日,人民解放军取得平息拉萨市区叛乱的胜利。与此同时,驻日喀则、黑河、亚东、定日、阿里的人民解放军奉西藏军区命令,解除了这些地方的藏军武装,并接管了地方政权。

在拉萨平叛的基础上,为彻底平息叛乱,肃清叛乱武装,并与驻藏部队协同配合,中央军委增调了人民解放军第十一师、第一三〇师、第一三四师及第四十二师一二六团,以及成都军区一六二团等,入藏平息叛乱。在平叛中,人民解放军实行"军事打击、政治争取、发动群众三结合"的方针,"平息一地、巩固一地、再转一地","先平息中心地区的叛乱,后平息一般地区的叛乱;先边沿地区,后腹心地区;先公路沿线,后偏远地区;先农业地区,后牧业地区"。平叛斗争深入推进。

山南地区是叛乱武装的盘踞地,人民解放军从4月7日分东、西、中三路对叛乱武装进剿,至4月底取得了山南平叛战役的胜利,阻断了叛乱武装与外界联系的通道,形成"关门平叛"之势。

---

① 《中国人民解放军西藏军区布告》,《人民日报》1959年3月29日。

昌都地区是西藏叛乱的重要起源地。为平定昌都地区的叛乱,成都军区副司令员黄新廷、西藏军区副政委王其梅组成指挥所,率所属部队沿川藏公路进剿。人民解放军从 4 月 17 日发动剿叛作战,至 11 月底基本歼灭了昌都东北、东南地区的大部分叛乱武装,保证了川藏公路的运输安全。随后,昌都地区的后续平叛任务由第五十四军副军长赵文进、西藏军区副政委王其梅组成的昌都地区指挥所担任。

为扫清青藏公路沿线的叛乱武装,7 月初至 8 月底,人民解放军向藏北纳木湖和麦地卡地区进剿。至 1959 年底,西藏 60% 以上的叛乱武装被剿灭。

人民解放军经过 1959 年在以上地区的平叛,将叛乱武装分割在恩达、丁青、嘉黎、扎木之间,藏北温泉、黑河、巴青之间,申札、萨噶、定日和昌都东南的宁静(今芒康)、三岩等地,西藏军区将叛乱武装集中的这些地方依次编为一、二、三、四号地区。① 相应的,1960 年的平叛也主要集中在这些地区,人民解放军开展了一、二、三、四号地区进剿战役,以及在阿里的马泉河以南、中国和尼泊尔边境线以北等地区的进剿作战。至 1961 年底,西藏的平叛斗争基本结束,为民主改革扫清了障碍。

第三节　西藏民主改革的实现

西藏和平解放以来,西藏上层亲帝分子和分裂势力的骚乱就一直不断,武装叛乱从局部蔓延,至 1959 年 3 月 10 日全面爆发,使得西藏"六年不改"方针自然不能再继续执行下去。毛泽东在确定西藏"六年不改"方针的同时,业已估计到了改革的另一种可能性。他指出:"如果受外国指挥的反革命分子不通过协商而一定要通过反叛和战争破坏十七条协议,把西藏情况打烂,那就有可能激起劳动人民起来推翻封建制度,建立人民民主的西藏。"②西藏武装叛乱发生时,正在武汉的毛泽东于 3 月 12 日指出,照此形势发展下去,"西藏问题有被迫(这种'被迫'是很好的)早日解决的可能"。③ 5 月 10 日,他与德意志民主共和国人民议院代表团谈话时说,西藏民主改革的条件成熟了,"武装

---

① 《解放西藏史》,中共党史出版社 2008 年版,第 387 页。

② 《毛泽东西藏工作文选》,中央文献出版社、中国藏学出版社 2008 年版,第 158 页。

③ 西藏自治区党史资料征集委员会等编:《平息西藏叛乱》,西藏人民出版社 1995 年版,第 81
　页。

叛乱为我们提供了现在就在西藏进行改革的理由"。① 根据西藏发生全面武装叛乱的形势,中央于3月21日作出指示:"边打边改,叛乱地区先改,未叛乱地区暂时缓改。"②由此,西藏民主改革逐步展开。

西藏民主改革就是要废除政教合一的封建农奴制度。在西藏封建农奴制社会,农村中占人口不到2%的农奴主占有全部的土地和农奴、奴隶;占人口不到3%的农奴主代理人,代表农奴主直接统治农奴;占人口90%以上的农奴,没有土地所有权,人身依附于农奴主,劳动收入的70%以上被农奴主所剥削;占人口5%左右的奴隶,人身完全为农奴主所占有。西藏的农奴主就是官家(封建政府)、寺庙和贵族三大领主,他们构成政教合一的统治集团。因此,西藏广大劳动人民迫切要求民主改革。

鉴于反对改革的武装叛乱已经平定,为适应西藏广大人民的改革要求,第二届全国人民代表大会第一次会议在《关于西藏问题的决议》中指出,西藏自治区筹备委员会应当根据宪法,根据西藏广大人民的愿望和西藏社会经济文化的特点,逐步实现西藏的民主改革,以便为建设繁荣昌盛的社会主义的新西藏奠定基础。

一、西藏实行民主改革的步骤与策略

对于西藏封建农奴制度,中央在关于平叛中实现民主改革的政策问题中指出,除西藏地方政府的土地所有制必须废除,其土地应分配给农民所有,其债务、乌拉和差役应予废除以外,对于贵族的封建占有制也要一律废除,但在做法上应根据他们的政治情况,加以区别对待:凡是参加叛乱的分子,他们的土地、房屋、耕畜、粮食和农具一律没收,分配给农民,债务、乌拉和差役一律废除。对没有参加叛乱的分子,应该经过和他们协商,将土地和多余的房屋、耕畜和农具分配给农民,废除其债务、乌拉和差役。对于在平息叛乱和民主改革中表现进步并且政治上还有较大影响的进步分子,可采取赎买的办法,在他们放弃了封建剥削之后,在政治上加以适当安排,并在生活上予以补助。③

在宗教和寺庙问题上,中央指出要继续坚持保护宗教信仰自由政策。参加叛乱的寺庙的土地、房屋、耕畜、农具和粮食一律没收,分配给农民,债务、乌拉和差役一律废除。没有参加叛乱的寺庙的土地和多余的房屋、耕畜和农具,

① 《毛泽东西藏工作文选》,中央文献出版社、中国藏学出版社2008年版,第209页。
② 《西藏工作文献选编》,中央文献出版社2005年版,第203—204页。
③ 《西藏工作文献选编》,中央文献出版社2005年版,第204页。

应经过与寺庙协商分配给农民,其多余粮食不予没收,但可经过协商,借一部分给农民,由农民在收获之后归还。至于他们的债务、乌拉和差役,同样应予废除。今后所有寺庙必须爱国守法,不得违反国家的政策法令和干涉政府的行政事宜;不得私藏枪支;不得强迫群众当喇嘛,群众有当喇嘛的自由,喇嘛也有还俗的自由。对寺庙财产,可由寺庙僧众组织管理委员会民主管理,取消寺庙间的隶属关系。在平叛中,要注意保护名山大寺和文物古迹。①

中央指出,在民主改革中,要成立农民协会或农牧民协会,实行一切权力归农会,并在这个基础上逐步地建立各级人民民主政权。牧区不进行民主改革,牧主的牲畜仍然归牧主所有,牧民的牲畜仍然归牧民所有。叛乱分子的牲畜没收归牧民所有。②

1959 年 5 月 31 日,中央同意西藏工委《关于当前在平叛工作中几个政策问题的决定》,并批示:目前西藏地区的任务是,结合平息叛乱的斗争,采取边打边改的方法,完成全区的民主改革。民主改革可以分为两个步骤,第一步是"以三反(反叛乱、反乌拉、反奴役)双减(减租、减息)为内容";第二步是以实行分配土地为内容。③ 6 月 28 日,西藏自治区筹备委员会第二次全体委员会议在拉萨开幕,讨论和决定在全区进行民主改革的问题。会上,关于如何改革的问题,张国华根据西藏工委会前与各方面的协商基础上提出,民主改革分为两个步骤,第一步是发动群众,彻底平定叛乱,开展反对叛乱、反对乌拉差役制度、反对奴役以及实行减租、减息的运动;第二步是分配土地。同时,废除农村旧政权,建立农民协会。农民协会是在农村领导群众进行民主改革的基本组织形式,也是民主改革期间的农村基层政权组织。为了保护和发展牲畜,在牧区实行不分配牲畜和牧工牧主两利的政策,但要进行"三反"。对于叛乱分子的牲畜没收,归原牧放者所有,未参加叛乱牧主的牲畜仍归牧主所有。在寺庙要进行反叛乱、反特权、反剥削的运动,但同时要坚定不移地执行宗教信仰自由政策,保护爱国守法的喇嘛和保护寺庙的文物古迹。对于商业采取保护的政策,保护守法的外商,对于扶持手工业。会议一致表示拥护立即在全区实行"三反双减"。④

西藏自治区筹备委员会第二次全体会议期间,西藏工委于 7 月 1 日指示

---

① 《西藏工作文献选编》,中央文献出版社 2005 年版,第 205 页。

② 《西藏工作文献选编》,中央文献出版社 2005 年版,第 205 页。

③ 西藏自治区党史资料征集委员会编:《西藏的民主改革》,西藏人民出版社 1995 年版,第 97 页。

④ 《讨论西藏民主改革政策和步骤》,《人民日报》1959 年 7 月 3 日。

开展民主改革第一步"三反双减"运动。① 西藏工委在指示中说,改革必须按照中央指示的分为两个步骤进行。西藏工委决定,在民主改革的第一步工作中,要在进行"三反双减"运动中,充分发动群众,逐步建立县、区、乡农民协会。在牧区要团结一切可以团结的力量,包括牧主在内,肃清叛乱武装,保护和发展牲畜;没收叛乱领主、牧主的牲畜,分配给牧民,实行"谁放牧归谁所有"的政策;对未叛牧主实行"牧主牲畜仍归牧主所有"和"牧主牧工两利"政策。在充分发动群众的同时,注意做好统战工作,民主改革中一些重大问题和重要措施,要同上层充分协商。在民主改革中,彻底解决寺庙的特权和剥削问题,反叛乱、反特权、反剥削。民主改革要实行党、政、军一元化领导。

7月23日,西藏自治区筹备委员会通过《西藏地区减租减息办法》、《西藏地区各县、区、乡农民协会的组织章程》和《西藏地区区域的调整方案》。其中,在减租问题上,一切未参加叛乱的领主及其代理人出租的土地,一律实行减租。原对半分及各种租佃形式的土地,其收获物的分配,均在扣除种子之后,实行地主、佃户二八分成。地租一律于农产物收获后缴纳,不得预先收租,并取消一切额外剥削。减租自1959年实行,1958年以前的欠租,一律免交。解放朗生(指奴隶),废除人身依附,改为雇工关系,自1959年1月1日起计算工资,工资标准由各地农民协会根据当地具体情况合理商定。领主及其代理人不得任意解雇朗生。参加叛乱的领主及其代理人的土地,由政府没收,1959年实行"谁种谁收"。在减息问题上,未参加叛乱的领主及其代理人在1958年底以前放给农(牧)民及其他劳动人民的旧债,一律废除。1959年内所放的债,包括钱、粮,一律按月利一分计息,即每元每月付息一分,并销毁旧约另定新约。参加叛乱的领主及其代理人借给劳动人民的债务,一律废除。在减租减息中,农(牧)民协会为协助执行这一政策的合法组织。②

鉴于牧区个别地方出现了分未叛牧主的牲畜等情况,1959年9月1日,西藏工委发出《关于当前牧区工作的指示》③,对牧区工作明确指出,目前对牧区的生产资料采取不改变所有制,不进行分配的方针,也就是说对牧业经济采取不进行民主改革的方针。平叛结束的地区,没收叛乱领主、牧主的牲畜,实行"谁放牧归谁所有"的政策,反叛乱、反乌拉、反奴役,"牧工牧主两利"。保

---

① 西藏自治区党史资料征集委员会编:《西藏的民主改革》,西藏人民出版社1995年版,第108—116页。

② 西藏自治区党史资料征集委员会编:《西藏的民主改革》,西藏人民出版社1995年版,第120—122页。

③ 西藏自治区党史资料征集委员会编:《西藏的民主改革》,西藏人民出版社1995年版,第128—134页。

护和发展牲畜,逐步改善牧民生活。牧区工作好坏的标志,是以牧业经济是否得到了发展、牧民生活是否得到了改善为准绳;一切政治措施和经济措施是否得当,也是以此为准绳。牲畜是牧民的重要生产资料,又是生活资料,是最容易受到破坏和损失的一种生产资料。西藏工委要求各地对牧区工作步调放慢,宁肯稳些、慢些,不要急于求成。各分工委要加强对牧区工作的领导。

总体而言,西藏地区的民主改革分为两个步骤进行。其第一步是充分发动群众,在农区反叛乱、反乌拉、反奴役和减租减息("三反双减");在牧区除"三反"外,则不分、不斗、不划阶级和实行牧工牧主两利("三不两利")。对牧业区的政策,不同于农区,除宣布废除乌拉差役、高利贷和解除人身依附的制度外,同时迅速地确定所有制,没收参加叛乱的牧主的牲畜分配给牧民,实行"谁放牧归谁所有"的政策;对于没有参加叛乱的牧主的牲畜仍然归牧主所有,实行牧工牧主两利政策。在寺庙反叛乱、反封建特权、反剥削制度和算政治迫害账、算等级压迫账、算经济剥削账("三反三算");在城镇反叛乱、反封建制度、反封建剥削、反封建特权和减租减息("四反双减");在边境采取"稳妥、缓改"。第二步是正确划分农村阶级,分配土地,废除农奴主土地所有制为劳动人民土地所有制,满足翻身农奴对土地的要求。

二、赎买政策的制定与实施

鉴于西藏地区的特殊情况,中央以叛乱与未叛乱为基本界限,区别对待,先叛先改,后叛后改,未叛缓改,并相应地采取对叛者没收、对未叛者赎买生产资料的政策。在西藏地区的土地改革中,对于没有参加叛乱的贵族的土地和多余的农具、耕畜、房屋,一律仿照内地对待民族资产阶级的办法,实行赎买政策;对于没有参加叛乱的二地主的多余农具、耕畜和房屋,也实行这种政策;对于没有参加叛乱的寺庙的一部分土地、农具、耕畜、房屋,也可以考虑实行赎买。

新中国在由新民主主义向社会主义社会过渡中,实行对农业、手工业和资本主义工商业的社会主义改造,特别是通过委托加工、计划订货、统购包销、委托经销代销、公私合营、全行业公私合营等一系列从低级到高级的国家资本主义的过渡形式,创造性地开辟了一条适合中国特点的社会主义改造的道路,实现了马克思和列宁曾经设想过的对资产阶级的和平赎买。①

---

　① 《三中全会以来重要文献选编》(下),人民出版社 1982 年版,第 800 页。

新中国成立后,少数民族地区大多处于封建农奴制乃至奴隶制社会,过渡到社会主义社会,就需要通过民主改革和社会主义改造而跨越几个历史阶段。关于对大土地占有制是否可以采取赎买政策,恩格斯在《法德农民问题》中说:"我们的党一旦掌握了国家政权,就应该干脆地剥夺大土地占有者,就像剥夺工厂主一样。这一剥夺是否要用赎买来实行,这大半不取决于我们,而取决于我们取得政权时的情况,尤其是也取决于大土地占有者先生们自己的态度。"①对于处在封建农奴制、奴隶制社会的少数民族地区来说,中国共产党主张和平改革,集中表现在实行赎买政策。毛泽东曾于1956年7月22日听取甘孜、凉山两个自治州改革和平乱问题汇报时,将对资产阶级的和平赎买应用到少数民族地区的改革中,指出:"少数民族地区的地主在民主改革以后不剥夺选举权,还可以做官。对少数民族中的地主应该宽一些。我们对资本家都是赎买政策,对他们应该比资本家更宽大一些。"②这是他第一次提出对少数民族地区的改革可以实行赎买的政策。此前,在西藏民主改革问题上,毛泽东曾于1956年2月12日同藏族人士谈话中指出:"土地改革赞成不赞成?对西藏地区的土地改革要采用不同的办法,要采用云南的办法。云南有土司,他们也是贵族,那里是通过和平协商的办法进行土地改革的,人民满意,土司也满意。总之,贵族的生活不变,照老样子,可能还有些提高。"他还说:"贵族、喇嘛有好多人害怕改革,你们回去后要对贵族、喇嘛多做工作,不论如何改革,对他们的政治地位、生活水平都要维持。"③

中央在西藏自治区筹备委员会成立后对西藏实行"六年不改"的方针,由于1959年3月西藏发生全面武装叛乱,民主改革在平叛中被提上日程。1959年3月21日,中央在《关于在西藏平息叛乱中实现民主改革的若干政策问题的指示》中指出,对没有参加叛乱的分子和寺庙,通过协商,将土地和多余的房屋、耕畜和农具分配给农民;同时强调,"对于在平息叛乱和民主改革中表现进步并且政治上还有较大影响的进步分子可采取赎买的办法,在他们放弃了封建剥削之后,在政治上加以适当安排并在生活上予以补助。"④这样,赎买政策被正式应用于西藏民主改革中,但还只是适用于进步分子。1959年4月15日,毛泽东在第十六次最高国务会议上谈到西藏平叛问题时指出,西藏民主改革,"凡是革命的贵族,以及中间派动动摇摇的,总而言之,只要是不站在

① 恩格斯:《法德农民问题》,《马克思恩格斯选集》第4卷,人民出版社1995年版,第503页。
② 《毛泽东西藏工作文选》,中央文献出版社、中国藏学出版社2008年版,第151页。
③ 《毛泽东西藏工作文选》,中央文献出版社、中国藏学出版社2008年版,第140、141页。
④ 《西藏工作文献选编》,中央文献出版社2005年版,第204页。

反革命那边的,我们不使他吃亏,就是照我们现在对待资本家的办法。"①赎买政策的适用范围扩大到所有未叛者。5月7日,毛泽东同班禅谈话时说,西藏可以分成左、中、右、叛四种人,对这四种人,在政策上应当有所不同。"对左派和中间派,要采取赎买的政策,保证改革以后生活水平不会降低。"他还说:"对你们要同对上海、北京、天津、武汉、广州、西安、兰州、成都等全国所有大城市的资本家一样,同对荣毅仁一样。今天在座的就有全国工商业联合会、民主建国会的人。他们开始接受社会主义改造时,也有些不舒服,但是慢慢就习惯了,现在生活过得很好。我们对他们采取的是稳固地团结的政策。"②

1959年5月31日,中央对西藏工委关于平叛工作中几个问题的决定作出批示。鉴于西藏地区的特殊情况,中央决定在西藏地区的土地改革中,对于没有参加叛乱的贵族的土地和多余的农具、耕畜、房屋,一律仿照内地对待资产阶级的办法,实行赎买政策。对于没有参加叛乱的二地主的多余农具、耕畜和房屋,也实行这个政策。对于寺庙,也可以考虑对寺庙的一部分土地、农具、耕畜、房屋实行赎买。③ 9月20日,西藏工委制定《关于执行赎买政策的具体办法》,指出正确执行赎买政策具有重大政治意义、经济意义和深远的国际影响。④ 9月21日,西藏自治区筹备委员会通过《关于废除封建农奴主土地所有制实行农民的土地所有制的决议》,决定对参加叛乱的农奴主的土地和其他生产资料一律没收,分配给农奴和奴隶;对未参加叛乱的农奴主的土地和其他生产资料由国家出钱赎买后,分配给农奴和奴隶。⑤ 西藏民主改革中的赎买政策,是在平定叛乱的条件下区分叛乱与未叛,而对未叛实行和平协商的民主改革政策。这一政策把自下而上的充分发动群众和同上层人士自上而下的协商密切结合起来,是西藏民主改革之所以是和平改革的重要标志。

之所以对未参加叛乱的农奴主及其代理人和寺庙实行赎买政策,1959年6月28日,班禅额尔德尼在西藏自治区筹备委员会第二次全体委员会议上指出,西藏的民主改革将是一场和平的改革。进行改革时,对于西藏没有参加叛乱的上层阶级将采取赎买政策,即采取和平改革的政策。这样,既有利于广大

---

① 《毛泽东西藏工作文选》,中央文献出版社、中国藏学出版社2008年版,第182页。
② 《毛泽东西藏工作文选》,中央文献出版社、中国藏学出版社2008年版,第202页。
③ 西藏自治区党史资料征集委员会编:《西藏的民主改革》,西藏人民出版社1995年版,第98页。
④ 西藏自治区党史资料征集委员会编:《西藏的民主改革》,西藏人民出版社1995年版,第161页。
⑤ 西藏自治区党史资料征集委员会编:《西藏的民主改革》,西藏人民出版社1995年版,第166页。

劳动人民的翻身和解放,也有利于上层阶级人士,是两全其美的好办法。① 7月3日,阿沛·阿旺晋美也在会议上作《关于当前任务中几个主要政策问题》的报告中指出,实行赎买政策是有许多理由的。他说,"首先在政治上,参加叛乱的和没有参加叛乱的有所区别。对参加叛乱的贵族及二地主的土地等实行没收,对没有参加叛乱者实行赎买。这样,就界线清楚,是非明确。其次,没有参加叛乱者在西藏和平解放后,站在反帝爱国的立场上,对人民做了一些有益的事情;而在西藏上层反动集团发动全面叛乱的时候,又能和人民一道反对叛乱;因此在西藏实行民主改革中,为了使他们的生活水平不致降低,经济上生活有保证,对他们的土地等生产资料实行赎买。另外,在政治上也予以适当安排,这样使上层人士都能愉快地走民主改革的道路,这对于劳动人民的彻底解放是有利的。同时,国家对没有参加叛乱的进行赎买,也是有条件和有力量的。"②

西藏实行赎买政策,符合西藏人民的根本利益,有利于西藏社会生产力的解放和发展。赎买政策应用在西藏民主改革中,以和平方式变封建农奴主所有制为个体劳动者所有制,既可满足广大劳动农民对土地的要求,又团结了一切可能团结的力量,并与对叛乱者的没收相配合,从根本上废除西藏封建农奴制度,极大地解放和发展了西藏的社会生产力。同时,实行这一政策有利于充分保障和动员以西藏广大人民群众和进步上层为主体力量的民主改革的社会基础。而且,实行这一政策,也是西藏民主改革的协商性所要求的。《关于和平解放西藏办法的协议》在西藏民主改革问题上规定,人民提出改革要求时,得和西藏上层采取协商的办法解决。因此,实行赎买政策,有利于西藏广大人民群众根本利益和要求的具体实现,也体现了西藏上层进步力量的整体意志与愿望。

西藏实行赎买政策,具备社会历史条件。其一,西藏民主政权的建立和发展。西藏自治区筹备委员会经过改组,行使了西藏地方政府的职权。国务院关于解散西藏地方政府的命令指出:"望西藏自治区筹备委员会,领导全藏僧俗人民,团结一致,共同努力,协助人民解放军迅速平息叛乱,巩固国防,保护各民族人民利益,安定社会秩序,为建设民主和社会主义的新西藏而奋斗。"③由此,西藏人民开始当家作主。其二,新中国经过社会主义改造和开始全面建设社会主义,为实行赎买提供了可靠的物质基础,有能力支持西藏实行赎买。

① 《讨论西藏民主改革政策和步骤》,《人民日报》1959 年 7 月 3 日。
② 《阿沛·阿旺晋美在西藏自治区筹委会全体会议上作报告》,《人民日报》1959 年 7 月 8 日。
③ 《中华人民共和国国务院命令》,《人民日报》1959 年 3 月 29 日。

对未叛乱的农奴主实行赎买政策,是由中央出钱赎买其多余的生产资料,分配给农奴的。1959年5月6日,以"人民日报编辑部"名义发表的《西藏的革命和尼赫鲁的哲学》指出,"在西藏人民的背后,有全中国已经完成了民主改革和社会主义改造的几亿人民的支援,有充分的条件这样做。"①根据当时的初步核算,对未叛农奴主要赎买的生产资料为官家、僧侣和贵族三大领主全部生产资料的三分之一左右,总值约六千万元。1959年5月12日,周恩来在同班禅等谈话,讲到改革要谨慎的意义,除了尽量争取上层的大多数赞成改革、进行改革不要破坏生产外,还要安置好上层人士,不使他们无法生活。他说,在西藏,"贵族不过几百户,连二地主也不过一千多户,这是好安置的。内地资本家那么大的数量我们都可以养起来,可以采取赎买政策,西藏只有这么一点人,为何不可以实行赎买政策?"②这就是说,新中国有物质条件支援西藏在民主改革中实行赎买政策。其三,广大西藏爱国上层人士对赎买是愿意接受的。

1959年4月间,中央统战部副部长汪锋遵照毛泽东关于调查了解藏族人口、土地面积、西藏封建农奴制度、宗教和阶级状况等的指示③,赴西藏同西藏工委一起研究西藏的基本情况和民主改革中的有关政策问题。这次深入农牧区的调查着重研究了对于上层的赎买政策,确定了赎买的对象和范围,并初步确定以上各项的赎买金额和支付办法。西藏自治区筹备委员会第二次全体委员会议于1959年7月17日通过《关于进行民主改革的决议》,指出:"当前西藏的中心任务是:彻底平息叛乱,充分发动群众,在全区实行民主改革。"④该决议规定,对于爱国守法的寺庙的土地和其他生产资料,实行赎买政策。对于喇嘛的生活,由政府统筹安排,寺庙的收入不够正当开支时,采取补贴的办法予以解决。⑤ 西藏自治区筹备委员会第二次全体委员会议认为,中央对西藏进行民主改革采取和平的方针,即在改革中,对于未参加叛乱的领主的土地和其他生产资料采取赎买政策和自上而下的进行协商、自下而上的发动群众的方法,是完全正确的。⑥

---

① 《西藏的革命和尼赫鲁的哲学》,《人民日报》1959年5月6日。
② 西藏自治区党史办公室编:《周恩来与西藏》,中国藏学出版社1998年版,第198页。
③ 汪锋:《回忆毛泽东同志指导西藏工作的几件事》,《人民日报》1984年1月2日。
④ 西藏自治区党史资料征集委员会编:《西藏的民主改革》,西藏人民出版社1995年版,第118页。
⑤ 西藏自治区党史资料征集委员会编:《西藏的民主改革》,西藏人民出版社1995年版,第119页。
⑥ 西藏自治区党史资料征集委员会编:《西藏的民主改革》,西藏人民出版社1995年版,第118页。

在西藏民主改革中，赎买的对象与范围主要是：（1）国家对未叛农奴主所占有的土地、牲畜、房屋、农具进行赎买；（2）对未叛农奴主代理人的牲畜、房屋、农具进行赎买；（3）对未叛寺庙土地、牲畜、房屋和农具进行赎买。凡赎买对象在牧区的牲畜按牧区政策办理，不予赎买。其在农村占有的大量牲畜和大片牧场，但又不是为农业服务的也不赎买，谿卡的畜群要赎买。凡赎买对象的庄院、住房、寺庙属于寺院范围内的房屋均不予赎买。赎买的房屋，限于贵族、寺庙在谿卡的房屋和农奴主代理人的多余房屋。赎买的性质是征购，而不是买卖交易。

赎买遵循如下原则与办法：

（一）区别对待。在西藏民主改革中，区别对待集中表现为以叛与未叛为界，分别对其生产资料采取没收与赎买的政策。1959 年 7 月 3 日，阿沛·阿旺晋美在西藏自治区筹备委员会第二次全体委员会议上作《关于当前任务中几个主要政策问题》的报告中指出："根据中央的指示，对参加叛乱和没有参加叛乱的领主（指原西藏地方政府、寺庙、贵族三大领主），采取区别对待的政策。参加叛乱的领主的土地予以没收，由原耕农民耕种，今年实行'谁种谁收'的政策。没有参加叛乱的领主占有的土地，经过协商，今年实行减租，土地改革时采取赎买政策。"①叛与未叛对于家庭来说则情形多样，主要是：（1）户主叛乱；（2）户主未叛乱但家庭成员叛乱；（3）户主不明的家庭有成员叛乱。西藏工委在关于执行赎买政策的具体办法中规定，户主叛乱，以叛乱处理，采取没收政策。户主未叛乱者应予赎买。同时，对于第二种和第三种，具体分析，采取统一计算全家占有生产资料，叛乱者没收，未叛者赎买。针对上述情况，1960 年 1 月 3 日，西藏自治区土地制度改革委员会规定，凡农奴主及其代理人的家庭家长已参加叛乱者，该户一般应按没收对象处理。但对于其家庭中没有参加叛乱的其他成员，应按其同家长的关系及其本人情况，区别对待。凡农奴主和农奴主代理人的家庭家长没有参加叛乱，该户其他成员（子女或兄弟）中有人参加了叛乱，该户应按赎买对象看待。该户参加了叛乱的其他成员，如已分居者，可将参加叛乱的本人应得的一份生产资料予以没收。②

（二）上登记下评定。凡未参加叛乱的农奴主及其代理人，应报请各该地人民政府登记赎买的项目、数字和分布地点，经所在地的农民核实，县以上人民政府批准后，统一办理赎买手续。

---

① 《阿沛·阿旺晋美在西藏自治区筹委会全体会议上作报告》，《人民日报》1959 年 7 月 8 日。

② 西藏自治区党史资料征集委员会编：《西藏的民主改革》，西藏人民出版社 1995 年版，第 188 页。

（三）先留后赎买。对于赎买对象,给每户贵族头人、堪布、活佛留一定数量的骑畜、奶牛、菜地。每户可留一至三匹骑马,留一亩以下菜园地,每二至四口人留一头牛。对爱国进步和代表性大的活佛、堪布更需宽些。属于寺院公用骑畜也应根据寺庙大小、人数多少酌情留一定数目的骑畜。对于农奴主代理人除留给其住房外,对其牲畜赎买时应大致给本人留到和当地农民经过分配后相同数量的牲畜。

（四）统一核算赎买价格。对生产资料的赎买价格,既不宜偏高也不宜偏低。以贵族和农奴的多数都觉得比较合理为适宜。耕地,凡属1959年耕地,均统一以每克30元计价。牲畜中,骡、马每头平均100元;耕牛、母犏牛50元;母黄牛、母牦牛30元;一般菜牛20元,毛驴25元,绵羊5元,山羊2元,当年出生的幼畜以三折一计算。房屋,以每个谿卡为单位,评定上、中、下,每幢房屋以立柱计,一立柱为4平方块(一般每一立柱为4平方块,二个立柱为6平方块,三个立柱为8平方块);上等每块6元,中等5元,下等4元。农具,以套计价(每套包括犁、耙、犁绳、镐、锄、镰刀等),每套20元,不成套农具也按件估价。

（五）分类办理赎买手续。一个贵族、寺庙在两个专区以上,分布有谿卡者,由自治区筹委会办理赎买手续;住在一个专区,其谿卡分布在几个县者,由专区办理赎买手续;住在一个县,其谿卡分布在几个乡者,由县统一办理赎买手续。代理人一般只在一个谿卡占有牲畜房屋,可由工作队或区办理赎买手续。赎买时,先由该地农协会将其需要赎买的品种、数量登记清楚,报贵族或寺庙所在地有关部门,由该地统一办理手续。

（六）分期付款。按赎买金的多少,每年平均应得多少,采取分期付款办法。5万元以下者,8年还清;5万元以上至10万元者,10年还清;10万元以上者,13年还清。① 赎买价款的支付可由自治区筹委会统一印制类似公债券性质的赎买金证券作支付依据,赎买金不付利息。

在西藏民主改革中,县、区、乡农(牧)民协会为农牧民自愿结合的群众组织,其一项重要职能是组织全体农牧民,有步骤地实行民主改革。1959年7月5日,西藏第一个农民协会在山南乃东县凯松谿卡诞生。9月21日,西藏自治区筹备委员会在关于土地制度改革的实施办法中规定,县、区、乡农(牧)大会或代表会议及其选出的农牧民协会委员会,为农村中土地制度改革的合法执行机关。在赎买中,不论农奴主、代理人、寺庙的应赎买的生产资料分布

---

① 中共西藏自治区委员会党史研究室编著:《中国共产党西藏历史大事记》(1949—2004),第1卷,中共党史出版社2005年版,第157页。

情况如何,均由其应赎买部分的生产资料所在地乡农民协会同乡人民政府核定应赎买的生产资料的数量,填写赎买金支付清册,逐级上报各级人民政府。在寺庙,成立了民主管理委员会。

党在西藏进行民主改革中,一方面采取自上而下的办法,和上层人士充分协商,协商后实行赎买;一方面采取自下而上的办法,充分发动和组织广大群众。就拉萨来说,赎买工作组下去,采取先群众,后上层以及一般与重点相结合的方式,首先召开群众座谈会和个别访问群众相结合的方法,向群众了解这个地区的农奴主及其代理人和赎买对象以及赎买数量等情况,并向群众宣传教育政策。对未叛乱的农奴主及其代理人采取一般与重点了解的方法,了解他们的思想动态和对赎买政策的认识以及生产情况,征求他们的意见。①

1960 年 1 月 8 日,西藏工委统战部就继续贯彻执行赎买政策认为,要和上层人士进行协商自治区和专区应召开政协会议,就赎买工作具体步骤和办法进行协商。西藏自治区筹备委员会常务委员会在 1960 年 10 月 25 日和 26 日举行了第三十五次(扩大)会议,讨论并通过了西藏自治区筹备委员会关于西藏地区民主改革中赎买未参加叛乱农奴主及农奴主代理人占有的多余生产资料的赎买金的支付办法。西藏自治区筹备委员会 1960 年 10 月 26 日发出命令,决定自 1960 年 11 月起至 12 月止,委托各地国家银行支付 1960 年度对未参加叛乱的农奴主和农奴主代理人占有的多余生产资料的赎买金。② 从 1961 年起,赎买金支付时间由每年 9 月起,至同年 10 月 31 日止。③

1960 年 12 月 14 日,西藏自治区筹备委员会代理主任委员班禅额尔德尼·确吉坚赞在第二届全国人民代表大会常务委员会第三十三次扩大会议上作一年来西藏工作的报告中说,在民主改革方面,1960 年,在已经进行了土地改革的地区,采取"生产复查两不误"的原则,进行民主改革的复查工作,以进一步充分发动群众,处理改革中的遗留问题,其中包括查赎买政策贯彻执行情况。④ 在复查中,对错划为叛乱分子的,补办了赎买手续,被没收分配的生活资料酌情赔偿。对未按分期付款规定,已经一次付清的,不再收回,此后按规定执行。1961 年 4 月 21 日,中央在《关于西藏工作方针的指示》中,就西藏边

① 西藏自治区党史资料征集委员会编:《西藏的民主改革》,西藏人民出版社 1995 年版,第 346 页。

② 《农业区民主改革基本完成,复查工作将逐步结束》,《人民日报》1960 年 11 月 3 日。

③ 中共西藏自治区委员会党史研究室编著:《中国共产党西藏历史大事记》(1949—2004),第 1 卷,中共党史出版社 2005 年版,第 178 页。

④ 《一年来西藏工作的报告》,《人民日报》1960 年 12 月 15 日。

境地区改革问题指出:"对于没有叛乱的或者不是公然反抗改革的上层分子,一律实行和平改革,实行赎买政策。"①1962 年 4 月 26 日,西藏工委在关于1962 年的主要工作安排中,就加强上层统战工作和寺庙工作指出,继续处理赎买中的遗留问题,要求 1962 年全部结束。对于错戴了叛乱帽子的农奴主分子,摘掉帽子后,坚决执行赎买政策。② 为纪念西藏民主改革 50 年,曾任西藏自治区党委书记的阴法唐在《再论百万农奴翻身解放的大革命》中说,凡是发现执行赎买政策不认真的,西藏工委都及时进行纠正,包括后来"文化大革命"中赎买政策遭到破坏的,在党的十一届三中全会后也得到了纠正,兑现了赎买金,彻底落实了赎买政策。③

据西藏自治区筹备委员会土地制度改革委员会赎买办公室的初步统计,截至 1961 年 2 月底,全区已经给 1300 家被赎买户办清了赎买手续(包括对多余的土地、房屋、耕畜、农具的赎买),发给了正式赎买凭证和支付了 1960 年的赎买金。由赎买办公室直接办理赎买手续的占有多余生产资料最多的 23 家被赎买户,已有 21 户办清了赎买手续。仅赎买这 21 家占有的多余土地就有五万七千多克(一克相当于一亩),这些土地已在民主改革中分给了翻身的奴隶和农奴。各专区(市)办理赎买手续的工作也将告完成。已经基本上结束赎买工作的地区正在认真地细致地处理遗留问题。昌都专区有些区、乡在赎买工作快结束时还进行了复查,对遗漏的都及时补办了赎买手续。根据党和政府的政策,各地对未参加叛乱的寺庙和宗教界上层人士占有的多余生产资料,同样实行了赎买,国家发给这些寺庙赎买凭证,并支付了 1960 年赎买金。④ 到1961 年 8 月底,西藏应实行赎买的 2355 户中的 2085 户办清了手续,共支付赎买金 1996 万多元。⑤ 其中,占有生产资料最多的 23 户,由自治区赎买办公室直接办理。扎什伦布寺得赎买金支付券 569 万元,当年得到 45 万多元。⑥

---

① 西藏自治区党史资料征集委员会编:《西藏的民主改革》,西藏人民出版社 1995 年版,第 246页。
② 西藏自治区党史资料征集委员会编:《西藏的民主改革》,西藏人民出版社 1995 年版,第 282页。
③ 阴法唐:《再论百万农奴翻身解放的大革命》,《人民日报》2009 年 4 月 9 日。
④ 《西藏地区认真贯彻赎买政策,全区向被赎买户办理赎买手续的工作基本结束》,《人民日报》1961 年 3 月 21 日。
⑤ 中共西藏自治区委员会党史研究室编著:《中国共产党西藏历史大事记》(1949—2004),第 1卷,中共党史出版社 2005 年版,第 191—192 页。
⑥ 阴法唐:《百万农奴得解放的变革——纪念西藏民主改革四十周年》,《人民日报》1999 年 7月 3 日。

各地在办理赎买工作中,认真执行党和政府的区别对待的政策。其中,对叛乱前就移居国外的农奴主的生产资料进行登记,以便他们返回西藏时就可以领取赎买金。

三、废除封建农奴主土地所有制

1959 年 9 月 22 日,西藏自治区筹委会第三次全体会议决定,在完成民主改革第一步"三反双减"地区,立即转入以分配土地为主要内容的第二步。会议一致通过了《关于废除封建农奴主土地所有制,实行农民土地所有制的决议》、《关于西藏地区土地制度改革的实施办法》、《关于农村阶级划分的决定》和有关牧区政策的报告。[①] 从此,西藏地方宣布废除封建农奴主土地所有制,实行农民土地所有制。

西藏土地制度改革实行和平改革的方针。其中,对于未参加叛乱的农奴主的土地和多余的牲畜、农具、房屋,实行赎买;对于未参加叛乱的农奴主代理人的多余牲畜、农具、房屋,也实行赎买。对于参加叛乱的农奴主和农奴主代理人的土地、牲畜、农具、房屋及其他生产资料一律没收。所有赎买和没收的土地及其他生产资料,除收归国家所有者外,均由乡农民协会接收,在尽可能满足贫苦农奴和奴隶的要求、适当照顾中等农奴(包括富裕农奴)的利益的原则下,公平合理地进行分配。农奴主和农奴主代理人也分给同样的一份土地。分配土地时,先以乡为单位,求得全乡分地户每人应分土地之平均数,然后再以村为单位,在照顾原耕地的基础上,尽量少动,按土地数量、质量及其位置远近,抽多补少,好坏搭配,进行分配。乡与乡之间的交错土地,原属何乡农民耕种者,即划归该乡分配。县与县之间的飞地和插花地应分配给所在地的农民。土地分配完毕后,由县人民政府颁发土地所有证,民主改革以前的各种土地契约一律作废。地权确定后,即不再变动,生不再分,死不抽回。得地户如有死亡者,其分得的土地及其他生产资料,其配偶及其子女等有依法继承之权。1959 年 3 月 10 日以后开垦的荒地,谁开垦的归谁所有,不计入其应分的土地数内。对于寺庙的喇嘛、尼姑,按照劳动力的情况,分给一定数量的土地,由寺庙管理委员会统一管理,组织生产。[②]

---

① 中共西藏自治区委员会党史研究室编著:《中国共产党西藏历史大事记》(1949—2004),第 1 卷,中共党史出版社 2005 年版,第 157—158 页。

② 西藏自治区党史资料征集委员会编:《西藏的民主改革》,西藏人民出版社 1995 年版,第 165—174 页。

　　为指导土地制度改革工作,11月3日,西藏工委制定了《关于西藏地区土地制度改革方案》。其中,关于划分阶级的问题,西藏农村基本上可以分为农奴主、农奴两大阶级,另外还有奴隶阶级的残余,土改中基本上应划农奴主与农奴两个阶级。在农村,依靠贫苦农奴和奴隶,团结中等农奴(包括富裕农奴)和团结一切可能团结的力量,打击叛乱的和最反动的农奴主和农奴主代理人,彻底消灭封建农奴制度,消灭农奴主阶级。在改变封建农奴主土地所有制为农民土地所有制中,区别叛与未叛,对贵族、寺庙分别采取没收和赎买的政策。对西藏地方政府的土地和其他农业生产资料,一律没收。关于寺庙改革问题,实行三反(反叛乱、反特权、反剥削),同时执行宗教信仰自由政策,保护爱国守法寺庙和上层人士,要做好应该废除的、应该保护的、应该安置的三件大事,对留守喇嘛分给一定数量的土地。此外,方案对牧区问题,城市工作问题,土地改革中边境地区和涉及外事方面的工作问题,斗争方式问题,干部问题,宣传问题,建党、建团、建政问题,土地改革的具体步骤问题和组织领导问题等作了规划部署。①

　　为加强对土地制度改革工作的领导,根据西藏自治区筹备委员会第三次会议的决定,在筹备委员会下成立了土地制度改革委员会及其常务委员会,下设办公室,对内是工委的民主改革办公室。土地制度改革委员会的具体任务是督促检查党和政府关于土地制度改革中的方针、政策、决议、法令、条例、办法和各项具体措施的贯彻执行,掌握土地制度改革中的计划、部署、力量组织和运动的进展情况等问题,处理土地制度改革运动中的没收、赎买、分配和划阶级成分中的问题,处理改革期间有关寺庙、牧区和城乡关系等方面的问题,负责总结、介绍、推广土地制度改革运动中的经验。② 土地制度改革委员会既是土地制度改革的执行机关,又是协商机关。1959年9月21日,筹备委员会在关于土地制度改革的实施办法中规定,专区也可以根据需要报请自治区筹备委员会批准后成立土地制度改革委员会。③

　　根据土地改革中存在的问题,1960年2月4日,西藏工委指示进行土改复查工作。西藏工委在《关于土改复查的几个问题的指示》中要求,已完成土

---

①　中共西藏自治区委员会党史研究室编著:《中国共产党西藏历史大事记》(1949—2004),第1卷,中共党史出版社2005年版,第157—158页。

②　西藏自治区党史资料征集委员会编:《西藏的民主改革》,西藏人民出版社1995年版,第176—177页。

③　西藏自治区党史资料征集委员会编:《西藏的民主改革》,西藏人民出版社1995年版,第172页。

改地区,各分工委选择有代表性的区、乡进行土改复查的试点工作。在复查时要区别问题性质,慎重处理;爱护改革中涌现出来的积极分子,保护他们的积极性。①

随着土地改革的推进,必须采取适当措施巩固改革的成果。1960 年 8 月 17 日,西藏工委就颁发农民土地证问题请示中央。9 月 12 日,中央电示,同意在民主改革后,为农民颁发土地所有证。西藏工委根据中央指示,于 10 月 8 日发出通知,凡改革复查已经完成或即将完成的地区,1960 年冬季进行颁发土地证工作。10 月 26 日,西藏自治区筹备委员会在《关于颁发土地所有证的指示》中规定,土地证以户为单位填发,一户一证,产权属于全户人员所有。西藏自治区筹备委员会统一颁发土地证,责成乡政府或委托乡农会办理填发手续。这一工作分为三个步骤:一是宣传教育,训练填发土地证人员;二是核实土地面积,划清地界,进行土地登记和填发土地证;三是召开庆祝大会,举行隆重的颁发土地证仪式。②

西藏经过平息叛乱和民主改革,废除了封建农奴制,百万农奴翻身得解放,当家做了主人。西藏全区共计 78 个县,包括拉萨市相当县级的四个城区、两个郊区,根据 1960 年 1 月底的统计,在农业区,有 57 个县约 79 万人口的地区开展了民主改革,其中有 40 个县约 61 万人口的地区完成了"三反双减"运动,在这 40 个县中,已有 35 个县约 47 万人口的地区完成了土地分配。在牧业区的 12 个县约 7 万人口的地区正开展"三反"和"两利"运动。③ 截至 1960 年 2 月底,在农业区,49 个县约 69 万人口的地区完成了"三反双减"运动,其中 47 个县 61 万人口的地区完成了土地制度的改革。西藏全区已经完成或者即将完成"三反"运动的寺庙有 1700 座,包括僧尼五万六千多人。④ 在全区民主改革中,广大群众不仅在政治上获得了彻底解放,废除了人身依附关系,而且在经济上也获得了利益和实惠。由于实行"谁种谁收"、"减租减息"和废除高利贷等政策,群众得益约合粮食 10 亿多斤,每人平均 1500 斤。⑤ 在完成了

① 中共西藏自治区委员会党史研究室编著:《中国共产党西藏历史大事记》(1949—2004),第 1 卷,中共党史出版社 2005 年版,第 166 页。
② 西藏自治区党史资料征集委员会编:《西藏的民主改革》,西藏人民出版社 1995 年版,第 210—213 页。
③ 张经武:《西藏民主改革的胜利》,《人民日报》1960 年 3 月 1 日。
④ 阿沛·阿旺晋美:《西藏民主改革的伟大胜利》,《人民日报》1960 年 4 月 10 日。
⑤ 《翻身农奴当家作主,新型民族关系形成,各项建设蓬勃发展》,《人民日报》1960 年 4 月 26 日。

分配土地的地区,每人平均分得了三克半土地①。

西藏民主改革,以"三反双减"、和平赎买和分配土地为基本标志,于1961年基本完成。从此,西藏的封建农奴制度被彻底废除,西藏社会步入了崭新的发展道路。

第四节　中央关于西藏民主改革的前途与"稳定发展"方针

新中国各少数民族的民主改革,是各少数民族政治、经济、文化发展进步和从封建农奴制、半殖民地半封建社会向社会主义过渡的必经阶段。1955年9月4日,中央答复西藏工委关于"目前西藏所进行的一切改革(包括将来的土地改革)属于什么性质"的问题时指出,建设社会主义社会已成为我国各民族共同奋斗的目标,国内各民族也只有逐步走上社会主义道路,才能在政治、经济和文化上有高度的发展。因此,在西藏民族中进行的任何改革都不能不是国家过渡时期总任务的一部分。而且,由于封建农奴制度仍然是西藏民族全部生活的基础,统治西藏民族的势力仍然是贵族僧侣。在西藏民族中进行的改革,包括西藏地方政府和班禅堪布会议厅委员会进行的一些改革,在一定时期还只能是民主主义性质的改革。中央既指明了西藏民主改革在整个国家建设和发展中的历史方位,又指出了西藏民主改革的民主主义性质和向社会主义过渡的前途问题。特别是在前途问题上,中央进一步阐明了西藏民主改革与向社会主义过渡的关系。

1959年4月28日,第二届全国人大第一次会议通过的《关于西藏问题的决议》指出,西藏自治区筹委会应当根据宪法,以及西藏广大人民的愿望和西藏社会经济文化的特点,逐步实现西藏的民主改革,以便为建设繁荣昌盛的社会主义的新西藏奠定基础。1959年5月7日,毛泽东在与班禅、阿沛等谈话时也指出:"只要同西藏人民合作,讲民主,一定有你们的政治地位,生活上不降低。他说:"这是第一步,走民主的道路。第二步是走社会主义的道路。"②

但是,对于西藏完成民主改革之后,是否接着就要进行社会主义改造、向社会主义过渡呢?在这一问题上,毛泽东认为,西藏在民主改革的基础上走上

---

① 一克土地即是能播种一克种子的土地,约合一亩。

② 《毛泽东西藏工作文选》,中央文献出版社、中国藏学出版社2008年版,第204页。

社会主义,是要有一个逐步发展时期的。1955 年 10 月 23 日,他在与西藏参观团谈话时说:"现在不要去搞社会主义。""将来的改革,也不能一下子搞社会主义,要分好几步走。"①1956 年 2 月 12 日,他在同藏族人士谈话中强调:"西藏现在不是搞合作社的问题,而是进行民主改革的问题。"②西藏开始实行民主改革时,毛泽东在 1959 年 5 月 10 日同德意志民主共和国人民议院代表团谈话中,回答"中国共产党为什么长久不解决西藏问题"时说:"过早了条件不成熟,这也和西藏的农奴制有关。""现在西藏问题好解决了,第一步是民主革命,把农奴主的土地分给农奴,第二步再组织合作社。"③关于西藏社会主义改造和向社会主义过渡问题,毛泽东一方面强调了西藏走上社会主义的历史必然性,另一方面又指出了西藏从民主改革实现向社会主义过渡的发展阶段性。

西藏民主改革与西藏进行社会主义改造、向社会主义过渡之间的这一逐步发展时期究竟是怎样的发展时期呢? 中央和毛泽东认为,这应是一个"稳定发展"时期,也就是巩固发展农牧民个体所有制时期。西藏通过民主改革,所有制由封建农奴制变革为农牧民个体所有制。然而,当时西藏工委则急于搞合作社,于 1960 年 7 月 20 日在关于必须彻底进行土改复查工作的紧急指示中要求:"下半年各分工委选择几个点试办农业生产合作社。"④接着,10 月 18 日,西藏工委又在安排第四季度的主要工作中指出,1960 年冬进行农业生产合作社的重点试办,有条件的县和分工委都可以试办一两个。在西藏工委将这一计划致电报告中央后,中央于 11 月 15 日作出批复,认为西藏几年之内不应试办生产合作社。那么,就有了一个在民主改革基本完成之后,西藏工作应该采取什么方针的问题。对于这一问题,1961 年 1 月 23 日,毛泽东在同班禅谈话时指出:"第一是现在只搞互助组不搞合作社,搞互助组,发展生产,使农民安定下来,生活得到改善。""由封建农奴制度进到个体所有制,经过个体所有制要多长时间,以后再看。"他强调:"西藏社会制度经过改革,从封建农奴制度改变成了农民个体所有制,要安定一个时期。"⑤第二天,周恩来与班禅等谈话强调,西藏的方针、政策概括起来就是,土地所有制是农民个体所有制,

① 《毛泽东西藏工作文选》,中央文献出版社、中国藏学出版社 2008 年版,第 129 页。
② 《毛泽东西藏工作文选》,中央文献出版社、中国藏学出版社 2008 年版,第 140 页。
③ 《毛泽东西藏工作文选》,中央文献出版社、中国藏学出版社 2008 年版,第 209 页。
④ 中共西藏自治区委员会党史研究室编著:《中国共产党西藏历史大事记》(1949—2004),第 1 卷,中共党史出版社 2005 年版,第 173 页。
⑤ 《毛泽东西藏工作文选》,中央文献出版社、中国藏学出版社 2008 年版,第 220、222 页。

这个制度要继续好多年,中心是增加生产,这条要坚定不移地执行下去。现在就是把农民占有土地的制度巩固下去。1961 年春,中央召开了专门讨论西藏工作的会议,着重研究了今后西藏工作的方针和若干重要问题。根据会议精神,中央于 4 月 21 日作出了《关于西藏工作方针的指示》,认为今后西藏工作必须采取"稳定发展"的方针,从 1961 年算起,五年以内不搞社会主义改造,不搞合作社,连试点也不搞,更不搞人民公社,集中力量把民主革命搞彻底,让劳动人民的个体所有制稳定下来,让农牧民的经济得到发展,让翻了身的农奴群众确实尝到民主改革给他们带来的好处。在这五年,西藏的一切政策包括经济政策、财贸政策、社会改革政策、民族政策、对上层人士的团结改造政策、宗教政策等,都一定要力求稳妥。要集中力量领导群众发展生产,繁荣经济,改善人民生活;彻底完成民主改革,向群众深入进行民主革命的政治、思想教育,进行爱国主义教育和社会主义前途的教育;肃清残余叛乱分子和其他反革命分子;做好上层统一战线工作;整顿干部作风,发展党的组织,培养藏族干部;建立各级人民代表大会制度,成立西藏自治区。1961 年国庆节期间,毛泽东在与阿沛谈话时重申了中央关于西藏"稳定发展"的方针。阿沛曾回忆说,中央关于实行"稳定发展"方针的指示,毛泽东与他谈话所包含的最深刻最实际的意义,在于为正式成立自治区"创设丰厚的经济基础"。①

西藏民主改革后,在中央为西藏制定的"稳定发展"方针指导下,西藏自治区筹备委员会认真行使西藏地方政府职权,西藏各地先后建立了农(牧)民协会、平叛保畜委员会等群众组织。从平叛开始到 1960 年底,西藏地方共建立乡政权 1009 个,区政权 283 个,78 个县和 8 个专区(市)的人民政权也建立起来。② 西藏的社会面貌发生了根本的变化,为西藏自治区的正式成立奠定了坚实的基础。

① 阿沛·阿旺晋美:《追忆西藏自治区筹备和成立过程》,《见证西藏——西藏自治区历任现任主席自述》,中国藏学出版社 2005 年版,第 50 页。
② 《当代中国的西藏》(上),当代中国出版社 1991 年版,第 294 页。

དེ་རབས་གུང་གོའི་བོད་ལྗོངས་
སྲིད་རྫས་རང་འདག་སྐོང་།།

第七章

筹备成立统一的西藏自治区

第一节　西藏民族区域自治法律
地位的确立与巩固

　　西藏民族区域自治,是以藏民族为主体的西藏各民族自治与西藏地方区域自治的结合。① 中华人民共和国从成立起,宪法和法律就赋予了西藏实行民族区域自治的权利,并为实现这一权利积极而稳妥地创造了必要的政治、经济和社会条件。

　　我国自秦汉以来逐步形成单一制的多民族国家,民族分布大杂居小聚居。历史推进到1949年,新中国在成立伊始,就国家结构和中央与地方的关系问题,历史地面临着是实行苏联式民族自治共和国那样的制度还是实行民族区域自治的战略性选择。由于我国与苏联的历史发展和民族分布不同,不可能设想采取如同苏联那样的民族共和国办法。如前所述,周恩来在《关于我国民族政策的几个问题》中指出:"在中国适宜于实行民族区域自治,而不宜于建立也无法建立民族共和国。历史发展没有给我们造成这样的条件,我们就不能采取这样的办法。历史发展给我们造成了另一种条件,就是中国各民族杂居的条件,这种条件适宜于民族合作,适宜于实行民族区域自治。一个民族不仅可以在一个地区实行自治,成立自治区,而且可以分别在很多地方实行自治,成立自治州、自治县和民族乡。"②因此,从我国的民族实际出发,中国人民政治协商会议第一届全体会议没有采取苏联的办法,而是把实行民族区域自治作为处理民族问题的根本性政策确定下来。这一会议通过的《共同纲领》遵循民族平等,在规定中华人民共和国境内各民族一律平等,均有平等的权利和义务的基础上,确立了新中国在民族问题上的基本政策,主要是各少数民族聚居的地区,应实行民族的区域自治,按照民族聚居的人口多少和区域大小,分别建立各种民族自治机关。《共同纲领》在当时起着临时宪法的作用。西藏尽管在《共同纲领》实施初年尚未解放,但民族区域自治对它也是适用的。

---

① 周恩来:《关于我国民族政策的几个问题》,《周恩来选集》(下卷),人民出版社1984年版,第258页。

② 周恩来:《关于我国民族政策的几个问题》,《周恩来选集》(下卷),人民出版社1984年版,第257页。

正是贯彻《共同纲领》的基本精神,中央采取和平解放西藏的方针,经中央人民政府全权代表与西藏地方政府全权代表在友好基础上和平谈判,于 1951 年 5 月 23 日与西藏地方政府签订了《十七条协议》①。该协议标志着西藏和平解放。其中,协议第三条明确规定,"根据中国人民政治协商会议共同纲领的民族政策,在中央人民政府统一领导下,西藏人民有实行民族区域自治的权利。"同时按照协议规定,"中央人民政府在西藏设立军政委员会和军区司令部"。设立军政委员会和军区司令部,是要在西藏实现军政统一,并为实行统一的区域自治奠定基础的一项组织措施。后来由于军政委员会在全国大部分地区已撤销,西藏就没有再成立军政委员会。历史地看,上述精神和原则不仅规定了西藏在祖国大家庭中的政治地位,即西藏地方政府作为一级地方政权,接受中央人民政府的领导,而且规定了西藏社会和藏民族未来发展的基本走向,即实行民族区域自治。因此,在一定意义上说,此后贯彻《十七条协议》的过程,就是维护和保障西藏是中国不可分割的一部分的历史地位,并为西藏实行民族区域自治创造一切条件的过程。

根据《共同纲领》的精神,中央人民政府在总结民族区域自治区建立和发展经验的基础上,于 1952 年 8 月 8 日批准了政务院通过的《民族区域自治实施纲要》(简称《实施纲要》),并经中央人民政府主席命令予以公布施行。②《实施纲要》是新中国成立以来第一部带有实施民族区域自治的基本法的性质,也开启了国家关于民族区域自治立法的具体历史进程。它规定:"各民族自治区统为中华人民共和国领土的不可分离的一部分。各民族自治区的自治机关统为中央人民政府统一领导下的一级地方政权,并受上级人民政府的领导。"它并规定:"全国各少数民族聚居的地区,除已经实行区域自治者外,凡革命秩序初步建立,各阶层人民愿意实行区域自治时,即应着手实行区域自治,并设立筹备机构或应用现有的适当机构,进行关于召集人民代表会议及其他必要的准备工作。"对于和平解放后的西藏来说,这些规定就是以法的形式,把筹备建立西藏自治区问题具体提了出来。

刚刚和平解放后的西藏地方政权机构并不是统一的,呈现出原有的西藏

---

① 西藏社会科学院、中国社会科学院民族研究所等编:《西藏地方是中国不可分割的一部分》(史料选辑),西藏人民出版社 1986 年版,第 564—567 页。

② 全国人大常委会办公厅研究室编:《中华人民共和国人民代表大会文献资料汇编》(1949—1990),中国民主法制出版社 1990 年版,第 228—230 页。本纲要由中央人民政府委员会于 1952 年 8 月 8 日第 18 次会议批准,中央人民政府于 1952 年 8 月 9 日予以公布。

地方政府、班禅堪布会议厅和昌都地区人民解放委员会①并存的局面。为此，成立西藏自治区，就必须首先解决政权统一问题。然而，在西藏统一方针问题上，当时中共西藏工委内部存在着意见分歧，为此向中央作了报告。② 1952 年 10 月 27 日，中央复电西藏工委指出，"在中央人民政府统一领导之下的西藏（指前藏后藏和阿里地区，在条件成熟时还可包括昌都地区）地区的统一，对于建设和发展西藏，对于争取团结全国藏族都是有利的。统一是困难的，因此需要慎重稳步实现，不可急躁。""决不可采取先分治后统一的步骤，这样无论对目前和将来，都是不利的。因此，统一的西藏自治区，是不可动摇的。"③ 1953 年 11 月，中央召开西藏工作讨论会议，历时三个多月。会议在 1954 年 2 月 10 日向中央作出的总结报告中指出："党在西藏的方针是使西藏逐渐地走向统一，成立统一的自治区，而不是先实行分区自治而后走向统一。"中央政治局经讨论批准了这一报告。④ 这就从政策和原则上解决了西藏统一与成立自治区的关系问题。

随着新中国成立初期国民经济恢复和有计划的经济建设阶段的到来，特别是适应国家逐步实现社会主义工业化和完成对农业、手工业和资本主义工商业的社会主义改造的根本需要，第一届全国人民代表大会第一次会议继承和发展《共同纲领》的基本精神和原则，通过了新中国第一部《宪法》⑤，民族区域自治被庄严写进《宪法》。《宪法》在总纲第三条中明确规定，"中华人民共和国是统一的多民族的国家。""各民族一律平等。""各少数民族聚居的地方实行区域自治。各民族自治地方都是中华人民共和国不可分离的部分。"民族区域自治表现在行政区域区划上，宪法规定："全国分为省、自治区、直辖

---

① 1950 年 12 月 27 日，解放后的昌都召开第一届人民代表会议。会议于 1951 年 1 月 1 日选举产生了以王其梅为主任的昌都地区人民解放委员会。昌都地区人民解放委员会作为统一战线性质的过渡政权机构，由政务院直接领导。见西藏自治区党史资料征集委员会编：《中共西藏党史大事记》(1949—1994)，西藏人民出版社 1995 年版，第 22—23 页。

② 西藏自治区党史资料征集委员会编：《中共西藏党史大事记》(1949—1994)，西藏人民出版社 1995 年版，第 45 页。

③ 西藏自治区党史资料征集委员会编：《中共西藏党史大事记》(1949—1994)，西藏人民出版社 1995 年版，第 45 页。

④ 中央指定时任中央统战部部长李维汉主持召开了西藏工作讨论会议。西藏自治区党史资料征集委员会编：《中共西藏党史大事记》(1949—1994)，西藏人民出版社 1995 年版，第 50—51 页。

⑤ 宪法分序言和四章，共 106 条。其中，第二章第五节为"民族自治地方的自治机关"。全国人大常委会办公厅研究室编：《中华人民共和国人民代表大会文献资料汇编》(1949—1990)，中国民主法制出版社 1990 年版，第 66—72 页。

市"，"省、自治区分为自治州、县、自治县、市"，"县、自治县分为乡、民族乡、镇"，自治州分为县、自治县、市"，"自治区、自治州、自治县都是民族自治地方"。同时，宪法第二章第五节对民族自治地方的自治机关作了专门规定。《宪法》的这些内容规定了国内各民族间平等友爱互助的关系，保障了各少数民族的自治权利。刘少奇在作《关于中华人民共和国宪法草案的报告》中指出，我们的国家是工人阶级领导的人民民主国家，"必须让国内各民族都能积极地参与整个国家的政治生活，同时又必须让各民族按照民族区域自治的原则自己当家作主，有管理自己内部事务的权利。"① 就是在第一届全国人民代表大会第一次会议期间，毛泽东于 10 月 9 日接见出席会议的十四世达赖喇嘛时说："军政委员会恐怕西藏不再成立了，因为内地都已经取消了，宪法也已经颁布了，现在可以把前藏、后藏、昌都各方面代表人物团结起来，组织一个西藏自治区筹备委员会。究竟好不好，你们研究一下。"次日，他还在接见出席会议的十世班禅时说："关于军政委员会及双方所提的一些问题，这次拟由达赖方面、班禅方面、昌都方面指定的人员共同组织一个商量的机构，在这里开会，商量解决。"十四世达赖喇嘛和十世班禅均表示同意西藏不成立军政委员会，而成立西藏自治区筹备委员会。② 随后，成立西藏自治区便进入了筹备阶段。

1954 年 11 月 4 日，中央人民政府代表和西藏地方政府代表、班禅堪布会议厅委员会代表、昌都地区人民解放委员会代表在北京召开第一次会议，组成西藏自治区筹备委员会筹备小组，并经反复协商，通过了"筹备委员会的性质任务"、"筹备委员会的人员组成"、"筹备委员会下设机构"、"筹备委员会与政务院的隶属关系"和"筹备委员会的财政问题"等五个草案。③ 这一并形成西藏自治区筹备委员会具体实施方案的政策性基础。1955 年 3 月 9 日，国务院全体会议第七次会议通过《关于成立西藏自治区筹备委员会的决定》。④ 该决定由国务院全体会议审议通过，具有国家行政法规的性质。《决定》阐明了西藏自治区筹备委员会的合法性基础，指出："根据一九五一年五月二十三日《中央人民政府和西藏地方政府关于和平解放西藏办法的协议》的规定，在西

① 全国人大常委会办公厅研究室编：《中华人民共和国人民代表大会文献资料汇编》(1949—1990)，中国民主法制出版社 1990 年版，第 81 页。
② 岗日曲成：《西藏的民族区域自治》，五洲传播出版社 1999 年版，第 6—7 页。
③ 西藏自治区党史资料征集委员会编：《中共西藏党史大事记》(1949—1994)，西藏人民出版社 1995 年版，第 55 页。
④ 《新华日报》1955 年第 4 号，第 15—16 页。

藏应当成立军政委员会,但是现在我国已经颁布宪法,各大行政区的军政委员会业已撤销,特别是西藏和平解放三年多以来各方面的工作都有显著成绩,情况已经有了变化,因此,在西藏地区不用成立军政委员会而成立西藏自治区筹备委员会是完全符合宪法精神和西藏当前具体情况的。"成立西藏自治区筹备委员会,是中央依宪法治藏,并顺应了西藏地方的实际及其发展趋势,因此这一决定不是对《十七条协议》基本精神和原则的改变,而只是对组织机构所作具体规定的一种合乎历史发展的微观调整。同时,国务院根据西藏自治区筹备委员会筹备小组报告中提出的方案和意见,在《决定》中规定了西藏自治区筹备委员会的性质、任务和工作原则,指出:"西藏自治区筹备委员会是负责筹备成立西藏自治区的带政权性质的机关,受国务院领导。其主要任务是依据我国宪法的规定以及关于和平解放西藏办法的协议和西藏的具体情况,筹备在西藏地区实行区域自治。为此,筹备委员会必须团结各方面人士进一步加强民族团结和西藏内部的团结,加强培养民族干部,负责协商和统一筹划办理有关西藏地方建设和其他应办而又可办的事宜,以逐渐加强工作责任,积累工作经验,创造各种条件,为正式成立统一的西藏自治区而努力。"国务院全体会议关于筹备委员会是带政权性质的机关的决定,为筹备委员会树立起了政治权威,并强调筹备委员会要依宪法和具有法律效力的《十七条协议》开展筹备成立西藏自治区的工作。关于筹备委员会的组成问题,《决定》指出:"西藏自治区筹备委员会委员名额定为五十一人","西藏自治区筹备委员会筹备小组协议提出的四十一名委员名单,由国务院先予批准,俟其他方面尚未确定的委员名单协议提出后,由国务院一并任命。""西藏自治区筹备委员会设立常务委员会,于西藏自治区筹备委员会成立时组成,报国务院批准。"《决定》还规定了西藏自治区筹备委员会的下设机构和财政问题,等等。以上规定既确立了筹备委员会与国务院的政治和行政关系,又确立了筹备委员会在西藏自治区筹备成立过程中的法律地位和有关法律关系,历史地构成筹备成立西藏自治区不可或缺的政治和法律基础。

国务院《关于成立西藏自治区筹备委员会的决定》得到西藏人民和地方政府的拥护。1955年3月12日和13日,市民和从各地来拉萨参加传召的喇嘛纷纷通过藏语广播收听这一决定。期间,西藏地方政府噶伦朵噶·彭错饶杰发表书面谈话说:"国务院的决定,再次证明西藏人民在中国共产党和毛主席的英明领导下,获得了充分的民族平等权利,祖国大家庭正帮助西藏人民逐步实现区域自治。从此,西藏人民的政治、经济、文化各方面会更迅速健康地发展起来。我们要更好地团结,为建设祖国、建设新西藏努力工作。"班禅堪布会议厅委员会拉萨办事处代表汪德说:"听到国务院的决定后我特别高兴,这些决定将促进西藏的政治和各项事业的发展,加强西藏和祖国各兄弟民族的联系和友谊,促进西藏内部团结进步。"来拉萨参加传召大会的昌都地区人民解放委员会副主任委员帕巴拉活佛发表谈话说:"我完全拥护国务院关于成立包括西藏地方政府、班禅堪布会议厅委员会和昌都地区人民解放委员会的西藏自治区筹备委员会的决定,这样就可以进一步加强藏族内部团结,更好地进行各项建设。"①在日喀则,班禅堪布会议厅委员会主任委员拉敏·益喜楚臣说:"我代表堪布会议厅委员会全体官员,向共产党和毛主席表示最衷心的感谢。成立西藏自治区筹备委员会是藏族人民的殷切愿望,今后我们一定在国务院和自治区筹备委员会的领导下努力建设新西藏。"日喀则市爱国青年文化联谊会副主任委员尼隆听了藏语广播后说:"这些决定就是藏族人民的幸福。"②

1955 年 9 月 20 日,西藏自治区筹备委员会筹备处在拉萨正式成立,西藏地方政府在拉萨的僧俗官员,甘丹、色拉、哲蚌三大寺代表以及拉萨市爱国青年文化联谊会和爱国妇女联谊会的代表等拉萨市各界代表,还举行了成立庆祝会。③ 阿沛·阿旺晋美任筹备处处长。筹备处下设秘书、人事等六个科,各科干部包括西藏地方政府、班禅堪布会议厅委员会、昌都地区人民解放委员会和中共西藏工作委员会等各方面工作人员。9 月 26 日,达赖喇嘛在他的夏居地罗布林卡邀请中共西藏工委副书记、中国人民解放军西藏军区政治委员谭冠三,中共西藏工委副书记、中国人民解放军西藏军区副政治委员范明和中共西藏工委、西藏军区各级负责干部 130 多人举行座谈会,座谈西藏自治区筹备委员会的工作。他在座谈会上说:"为了成立西藏自治区筹备委员会而工作的筹备处已经成立。今后我们要共同努力,加强汉、藏兄弟民族的团结,使建设繁荣幸福的新西藏的工作圆满完成。"④9 月 30 日,筹备处举行第一次会议。阿沛·阿旺晋美强调,国务院关于成立西藏自治区筹备委员会的决定是建立在汉、藏民族团结和西藏内部团结的基础上的,"我希望在筹备处内大家本着这一精神,互相帮助,像在一个家庭里一样团结进行工作,争取早日成立西藏自治区筹备委员会。"⑤为庆祝新中国成立六周年,10 月 1 日,西藏地方政府、班禅堪布会议厅委员会、昌都地区人民解放委员会向毛泽东发出致敬

---

① 《拉萨人民拥护国务院关于西藏问题的决定》,《人民日报》1955 年 3 月 16 日。
② 《日喀则人民为国务院的决定而欢欣鼓舞》,《人民日报》1955 年 3 月 17 日。
③ 《西藏自治区筹委会筹备处成立》,《人民日报》1955 年 9 月 23 日。
④ 《达赖喇嘛邀请中共西藏工委和军区负责人座谈西藏自治区筹备委员会的工作》,《人民日报》1955 年 10 月 1 日。
⑤ 《西藏自治区筹备委员会筹备处举行首次会议》,《人民日报》1955 年 10 月 2 日。

电,在电文中称:"西藏地方自和平解放以来,由于中央的正确领导,由于进藏工作人员和人民解放军正确执行了中国共产党的民族政策,藏族和兄弟民族,特别是和汉族以及西藏内部都达到了空前的团结,这种团结还在继续不断地加强和巩固。西藏的政治、经济、文化也一天天向前发展着。在民族团结和西藏内部团结以及各项工作成就的基础上,国务院全体会议第七次会议通过了关于成立西藏自治区筹备委员会的决定以及帮助西藏建设等决定。这是完全符合西藏人民现在和将来的利益的。为执行国务院决定,我们共同团结、努力地成立了西藏自治区筹备委员会筹备处,在中央领导下,在达赖喇嘛、班禅额尔德尼和中共西藏工委直接指导下,开始了西藏自治区筹备委员会的筹备工作。因此我们今年在庆祝国庆节之际更加欢乐。今后我们要更加加强和各兄弟民族的团结,加强西藏内部的团结,真诚地热爱伟大的祖国,和各兄弟民族一道进行祖国社会主义建设。为实现国务院关于西藏工作的各项决定,为建设幸福的新西藏而努力。"①

然而,针对国务院关于成立西藏自治区筹备委员会的决定,西藏上层反动分子指使阿乐群则等"伪人民会议"分子以"人民代表"的名义,于 1955 年 9 月 15 日向中共西藏工委投交所谓"前后藏、康区人民意见书",其意见书公开提出反对成立西藏自治区筹备委员会等。② 为此,中央于 9 月 25 日作出指示,并责成噶厦主动出面申斥阿乐群则等所领导的"伪人民会议"反动分子冒充"人民代表"是非法的,并予以取缔。③ 11 月 17 日,噶厦被迫宣布"人民代表"为非法。④

1956 年 4 月 22 日,西藏自治区筹备委员会成立大会在拉萨举行。以陈毅副总理为团长的中央代表团在会上宣读了国务院令,并代表国务院把西藏自治区筹备委员会的印鉴授予达赖喇嘛。⑤ 西藏自治区筹备委员会的成立,标志着西藏实行民族区域自治迈出了实质性的一步。同时,这也使西藏自治

① 《西藏地方政府、班禅堪布会议厅委员会、昌都地区人民解放委员会向毛主席致敬电》,《人民日报》1955 年 10 月 3 日。
② 西藏自治区党史资料征集委员会编:《中共西藏党史大事记》(1949—1994),西藏人民出版社 1995 年版,第 58—59 页。
③ 西藏自治区党史资料征集委员会编:《中共西藏党史大事记》(1949—1994),西藏人民出版社 1995 年版,第 59 页。
④ 西藏自治区党史资料征集委员会编:《中共西藏党史大事记》(1949—1994),西藏人民出版社 1995 年版,第 60 页。
⑤ 西藏自治区党史资料征集委员会编:《中共西藏党史大事记》(1949—1994),西藏人民出版社 1995 年版,第 62 页。

区筹备委员会的法律地位得以具体落实,从此,西藏各阶层人民有了统一的筹备实行民族区域自治的带政权性质的领导机构。

实行民族区域自治是一项复杂细致的工作。西藏自治区筹备委员会在筹备成立西藏自治区的历史进程中,根据党的民族区域自治政策,充分尊重藏族人民在管理内部事务上的当家作主的权利,同时结合西藏地方的政治、经济、文化、宗教信仰、风俗习惯等方面的特点,努力团结各方面人士,发展农牧业和各项生产建设,并注重培养为将来的自治机关所必需的民族干部和制定地方规章,为成立西藏自治区创造了政治、经济、文化和法制等必备条件。事实表明,在当时的历史条件下,西藏自治区筹备委员会是最适宜于筹备实现民族区域自治政策的组织形式。

西藏地方在自治区筹备委员会1956年4月成立之后,尽管正式进入了筹备成立自治区的历史发展阶段,但与当时的广西和宁夏相比较,尚不具备在很短时间内建成自治区的条件。鉴于西藏实现民族区域自治的特殊性和复杂性,周恩来在1957年青岛召开的全国民族工作座谈会上发表的《关于我国民族政策的几个问题》①中,不仅阐述了民族工作的普遍性,而且具体分析了西藏区情和西藏工作的特殊性。如讲话中关于民族区域自治问题这一部分,就民族分布情况,他举例说:"西藏比较单一一些,但指的是现在的西藏自治区筹委会管辖地区,而在其他地区,藏族也是和其他民族杂居的。我国历史的发展,使我们的民族大家庭形成许多民族杂居的状态。"为说明"实行民族区域自治,不仅可以在这个地方有这个民族的自治区,在另一个地方还可以有这个民族的自治州、自治县、民族乡"的情况,他说:"西藏自治区筹备委员会所管辖的地区,藏族只有一百多万,可是在青海、甘肃、四川、云南的藏族自治州、自治县还有一百多万藏族人口,这些地方和所在省的经济关系更密切,便于合作。"也就是说,实行民族区域自治,藏族在西藏建立了自治区,也可以在青海、甘肃、四川、云南等聚居区建立自治州、自治县。关于自治区的名称问题,他还指出,"西藏、内蒙的名称是双关的,又是地名、又是族名。名称问题好像是次要的,但在中国民族区域自治问题上却是很重要的,这里有一个民族合作的意思在里面。"讲话中关于民族繁荣和社会改革问题,周恩来在谈到封建统治者的民族政策时说:"如蒙古和藏这两个民族,在清朝的时候人口是减少了的。""藏民族在唐朝时是很强大的,有很大的发展,曾到过陕西的关中北部、长安附近,到过甘肃的南部,还到过四川、云南,人口据说有四五百万。现在藏

---

① 《周恩来选集》(下卷),人民出版社1984年版,第247—271页。

族人口合起来不到三百万。""这两个民族,显然是在清代削弱了。"这说明,封建主义的民族政策是要削弱别的民族的。对于新中国建设社会主义工业化国家,他指出,在中国,建设社会主义工业化的国家,是任何民族都不能例外的。只有汉族地区工业高度发展,让西藏、新疆维吾尔自治区等长期落后下去,"就不是社会主义国家"。讲话中关于民族自治权利和民族化问题,周恩来谈到少数民族实行民族区域自治与汉族干部的关系时指出,"少数民族占多数的地方,像新疆、西藏,也不可能没有汉族干部。"这些论述,融入于周恩来关于我国民族政策的基本问题的思想认识中,显现了民族工作中的一般性和特殊性。

阿沛·阿旺晋美参加了这次民族工作座谈会。周恩来在到达青岛的第二天、发表讲话的前一天,即 1957 年 8 月 3 日,与阿沛·阿旺晋美就西藏工作进行了谈话。据《周恩来年谱》载:他对阿沛谈了如下内容:一是西藏工作前进的条件。他说:"中央、毛主席和国务院对你是信任的,你在工作上有困难,我们会支持你,希望你积极地把工作搞好。西藏工作的逐步前进,需要两个条件:一是要提高人民的觉悟,一是上层分子的觉悟也要一天天地提高。对上层的工作很重要。一方面要尽可能地为人民办点好事,一方面要在上层团结多数。关键问题是正确地对待达赖,要尊重他,对他的家属进行分析,做达赖家属工作的目的,在于保护达赖,要使他看清大局。"二是对达赖 1956 年去印度参加释迦牟尼涅槃 2500 周年纪念活动的基本估计。他指出:"达赖这次去印度还是对的,毛主席是主张他们去的,出去看一看,增加了见识,知道了帝国主义的阴谋活动,希望他能从这一次取得经验,更好地领导西藏今后的工作。必须请达赖认清帝国主义的阴谋还会不断地搞,印度一些人和西藏逃亡出去的反动分子也不会死心。希望有了这一次事件的经验,达赖能提高警惕,不要上他们的当。请转告达赖,说这段话是爱护他的。"三是关于西藏外事工作。他说:"总起来说,中印关系是友好的,可以和平共处,但究竟是两个国家,所以无论在政治、经济和宗教上,西藏和印度的来往都应当经过中央,经过外交部,要划个界限。"四是关于达赖和班禅之间的关系问题。他说:"中央的方针是帮助他们团结和好,希望在西藏自治区筹委会的工作中,两方面能够互相尊重,合作共事,改善关系。"五是关于西藏进行社会改革问题。他说:中央决定西藏在"二五"期间不进行,目的是使西藏地区的改革搞得更好些,要使上层分子有所准备,使他们知道改革后他们的生活水平不会降低,最主要的是要使他们懂得不改革就不能发展经济,就不能使民族繁荣起来,要在上层分子中进行些教育。①

① 中共中央文献研究室编:《周恩来年谱》(中卷),中央文献出版社 1997 年版,第 65—66 页。

关于西藏自治区筹备委员会的工作,据阿沛回忆说:在民族工作会议期间,周总理同他谈话时指出:成立西藏自治区筹备委员会,目的是在西藏人民心中树立一个希望中心。已经做起来的工作应当好好审查一下,可能做的,一定要做好。藏族人民看到筹委会做了好事,就会产生希望,使筹委会成为希望的中心,为成立自治区创造条件。关于自治区的区域范围,前后藏再加昌都地区,这个范围很合适。① 由于阿沛只是说在会议期间进行的,而周恩来自 1957 年 8 月 2 日抵达青岛至 8 月 6 日回到北京。因此,这段谈话的内容是否是在 8 月 3 日的谈话中讲的,还是在会议期间的其他场合讲的,有待进一步考证。

据时任座谈会西藏小组秘书的任仁回忆,座谈会上,有些小组曾出现"要求像苏联一样实行民族自治共和国,也就是联邦制"的呼声。当时,西藏已经建立了自治区筹备委员会,在小组会议上,西藏的代表对此问题"没有表态"。阿沛在纪念李维汉的一段回忆中也证明了这一情况。他说:"会议期间,李维汉同志告诉我,有人提出在中国实行联邦制,不应实行区域自治,已经建立的自治区也应改成加盟共和国。他说,有这种思想的人情况不完全一样,有的人是不懂得中国民族关系的历史特点,生搬硬套苏联的经验,属于认识问题;有的人提出这个问题的实质是要搞所谓民族独立,分裂祖国统一,是政治问题,要警惕。他还给我讲了在中国为什么不能实行联邦制,只能实行民族区域自治的道理,使我增长了许多知识。我联想到,那几年在西藏也有人在上层人士中讲过加盟共和国和联邦制之类的问题,当时我不懂得什么是加盟共和国或联邦制,没有把它当成一回事,经李维汉同志这样一讲,我感到在西藏谈论这类事,很容易被那些有西藏独立思想的人利用,确实需要保持高度警惕。"②

正是由于周恩来在民族工作座谈会上的讲话回答了这一问题,从而进一步统一了民族区域自治问题上的思想认识。阿沛在上述回忆中说,"后来,周恩来总理在会上发表了重要讲话,从历史和现实的结合上,阐述了在我国只宜实行民族区域自治而不能实行联邦制。这件事给我很深的教育,认识到李维汉同志在这样一些重大问题上及时提醒我,是在政治上、思想上对我的最好的关心和爱护,是真正的诤友。"③任仁也回忆说:"周总理的讲话得到了与会代表的赞成,西藏小组表示,坚决把西藏自治区筹备各项工作办好,尽快建立西

---

① 阿沛·阿旺晋美:《功垂青史风范永存——深切缅怀周恩来总理》,西藏自治区党史办公室编:《周恩来与西藏》,中国藏学出版社 1998 年版,第 274 页。
② 阿沛·阿旺晋美:《良师诤友——缅怀李维汉同志》,《人民日报》1986 年 6 月 22 日。
③ 阿沛·阿旺晋美:《良师诤友——缅怀李维汉同志》,《人民日报》1986 年 6 月 22 日。

藏自治区。"①可以说,周恩来在民族工作座谈会上的讲话进一步强调了西藏实行民族区域自治的历史发展方向。

此后,西藏虽然在 1959 年发生了武装叛乱,叛乱分子公然撕毁《十七条协议》,但西藏自治区筹备委员会根据国务院的命令而行使西藏地方政府职权②,并根据第二届全国人大一次会议通过的《关于西藏问题的决议》③,通过实施平叛改革,使西藏提前实行了民主改革,从而不仅没有中断筹备成立西藏自治区的进程,相反为西藏实行民族区域自治奠定了更加广泛的社会基础和民主制度保障。1961 年 4 月 21 日,中央在《关于西藏工作方针的指示》中就指出,西藏要切实做好建立各级人民代表大会制度,成立西藏自治区的工作。④ 正是在西藏实行人民代表大会制度,通过 1965 年 9 月西藏自治区第一届人民代表大会第一次会议召开并选举产生西藏自治区人民委员会,西藏自治区正式宣告成立,由此开始了全面实行民族区域自治的历史。

在民族区域自治的基础上,西藏的民主革命和建设跨入新的历史发展阶段,尤其是经过社会主义改造,逐步过渡到社会主义。改革开放新时期,随着西藏工作着重点转移到社会主义现代化建设上来,民族区域自治进一步发展并趋于完善。1981 年党的十一届六中全会通过的《关于建国以来党的若干历史问题的决议》强调指出,"必须坚决实行民族区域自治,加强民族区域自治的法制建设,保障各少数民族地区根据本地实际情况贯彻执行党和国家政策的自主权"。⑤ 1982 年 12 月 4 日,第五届全国人大第五次会议通过的《宪法》⑥,继承和发展 1954 年宪法的基本精神,在民族区域自治问题上,恢复了被 1975 年宪法所取消的各项自治权的具体内容,并扩充了新的规范。如对于民族自治地方的自治机关,其规定:"自治区、自治州、自治县的人民代表大会常务委员会中应当有实行区域自治的民族的公民担任主任或者副主任。""自治区主席、自治州州长、自治县县长由实行区域自治的民族的公民担任。"在

---

① 任仁:《民族区域自治是解决国内民族问题的金钥匙》,《中国民族报》2007 年 7 月 24 日。
② 《国务院关于解散西藏地方政府由西藏自治区筹备委员会行使西藏地方政府职权的命令》(1959 年 3 月 28 日),《人民日报》1959 年 3 月 29 日。
③ 西藏自治区党史资料征集委员会编:《中共西藏党史大事记》(1949—1994),西藏人民出版社 1995 年版,第 102 页。
④ 西藏自治区党史资料征集委员会编:《中共西藏党史大事记》(1949—1994),西藏人民出版社 1995 年版,第 137 页。
⑤ 中共中央文献研究室编:《关于建国以来党的若干历史问题的决议(注释本)》(修订),人民出版社 1991 年版,第 67 页。
⑥ 全国人大常委会办公厅研究室编:《中华人民共和国人民代表大会文献资料汇编》(1949—1990),中国民主法制出版社 1990 年版,第 103—113 页。

管理自治地方财政问题上,其规定:"民族自治地方的自治机关有管理地方财政的自治权。凡是依照国家财政体制属于自治地方的财政收入,都应当由民族自治地方的自治机关自主地安排使用。"在民族自治地方经济建设问题上,其规定:"民族自治地方的自治机关在国家计划的指导下,自主地安排和管理地方性的经济建设事业。国家在民族自治地方开发资源、建设企业的时候,应当照顾民族自治地方的利益。"等等。这些规定丰富和发展了民族区域自治的内容。1984 年 5 月 31 日,六届全国人大二次会议通过《民族区域自治法》,国家主席第 13 号令予以颁布,自 1984 年 10 月 1 日起施行。①《民族区域自治法》是一部规定民族关系和民族自治地方的专门法律。它依据宪法制定,是宪法关于民族区域自治制度的具体化,因而成为指导我国各民族区域自治地方实行民族区域自治的历史性法典。如此,以宪法关于民族区域自治的基本精神和原则为核心,以民族区域自治法为基本法的我国民族区域自治的法规体系初步建成。这一法规体系不仅赋予了民族区域自治的法律地位,而且比较完整地规范了民族区域自治的法律关系。西藏自治区作为实施《民族区域自治法》的一个重要地区,民族区域自治法规体系同样巩固了西藏民族区域自治的法律地位,它规范着西藏自治区与上级国家机关之间的根本政治关系,调整着西藏自治区内部的基本法律关系。西藏自治地方无不以此作为其地方立法的基本政治前提和法律依据。

第二节　昌都地区人民解放委员会的创建与撤销

在和平解放西藏的历史进程中,昌都地区人民解放委员会在昌都战役胜利、昌都解放的基础上,通过召开人民代表会议而成立。它是一个具有过渡性、统战性的政权组织,由政务院(后来的国务院)直接领导,为促进西藏和平解放发挥了先遣工作队作用。它是西藏和平解放后逐渐推行民族区域自治和西藏地方政权采取什么组织形式的一种探索和尝试,同时参与了西藏自治区筹备委员会的成立和西藏自治区的筹备工作,为建立西藏统一的自治区起到了主体性作用。

---

① 该法包括序言和七章,共 67 条。见全国人大常委会办公厅研究室编:《中华人民共和国人民代表大会文献资料汇编》(1949—1990),中国民主法制出版社 1990 年版,第 279—283 页。

一、成立昌都地区人民解放委员会的决策与昌都战役前的筹备

昌都地区是川康进入西藏的要道。1939 年,西康正式建省。解放前的昌都地区依国民党政府的行政区划归西康省管辖,但西藏地方政府自 1913 年设"都麦基巧",任命昌都总管,事实上掌管着该地的政治与军事等事务。

新中国成立后,为解放西藏,中央人民政府在命令人民解放军进军西藏的同时,确定了和平解放西藏的方针。但是,以西藏地方政府摄政达扎为首的亲帝分裂势力企图阻挠人民解放军进藏,将藏军从 14 个代本①扩充为 17 个代本,并"以其主力 7 个代本,位于昌都为中心的周围地区,积极备战企图阻止我解放西藏",②从而关闭了和平谈判的大门。

甘孜——昌都——拉萨是中央人民政府选定的进军西藏的主要路线,昌都为必经要道。毛泽东起初是将进军和经营西藏的任务交给了西北局。然而,经西北局调查,"由青海、新疆入藏困难甚大,难以克服"。而"由打箭炉分两路一路经理塘、科麦;一经甘孜、昌都。两路入藏,较青新两路为易"。③1950 年 1 月 2 日,在苏联访问的毛泽东在从莫斯科致党中央、彭德怀并转发邓小平、刘伯承和贺龙,指出:"由青海及新疆向西藏进军,既有很大困难,则向西藏进军及经营西藏的任务应确定由西南局担负。"④由此,以张国华为军长的十八军成为了进军西藏的主力。

面对西藏亲帝分裂势力陈兵昌都,从军事上讲进军西藏,昌都战役不可避免;从政治上讲进军西藏,则有利于政治上解决西藏问题。1950 年 1 月 18 日,西南局在关于进军西藏和西藏工委人选向中央军委的报告中指出:"昌都为藏军主力(三分之一)所在,距拉萨约一千六百到两千里,占领昌都就会震动全藏,促进内部分化。"⑤为促进西藏和平解放,1950 年 8 月 23 日,毛泽东批

---

① 藏军建制,相当于一个团。

② 中共昌都地委、昌都地区行署编:《昌都战役文献资料选编》,西藏人民出版社 2000 年版,第 65 页。

③ 中共昌都地委、昌都地区行署编:《昌都战役文献资料选编》,西藏人民出版社 2000 年版,第 26—27 页。中共西藏自治区委员会党史研究室编著:《中国共产党西藏历史大事记》(1949—2004),第 1 卷,中共党史出版社 2005 年版,第 6 页。

④ 毛泽东:《改由西南局担负进军及经营西藏的任务》,中共中央文献研究室、中共西藏自治区委员会编:《西藏工作文献选编》(1949—2005),中央文献出版社 2005 年版,第 7 页。

⑤ 中共昌都地委、昌都地区行署编:《昌都战役文献资料选编》,西藏人民出版社 2000 年版,第 32 页。

复西南局1950年8月20日关于昌都战役实施计划的报告①,指出"十月占领昌都,"对于争取西藏政治变化及明年进军拉萨,是有利的";"有可能促使西藏代表团来京谈判,求得和平解决(当然也有别种可能)"。② 据此,8月26日,西南局下达了《昌都战役的基本命令》,要求歼灭藏军主力于昌都及其以西恩达、类乌齐地区,占领昌都,打下明年进军拉萨,解放西藏的基础。③ 人民解放军实施昌都战役是被迫而为之,一旦势在必行,便积极备战,为进军西藏和促进西藏和平解放创造必要条件。

昌都战役即将开始之际,西藏工作委员会于9月8日在甘孜召开了扩大会议,讨论昌都战役的作战计划和昌都解放后的工作,并于9月10日发出《关于昌都解放后工作要点的决定》。正是这次会议第一次提出要在昌都解放后"组织昌都人民解放委员会"。西藏工委指出,昌都解放后的工作方针主要是:"解放昌都后,在拉萨当局态度未明朗之前,整个工作是第一步,对明确入藏工作做准备,其政策方面应根据中央十大政策,结合昌都战役胜利,积极展开政治争取工作与安民工作,并以我军的模范纪律行动,具体做好昌都地区各阶层的团结。"④

关于昌都地区人民解放委员会的组织构成问题,西藏工委在会上决定,"以王其梅同志为主任,以平措旺阶、邦达多吉(五二师师干一人)为副主任,另由昌都地方物色代表人物一二人为副主任,委员具体数目到达昌都后再确定,一般应在三十九族中选择一二人,昌都地区五个宗本中各选一人参加为委员,并应广泛吸收藏族代表人物参加为委员,经费由工委负责供给。"这一委员会为当地"高级领导权利机关",其任务是维持社会秩序,防止与克服无政府状态、安定民心、广泛联络、扩大对藏区的政治影响和争取,并进行明年入藏的各种准备。人民解放委员会对外宣布为负责调节人民解放军与地方政权武装、人民之间关系的机关。在昌都,西藏地方噶厦政府设置派驻昌都的行政机构昌都总管府。而人民解放委员会成立,"对昌都地区原有的一切组织及制度在不反对我们的情况下,原封不动、不予变更。"三十九族聚居在昌都西北地区,"历来亲汉与拉萨方面有一定的矛盾",在解放昌都后,要做好团结工

---

① 中共西藏自治区委员会党史研究室编著:《中国共产党西藏历史大事记》(1949—2004),第1卷,中共党史出版社2005年版,第23页。

② 毛泽东:《占领昌都,促使西藏代表团来京谈判》,中共中央文献研究室、中共西藏自治区委员会编:《西藏工作文献选编》(1949—2005),中央文献出版社2005年版,第31页。

③ 中共西藏自治区委员会党史研究室编著:《中国共产党西藏历史大事记》(1949—2004),第1卷,中共党史出版社2005年版,第24页。

④ 中共西藏自治区委员会党史研究室:《天宝与西藏》,中共党史出版社2006年版,第118页。

作,争取该族人民在可能条件下进行支援工作。①

随后,西藏工委拟就昌都人民解放委员会成立布告和组织条例。布告称:
"奉中华人民共和国西南军政委员会电令:'昌都地区即日解放,为着保障全
体人民生命财产,维持社会治安,确立革命秩序,着令成立昌都地区人民解放
委员会,负责调节人民解放军与本地区关系。'""遵照中华人民共和国中央人
民政府之民族政策与西南军政委员会中国人民解放军西南军区布告及西藏前
线司令部布告施行为藏族人民服务。"②组织条例规定:"本会负责调组人民解
放军与昌都地区地方关系,对昌都地区有原各种政治制度维持现状,概不变
更。本会并与当地各级政权联络建立指挥关系。"③组织条例还规定了将要成
立的昌都地区人民解放委员会的任务与机构设置。1950 年 9 月 19 日,西藏
工委就此向西南局请示。④ 西南局转报中央后,中央作了若干修改。其中,中
央在昌都地区人民解放委员会职责为"负责调节人民解放军与本地区关系"
的基础上补充了"负责指导有关军政事宜"⑤,人民解放委员会成立后,昌都地
区原有各种政治制度"维持现状"外,各级行政机构也"概不变更",在人民解
放委员会指导下"继续行使职权"。⑥ 为表示对藏族宗教信仰的重视和有利于
消除藏族在这方面的怀疑,中央在布告中的"保障全体人民生命财产"之后,
增加了"执行信教自由政策,保护喇嘛寺庙"的内容。⑦ 关于组织条例规定的
"接收并代管无人维持管理已逃跑政府一切公共机关、公共产业、公共物资及
其他一切公共财产"的问题,中央认为人民解放委员会任务中的"接收并代管
一切公共财产"很不妥当,指出西藏的公共财产包括喇嘛寺庙及公地,"是不
能或不需我们接收和代管的","只责成原有机构和人员负责保管,我们派人

---

① 中共西藏自治区委员会党史研究室:《天宝与西藏》,中共党史出版社 2006 年版,第 118—
    119 页。
② 中共昌都地委、昌都地区行署编:《昌都战役文献资料选编》,西藏人民出版社 2000 年版,第
    277 页。
③ 中共昌都地委、昌都地区行署编:《昌都战役文献资料选编》,西藏人民出版社 2000 年版,第
    277—278 页。
④ 中共昌都地委、昌都地区行署编:《昌都战役文献资料选编》,西藏人民出版社 2000 年版,第
    277—279 页。
⑤ 中共昌都地委、昌都地区行署编:《昌都战役文献资料选编》,西藏人民出版社 2000 年版,第
    277、280 页。
⑥ 中共昌都地委、昌都地区行署编:《昌都战役文献资料选编》,西藏人民出版社 2000 年版,第
    278、280 页。
⑦ 中共昌都地委、昌都地区行署编:《昌都战役文献资料选编》,西藏人民出版社 2000 年版,第
    283 页。

检查保护";"而对于人员逃散无人管理的公共财产,我们才可能接收或代管。"因此,为避免误会,以及有利于团结藏胞特别是争取西藏官员,中央指出只规定"保护一切公共财产"。① 与此相联系,中央将该会所设财政经济组职责中的负责"物资接收与代管事宜"修改为"保护一切公共财产事宜",将文化组职责中的"负责接收及代管一切公共文化教育及一切文物古迹"修改为"负责保护一切公共文化教育及一切文物古迹"。② 人民解放委员会的内设机构起初设想由警备司令部、调节组、物资代管组、文化代管组和秘书长领导下的负责处理日常工作及联络供给事宜的秘书室、供给股和行政股等机构组成,经西南局和中央修改后,最终确定的方案是,警备司令部和秘书日常机构不变,设立负责处理有关民政及司法等事宜的政务组、负责管理公安事宜的公安组,以及财政经济组、文化组,同时因工作需要,该会可在原昌都所管辖地区内各城市设立分会。③ 关于昌都地区地方行政组织及人员处理问题,1950 年 9 月 30 日,中共西藏工委、西藏前线政治部作出关于解放昌都战役工作指示,规定"昌都地区旧有一切行政组织及制度,在不反对我们情况下,原封不动,不予变更"。同时区别情况加以处理:(1)若系完整的县区行政组织,将由昌都人民解放委员会根据情况,指派代表前往领导协助其工作;(2)对于有人民解放军驻军的某些地区及重要的交通线上的县市,并在有确能掌握政策的干部情况下,可组织人民解放委员会;(3)在偏僻的地区无干部的情况下,由昌都人民解放委员会派去代表。"④

在昌都战役前,中央基本确定了将要成立的昌都地区人民解放委员会的组织方案和组织体制。成立昌都地区人民解放委员会,成为昌都解放后的一项带全局性的建政工作。

二、昌都地区人民解放委员会的成立及其组织体系的沿革

昌都地区人民解放委员会是在昌都战役胜利、昌都解放的基础上继续筹

---

① 中共昌都地委、昌都地区行署编:《昌都战役文献资料选编》,西藏人民出版社 2000 年版,第 283 页。

② 中共昌都地委、昌都地区行署编:《昌都战役文献资料选编》,西藏人民出版社 2000 年版,第 283、284 页。

③ 中共昌都地委、昌都地区行署编:《昌都战役文献资料选编》,西藏人民出版社 2000 年版,第 278、281 页。

④ 中共昌都地委、昌都地区行署编:《昌都战役文献资料选编》,西藏人民出版社 2000 年版,第 113 页。

备,并通过召开人民代表会议而成立的。

　　1950 年 10 月 6 日,人民解放军进藏部队从南北两线打响了昌都战役,分别渡金沙江执行解放昌都的作战任务。西藏地方政府在昌都的情况,据时任昌都总管阿沛随从官的金中·坚赞平措回忆,10 月 17 日晚,阿沛召集昌都总管署全体官员商讨对策,他说明昌都外围各防区已无力阻挡解放军前进,目前只有停止武力抵抗,与解放军商谈和平解决。10 月 18 日,驻守宁静的藏军第九代本(相当于团长)德格·格桑旺堆率部起义。他在致电刘伯承并转毛泽东、朱德的电文中说:"现中央人民政府、人民解放军为解除西藏人民痛苦,驱逐帝国主义的侵略势力,而进军西藏。这只是人民解放军为兄弟民族的解放才有这样的援助,其他是不会的。"他表示:"与解放军携手为解放西藏人民而奋斗。"①当日,刘伯承复电慰问,认为第九代本"深明大义,毅然高举义旗,站到人民方面来,使宁静得以和平解放,人民生命财产免遭无谓的伤亡和损失",并希望"力求进步,以自己的模范行动,号召藏军官兵站到中华人民共和国祖国的大家庭中来,积极协助人民解放军胜利解放西藏。使藏族同胞早日摆脱帝国主义势力的侵略,逐步地建设西藏国土成为幸福的乐园,并巩固西陲国防"。② 同一日,西藏地方政府噶伦、昌都总管阿沛·阿旺晋美率部撤离昌都。③④ 昌都战役至 10 月 24 日胜利结束,"解放昌都、恩达、宁静、盐井、类吾(乌)齐、碧土等要地","并争取第九代本光荣起义等胜利。"⑤昌都的解放,为和平解放西藏创造了条件。10 月 24 日,王其梅抵达昌都,中共昌都工作委员会成立,并着手准备成立昌都地区人民解放委员会的工作。⑥

　　就在昌都解放的第二天,即 10 月 25 日,西南局和西南军区致电张国华、谭冠三、王其梅并西藏工委,就昌都战役后的工作要点问题指出:"你们当前的工作是抓紧时机,善于运用俘虏或投诚官兵及昌都区地方力量,开展政治攻势,以争取和平解决拉萨问题。"同时强调:"尽快地筹备召集由各县上层人物

①　《藏军第九代本主官格桑旺堆致毛主席朱总司令电》,《人民日报》1950 年 11 月 2 日。

②　《刘伯承主席电慰西藏军起义官兵》,《人民日报》1950 年 11 月 2 日。

③　中共西藏自治区委员会党史研究室编著:《中国共产党西藏历史大事记》(1949—2004),第 1 卷,中共党史出版社 2005 年版,第 28 页。

④　金中·坚赞平措:《昌都解放前后》,西藏自治区政协文史资料研究委员会:《西藏文史资料选辑》(九),民族出版社 1999 年版,第 7 页。

⑤　中共昌都地委、昌都地区行署编:《昌都战役文献资料选编》,西藏人民出版社 2000 年版,第 236 页。

⑥　中共西藏自治区委员会党史研究室编著:《中国共产党西藏历史大事记》(1949—2004),第 1 卷,中共党史出版社 2005 年版,第 29 页。

组成的昌都区代表会议,成立昌都区人民解放委员会,委员名单由你们研究提出报来批准。"①这一指示从和平解放西藏的工作大局出发,把成立昌都地区人民解放委员会作为一个工作着力点而提上日程。

根据当时昌都地区的政治社会条件,成立昌都地区人民解放委员会的一项基础性的工作就是争取当地上层人士的支持与参加,广泛开展统战工作。据后来担任委员会第一任秘书长的陈竞波回忆,他与平措旺阶一起从巴塘到达昌都即投入了昌都各界代表大会的准备工作,不仅与昌都寺帕巴拉保持联系,而且积极做掌握该寺的活佛谢瓦拉的工作,同时做昌都大商人松松、回族商人铁宝兴、汉族李世芳的工作。为了争取拉多土司,他还与平措旺阶专门去拉多土司住地住了一天。"波密管家降巴悦西主动到昌都与部队联系,部队还争取了德格土司降央伯姆和洛隆宗寺活佛庞球。"他说:"昌都地区重要人士都进行了联系,召开昌都地区代表会议的条件成熟。"②这些人士大都吸收进了后来的昌都地区人民解放委员会,担任了副主任或委员等。

昌都地区人民解放委员会是需要经人民代表会议选举产生的。组织召开全区人民代表会议,成为了成立昌都地区人民解放委员会的关键。为确定昌都地区第一次人民代表会议规模,王其梅指示有关部门迅速了解昌都地区有代表性的藏族上层人物。有关部门经调查整理出《昌都地区藏族上层人物名册(初稿)》。③ 据时任十八军司令部侦察科见习参谋王贵回忆,十八军政治部联络部长陈竞波到昌都后,主持最后确定参加人民解放委员会人员名单的工作。"这个名单,经王其梅、平措旺阶等领导同志向阿沛提出并与之商量,阿沛及其下属官员又作了稍许修改补充后,即最终确定下来,并于12月上中旬向各地、各寺庙发出邀请通知,请与会代表们于12月下旬以前来昌都开会。"④10月30日,王其梅致电张国华等,请示昌都地区警备司令部和解放委员会人选问题。他说,司令部"一二日内即宣布成立",吴忠任司令员,陈子植

---

① 《昌都战役后的工作要点》,《邓小平军事文集》第二卷,军事科学出版社、中央文献出版社2004年版,第308、309页。

② 庆祝昌都解放50周年书系编委会编:《为和平解放西藏而战——昌都战役回忆录》,四川民族出版社2000年版,第507页。

③ 王贵:《进藏修建第一房——回忆李奋科长组织修建昌都解放委员会成立时的礼堂》,庆祝昌都解放50周年书系编委会编:《为和平解放西藏而战——昌都战役回忆录》,四川民族出版社2000年版,第568页。

④ 王贵:《进藏修建第一房——回忆李奋科长组织修建昌都解放委员会成立时的礼堂》,庆祝昌都解放50周年书系编委会编:《为和平解放西藏而战——昌都战役回忆录》,四川民族出版社2000年版,第573页。

任副司令员,阴法堂任副政委;"解放委员会人选正调查物色,当地人士中待平措旺阶、陈竞波、惠毅然等同志到此后,经会议通过后呈请批准再成立该委员会"。他并提议可委任阿沛·阿旺晋美为副主任,其他高级军官可争取到解放委员会下设各组工作或给以副组长名义或聘为警备司令部参议。①

为筹备昌都地区第一次人民代表会议,成立了筹备委员会。1950 年 11 月 20 日,昌都工委临时会议决定在工委领导下成立筹备委员会,以阿沛为主任,下辖秘书、宣传、总务三个组,分别担任有关大会一切事务性的筹备工作。② 第二天,筹备委员会在充分协商上的基础上正式组成,改由王其梅任主任,阿沛·阿旺晋美和惠毅然为副主任。该筹备委员会下设秘书组、宣传组、总务组和事务委员会。王其梅在筹备委员会会议上说,人民解放委员会是一个带政权性质的过渡性组织,将担负起促进西藏和平解放,增强藏汉民族之间、藏族人民内部之间的团结,驱除帝国主义势力出西藏,支援人民解放军进军西藏、巩固国防,稳定社会治安,发展昌都地区的政治、经济和文化教育事业,逐步改善藏族人民的生活水平等任务。他指出:"这个委员会的成立,要在同昌都所管辖之各地区、各宗(县)、各寺庙、各阶层人民充分协商的基础上,召开代表会议进行选举,并报请中央人民政府批准任命后,行使其职权。这个委员会下面准备设立秘书、民政、公安、经济、文教、总务等办事机构。"③ 昌都地区第一次人民代表会议筹备委员会的成立及其工作的开展,使得昌都地区人民解放委员会的筹备和成立有了广泛代表性的组织基础。

11 月 28 日,昌都工委召开第一次会议,决定昌都第一次人民代表会议预定代表 80 人,每人随带人员 4—6 人,共约 500 人,每县代表 2—3 人,采取邀请和推选两种方式产生,"兼留昌都解放军官四品以上者,均为特邀代表";正式会期为五天;会上,先作形势和政策报告,继将工委决定的恢复县政权、财经、支前、文化工作分别向大会作报告,大会以解决征粮支前为重点。④ 昌都地区第一次人民代表会议的代表规模、会议日期和议程趋于明确。

随着成立昌都地区人民委员会越来越临近,关于昌都人民解放委员会委员和名额问题也越来越具体化和完善。昌都工委于 1950 年 11 月 28 日请示

① 中共昌都地委、昌都地区行署编:《昌都战役文献资料选编》,西藏人民出版社 2000 年版,第 285 页。
② 中共昌都地委、昌都地区行署编:《昌都战役文献资料选编》,西藏人民出版社 2000 年版,第 290 页。
③ 魏克:《情凝雪域》,中共党史出版社 2007 年版,第 166—167 页。
④ 中共昌都地委、昌都地区行署编:《昌都战役文献资料选编》,西藏人民出版社 2000 年版,第 290 页。

西藏工委,认为昌都喇嘛寺帕巴拉任解放委员会主任,对藏族全体僧俗人民及西藏当局影响更大些,同时有利于团结藏族各阶层各派别,并建议主任排名中帕巴拉居首,同时提出了各小组正副组长和秘书长人选。根据昌都地区"交通不便,来往送信迟缓"等情况,昌都工委确定12月25日召开代表会议,包括喇嘛、土司和头人,解放军官、各代本作为特邀代表参加。为慎重起见,解放委员会人选尚待继续调查和征求各地代表人物的意见后确定,包括正副主任的委员会委员名额定为41人。① 12月7日,昌都第一次人民代表会议筹备委员会召开第二次会议,在听取各组筹备工作进展情况汇报的基础上,决定于12月27日举行昌都地区人民代表会议,代表会议的代表名额分配是:昌都所辖各宗选代表2人;昌都地区寺庙根据大小选代表1—2人,人民解放军驻昌都部队和各界人士应选适当比例的代表,特邀一定人数的代表。② 待来自各方面的代表产生后,昌都地区人民代表会议召开的条件基本成熟。

1950年12月27日,昌都地区人民代表会议在昌都镇如期召开,共计151位代表参加会议。会议选举产生了主席团,王其梅作了形势报告,传达了中央人民政府和毛泽东主席、朱德总司令关于成立昌都地区人民解放委员会的批示精神。③ 会议进行了分组讨论和大会发言。在12月29日的大会发言中,阿沛·阿旺晋美建议:"西藏和平解放后,应成立区域自治机构,统一由中央领导;昌都各宗现有之各宗本,仍应照常供职,并认真负起责任,没有充分的理由不得辞职;原西藏地方政府和贵族存放在昌都地区之公粮,应一律上缴昌都解放委员会处理;政府应帮助寺庙整顿教规;普遍建立学校和开办短期训练班,培养大批藏族干部等。"④

大会通过关于政府组织机构问题决议案,规定原有宗本照常供职,已离宗本职位者,设法说服回宗继续供职;无宗本县根据原有政治制度不变原则,在拉萨解放前,仍以建立支援委员会为宜,不宜民选宗本,待拉萨解放后采取协商方式决定民选或委派宗本;各主要宗本可根据情况,由解放委员会派代表指导协助工作;各喇嘛寺、土司所属地区行政组织不变,相互间应尊重团结,不得

① 中共昌都地委、昌都地区行署编:《昌都战役文献资料选编》,西藏人民出版社2000年版,第286—287页。
② 魏克:《情凝雪域》,中共党史出版社2007年版,第167页。
③ 魏克:《康藏高原升起了一颗启明星——记昌都地区解放委员会成立》,庆祝昌都解放50周年书系编委会编:《为和平解放西藏而战——昌都战役回忆录》,四川民族出版社2000年版,第528页。
④ 魏克:《情凝雪域》,中共党史出版社2007年版,第168—169页。

互相仇杀与争夺。① 大会还通过昌都地区人民解放委员会委员名额分配方案,选举王其梅为昌都地区人民解放委员会主任,昌都活佛帕巴拉·格列朗杰呼图克图、阿沛·阿旺晋美、察雅活佛罗登协绕呼图克图、西南军政委员会委员邦达多吉、西康省德格土司降央伯姆(女)、平措旺阶、惠毅然、起义藏军第九代本格桑旺堆等8人为副主任,扎西朗杰、维色坚赞、夏仲远、喀固活佛、洛桑吉村等35人为委员。其中,汉族干部12人,其余均为藏族。1951年1月1日,昌都地区人民解放委员会发出布告正式成立。②

为促进和平解放西藏,大会通过成立昌都地区僧俗人民争取和平解放西藏工作委员会,选举阿沛·阿旺晋美为主任。该会于12月31日成立③,并于1951年1月1日发出为争取和平解放西藏签名书,称:"中央人民政府命令人民解放军进军西藏,完全是为了帮助藏族人民驱逐英、美帝国主义势力出西藏,巩固国防,而不是来压迫西藏人民的。特别是中央人民政府承认达赖活佛在政治上的权位,尊重宗教信仰自由,保护喇嘛寺的一切财产,过去官员一经站到人民方面来仍照常供职,这些措施没有一件为拉萨当局所不能接受。"同时,表示:"我们为了祖国的统一,各民族的团结,争取和平解放的成功,不达到和平解放西藏,决不停止。"出席人民代表会议的代表都在签名书上签了名。④

此外,大会还通过了昌都地区发展经济、文化教育等工作,豁免了1949年以前人民所欠政府的全部粮款,废除了政府向人民支乌拉的差役制度。⑤

昌都地区人民解放委员会是具有过渡性、统战性的政权机构,直属政务院领导,是中华人民共和国昌都地区人民解放委员会,而非西康省昌都地区人民解放委员会,也不是西藏昌都地区人民解放委员会。⑥ 1950年10月9日,中央就补充和修正昌都地区人民解放委员会成立布告,电示西南局和西藏工委:

---

① 中共昌都地委、昌都地区行署编:《昌都战役文献资料选编》,西藏人民出版社2000年版,第293页。

② 中共昌都地委、昌都地区行署编:《昌都战役文献资料选编》,西藏人民出版社2000年版,第298页。

③ 中共昌都地委、昌都地区行署编:《昌都战役文献资料选编》,西藏人民出版社2000年版,第295页。

④ 《西康昌都地区举行首届人民代表会议,成立争取和平解放西藏工委会》,《人民日报》1951年2月18日。

⑤ 王其梅:《昌都地区人民解放委员会的工作报告》,《人民日报》1956年4月26日。

⑥ 庆祝昌都解放50周年书系编委会编:《为和平解放西藏而战——昌都战役回忆录》,四川民族出版社2000年版,第511页。

"同意用'中华人民共和国昌都地区人民解放委员会'名义发布。"①昌都地区第一次人民代表会议通过的昌都地区人民解放委员会组织条例和该委员会1951年1月1日发布的第一号布告均冠有"中华人民共和国"字样。② 新华社自1951年至1954年初报道昌都地区人民解放委员会情况时之所以称其为"西康省昌都地区人民解放委员会",依据的是原昌都地区归属西康省的行政区划。但实际情况是,昌都解放后,由于西藏地方尚未和平解放,其人民解放委员会既不属于西藏地方政府,也不再归属西康省,而是作为中央直辖区,由政务院直接领导,各项工作以有利于进军解放西藏为基本前提。昌都地区人民解放委员会是从消除过去藏汉民族之间相互歧视和藏民族的特点出发,在藏区初步建立政权的适宜的组织。

中共昌都工委是昌都解放前后的中国共产党的领导机构,不对外公开。西藏和平解放后,由于昌都工委书记王其梅于1951年7月25日率先遣支队进军拉萨,昌都工委结束工作,代之以中共西藏工委昌都分工委,惠毅然任书记,并代理昌都地区人民解放委员会主任。③ 1951年9月,昌都地区第二次人民代表会议召开,学习贯彻和平解放西藏的《十七条协议》精神,布置了昌都地区支援运输、维护社会治安、加强民族团结、推动开展农牧业生产、奖励开荒等工作。1953年1月,王其梅在完成"担任先行,为主力部队进驻拉萨创造条件"的任务后,奉命调任昌都十八军后方司令部政委兼任中共昌都分工委书记,继续兼任昌都地区人民解放委员会主任④,直至昌都地区人民解放委员会撤销。

昌都地区人民解放委员会警备司令部先于人民解放委员会,于1950年11月8日成立。西藏和平解放后,由于兼任司令部政委的王其梅率先遣支队向拉萨进军,司令部名存实亡,后代之以警备区。⑤

昌都地区人民解放委员会成立后,相继在三十九族和波密地区建立了第一、第二办事处,负责督导当地各宗的政权工作。由于昌都解放初期,各宗参

① 中共昌都地委、昌都地区行署编:《昌都战役文献资料选编》,西藏人民出版社2000年版,第284页。

② 中共昌都地委、昌都地区行署编:《昌都战役文献资料选编》,西藏人民出版社2000年版,第296、298页。

③ 惠毅然:《在西藏昌都地区工作的日日夜夜》,庆祝昌都解放50周年书系编委会编:《为和平解放西藏而战——昌都战役回忆录》,四川民族出版社2000年版,第512页。

④ 王先梅:《冰天雪地千里行,王其梅奉命返昌都》,庆祝昌都解放50周年书系编委会编:《为和平解放西藏而战——昌都战役回忆录》,四川民族出版社2000年版,第576页。

⑤ 庆祝昌都解放50周年书系编委会编:《为和平解放西藏而战——昌都战役回忆录》,四川民族出版社2000年版,第512页。

加政府工作的藏族干部不多,昌都地区人民解放委员会派出了较有工作经验的汉族干部为驻各宗代表,指导贯彻解放委员会布置的各项具体事宜。1951年6月上旬,由五十四师调昌都做地方工作的营、连、排干部300人,分配到昌都地区人民解放委员会机关,并充实了宗代表处。① 自西藏自治区筹备委员会成立以后,昌都地区各宗的政权机构逐渐扩大,藏族干部也逐渐增多。1956年9月11—17日,昌都地区人民解放委员会召开扩大会议,鉴于驻宗代表已经没有存在的必要,通过了撤销驻宗代表的议案②。

在一定意义上说,昌都地区人民解放委员会与群众团体相似,因不是军管会,能广泛吸收藏族人民参加,而且容易被群众所接受。为吸收藏族爱国分子代表人物参加政权工作,昌都工委于1951年10月5日发出关于各宗成立人民解放委员会的工作指示,指出各宗也应成立人民解放委员会,以便开展统一战线工作。就宗人民解放委员会的组成,昌都工委指出:根据各宗情况,解放委员会委员以11—15人为宜;昌都地区人民解放委员会驻各宗代表原职权不变,参加宗解放委员会为委员,并兼任主任或第一副主任;宗解放委员会工作的决定,须经驻宗代表同意后施行,宗解放委员会应尊重执行驻宗代表提出的工作意见。③ 1951年下半年,各宗通过召开人民代表会议,选举成立了宗人民解放委员会。至1954年1月,昌都地区参加各级人民解放委员会工作的委员共有372人,其中藏族委员占90%以上,各地主要寺庙的爱国人士也都参加了工作。各地区的重大事宜,都由全体委员议决施行。各级解放委员会机关重视采用民族形式进行工作,来往公文大都藏汉文兼用。④

昌都地区人民解放委员会大力发展工商贸易。1955年实行了人民币和银元混合流通,加强了同内地的经济联系。

在西藏自治区筹备委员会期间,昌都地区人民解放委员会成立了工商处、司法处和宗教事务委员会等机构。1956年8月18日,西藏自治区筹备委员会常务委员会第十次会议讨论通过《昌都地区人民解放委员会工商处试行工作简则(草案)》和《昌都地区人民解放委员会司法处暂行工作简则》。⑤ 其工商处主办昌都地区地方商业和私营工商业的行政管理,规划地方工业建设,统

---

① 李本信、何蜀江:《昌都,光辉的1951年》,庆祝昌都解放50周年书系编委会编:《为和平解放西藏而战——昌都战役回忆录》,四川民族出版社2000年版,第539页。

② 《新华社新闻稿》1956年9月11日。

③ 中共昌都地委、昌都地区行署编:《昌都战役文献资料选编》,西藏人民出版社2000年版,第308、309页。

④ 《三年来昌都地区各项建设工作有显著成绩》,《人民日报》1954年1月9日。

⑤ 《西藏日报》1956年8月19日。

一领导管理各地市场；团结教育藏汉私商等。工商处受西藏自治区筹备委员会工商处指导，在制订工作计划和工作总结、专题报告等，除主报昌都地区人民解放委员正副主任审定外，并同时抄送西藏自治区筹备委员会工商处。司法处的任务是维护国家法律，维护公共秩序，巩固发展民族间与民族内部的团结，保护公民的权利和合法利益，对人民进行忠于祖国、遵守法律的宣传教育，保障各项建设事业的顺利发展。司法处在昌都地区人民解放委员会直接领导下进行工作，在昌都人民法院、检察院、监察处未正式成立之前，暂代行法院、检察、监察和司法等四种职权。① 1956年9月的昌都地区人民解放委员会扩大会议，通过了成立宗教事务委员会以及筑路指挥部等议案。

西藏自治区筹备委员会还在各地建立了各级办事处。西藏自治区筹备委员会常务委员会第六次会议于1956年7月6日决定在各地建立各级办事处。适应这一工作需要，昌都地区人民解放委员会逐步代行昌都基巧级办事处职权，昌都地区的28个宗人民解放委员会同时代行了西藏自治区筹委会宗级办事处职权。② 昌都地区人民解放委员会逐步与西藏自治区筹备委员会在昌都地区的工作机构有机结合起来。

昌都地区人民解放委员会的成立与发展表明，它是在西藏和平解放、民族区域自治的历史进程中，反帝爱国统一战线、人民代表会议制度与民族区域自治原则相结合的产物，为促进西藏和平解放，增强藏汉民族之间、藏族人民内部之间的团结，以及发展昌都地区的政治、经济和文化教育事业提供了政权组织保证，也为西藏实行民族区域自治制度和地方政权建设积累了历史经验。

三、昌都地区人民解放委员会对西藏成立统一的自治区的历史意义

昌都地区人民解放委员会为昌都地区的解放而成立，也是为促进西藏和平解放而成立，对于西藏和平解放和实行民族区域自治起到了先导与示范作用。

如前所述，实施昌都战役是为了促使西藏代表团来北京谈判；昌都战役的胜利，"对于解决整个西藏问题打下了有利的基础"③。同样地，部署昌都战役后的工作，不单单是为了昌都，而是在立足昌都的工作，深入谋划和平解放西

---

① 《西藏日报》1956年8月19日。

② 《新华社新闻稿》1956年9月11日。

③ 《昌都战役后的工作要点》，《邓小平军事文集》第二卷，军事科学出版社、中央文献出版社2004年版，第308页。

藏和经营西藏的大势与全局。就在这时,中央再一次就西藏解放后经营西藏问题作出指示。11月9日,中央致电西南局和西北局,强调"西藏全部解放后实行民族的区域自治将涉及到许多复杂问题,如整个自治区的疆域,自治区内部行政区划,前后藏及阿里间的关系,达赖、班禅两个集团的关系,宗教派别(黄、红、花),政教关系,藏族与其他民族关系等等。这些问题又须注意到自治区机关的形式,人员配备。"中央并请西南局和西北局"就有关将来决策时应该了解而现在尚未了解的问题列出,通知前线党政军负责同志协力调查研究,并提出意见报中央局和中央"。①根据这一指示,就昌都工作来说,不论是调查研究还是成立人民解放委员会,能否扎实有效地推进,关系到中央在关于西藏解放后实行民族区域自治问题和西藏地方政权采取的组织形式问题上的一系列决策。在一定意义上说,成立人民解放委员会就是在这些问题上的一种尝试。

昌都地区人民解放委员会不仅根据少数民族地区实行民族区域自治的原则而成立,而且成立伊始就坚持民族区域自治政策。1950年11月29日,昌都工委所拟庆祝昌都地区人民解放委员会成立大会的口号中就有"遵照共同纲领民族政策实现藏族人民区域自治"②。当时新华社在报道昌都地区人民解放委员会成立时说,这一委员会的成立,"标志着金沙江以西藏族人民在中央人民政府领导下自治生活的开始"。③张国华在筹备成立西藏自治区的过程中为纪念人民解放军胜利进军西藏十周年时指出,"解委会既不同于军事管制委员会,也不是正式的区域自治政府,它是实现西藏民族区域自治的雏形的政权组织。"他说:"这个组织在我党领导下吸收了藏族各界各阶层代表人士参加进来,扩大了反帝爱国统一战线的阵营。在这里,一切事情都经过充分协商,同意了统一了再办,充分显示了我党的民族团结政策和尊重藏族人民的区域自治权利。解委会成立期间的整个工作活动,集中显示出我党实行民族区域自治的基本政策精神。"④昌都地区人民解放委员会的成立与运行,为西藏实行民族区域自治起到了示范作用。它表明民族区域自治是符合藏区和西藏地方的实际的,只要条件成熟,西藏是能够实行民族区域自治的。

根据《共同纲领》关于各少数民族聚居区实行民族区域自治的规定,西

---

① 《和平解放西藏》,西藏人民出版社1995年版,第104页。

② 中共昌都地委、昌都地区行署编:《昌都战役文献资料选编》,西藏人民出版社2000年版,第288页。

③ 《人民日报》1951年2月18日。

④ 张国华:《西藏,回到了祖国的怀抱》,《人民日报》1962年10月25日。

藏在解放后是要实行民族区域自治的。中央人民政府和西藏地方政府签订的《关于和平解放西藏办法的协议》明确规定:"根据中国人民政治协商会议共同纲领的民族政策,在中央人民政府统一领导之下,西藏人民有实行民族区域自治的权利。"①然而,昌都地区人民解放委员会的成立和存续,使西藏在西藏自治区筹备委员会行使西藏地方政府职权之前,出现了西藏地方政府、班禅堪布会议厅委员会、昌都地区人民解放委员会同属于政务院直接领导、三个地方政权机构并存的局面,势必影响和左右着西藏民族区域自治的实现。

在昌都地区人民代表会议即将召开之际,西藏工委和第十八军党委于12月14—24日在甘孜召开了工作会议,研究西藏解放后如何开展工作问题。其中,面临西南、西北部队将要分路进藏的趋势,会议讨论了"西藏解放后对各地区是否由各方向进军的部队及一同进入的党组织分别治理的问题"②。如果实行"分别治理",会议认为,从政治和宗教上,"分割而治,群众接受不了,亦容易为帝国主义所挑拨;前后藏是达赖、班禅政治势力的划分,但宗教相同,尤其不宜变为两个政权形式"。从经济上,"前后藏经济关系很深,前藏吃粮基本上由日喀则解决","货物要从亚东进口,若分治,问题很多"。从外交上,"处理与印度、尼泊尔、不丹的关系来说,也不宜分治"。因此,会议认为:"前后藏统一,由西南与西北两个区域经营,领导统一。"也就是说,西藏解放后应实行分区经营、统一领导的方式。会议指出,"分区经营","以西南、西北两大战略区的人力物力参加西藏之解放与建设,可以使西藏由闭塞荒凉贫困中解放出来","便于我们有重点而较普遍的团结提高各种代表人物,有计划的大批培养新生力量(汉藏干部、军队),为进一步组织统一的西藏自治政府,做好各种准备条件"。③ 西藏工委将会议讨论意见上报西南局和中央。

在和平解放和经营西藏问题上,中央明确指出,西藏要建立统一的自治区,"一个统一的、团结的新西藏"。④ 1951年3月10日,西南局电示王其梅并西藏工委,指出昌都地区成立自治区人民政府的条件尚不具备,不宜草率建立,并强调这个问题当在拉萨谈判之后再行处理,更为主动。如果拉萨当局提出这个问题,可以十条原则,即原有行政制度不予变更的原则予以答复。等到

① 《人民日报》1951年5月28日。

② 编委会编著:《解放西藏史》,中共党史出版社2008年版,第141页。

③ 《西藏工委对经营西藏之建议》,转引自编委会:《解放西藏史》,中共党史出版社2008年版,第141页。

④ 降边嘉措:《李觉传》,中国藏学出版社2004年版,第81页。

和平解放西藏问题之后,将征求藏族各派代表人物意见,然后根据这些意见协商解决,昌都人民在那时可以充分表明意见,总之,由藏族内部来解决,比我们来解决好得多。①

昌都地区人民解放委员会作为一方,参与了建立统一的西藏自治区的历史过程。

1954年,十四世达赖喇嘛和十世班禅额尔德尼联袂出席了第一届全国人民代表大会第一次会议。根据《十七条协议》规定,在西藏应当成立军政委员会,但是,由于我国已经颁布宪法,各大行政区的军政委员会业已撤销,特别是西藏和平解放以来各方面的工作都有显著成绩,情况已经有了变化,因此,在西藏地区不用成立军政委员会而成立西藏自治区筹备委员会,是完全符合宪法精神和西藏当时具体情况的。10月9日,毛泽东在与十四世达赖喇嘛谈话时提出:"现在可以把前藏、后藏、昌都各方面代表人物团结起来,组成西藏自治区筹备委员会。究竟好不好,你们研究一下。"②同时,他就西藏地方政府、班禅堪布会议厅和昌都地区人民解放委员会之间的关系问题指出:"团结问题,要几方面当面来谈,彼此不满的事都谈出来,目的是使前藏、后藏、昌都能团结起来。"③由此,由中央人民政府代表和西藏地方政府代表、班禅堪布会议厅委员会代表、昌都地区人民解放委员会代表,在北京组成西藏自治区筹备委员会筹备小组,并经过充分协商,提出了关于成立西藏自治区筹备委员会具体方案的工作报告。根据西藏自治区筹备委员会筹备小组报告中所提出的方案和意见,1955年3月9日,国务院全体会议第七次会议通过了《关于成立西藏自治区筹备委员会的决定》。西藏自治区筹备委员会是负责筹备成立西藏自治区的带政权性质的机关,受国务院领导。其主要任务是依据我国宪法的规定以及关于和平解放西藏办法的协议和西藏的具体情况,筹备在西藏地区实行区域自治。

关于昌都地区人民解放委员会与西藏地方政府、班禅堪布会议厅委员会的关系和职权划分,1956年5月1日西藏自治区筹备委员会第一次会议通过并经1956年9月26日经全国人民代表大会常务委员会第四十七次会议批准

---

① 中共昌都地委、昌都地区行署编:《昌都战役文献资料选编》,西藏人民出版社2000年版,第301页。

② 中共中央文献研究室、中共西藏自治区委员会、中国藏学研究中心编:《毛泽东西藏工作文选》,中央文献出版社、中国藏学出版社2008年第二版,第111页。

③ 中共中央文献研究室、中共西藏自治区委员会、中国藏学研究中心编:《毛泽东西藏工作文选》,中央文献出版社、中国藏学出版社2008年第二版,第111页。

的《关于批准西藏自治区筹备委员会组织简则的决议》①规定,根据宪法、《十七条协议》和西藏具体情况,西藏自治区筹备委员会负责领导西藏地方政府、班禅堪布会议厅委员会、昌都地区人民解放委员会筹备在西藏地区实行区域自治,主要任务是,逐渐加强西藏自治区筹备委员会的责任,积累工作经验、创造各种条件,以便正式成立统一的西藏自治区。筹备成立统一的自治区的各项具体工作;负责协商统一筹划办理西藏地方的建设事宜和其他应办而又可办事项;团结各方面人士进一步加强民族间的团结和西藏内部的团结;组织领导学习,提高干部的反帝爱国认识和政策、工作业务水平,积极地培养干部;依照法律的规定保护西藏各民族、各阶层僧俗人民的生命财产;实行宗教信仰自由,保护喇嘛寺庙及其收入。其行使的职权主要是:(1)根据国家法律法令和国务院的决议和命令,结合本区具体情况,经过协商发布决议和命令,涉及重大事项报国务院批准后发布;并审查其执行。(2)根据本区具体情况,经协商同意拟定暂行法规分别报请国务院或者全国人民代表大会常务委员会批准施行。(3)遵照国务院关于任免工作人员暂行办法的规定,分别提请国务院任免或批准任免,或由本委员会自行任免或批准任免所属机关的行政工作人员。(4)编制经协商同意的本区的概算和预、决算报国务院批准。(5)领导和检查本委员会各部门的工作。凡系西藏自治区筹备委员会尚未统一的各项行政事宜均仍旧分别由国务院直接领导。西藏地方政府、班禅堪布会议厅委员会、昌都地区人民解放委员会接受西藏自治区筹备委员会领导进行相应的工作,其他有关国家行政事宜,仍受国务院直接领导。西藏地方政府、班禅堪布会议厅委员会、昌都地区人民解放委员会三方面的地方财政开支如有困难时,可由各该方面直接向国务院请求给予补助,同时向西藏自治区筹备委员会报告备案。国务院在西藏设立的各种企业机关,仍由国务院各主管部门分别领导,但在工作上须同西藏自治区筹备委员会和西藏地方政府、班禅堪布会议厅委员会、昌都地区人民解放委员会取得密切联系。

西藏自治区筹备委员会委员名额定为 51 人,其中昌都地区人民解放委员会占 10 名。为筹备成立西藏自治区筹备委员会,1955 年 9 月 20 日,西藏自治区筹委会筹备处在拉萨成立,由阿沛·阿旺晋美任处长,昌都地区人民解放委员会副主任邦达多吉等任副处长。② 西藏自治区筹备委员会于 1956 年 4 月 22 日成立后,并不是要撤销西藏地方政府、班禅堪布会议厅委员会、昌都地区

---

① 《全国人民代表大会常务委员会关于批准西藏自治区筹备委员会组织简则的决议》,《人民日报》1956 年 9 月 27 日。

　② 《人民日报》1955 年 9 月 23 日。

人民解放委员会,而是继续存在。在西藏自治区筹备委员会日常工作中,其所属各部门与西藏地方政府、班禅堪布会议厅委员会、昌都地区人民解放委员会所属各部门间,以定期会议、互相通信和访问等形式,按照各自业务性质直接建立并加强互相间的联系,以互通情况,互相学习,交流经验,并在工作中互相配合,互相支持。①

然而,1959 年 3 月 10 日,西藏上层反动集团在外国势力支持下,蓄意破坏《十七条协议》的实行,发动了全面武装叛乱。3 月 28 日,国务院发布命令,为维护国家统一和民族团结,除责成中国人民解放军西藏军区彻底平息叛乱外,特决定自即日起,解散西藏地方政府,由西藏自治区筹备委员会行使西藏地方政府职权。由于在西藏发生全面武装叛乱中,昌都地区基本上形成了全区性的叛乱,昌都地区人民解放委员会、各宗解放委员会的委员大都参加了叛乱。该两级解委会已失去职能,无法维持社会秩序和贯彻执行国家的命令。在平定叛乱的基础上,昌都地区各族人民迫切要求实行民主改革。1959 年 4 月 20 日,国务院发布布告,决定撤销昌都地区人民解放委员会及所属的各宗人民解放委员会。② 当月,昌都地区实行军事管制③,成立了军事管制委员会和昌都县人民政府。④

随着 1961 年 7 月 9 日国务院全体会议第 111 次会议讨论通过《国务院关于结束班禅堪布会议厅委员会的决定》⑤,班禅堪布会议厅委员会完成其历史任务,西藏地方逐步结束政权机构并存局面,为西藏自治区的成立创造了坚实的组织基础。在平息叛乱和民主改革的基础上,1959 年 10 月 26 日,西藏自治区筹备委员会常务委员会举行第二十八次会议,讨论并通过了《西藏自治区筹备委员会关于建立一个直属市和七个专署的决议》,并呈报国务院批准实行。⑥ 1960 年 1 月 7 日,国务院通过《关于西藏地区、市、县行政区域划分的

---

① 《关于西藏自治区筹备委员会所属各部门与西藏地方政府、班禅堪布会议厅委员会、昌都地区人民解放委员会所属各部门间按照业务性质加强联系的决定》,《西藏日报》1956 年 7 月 8 日。

② 中共西藏自治区委员会党史研究室编著:《中国共产党西藏历史大事记》(1949—2004),第 1 卷,中共党史出版社 2005 年版,第 144—145 页。

③ 编委会:《解放西藏史》,中共党史出版社 2008 年版,第 376 页。

④ 李蕙云:《昌都在前进》,《人民日报》1959 年 7 月 29 日。

⑤ 中共西藏自治区委员会党史研究室编著:《中国共产党西藏历史大事记》(1949—2004),第 1 卷,中共党史出版社 2005 年版,第 188 页。

⑥ 《自治区筹委会举行第二十八次常委会议》,《西藏日报》1959 年 10 月 30 日。

决定》,将原西藏83个宗和64个相当于宗的独立谿卡①合并,划分为拉萨市和昌都、日喀则、山南、江孜、林芝、黑河和阿里等7个专区,下辖72个县。到1960年底,西藏地区成立1009个乡级政权,283个区级政权、78个县(内包括县级区)和8个专区(市)的人民政权。② 至此,西藏地方逐步建立起统一的人民民主政权,为西藏成立统一的自治区准备了政权与组织基础。

第三节 西藏自治区筹备委员会的建政 与行使西藏地方政府职权

一、西藏自治区筹备委员会内设机构的建立

根据国务院全体会议第七次会议通过的《关于成立西藏自治区筹备委员会的决定》,西藏自治区筹备委员会设办公厅、财政经济委员会、宗教事务委员会、民政处、财政处、建设处、文教处、卫生处、公安处、农林处、畜牧处、工商处、交通处等办事机构。以上厅、委的主任、副主任和各处处长、副处长人选,由西藏自治区筹备委员会根据筹备小组报告中提出的干部分配比例同各方面协商提名,报国务院批准任命。1956年4月20日,国务院常务会议通过西藏自治区筹备委员会各委、厅、处的主要领导干部职务人员名单③,并于4月26日电示西藏自治区筹备委员会予以公布。5月1日,西藏自治区筹备委员会发布命令,公布了这一名单。④ 该名单除上述厅、委、处的主要负责人外,还包括以阿沛·阿旺晋美为秘书长的秘书长、副秘书长名单和司法处主要负责人名单。当日,西藏自治区筹备委员会第一次会议根据《中华人民共和国宪法》、国务院第七次全体会议《关于成立西藏自治区筹备委员会的决定》,以及参照《十七条协议》,通过《西藏自治区筹备委员会组织简则》⑤,报请国务院批准执行。⑥ 该简则于9月26日经全国人民代表大会常务委员会第四十七

---

① 谿卡,旧西藏属于官府、寺院和贵族的庄园。
② 编委会编著:《解放西藏史》,中共党史出版社2008年版,第447页。
③ 《西藏自治区筹备委员会各委、厅、处主要领导人员名单》,《人民日报》1956年5月3日。
④ 《西藏自治区筹备委员会命令》,《西藏日报》1956年5月4日。
⑤ 《西藏自治区筹备委员会组织简则》,《人民日报》1956年9月27日。

⑥ 《西藏日报》1956年5月4日。

次会议批准。① 根据简则，该委员会根据工作需要，暂设工作部门中增加了司法处。其中，办公厅主办文书、行政、交际、编译、机要等工作。财政经济委员会在中央统一的财政经济方针和计划下结合本区的具体情况，统一指导和计划经各方面协商同意的地方的财政经济建设。宗教事务委员会团结西藏各教派，贯彻执行宗教信仰自由政策，并检查上述政策的执行情况及办理宗教事务等事宜。民政处主管人事工作和经协商同意的地方政权建设。推进社会事业，调解民事纠纷，举办优抚救济工作以及其他有关民政事宜。财政处主管经协商同意的地方财政收支，建立财政制度，编制和审核预、决算等和其他有关财政事宜。建设处主管城市规划和建设，劳动力组织调配和工资待遇等有关事宜。文教处主管文化、教育、新闻出版、科学研究以及其他有关文教事宜。卫生处主管卫生行政、卫生设施、公共卫生以及其他有关卫生事宜。公安处主管维持社会治安，推进公安工作以及其他有关公安事宜。农林处主管指导和改进农业生产，保护和培养森林，推进农田水利建设，以及其他有关农林事宜。畜牧处主管发展畜牧事业，推进兽疫防治工作以及有关畜牧事宜。工商处主管地方商业管理和地方工业建设以及其他有关工商事宜。交通处主管地方交通事业的行政管理和建设事宜。司法处主管本区司法事宜；在检查、监察和法院机构未设立前，暂兼行其职务。委员会所属各厅、委、处设主任或处长一人，副主任或副处长二至三人。在各厅、委、处下视工作需要分设各科、室。1956年5月6日，西藏自治区筹备委员会常务委员会举行第一次会议。② 十四世达赖喇嘛就第一次会议的议案作了报告，其内容包括：建立和健全西藏自治区筹备委员会各部门的办事机构，西藏地方政府、班禅堪布会议厅委员会和昌都地区人民解放委员会应即提出各办事机构的干部名单，并请中央酌派帮助工作的干部，在1956年内完成部分西藏自治区筹备委员会本身的基本建设，西藏地方政府、班禅堪布会议厅委员会、昌都地区人民解放委员会和西藏自治区筹备委员会的各厅、委、处立即根据本身业务工作，提出计划和方案，交常务委员会批准执行。这些议案在会上举手通过。5月14日，西藏自治区筹备委员会举行会议，正式成立西藏自治区筹委会办公厅，并开始办公。办公厅下设秘书、编译和总务等三个科。③ 5月27日，西藏自治区筹备委员会常务委员会第二次会议通过《关于西藏自治区筹备委员会各委、处的机构建立和办公厅、民

① 《全国人民代表大会常务委员会关于批准西藏自治区筹备委员会组织简则的决议》，《人民日报》1956年9月27日。

② 《人民日报》1956年5月7日。

③ 《人民日报》1956年5月15日。

政处科级干部任职的议案》。① 6 月 29 日，西藏自治区筹备委员会常务委员会第五次会议任命财政经济委员会、财政处、建设处、文教处、卫生处、公安处、农林处、畜牧处、工商处、交通处、司法处等十一个单位科级以上干部和宗教事务委员会部分科级以上干部。② 6 月 30 日，宗教事务委员会和文教、交通、建设、公安、司法等五个处举行成立会议，西藏自治区筹备委员会秘书长阿沛·阿旺晋美宣布西藏自治区筹备委员会所属的十四个厅、委、处已经全部成立。③

西藏民主改革实行"六年不改"方针后，西藏自治区筹备委员会常务委员会于 1957 年 8 月 9 日举行第二十一次会议（扩大）。通过了西藏自治区筹委会整编方案。根据这个整编方案，西藏自治区筹委会现有机构中，除办公厅、宗教事务委员会仍予保留和财政经济委员会予以撤销外，其余十一个处分别合并为民政、建设、文教、财政四个处。④ 西藏平叛和民主改革以来，西藏自治区筹备委员会在 1959 年 4 月 8 日举行的行使西藏地方政府职权的第一次全体委员会议上，一致通过了健全和加强自治区筹委会各部门组织机构的决议。根据这一决议，自治区筹委会除原有的六个厅、委、处（办公厅、宗教事务委员会、民政处、财政处、文教处、建设处）外，将增设公安处、卫生处、工商管理处、交通处、农牧处、参事室共六个部门。会上还通过了各厅、委、处、室的正副主任和正副处长人选，这些负责人由自治区筹委会报请国务院批准任命。⑤

二、基巧、宗级办事处的成立

建立西藏自治区筹备委员会在西藏各地的基巧（相当于专署）级、宗（相当于县）级办事处，发端于西藏自治区筹委会常委会于 1956 年 7 月 6 日由常委会主任委员达赖喇嘛主持的第六次会议。在西藏自治区筹备委员会所属各厅、委、处成立并开展各项工作的基础上，为发挥西藏自治区筹备委员会的作用，密切该委员会与西藏各地政权机构和群众之间的联系，为成立统一的西藏自治区创造基层政权条件，常委会第六次会议讨论通过了《关于西藏自治区筹备委员会在各地建立各级办事处的决议》。关于办事处的性质、职能，决议规定，西藏自治区筹备委员会在各地所设立的各级办事处是西藏自治区筹备

---

① 《西藏自治区筹委会常委会开会》，《西藏日报》1956 年 5 月 28 日。
② 《自治区筹委会常务委员会举行第五次会议》，《西藏日报》1956 年 6 月 30 日。
③ 《人民日报》1956 年 7 月 2 日。
④ 《西藏自治区筹委会通过整编方案》，《人民日报》1957 年 8 月 10 日。
⑤ 《人民日报》1959 年 4 月 11 日。

委员会的组成部分,为西藏自治区筹备委员会驻各地的代表机关。它的性质和任务与西藏自治区筹备委员会的组成机构相适应,负责传达和执行委员会及其常委会的各项决议和决定,并向上级反映情况。基巧级办事处由自治区筹备委员会直接领导,宗级办事处责成基巧级办事处领导。关于办事处的分布与成立,会议决定,在拉萨、日喀则、昌都、黑河、塔工、山南、江孜、阿里等八处设立基巧级办事处,争取于 8 月全部成立;年底以前完成宗级办事处的建立。各基巧级和宗级办事处各设立主任一人,副主任若干人。各基巧级办事处设委员 30 至 50 人,各宗级办事处设委员 15 人至 25 人。具体人选由西藏自治区筹备委员会统一调配。① 其中,拉萨、日喀则、昌都等三处基巧办事处设于西藏地方政府、班禅堪布会议厅委员会、昌都地区人民解放委员会所在地。西藏自治区筹备委员会所属各部门与西藏地方政府、班禅堪布会议厅委员会、昌都地区人民解放委员会所属各部门间,按照各自业务性质加强联系,在工作中互相配合,互相支持。②

　　1956 年 8 月 18 日,西藏自治区筹备委员会常委会第十次会议通过所属各级办事处成立方案,决定了八个基巧办事处主任和副主任人事案。③ 其中,拉萨办事处主任为桑顿·才旺仁增(筹委会常务委员兼),副主任是土登桑布(卫基)、张向明(统战部副部长)、楚臣尼玛(雪巴)、彩德·才丹多吉(墨本)、才仁旺德(堪厅昂南)、贾光建(分工委副书记);日喀则办事处主任为计晋美(筹委会常务委员兼),副主任是梁选贤(分工委书记)、政林·嘉样坚赞、巧匈·其美杰布(日喀则宗本)、萨迦一人(由萨迦提名);昌都办事处主任为王其梅(分工委第一书记),副主任是惠毅然(分工委第二书记)、帕巴拉(筹委会常务委员兼)、阿沛·阿旺晋美(筹委会常务委员兼)、罗登协绕(筹委会常务委员兼)、郎达多吉(筹委会常务委员兼)、平措旺阶(筹委会委员兼)、慈央白母(解委会副主任)、格桑旺堆(警备司令部副司令员)、张文波(分工委副书记)、谢瓦拉(解委会副主任)、四郎江村(筹委会常务委员兼)、江巴悦希(解委会副主任)。《西藏日报》1956 年 8 月 19 日发表了《西藏政权建设中的重大事件》的评论文章,认为"这是西藏政权建设中一个具有重大意义的措施,对

① 《人民日报》1956 年 7 月 8 日。
② 《关于西藏自治区筹备委员会所属各部门与西藏地方政府、班禅堪布会议厅委员会、昌都地区人民解放委员会所属各部门之间按照业务性质加强联系的决定》,《西藏日报》1956 年 7 月 8 日。
③ 《西藏日报》1956 年 8 月 19 日;《人民日报》1956 年 8 月 21 日。

早日实现统一的区域自治有很大的作用"。①

　　根据《西藏自治区筹备委员会组织简则》和《西藏自治区筹备委员会常务委员会关于西藏自治区筹备委员会在各地建立各级办事处的决议》,1956 年 8 月 25 日,西藏自治区筹备委员会常务委员会举行第十一次会议,讨论并通过了《西藏自治区筹备委员会基巧级办事处组织细则》。为便于进行工作,基巧级办事处设立常务委员会,由本委员会全体会议推选。其人选以各该地区原政权机关官员为基础,吸收各主要寺庙、教派、社会贤达、群众团体等有代表性的爱国人士参加。中共西藏工委派在各该地区的党委机关派适当干部参加。基巧办事处在本行政区域内,执行并转发国务院和西藏自治区筹委会的决议、命令,并检查这些决议和命令的执行情况;领导所属各工作部门的工作;领导、监督与协助所辖宗(谿)办事处的工作;有权改变或者撤销下级办事处的不适当的决议和命令;执行预算、决算及有关财政事宜;执行全区统一的经济计划,领导农牧业,手工业生产和有关事宜;管理所属市场、集镇;管理交通和其他公共事业;管理文化、教育、卫生、优抚、防灾救济和社会福利工作;任免按规定管理的工作人员;组织领导学习,提高干部的政治认识和政策、业务水平,积极培养干部;保护公共财产,维护社会秩序;进一步加强各方面人士的爱国主义教育、各民族间和民族内部的团结;依照法律保障各民族的平等权利和各阶层僧俗人民的生命财产;实行宗教信仰自由政策,保护喇嘛寺庙及其收入;办理筹委会交办的其他事宜。办事处应当协助设在本区内的不属于自己管理的国家机关和国营企业进行工作。办事处的委员会会议,每三个月举行一次,常务委员会会议每周举行一次,必要时可以举行临时会议。办事处主任、副主任主持本级办事处委员会会议、常务委员会会议和本级办事处的工作。主任、副主任为处理日常工作,可以召开行政会议。办事处按照工作需要经筹委会批准,可以暂设办公室、宗教事务委员会、民政科、司法分处、公安分处、财政科、农牧科、工商科、建设科、文教科、卫生科,分别掌管各项业务。办事处所属各部门受本级办事处统一领导,并且受筹委会主管部门的领导。各级办事处须与所在地原有各级政府取得密切配合,遇有争执问题应协商解决,如不能取得一致意见时,可报自治区筹委会处理。②

　　在基巧级办事处中,山南基巧级办事处率先成立。它于 1956 年 8 月 29 日在泽当正式成立。山南基巧级办事处主任雪康·顿珠多吉在成立大会上致词说:"山南基巧级办事处成立后,要在自治区筹备委员会的领导下,贯彻执

---

①　《西藏政权建设中的重大事件》,《西藏日报》1956 年 8 月 19 日。

②　《西藏日报》1956 年 8 月 26 日。

行自治区筹备委员会的决议;同时,还要根据山南的具体情况,进行改革的准备工作。我们要为进一步发展西藏的政治、经济、文化事业而奋斗!"西藏自治区筹备委员会常务委员、交通处处长强钦·土登才白代表自治区筹备委员会将自治区筹备委员会山南基巧级办事处的印鉴授予雪康·顿珠多吉主任。① 接着,8 月 31 日,拉萨市各界代表五千多人在人民广场集会,庆祝西藏自治区筹备委员会拉萨基巧级办事处正式成立。会上,拉敏·益喜楚臣代表西藏自治区筹备委员会向拉萨基巧办事处办事处主任桑颇·才旺仁增授印鉴。桑颇·才旺仁增致词说,拉萨基巧办事处的成立,标志着西藏人民的政治生活继西藏自治区筹备委员会成立后又得到了进一步的发展,使全体僧俗人民更加团结和进步,从而使实现统一的西藏自治区加快了速度。中共西藏工委副书记范明代表中共西藏工委和西藏军区向成立大会致祝词。他说,拉萨基巧级办事处的成立和其他的基巧级办事处的即将成立,对加强西藏自治区筹委会和广大人民群众之间的联系,加强各地区之间的团结,加速拉萨地区各项建设事业的发展和对实现统一的西藏自治区,会有很大作用。② 9 月 11—17 日,昌都地区人民解放委员会召开扩大会议,通过几项关于昌都地区政权建设和经济建设的议案,宣布昌都地区人民解放委员会代行西藏自治区筹备委员会昌都基巧级办事处的职权,并决定昌都地区 28 个宗人民解放委员会同时代行西藏自治区筹委会宗级办事处的职权。昌都解放初期,由于各宗参加政府工作的藏族干部不多,昌都地区人民解放委员会指派了较有工作经验的汉族干部驻各宗为代表。西藏自治区筹备委员会成立后,昌都地区各宗的政权机构已逐渐扩大,藏族干部逐渐增多,为更加发挥他们的工作积极性,并为实现西藏的民族区域自治准备条件,驻宗代表已没有继续存在的必要,于是予以撤销。③ 9 月 15 日,日喀则基巧级办事处成立。基巧级办事处副主任曲康·洛桑旦曲在成立大会上宣布该办事处成立,西藏自治区筹委会代表土登丹达(即土丹旦达)宣读了关于成立日喀则基巧级办事处的决议并授印鉴。④同日,塔工基巧级办事处成立。塔工基巧级办事处主任欧喜·土登桑却宣布该办事处成立,由西藏自治区筹委会代表甲洋授塔工基巧级办事处印鉴。⑤ 9月 21 日,日喀则各界僧俗人民集会庆祝办事处成立。西藏自治区筹备委员会

① 《西藏日报》1956 年 9 月 2 日。
② 《人民日报》1956 年 9 月 1 日。
③ 《新华社新闻稿》1956 年 9 月 11 日。
④ 《西藏日报》1956 年 9 月 20 日。
⑤ 《西藏日报》1956 年 10 月 5 日。

阿里基巧级办事处于 9 月 28 日在噶尔雅沙成立。① 同日,黑河基巧级办事处成立。在成立大会上,黑河基巧级办事处主任土登绛曲致开幕词,并讲到今后在黑河地区发展畜牧业生产和大力进行兽疫防治工作等问题。西藏自治区筹委会文教处副处长喀拉·堪巧德钦代表西藏自治区筹委会宣布黑河基巧级办事处正、副主任名单,并将印鉴授给土登绛曲。② 10 月 28 日,江孜基巧级办事处亚东分处成立。大会开始时,江孜基巧级办事处主任定甲宣布亚东分处主任、副主任的任命名单。亚东分处主任赤门·索郎班觉在会上表示,大家更好地团结起来,密切联系群众,根据广大人民的意愿,为今后实行改革,发展政治、经济、文化和巩固国防而努力。③

根据西藏自治区筹备委员会在各地建立各级办事处的决议和所属各级办事处成立方案,宗级办事处是西藏自治区筹备委员会和设在该地区基巧级办事处领导下的代表机关。各基巧级办事处负责提出辖区各宗级办事处副主任及委员名单,筹划成立各宗级办事处。1956 年 9 月 22 日,西藏自治区筹委会第十三次会议通过《西藏自治区筹备委员会宗(相当于县,包括独立谿)级办事处组织细则》。宗级办事处因受基巧办事处的领导,在本行政区域内行使的职权与基巧办事处保持了性质和内容上的一致性。其所不同之处主要是,执行西藏自治区筹备委员会和设在该地区基巧级办事处的决议、命令;领导所属各工作部门和所属谿堆及基层行政机关的工作;办理筹委会和设在该地区基巧级办事处的交办事项。宗级办事处同样设立常务委员会。与基巧级办事处各部门相对应,宗级办事处根据工作需要经筹委会批准可以设立办公室、宗教事务委员会、民政科、司法科、公安局、财政科、建设科、文教科等部门,分别掌管各项业务。宗级办事处所属各部门受本级办事处统一领导,并受筹委会和设在该地区基巧级办事处主管部门的指导。宗级办事处协助设在本宗内的不属于自己管理的国家机关和国营企业进行工作。宗级办事处须与原宗(谿)政府取得密切配合,遇有争执问题应协商解决,如意见不能取得一致时,可报设在该地区基巧级办事处或筹委会处理。④ 至 1956 年 12 月中下旬,除昌都基巧级办事处所属 28 个宗的宗级办事处全部成立外,拉萨、日喀则、江孜、山南、阿里、黑河、塔工等七个基巧级办事处先后成立了 22 个宗级办事处,分别是:堆龙德庆、东噶、墨竹工卡、萨迦、拉孜、江孜、帕里、亚东、浪噶子、白

---

① 《西藏日报》1956 年 10 月 9 日。
② 《西藏日报》1956 年 10 月 9 日。
③ 《西藏日报》1956 年 11 月 1 日。
④ 《西藏日报》1956 年 9 月 26 日。

朗、仁布、林宗、隆子、乃东、多宗、群杰、伦孜、贡噶、普兰、泽达、黑河、则拉。西藏全区建成宗级办事处 50 个。各宗级办事处成立后，逐步开展机构和工作制度建设，以及创办学校、培养藏族干部、处理日常民事纠纷等工作。① 根据西藏民主改革"六年不改"的方针，西藏自治区筹备委员会常务委员会于 1957 年 8 月 9 日举行第二十一次会议（扩大），通过了西藏自治区筹委会整编方案。根据这个整编方案，西藏自治区筹委会在西藏各地设立的八个基巧级（相当于专区）办事处仍然保留，宗级（相当于县）办事处除昌都地区以外其余全部撤销。由于机构减少，人员也作了适当精简。②

鉴于西藏发生全面武装叛乱，1959 年 3 月 28 日，国务院发布命令，为维护国家统一和民族团结，除责成中国人民解放军西藏军区彻底平息叛乱外，特决定自即日起，解散西藏地方政府，由西藏自治区筹备委员会行使西藏地方政府职权，班禅副主任委员代理主任委员职务。任命自治区筹备委员会常务委员帕巴拉为副主任委员；常务委员兼秘书长阿沛·阿旺晋美为副主任委员兼秘书长。国务院要求西藏自治区筹备委员会领导全藏僧俗人民，团结一致，共同努力，协助人民解放军迅速平息叛乱，巩固国防，保护各民族人民利益，安定社会秩序，为建设民主和社会主义的新西藏而奋斗。③

1959 年 4 月 8 日，西藏自治区筹委会行使西藏地方政府职权的第一次全体会议，作出《关于贯彻执行国务院 3 月 28 日的命令的决议》。西藏自治区筹委会在决议中表示，完全拥护国务院 3 月 28 日关于彻底平息叛乱、解散西藏地方政府由西藏自治区筹备委员会行使西藏地方政府职权的命令。坚决彻底执行平息叛乱的命令和中央对于叛乱分子所采取的"首恶必办，胁从不问，立功受奖"的政策。为了迅速彻底平息叛乱，西藏自治区筹备委员会号召西藏各族各界全体僧俗人民，立即行动起来，认真执行国务院的命令和西藏军区以及各地军事管制委员会布告中所宣布的规定和任务，大力支援人民解放军平息叛乱，肃清反革命分子，安定社会秩序。筹备委员会指出，不要听信反动分子的谣言，积极进行生产；原西藏地方政府各级行政人员应立即向当地军事管制委员会或军事代表登记，并且切实负责保管公共财物和文件，听候处理，不得有任何破坏和不法行为；西藏自治区筹备委员会各级行政人员以及全体僧俗人民，必须在中国共产党和中央人民政府的领导下，团结一致，共同努力，协助人民解放军迅速平息叛乱，巩固国防，巩固祖国的统一和民族团结，保护

---

① 《西藏日报》1956 年 12 月 21 日。
② 《西藏自治区筹委会通过整编方案》，《人民日报》1957 年 8 月 10 日。
③ 《人民日报》1959 年 3 月 29 日。

各族人民利益,安定社会秩序,为建设民主和社会主义的新西藏而奋斗。① 此前,会议在1959年4月8日一致通过了健全和加强自治区筹委会各部门组织机构的决议。根据这一决议,自治区筹委会除原有的六个厅、委、处(办公厅、宗教事务委员会、民政处、财政处、文教处、建设处)外,增设公安处、卫生处、工商管理处、交通处、农牧处、参事室共六个部门。会上还通过了各厅、委、处、室的正副主任和正副处长人选,这些负责人由自治区筹委会报请国务院批准任命。会议通过增补谭冠三等九人为自治区筹委会常务委员的决议,报请国务院批准任命。②

在平息叛乱和民主改革中,虽然西藏自治区筹备委员会行使西藏地方政府的职权,昌都地区人民解放委员会也被撤销,但班禅堪布会议厅委员会仍然存在,西藏地方政权并未完全实现统一。鉴于当时班禅堪布会议厅委员会的爱国进步人士和西藏全区各地的爱国进步人士,都已先后参加了各级政权工作,担负了各项职务,班禅堪布会议厅委员会已无继续存在的必要,1961年4月9日,班禅堪布会议厅委员会呈报《关于申请结束班禅堪布会议厅委员会的报告》,特申请结束其组织,"至于结束后的印鉴、文件、档案等,拟移交西藏自治区筹备委员会"。③4月29日,西藏自治区筹备委员会第三十八次常委会批准了这个报告,并上报国务院。7月9日,国务院全体会议第111次会议讨论通过了《国务院关于结束班禅堪布会议厅委员会的决定》。④该决定对班禅堪布会议厅给予了高度评价,指出班禅堪布会议厅委员会自西藏和平解放以来,"在贯彻执行关于和平解放西藏办法的协议,维护祖国的统一,加强各民族的团结,加强西藏各民族内部的团结,平息西藏上层反动集团所发动的武装叛乱,进行民主改革和发展各项建设事业中,协助党和人民政府做了有益的工作,为西藏人民作出了贡献"。班禅堪布会议厅委员会完成其历史任务而结束。⑤

西藏地方结束政权机构并存局面,为西藏自治区的成立创造了坚实的组织基础。平叛改革以后到1962年,西藏全区7个专区和1个市建立了专员公

---

① 《人民日报》1959年4月11日。
② 《人民日报》1959年4月11日。
③ 国务院法规编纂委员会编:《中华人民共和国法规汇编》(1960年7月—1961年12月),法律出版社1962年版,第134页。
④ 中共西藏自治区委员会党史研究室编著:《中国共产党西藏历史大事记》(1949—2004),第1卷,中共党史出版社2005年版,第188页。
⑤ 国务院法规编纂委员会编:《中华人民共和国法规汇编》(1960年7月—1961年12月),法律出版社1962年版,第133页。

署和市人民政府,72 个县、200 多个区、1300 多个乡建立了政权组织。① 西藏
地方的人民民主政权进一步建立、巩固和发展起来。

第四节　藏族干部的培养、成长与
西藏自治区的成立

　　大力培养民族干部,是中国共产党在民族工作中的一条基本经验。关于
新民主主义革命时期党对民族干部的培养,就不能不提到北平蒙藏学校。该
校创建于民国之初,虽由民国以来旧政权所设置和管制,但中国共产党自建党
始,为团结中国各民族参加新民主主义革命和建立新中国,就把它作为组织和
培养少数民族干部的一个北方基地,在此传播马克思主义,发展了我国第一批
少数民族青年团员和中共党员。

　　培养民族干部的首要工作就是向民族进步青年宣传马克思主义,用马克
思主义武装他们,并通过他们将马克思主义与民族地区的具体实际相结合。
乌兰夫回忆说:"1923 年冬,李大钊、邓中夏、刘伯庄、赵世炎、李渤海等同志,
先后到蒙藏学校来,通过个别谈心、介绍进步书刊、吸收我们听讲座等方法,向
我们传播马克思列宁主义真理,启发我们的觉悟。"②为传播马克思主义,培养
进步青年,在李大钊的直接领导下,中共北方区委特派韩麟符到蒙藏学校任
教,③邓中夏、赵世炎、黄日葵、李渤海、朱务善、刘伯庄等,都曾到蒙藏学校向
青年学生宣传马克思主义和十月革命,介绍中国共产党的纲领及其民族理论
与政策。党正是通过向蒙藏学校的青年学生宣传马克思主义,团结了一批进
步青年,并引导他们自觉地走上了将马克思主义与民族民主革命相结合的道
路。党在蒙藏学校对蒙古族干部的培养,为在藏族乃至其他少数民族中开展
干部培养工作提供了很好的经验和借鉴。

　　新民主主义革命时期,党的民族干部工作是与实现民族平等、保障和促进
各民族参与新国家的创建和管理紧密结合在一起的。在 1931 年 11 月中华工
农兵苏维埃第一次全国代表大会上通过的《关于中国境内少数民族问题的决

---

① 《西藏各级民主政权巩固发展,各级政府主要负责人全部由民族干部担任》,《人民日报》
　1989 年 4 月 9 日。

② 乌兰夫革命史料编研室编:《乌兰夫回忆录》,中共党史资料出版社 1989 年版,第 50 页。

③ 康基柱:《中国共产党初创时期的民族理论与政策》,《中共党史研究》1992 年第 6 期。

议案》中提出："必须为国内少数民族设立完全应用民族语言文字的学校、编辑馆与印刷局,允许在一切政府的机关使用本民族的语言文字,尽量引进当地民族的工农干部担任国家的管理工作",特别注意"当地干部的培养与提拔,以消灭民族间的仇视与成见"。① 1935 年,中国工农红军总政治部在《关于争取少数民族的指示》中指出:"努力争取少数民族加入红军,在最初的时期,即是个别的,亦是可宝贵的,政治部对于这些分子在生活上政治教育上都应加以特别的注意。在人数较多时,应成立某个少数民族的单独的连队,并特别注意与培养他们自己的干部。"②

1941 年,党在延安创办民族学院。后来在新中国成立之时,当选为中国人民政治协商会议第一届全国委员会委员的天宝(藏族),就是在这一时期参加民族学院学习并培养起来的民族干部。天宝 1949 年到当时的北平参加全国政协见到了曾任延安民族学院院长、时任中央统战部部长的李维汉。在这次见面中,李维汉对天宝说,作为藏族的代表,负有重要责任。天宝所在的民族组的一个重要任务是起草《共同纲领》中有关民族问题的部分。李维汉说:"在延安时,你们就学过我们党关于民族问题的理论和政策,现在就要实际运用。"③到全国解放时间,党所培养的民族干部约达到 1 万人。

新中国成立以来,适应民族工作的发展和少数民族地区各项建设的需要,党更加重视民族干部的培养工作。1949 年 11 月 14 日,毛泽东电示彭德怀并西北局,在一切工作中坚持民族平等和民族团结政策,"各级政权机关均应按各民族人口多少,分配名额,大量吸收回族及其他少数民族能够和我们合作的人参加政府工作"。"在这种合作中大批培养少数民族干部。"他强调:"要彻底解决民族问题,完全孤立民族反动派,没有大批从少数民族出身的共产主义干部,是不可能的。"④

为大力培养民族干部,1950 年 11 月 24 日,政务院第六十次政务会议批准实施《培养少数民族干部试行方案》。该方案指出,为了国家建设、民族区域自治与实现《共同纲领》的民族政策的需要,从中央至有关省、县应"普遍而大量地培养各少数民族干部","目前以开办政治学校与政治训练班,培养普

① 中共中央统战部编:《民族问题文献汇编》(1921 年 7 月—1949 年 9 月),中共中央党校出版社 1991 年版,第 170、171 页。
② 中共中央统战部编:《民族问题文献汇编》(1921 年 7 月—1949 年 9 月),中共中央党校出版社 1991 年版,第 339—340 页。
③ 中共西藏自治区委员会党史研究室:《天宝与西藏》,中共党史出版社 2006 年版,第 16—17 页。
④ 《大批培养少数民族干部》,《毛泽东文集》第六卷,人民出版社 1999 年版,第 20 页。

通政治干部为主,迫切需要的专业与技术干部为辅。应尽量吸收知识分子,提高旧的,培养新的,并须培养适当数量志愿做少数民族工作的汉民族干部,以便帮助各少数民族的解放事业与建设工作。各民族的军事干部,在初期一般也送政治学校或政治训练班学习,同时逐步准备在军事学校开设民族班的条件。"方案要求,在北京设立中央民族学院,并在西北、西南、中南各设中央民族学院分院一处,必要时还可增设。"各有关省份设立民族干部学校,各有关专员区或县根据实际需要和主观力量设立临时性质的民族干部训练班。有关各级人民政府并应有计划地逐步整理或设立少数民族的中学,整理少数民族的高等学校。"同时,在课程内容上,以中国历史与现状,包括中国各民族的历史与各民族社会情况等,以及中国人民政治协商会议《共同纲领》、民族问题与民族政策、毛泽东思想与马列主义理论,作为长期班政治课的基本内容。短期班根据上述内容,规定当时实际工作需要的具体课程。"在一切民族学校内,应发扬共同纲领精神,克服大民族主义倾向与狭隘民族主义倾向,培养民族间互相尊重、平等、团结、友爱合作的作风。""中央民族学院及其分院经费统一由中央财政部拨给。"①

中国共产党十分重视培养藏族干部,并创造条件实施和推进西藏各民族干部的培养、选拔和使用工作,为西藏民族区域自治和经济社会各方面的建设与发展,提供了应有的干部基础。

从西藏和平解放到自治区成立,西藏培养藏族干部的历史进程可以划分为如下三个阶段。

一是西藏和平解放至西藏自治区筹备委员会成立阶段。在决定由西南局负责进军西藏时,1950 年 1 月 24 日,中央特别提到西北局藏民干部训练班和北京藏民训练班,要求西北局注意检查督促西北局藏民干部训练班的学生训练工作,"在三月间结束学习,以便能在四月派到十八军随军前进";"北京现有藏民训练班二十余人,已经开学,两个月毕业,亦准备在毕业后送西南局分配工作。"②这里所说的在北京的藏民训练班,是由中央民委举办的藏族干部研究班。关于研究班的情况,多杰才旦在《我在西藏的三十五个春秋》中回忆说:"1949 年底,中央为解放西藏做准备,在北京成立了藏民研究班。当时我主要协助从内蒙古伊克昭盟调来的朝戈鲁同志,请中央领导和一些专家给研究班的学员讲课、作报告,讲《共同纲领》和马列主义民族理论等内容。办班

① 《人民日报》1951 年 6 月 14 日。
② 《中共中央、中央军委关于进军西藏的指示》,中共中央文献研究室、中共西藏自治区委员会编:《西藏工作文献选编》(1949—2005),中央文献出版社 2005 年版,第 12 页。

期间,1950 年 1 月,朱德同志曾来研究班和大家座谈解放西藏的问题。周恩来、邓颖超、艾思奇等同志也曾来班里讲过课。半年后,研究班结束,朝戈鲁同志带着这些学员到西南局,归并到了十八军,准备进藏。"①天宝也在《从塞北高原到康藏高原》中回忆说,1950 年 6 月间,西藏工委和第十八军党委曾指示,将进藏先遣部队在甘孜和巴塘等地吸收入伍的一批藏族青年,"与韩戈鲁从北京带进藏的一批解放前在内地上学的藏族同志集中起来,组成'西藏工作团'",并决定由天宝任工作团团长。② 上述两段回忆,概述了藏民训练班(或称藏民研究班)从学习训练到进藏的过程。西藏工作团的成员可以称得上是党培养的进军和经营西藏的第一批藏族干部。

民族干部是党在民族地区开展各项工作的一项重要组织保障。1950 年 4 月 27 日,周恩来在藏族干部研究班上作报告时说,实现《共同纲领》中的民族政策,"最主要的是民族区域自治,凡是少数民族都有自治权利,在统一法令之下,自己管理自己。我们在《共同纲领》第五十一条中提出区域自治。大的如内蒙古自治区政府,将来解放西藏后也要组织自治政府。"③6 月 6 日,毛泽东在中共七届三中全会上就少数民族地区的社会改革问题指出:"没有群众条件,没有人民武装,没有少数民族自己的干部,就不要进行任何带群众性的改革工作。"他强调:"我们一定要帮助少数民族训练他们自己的干部,团结少数民族的广大群众。"④当时,进军和经营西藏,最需要的是军事和政治干部。9 月 11 日,西南局复电西康区党委并转中央民族事务委员会副主任和十八军党委指出:"在军事上,如果条件具备的话,创造一个由我党干部及先进分子掌握的藏族武装,这个属于人民解放军之一部分,吸收藏民中的优秀青年参加。""这个部队一方面是军队,一方面是生产队,一方面又是一个培养干部的学校。"⑤

培养民族干部不仅要大批地,而且要有计划地进行。1950 年 9 月 29 日,

① 多杰才旦:《我在西藏的三十五个春秋》,拉巴平措主编:《见证西藏——西藏自治区政府历任现任主席自述》,中国藏学出版社 2005 年版,第 91—92 页。

② 中共西藏自治区委员会党史研究室:《天宝与西藏》,中共党史出版社 2006 年版,第 94—95 页。

③ 《周恩来在中央民委举办的藏族干部研究班上的报告(节录)》,西藏自治区党史办公室:《周恩来与西藏》,中国藏学出版社 1998 年版,第 112 页。

④ 毛泽东:《少数民族地区的社会改革必须谨慎对待》,中共中央文献研究室、中共西藏自治区委员会编:《西藏工作文献选编》(1949—2005),中央文献出版社 2005 年版,第 21 页。

⑤ 《吸收藏族优秀青年参加人民解放军》,《邓小平西南工作文集》,中央文献出版社、重庆出版社 2006 年版,第 242 页。

周恩来在欢迎各民族代表宴会上致词说,我们应该更进一步地加强和巩固民族团结,有步骤地和切实地实现民族的区域自治政策,帮助各民族人民训练和培养成千上万的干部。① 1952 年 2 月 22 日,政务院第一二五次政务会议通过《中华人民共和国民族区域自治实施纲要》。其规定:"各民族自治区的人民政府机关,应以实行区域自治的民族人员为主要成分组成之。"② 为大量地和有计划地培养藏族干部,10 月 31 日,中共西藏工委将有关五年计划上报中央,拟经过统战工作任用工作人员,开办长期和短期学校,以逐步培养藏族干部。12 月 16 日,中央认为,鉴于西藏地区当时的种种不利条件,暂时不宜制订五年计划,而只制订 1953 年计划为宜,并且要有在实行中因必要而加以修改的精神准备。同时,中央指出:"1953 年计划,除依照中央 10 月 26 日关于必须极端谨慎对待宗教等的指示精神再加斟酌外,在西藏地区,目前以僧俗爱国知识分子和在人民中有影响的中上层人物为主。可在西藏地方政府官员,达赖、班禅的宗教事务官员,各大寺庙的喇嘛,藏军官员及僧俗知识分子中,依据可能稳步地发展统战工作,了解他们的要求和感情,加强和他们的联系,经过一个时期的工作之后,确定一部分爱国的上层和中层人物,加以有计划的培养。在条件成熟的地方,如昌都、日喀则地区可以办理短期的政治训练班或学校,吸收当地在职人员带职学习,其教学和管理方式,均须适合于争取他们逐渐乐于学习的目的。此外,还可考虑办理不脱离生产和不妨碍生产的业余学校。卫生机关和贸易机关,依据需要可酌量办理训练藏族卫生人员和贸易工作人员的初级训练班。比较正式的高级军事政治学校或干部学校(吸收高级和中级官员及中上层僧俗知识分子进行有计划的学校教育),估计还不可能,待情况变化后再考虑。依据各民族地区和西藏致敬团参观团的经验,继续推行有计划地分别组织各方面的人到内地来参观的方式,如有愿意到内地入学的,应帮助他们来。③

中央在上述指示中所提到的"中央 10 月 26 日关于必须极端谨慎对待宗教等的指示",是指《中共中央关于必须极端谨慎对待宗教问题等的四点指示》④。

---

① 周恩来:《在欢迎各民族代表宴会上的致词》,《人民日报》1950 年 9 月 30 日。
② 《中华人民共和国民族区域自治实施纲要》,中共中央文献研究室、中共西藏自治区委员会编:《西藏工作文献选编》(1949—2005),中央文献出版社 2005 年版,第 61 页。
③ 《中共中央对西藏工委培养民族干部五年计划的指示》,中共中央文献研究室、中共西藏自治区委员会编:《西藏工作文献选编》(1949—2005),中央文献出版社 2005 年版,第 92—93 页。
④ 《中共中央关于必须极端谨慎对待宗教问题等的四点指示》,中共中央文献研究室、中共西藏自治区委员会编:《西藏工作文献选编》(1949—2005),中央文献出版社 2005 年版,第 89—90 页。

其一,关于宗教问题,该指示指出:"在西藏地方,佛教问题是各阶层深切关心的问题。""必须充分估计到佛教在西藏民族的悠久历史及其深入人民的传统影响,以及达赖、班禅在各阶层人民中享有的很高的佛教信仰,同时充分认识到宗教问题的长期性、国际关系、在西藏地区怎样对待佛教问题在政治上的重要意义。""必须坚决遵守和执行尊重宗教信仰自由和保护宗教的政策,对纯属宗教范围内的事情,不要做任何行政的干涉。对其他问题的处理如牵连到宗教时,则必极端谨慎,力求做到在宗教问题上无所借口。"其二,对于统一战线的策略问题,该指示强调,对"亲帝国主义的反动力量"仍须采取有所区别的分化政策,在具体的斗争中,"实际地打击只能用来对付个别的、罪恶重大的并且已陷于孤立的分子"。要学会灵活运用有理、有利、有节的原则。其三,直接涉及到藏族干部的培养工作。该指示就在西藏办小学和训练藏族干部问题指出:"必须采取慎重稳进的方针,必须依据自愿原则并在取得上层同意的条件下才进行,并要尽量采用由适当上层人物出面办理的形式。而且在西藏经济工作尚无基础的情况下,由我们出资办理的学校不宜办的过多,以免供应困难,形成被动。"①其四,仍然涉及到干部工作问题。根据西藏和平解放初期的地方工作中,在一个时期内除卫生、贸易等工作外,其他工作很难进行的实际情况,中央在该指示中提议中共西藏工作委员会从地方工作机构中抽调"一切在目前工作很少或虽有工作而可交给他人兼顾的干部",集中起来,进行学习,"主要学习藏文藏语,研究西藏的历史社会情况,学习《毛泽东选集》,以便将来时机成熟时去进行各种地方工作"。中央认为:"这是长期打算的重要措施。"以上,中央根据西藏工作的特殊性和复杂性,对于包括培养藏族干部和在西藏地方工作的民族工作干部在内的西藏干部工作,提出必须坚持慎重稳进的方针,并作了具体部署,对于一定时期西藏干部工作发挥了重要指导作用。

和平解放后,西藏主要以致敬团和参观团的方式,选派人到内地参观访问。1953年8月1日,十世班禅致信毛泽东,谈到西藏每年派人赴内地参观的情况。第二年4月,毛泽东复信十世班禅,肯定了西藏每年选派人到内地参观的做法,认为每年还可以选送一些青年来内地学习,长期学习和短期学习都好。他说:"这样可以更多地培养一些建设西藏的民族干部。"②1954年10月

---

① 《中共中央关于必须极端谨慎对待宗教问题等的四点指示》,中共中央文献研究室、中共西藏自治区委员会编:《西藏工作文献选编》(1949—2005),中央文献出版社2005年版,第90页。

② 毛泽东:《给班禅额尔德尼的信》,中共中央文献研究室、中共西藏自治区委员会编:《西藏工作文献选编》(1949—2005),中央文献出版社2005年版,第106页。

9 日,毛泽东在与达赖喇嘛谈话中谈到西藏实行民主改革的条件问题时说:"要让西藏人看到改革有好处,才肯改革。"因此,"汉族、藏族要互相了解、信任";"汉族要帮助西藏办一些能办的事";"还要帮助藏族训练干部,帮助他们成长起来"。① 在为西藏实行民族区域自治而培养干部问题上,毛泽东不仅对十世班禅谈,而且对十四世达赖喇嘛讲。培养藏族干部是他们之间谈话的一个重要议题。此种情形,既反映出中央人民政府对这一工作的高度重视,又表现出西藏实行民族区域自治对藏族干部需求的紧迫性。

选派民族干部到学校学习和开办民族干部学校,是大批和长期培养民族干部的重要途径。1954 年 10 月 9 日,毛泽东在与达赖喇嘛谈话中说:"西藏要办小学、中学,还要办大学,不仅要有大学生,还要有各种各样的干部和科学家。"②国务院全体会议第七次会议在决定成立西藏自治区筹备委员会的同时,在关于帮助西藏地方进行建设的事项中,决定"将西藏军区干部学校,改为西藏地方干部学校,并予扩建,以加强培养训练藏族及其他民族干部的工作。"③1956 年 2 月 12 日,毛泽东在北京与藏族人士谈话时说:"西藏也要设立大学。只要努力去做,一年年地进步,就可以达到目的。"西藏干部学校就是根据《国务院关于帮助西藏地方进行建设事项的决定》和西藏自治区筹备委员会常委会第一次会议的有关决定筹划成立的。5 月 6 日,西藏自治区筹备委员会常委会召开第一次会议。在会议开始时,出席会议的常务委员和列席会议的西藏自治区筹备委员会所属各部门负责干部按照藏族的传统习惯,都吃了象征吉祥的酥油茶和人参果米饭。会议在培养干部问题上认为,为适应西藏各项工作日益发展的需要,必须迅速地、大力地培养干部和训练原有僧俗官员干部。会议决定,1956 年在西藏地方干部学校训练干部 2000 人,其中西藏地方政府送 1000 名,昌都地区人民解放委员会和班禅堪布会议厅各送 500 名。④ 为便于进行西藏干部学校建校的筹备工作,8 月 3 日,西藏自治区筹备委员会常委会第九次会议讨论并通过《关于成立西藏干部学校筹备处的决议》,决定在校长人选未确定前,先成立西藏干部学校筹备处,责成土丹旦

① 中共中央文献研究室、中共西藏自治区委员会、中国藏学研究中心编:《毛泽东西藏工作文选》,中央文献出版社、中国藏学出版社 2008 年第二版,第 110 页。
② 中共中央文献研究室、中共西藏自治区委员会、中国藏学研究中心编:《毛泽东西藏工作文选》,中央文献出版社、中国藏学出版社 2008 年第二版,第 110 页。
③ 《国务院关于帮助西藏地方进行建设事项的决定》,中共中央文献研究室、中共西藏自治区委员会编:《西藏工作文献选编》(1949—2005),中央文献出版社 2005 年版,第 132—133 页。
④ 《西藏自治区筹备委员会常务委员会举行第一次会议》,《西藏日报》1956 年 5 月 8 日。

达、松格巴顿、陆一涵等负责进行筹备事宜。① 为加强对建校前后的全面工作领导,决定建立西藏干部学校董事会。10 月 13 日,西藏自治区筹备委员会常委会第十五次会议通过西藏干部学校董事长和校长人选,达赖喇嘛、班禅额尔德尼和谭冠三为董事长,阿沛·阿旺晋美为校长,拉敏·益喜楚臣、邦达多吉、苗九锐为副校长,负责主持该校日常具体工作。②

二是西藏自治区筹备委员会成立至西藏民主改革阶段。西藏自治区筹备委员会成立以后,培养藏族干部工作被放在了更加突出的地位。

1956 年 4 月 22 日,在西藏自治区筹备委员会成立大会上,陈毅发表讲话时指出,西藏自治区筹备委员会成立后,西藏工作进入一个新的阶段,今后的主要工作就是进一步实现“团结、进步和更加发展”的方针。执行这一方针,圆满地实现区域自治和进行经济、文化建设的任务,西藏地方还必须要有足够数量的本民族的经济、文化、教育、艺术、科学等各方面事业的和技术的干部。“这些干部应该具有正确的政治认识、相当的工作能力和能够联系群众。”他强调,西藏自治区筹备委员会和西藏社会上各方面的人士,以及中共西藏工委,都应该把培养干部作为自己的重要职责。③ 7 月 24 日,周恩来在召集来北京的四川甘孜藏族自治州和凉山彝族自治州少数民族上层人士会议上发表讲话,其中就培养民族干部与实行民族区域自治的关系问题指出:“在少数民族地区,办事情要靠少数民族干部,因此我们必须培养少数民族干部,逐步使他们在各民族自治地方的自治机关、企业、学校中都占大多数,并且担任主要的领导职务。”④ 张经武在 1956 年 9 月参加中共八大后,于 11 月 6 日回到西藏。根据周恩来在印度与达赖的谈话内容得知,“这次张经武同志去西藏时,毛主席专门交代了筹委会的工作要做好,必须依靠本民族的干部去做。”⑤ 1957 年 8 月 4 日,周恩来在民族工作座谈会上强调:“在每个民族自治地方,民族干部应该做负责工作”,“总要负更多的责任”。由民族干部对于民族区域自治的

---

① 《关于成立西藏干部学校筹备处的决议》,《西藏日报》1956 年 8 月 5 日。

② 《西藏日报》1956 年 10 月 16 日。

③ 陈毅:《在西藏自治区筹备委员会成立大会上的讲话》,中共中央文献研究室、中共西藏自治区委员会编:《西藏工作文献选编》(1949—2005),中央文献出版社 2005 年版,第 161 页。

④ 周恩来:《少数民族地区的民主改革要更有准备更有步骤地进行》,中共中央文献研究室、中共西藏自治区委员会编:《西藏工作文献选编》(1949—2005),中央文献出版社 2005 年版,第 177 页。

⑤ 周恩来:《同达赖喇嘛的谈话》,中共中央文献研究室、中共西藏自治区委员会编:《西藏工作文献选编》(1949—2005),中央文献出版社 2005 年版,第 185 页。

重要性所决定和要求,必须在民族工作中有步骤地有计划地培养民族干部。①

在筹备成立西藏自治区的过程中,干部基础是西藏能否进行民主改革的一个重要因素。1956年9月4日,中央就西藏民主改革问题,指示西藏工委说:"从西藏当前的工作基础、干部条件、上层态度以及昌都地区最近发生的一些事情看来,西藏实行改革的条件还没有成熟,我们的准备工作也绝不是一两年内能够做好的。"②因此,中央认为,西藏实行民主改革,"肯定不会是第一个五年计划期内的事,也可能不是第二个五年计划期内的事,甚至还可能要推迟到第三个五年计划期内去"。③尽管如此,中央强调:"我们的等待不是消极的,相反的必须积极地进行工作。从现在开始到进行改革这个期间,必须抓紧上层统一战线、培养藏族干部、发展党员和团员、扶助群众生产、尽可能地改善群众生活(包括减轻某些负担)和逐步使自治区政权民主化等项重要环节,努力作出成绩,以便为改革做好准备条件。"④11月29日,周恩来在同十四世达赖喇嘛谈话时说:"必须培养民族干部,所有的工作均放手让他们去做,固然一开始时有困难,但这不要紧,做好了很好,如果出了缺点和错误再帮助纠正,这样他们就会积累经验,学会工作。"⑤他说:"关于培养和使用民族干部问题,由筹委会研究制定出一套具体办法来,大家遵照执行,谁也不能违反,有人违反了就要批评他,这样就更好办了。"他指出,工作一定要让藏族干部去做。⑥

中央在考虑了西藏地区的历史的和现实的情况后,决定从1957年起至少六年以内,甚至在更长的时间以内,在西藏不进行民主改革。1957年5月14日,中央原则上批准了西藏工委1957年3月19日提出的关于今后西藏工作的决定和精简机构、紧缩开支的方案,并指出今后至少六年内,西藏工作中可为的方面,应当适当地继续进行,其中要继续注意培养藏族干部,除在当地工

---

① 周恩来:《关于我国民族政策的几个问题》,《周恩来选集》(下卷),人民出版社1984年版,第269页。

② 《中共中央关于西藏民主改革问题的指示》,中共中央文献研究室、中共西藏自治区委员会编:《西藏工作文献选编》(1949—2005),中央文献出版社2005年版,第183页。

③ 《中共中央关于西藏民主改革问题的指示》,中共中央文献研究室、中共西藏自治区委员会编:《西藏工作文献选编》(1949—2005),中央文献出版社2005年版,第183页。

④ 《中共中央关于西藏民主改革问题的指示》,中共中央文献研究室、中共西藏自治区委员会编:《西藏工作文献选编》(1949—2005),中央文献出版社2005年版,第184页。

⑤ 周恩来:《同达赖喇嘛的谈话》,中共中央文献研究室、中共西藏自治区委员会:《西藏工作文献选编》(1949—2005),中央文献出版社2005年版,第185页。

⑥ 周恩来:《同达赖喇嘛的谈话》,中共中央文献研究室、中共西藏自治区委员会:《西藏工作文献选编》(1949—2005),中央文献出版社2005年版,第186页。

作中培养一部分外,可以继续吸收少数青年到内地学习。① 根据中央的指示,西藏各级组织机构进行了精简,汉族干部大批内调,藏族学员作了适当安排。据白云峰回忆,"1957 年 3 月上旬,中央书记处讨论西藏工作,在京的工委委员与会,关于藏族学员处理问题,初步意见为,选送五百名政治素质好的进内地民族学院培养,其余部分遣散。会后,住在北京饭店的在京工委领导干部张经武、张国华、范明、王其梅、慕生忠、牙含章、郭锡兰、白云峰和霍正西讨论中央对于西藏工作方针时,关于藏族学员处理问题,认为全区现有藏族学员近万人,如果全部遣散回家,反动分子会乘机挑拨说:'你们要跟共产党,现在共产党抛弃了你们,还是跟我们来吧!'这样在全藏散布着近万名青年将失去学习机会,太可惜,在政治上对我们也是很不利的。建议中央准许将这些学员送回内地进行培训,为将来改革准备干部。中央采纳了我们的意见。在书记处会议上,小平同志作结论时说:'藏族学员凡愿来内地学习的,人数不限,不愿来的,一个也不强迫。西藏自己在内地办学。'"②正是这次于 1957 年 3 月 5 日开始的中央书记处关于西藏工作问题的会议,针对当时西藏的形势,决定西藏在祖国内地办学,为西藏建设培养所需要的人才。西藏工委成立了西藏干部学校筹备委员会和临时校党委。西藏公学就是从最初命名的西藏干部学校,由中央仿效当年的陕北公学而正式定名。1957 年 7 月,西藏工委上报中央批准,定名为西藏公学。③ 1958 年 9 月 15 日,西藏公学在咸阳(原西北工学院旧址)举行开学典礼,来自西藏各地的藏、回、彝、纳西、土、蒙古、汉等民族青年到该校学习,绝大部分是农奴的子女,学员的衣食和学习费用均由国家供给。此外,西藏工委还选送了一批藏族干部到北京、兰州、成都的民族学院学习。④

然而,尽管当时大批藏、回等少数民族人员被吸收参加工作或学习。但是,一些宗、谿和各主管头人对这些干部和学员继续摊派各种人役(包括人头税)。在江孜地区,1957 年 9 月 15 日,江孜地区头人本根却珠不满朗生(家奴)旺杰平措参加工作,借口旺杰平措没有给他家支差,同妻子格登用皮鞭毒打旺杰平措,并上了脚镣。本根却珠毒打旺杰平措事件发生后,拉萨及其他地区的机关干部和学员纷纷表示声讨和反对,要求严惩罪犯。西藏自治区筹委

---

① 《中共中央对西藏进行民主改革和收缩方针的指示》,中共中央文献研究室、中共西藏自治区委员会编:《西藏工作文献选编》(1949—2005),中央文献出版社 2005 年版,第 197、199、200 页。

② 白云峰:《西藏民族学院前身西藏公学的创建》,《西藏党史通讯》1987 年第 2 期。

③ 白云峰:《西藏民族学院前身西藏公学的创建》,《西藏党史通讯》1987 年第 2 期。

④ 中共西藏自治区委员会党史研究室编著:《中国共产党西藏历史大事记》(1949—2004),第 1卷,中共党史出版社 2005 年版,第 120—121 页。

会认为这个问题很重要，虽然江孜基巧级办事处已作了处理，为了防止以后发生类似事件，除给该犯判处应得的刑事处分外，有必要作出一个保护干部、学员身心安全的决议，使他们能够安心工作和学习。为此，西藏自治区筹委会派出调查组，对旺杰平措因参加工作而被头人毒打一事进行调查。调查组通过调查，于12月7日公布了调查报告。

12月30日，西藏自治区筹委会常务委员会召开第二十三次会议，通过了《关于免去西藏各族人民参加国家机关工作的人员、学员的人役税的决议》。这一决议是由达赖喇嘛提议的。① 该决议决定今后西藏地区的地方政府、班禅堪布会议厅委员会和昌都地区人民解放委员会所属的各宗、谿和各主管头人，不得对西藏各族人民参加国家机关工作的人员、学员、学生本人继续摊派各种人役；凡这些人员本人所担负的人役免去后，不得转而摊派给他们的家属支应；对已参加或今后参加工作的工作人员或学习的干部、学员、学生，各界人士都应该积极予以支持和协助，决不允许直接或间接地加以迫害。② 同时，西藏自治区筹委会宣布了《关于重判本根却珠毒打学员旺杰平措案件的决定》，除判献哈达道歉、赔偿医药费外，判处本根却珠拘役4个月，判处其妻格登拘役2个月，先后依次执行。③《西藏日报》1958年1月8日公布了西藏自治区筹备委员会《关于重判本根却珠毒打学员旺杰平措案件的决定》和《"本根却珠毒打学员旺杰平措事件"调查组的调查报告》。④ 1958年3月9日，中央复电同意了西藏自治区筹备委员会免除西藏各族人民参加国家机关工作人员、学员的人役税的决议。⑤

为适应西藏自治区筹备委员会成立后各项工作的需要，根据我国其他地区的建设经验，西藏自治区筹备委员会常务委员会通过了关于培养干部的各项决议，以大量培养藏族干部。1956年6月22日，西藏自治区筹备委员会常委会举行第四次会议，讨论并通过了《关于西藏地区一九五六年选送藏、回族青年入中央、西南民族学院的决议》，计划由全区选送五百至七百学员。其中，拉萨及附近各宗谿135名，日喀则等地154名，昌都地区人民解放委员会

① 胡国城：《拉萨藏族官员提出大量事实证明中央政府支持藏族人民实现区域自治，原西藏地方政府却千方百计进行阻挠》，《人民日报》1959年4月24日。
② 《西藏日报》1958年1月8日。
③ 中共西藏自治区委员会党史研究室编著：《中国共产党西藏历史大事记》（1949—2004），第1卷，中共党史出版社2005年版，第114—115页。
④ 《西藏自治区筹委会决定免去人役税》，《人民日报》1958年1月12日。
⑤ 中共西藏自治区委员会党史研究室编著：《中国共产党西藏历史大事记》（1949—2004），第1卷，中共党史出版社2005年版，第116页。

124 名。学员的条件,历史清楚,品行端正,有培养前途者。凡被录取的学员,去西南、中央民族学院的路费由公家负责,途中伙食由公家按每人每天二元标准开支,并发给每人单衣一套、鞋子一双、被子一条、手巾、牙膏、牙刷、瓷碗、勺子各一件。入学后一切食宿、零用和毕业后返回的路费均由学校负责。① 7 月 27 日,西藏自治区筹备委员会常务委员会第八次会议通过《关于畜牧处第三季度工作的决议》,就培养干部、加强技术力量方面,计划筹办畜牧兽医训练班;根据畜牧兽医发展的需要,1956 年计划在拉萨开办畜牧兽医训练班,培养藏回族初级畜牧兽医干部,同时加强在职干部的政治、业务学习,提高思想认识和技术水平。② 为培养大批藏族技术工人,9 月 8 日,西藏自治区筹委会常委会第十二次会议讨论并通过《关于培训藏族技术工人的规划》,计划从 1956 年第四季度起培训西藏地区工矿、企业、交通运输、基本建设所需的各工种工人,首先培训基本建设技术工人、汽车驾驶员,其次是厂矿企业的各种技术工人。培训方法包括:(1)冬训;(2)带徒弟;(3)组成小组,抽出专业技工进行教学;(4)夜校;(5)办技术训练班等。③ 10 月 6 日,西藏自治区筹备委员会常委会第十四次会议通过《关于大力培养藏族干部的决议(草案)》,决定要求西藏自治区筹备委员会所属各个部门,拉萨、日喀则、昌都、山南、塔工、江孜、黑河、阿里等八个基巧级办事处和各宗级办事处,应通过各种业务部门分别吸收和培养政法、财政、贸易、工业、农林、畜牧、文教卫生等各种干部。筹委会所属各部门、各基巧级办事处和各宗级办事处应根据具体情况订出切实可行的培养计划,抽调专职干部负责领导,以完成培养藏族干部的任务。为了广泛地吸收和培养藏族干部,除自治区筹委会各部门和各级办事处自己大量吸收外,并应协助西藏工委和西藏军区各部门以及群众团体完成他们吸收和培训藏族干部的任务。决议指出,吸收藏族干部,一方面由西藏地方政府、班禅堪布会议厅、昌都地区人民解放委员会和其他各方面原有机构选派和提拔,另一方面在社会上广泛吸收贵族官员、青年知识分子和广大工人、农民、牧民等。吸收这些人员参加工作时,应尽量照顾当地的具体情况与有关方面协商,取得他们的同意,不得强迫;同时,各有关方面也必须大力予以协助,保证完成培训藏族干部的任务。根据当时西藏的具体情况,培养藏族干部采取的方法是多种多样的。其一,在本机关内培养,包括:(1)在日常工作中带徒弟,上级带下级、老的带新的、强的带弱的;(2)加强政治理论学习;(3)加强文化学习;(4)加强

---

① 《西藏日报》1956 年 6 月 24 日。
② 《西藏日报》1956 年 7 月 29 日。
③ 《西藏日报》1956 年 9 月 9 日。

业务学习。其二,有计划地抽调一定数量的在职藏族干部入藏干校短期轮训。其三,从社会上新吸收的学员,除一部分参加机关工作在职培养或轮训外,其余以开办训练班形式加以培养。学习时间的长短,可由各主管部门自行决定。在分配工作时,量才使用。为了放手使用和便于培养藏族干部,西藏自治区筹备委员会决定从现有的汉族干部中抽出三分之一,并强调今后筹备委员会各个部门和各级办事处的工作,凡藏族干部能够代替,均应坚决地把汉族干部抽调出来另行分配工作,其缺额由藏族干部补充,并且大胆、放手、破格地提拔和使用藏族干部,使其尽早熟悉和掌握业务,以管理自己的事务。① 根据以上决议和工作部署,西藏自治区筹备委员会各直属部门和各基巧级办事处及时制订相应的计划和具体措施,藏族干部的培养取得积极成效。例如,自6月至10月间,昌都地区各机关和所属各宗吸收一千多名藏族青年参加工作。他们努力工作和学习,进步很快。其中,参加昌都邮电管理局发讯台工作的扎西卓玛和扎西容中与台主任订了师徒合同,经过努力,不仅可以听、打电话、登记原始记录和变换电压,还能更换个别的无线电波长。在昌都干部训练班学习的200名藏族青年,从最初90%的文盲,经过学习,其中很多人学会了用藏文书写信函。②

　　为了使培养藏族干部的工作能够健康地继续发展,1956年12月8日,西藏自治区筹备委员会常务委员会第十八次会议通过了《关于大力培养藏族干部的补充规定》,针对以前工作中出现的强迫摊派、降低标准和"坏分子混入"等情况,要求藏族干部的培养工作除仍应遵照常务委员会第十四次会议通过的《关于大力培养藏族干部的决议》的原则外,必须根据当地具体情况与当地负责人员进行充分协商,并取得他们的同意;做好宣传教育工作,取得家庭的同意;坚持本人自愿,不得强迫;不准摊派,增加群众负担;保证吸收干部的标准,吸收有培养前途的人员,防止不正当的人、有严重病患者和坏人混入。对已吸收的藏族干部加强组织、教育和清理。拉萨各种训练班(除青训班)均合并到西藏干部学校,归干部学校统一领导,在教学和其他工作上尚不能统一者,由西藏干部学校和原业务部门适当分工负责。拉萨各机关中的在职培养的藏族干部调出一些可以调出的人员,送西藏干部学校学习培养。各基巧级办事处本着"因地因人制宜"的原则,就地开办训练班。对不够干部标准、没

---

① 《西藏自治区筹备委员会常务委员会关于大力培养藏族干部的决议(草案)》,《西藏日报》1956年10月10日。

② 《西藏日报》1956年10月15日。

有培养前途的人员,区别具体情况,妥善进行了清理和安置。①

三是西藏民主改革至西藏自治区成立阶段。1959 年 3 月,西藏发生全面武装叛乱,中央对西藏工作作出边平叛边改革的方针。5 月 10 日,毛泽东在同德意志民主共和国人民议院代表团谈话时说,新中国成立以来,"我们培养了青年藏族干部,他们学了汉语。在西藏工作的汉族的干部也学了藏语。在西藏,马列主义者和劳动者可以合作,而且合作得很好"。② 毛泽东非常关心藏族科技干部的培养工作。10 月 22 日,他同十世班禅谈话时询问这方面的情况时说:"西藏改革后也要办工业,要西藏人自己办,工程师、技术人员都要有藏族的,因此要注意培养藏族的科学技术干部。"③ "以后各少数民族,都要有军事干部、技术干部、文化干部、政治干部。要注意培养这些干部。"其中,第一是政治干部,要扩大这方面的干部。④ 1961 年 1 月 23 日,他同班禅谈话,再次讲道:"西藏人中不仅要有行政干部,还要有文教、医疗、宗教等各方面的干部,而且还要有科学技术干部。"⑤在基本平息叛乱和民主改革后,4 月 21 日,中央在关于西藏工作方针中指出:"今后西藏工作必须采取稳定发展的方针。"根据这一方针,西藏必须整顿干部作风,发展党的组织,培养藏族干部。⑥中央强调:"要彻底完成民主改革,并在将来完成社会主义改造,建成民主和社会主义的西藏自治区,必须在当地藏族劳动人民中发展党的组织,培养大批共产主义干部,同时注意培养革命知识分子和各种科学技术干部。随着少数民族干部的成长,许多工作逐渐由少数民族干部来当家作主,更多的事情将逐渐由他们来办,这是符合党的民族区域自治政策的,如果少数民族干部不是逐步增多,事情又不由他们自己办,那就不是自治。"鉴于西藏自治区行将成立,中央强调,必须更加重视培养藏族干部的工作。⑦ 到 1960 年底,西藏地区专

---

① 《关于大力培养藏族干部的补充规定》,《西藏日报》1956 年 12 月 11 日。

② 毛泽东:《关于西藏民主改革》,中共中央文献研究室、中共西藏自治区委员会编:《西藏工作文献选编》(1949—2005),中央文献出版社 2005 年版,第 229 页。

③ 毛泽东:《同班禅额尔德尼的谈话》,中共中央文献研究室、中共西藏自治区委员会编:《西藏工作文献选编》(1949—2005),中央文献出版社 2005 年版,第 240 页。

④ 毛泽东:《同班禅额尔德尼的谈话》,中共中央文献研究室、中共西藏自治区委员会编:《西藏工作文献选编》(1949—2005),中央文献出版社 2005 年版,第 242 页。

⑤ 毛泽东:《同班禅额尔德尼的谈话》,中共中央文献研究室、中共西藏自治区委员会编:《西藏工作文献选编》(1949—2005),中央文献出版社 2005 年版,第 252 页。

⑥ 《中共中央关于西藏工作方针的指示》,中共中央文献研究室、中共西藏自治区委员会编:《西藏工作文献选编》(1949—2005),中央文献出版社 2005 年版,第 254—255 页。

⑦ 《中共中央关于西藏工作方针的指示》,中共中央文献研究室、中共西藏自治区委员会编:《西藏工作文献选编》(1949—2005),中央文献出版社 2005 年版,第 262 页。

员公署、县（区）和乡级人民政权普遍建立起来,本地藏族干部和其他少数民族干部总数增加到一万多人,比民主改革前增加了近两倍。乡级干部全是藏族,区级干部中 90% 以上是藏族,三百多名藏族干部担任了县以上领导职务。①

　　为成立西藏自治区,中央在 1961 年 4 月 21 日的《关于西藏工作方针的指示》中指出,经过普选建立各级人民代表大会和人民委员会,成立西藏自治区。8 月 2 日,西藏自治区筹委会常委会通过进行民主选举试点工作,于 9 月 19 日决定成立西藏自治区选举委员会,班禅任主席。② 经国务院批准,1962 年 8 月 25 日,西藏自治区选举委员会正式成立,并举行了第一次全体委员会议,决定建立西藏各级选举机构。③ 此后,在试点的基础上,西藏历史上第一次基层普选建立人民代表大会工作,有准备、分步骤地开展起来。

　　1963 年 1 月,西藏自治区筹委会第六次全体委员扩大会议讨论了全区普选工作,并通过了《西藏自治区各级人民代表大会选举条例》。经过依法普选,到 1965 年 7 月底,全区已有 90% 的乡完成基层选举,召开了乡人民代表大会或乡人民代表会议,建立了乡人民政权。④ 至 1965 年 8 月 5 日,西藏全区基层选举工作基本结束,并开始了县一级的选举工作。⑤ 8 月 23 日,西藏县一级的选举工作结束。全区有 54 个县召开了第一届人民代表大会的第一次会议,有 16 个县召开了人民代表会议。各县人民代表大会或人民代表会议在酝酿和讨论的基础上选出了正副县长,建立了县人民委员会,并选举了出席西藏自治区第一届人民代表大会的代表。⑥ 其中,全区有 11 位昔日女奴隶、女农奴当选为正副县长。⑦

　　西藏自治区第一届人民代表大会代表选举结束后,1965 年 8 月 24 日,西藏自治区选举委员会举行了第五次会议,决定公布西藏自治区第一届人民代

---

①　编委会:《解放西藏史》,中共党史出版社 2008 年版,第 447 页。
②　中共西藏自治区委员会党史研究室编著:《中国共产党西藏历史大事记》(1949—2004),第 1 卷,中共党史出版社 2005 年版,第 191 页。
③　中共西藏自治区委员会党史研究室编著:《中国共产党西藏历史大事记》(1949—2004),第 1 卷,中共党史出版社 2005 年版,第 201 页。
④　《西藏日报》1965 年 8 月 13 日。
⑤　中共西藏自治区委员会党史研究室编著:《中国共产党西藏历史大事记》(1949—2004),第 1 卷,中共党史出版社 2005 年版,第 225 页。
⑥　《西藏日报》1965 年 8 月 26 日。
⑦　中共西藏自治区委员会党史研究室编著:《中国共产党西藏历史大事记》(1949—2004),第 1 卷,中共党史出版社 2005 年版,第 225 页。

表大会代表名单。根据《西藏自治区选举委员会关于公布西藏自治区第一届
人民代表大会名单的决定》，全区 61 个选举单位，共选举出席自治区第一届
人民代表大会代表 301 人，其中藏族代表 226 人，汉族 59 人，门巴族 5 人，珞
巴族 3 人，回族 4 人，纳西族 1 人，怒族 1 人，其他代表 2 人，占代表总数的
80% 以上。各民族代表中绝大多数是翻身农奴和奴隶，也有一部分是爱国进
步的上层人士和宗教界人士。① 这些代表是在西藏全区举行普选的基础上，
分别由 61 个选举单位的人民代表大会选举产生的，具有广泛的代表性、民族
性和群众性，而由他们所选举产生的西藏自治机关的组成人员无疑具有充分
的合法性和坚实的社会政治基础。

西藏自治区第一届人民代表大会代表民族构成一览表

选区 ＼ 民族	藏族	汉族	门巴民	珞巴族	登巴	回族	其他
拉萨地区（50 名）	才仁吉多、大瓦、巴噶·索朗旺久、巴珠、扎西、仁增卓玛(女)、布、尼玛次仁、刊卓旺姆(女)、协绕顿珠、协绕曲登、江中·扎西多吉、次仁拉姆(女)、次仁卓玛(女)、次旺多杰、多杰、阿沛·阿旺晋美、阿沛·才旦卓噶、赤来群培、占堆、阿旺曲扎、罗丹、其美多杰、洛桑曲珍(女)、贡布、崔科·顿珠才仁、朗杰、崔科·德吉央宗(女)、登巴旺久、索朗扎西、索朗扎西、顿珠次仁、路马·明久多杰	王民、宋赞良、李建荣、周仁山、张国华、张振生、张拔明、洪钦松、董金增、钱兴门	协绕、江白央布、旺扎	大保		周继雄、张福清、蔡长寿	
阿里地区（11 名）	丹巴坚作、扎西洛尔吉、扎西彭措、公保占堆、央加、达娃更巴、多吉郎加、洛桑彭措、索南普布	史焕之、冯培正					

　① 《西藏日报》1965 年 8 月 26 日。

选区\民族	藏族	汉族	门巴民	珞巴族	登巴	回族	其他
日喀则地区（71名）	刀杰、才旦卓玛（女）、土登朗杰、仓木决（女）、仓吉（女）、丹增塔青、扎西平措、巴桑、平措旺秋、平措、尼玛平措、木曾、石达、生钦·洛桑坚赞、兰次（女）、白玛堪珠（女）、史家、江莎·才仁多杰、江金·旺秋杰布、多吉、曲旦、曲桑（女）、吉卜·平措次丹、次仁顿珠、次仁、穷穷（女）、穷达、坚赞平措、旺钦、拉敏·索朗伦珠、拉巴次仁、拉普、罗布、哈顿、恰巴·格桑旺堆、洛布、洛桑吉村、洛桑、班禅额尔德尼·确吉坚赞、益西卓玛（女）、桑吉加、称列杰村、贡布、朗杰赤列、普穷、普布、普穷、普珍（女）、普布次仁、索那（女）、索朗次仁、索朗诺布、索朗次仁、强巴扎西、朗加多吉、朗措、詹东·洛桑朗杰、谊玛、诺杰、噶玛占堆	王立仁、任明道、任昌、陈竞波、郑柏龄、罗石生、张向明、姜启国、高志励、焉维松、卫璜					
那曲地区（37名）	才旦占堆、才仁白珍（女）、扎西、扎西层培、云中噶瓦、巴达、加道占扎、布德、央培、旦加、旦措（女）、四曲卓玛（女）、节节、次登、次珠、多杰才旦、曲朗、阿真、阿白、阿旺、阿他、坚白赤列、吴金、索朗曲措、索朗吾珠、索朗、索朋、喀炯、满久、泽仁、泽仁拉姆（女）	刘肇功、李宪章、侯杰、旅克栋、张平凡					

续表

民族 选区	藏族	汉族	门巴民	珞巴族	登巴	回族	其他
昌都地区 （72名）	三朗哈姆（女）、扎拉、扎西彭措、扎西群培、扎西江村、占堆、白噶、白玛拉珍（女）、白玛赤列、尼玛次仁、司多、甲永成措（女）、向巴、向巴泽仁、次珠、邦达多吉、当度江村、多吉旺堆、江巴悦西、阿西、阿噶、阿松、阿旺江巴、赤列、帕巴拉·格列朗杰、其昌、旺加、旺堆、旺修卓玛（女）、旺清多吉、罗布、松吉江村、洛松顶真、洛四郎、洛次臣、相多（女）、恰达、郎加、郎杰平措、郎杰、桑泽仁、格桑卓玛（女）、格桑旺堆、岗措、觉准（女）、策塔、顿杰、群培、雍丕、噶拉、噶松（女）、德西卓玛（女）、泽仁玉珍（女）、泽仁曲西（女）	王其梅、刘也风（女）、宋子元、苗丕一、郑化民、侯尚武、郭锡兰、张再旺、马向明（女）、杨名声、鲍奕珊			巴噶、阿拉	胥洪发	扎拉、西姆（女、纳西族）、梅容（怒族）
山南地区 （45名）	扎措、扎西坚赞、扎西旺姆（女）、仁钦索朗、尼玛次仁、次登班久、次仁多吉、次仁拉姆（女）、江金·索朗杰布、江则、达瓦、达瓦单增、多吉曲珍（女）、多吉、曲尼拉姆（女）、赤列旺秋、金巴班登、洛桑云登、娜珍（女）、索朗顿丹、索那达杰、格桑朗杰、格桑旺堆、格桑卓噶（女）、热振·益西楚臣、桑颇·才旺仁增、隆珠次典、隆珠扎西、朗顿·贡噶旺秋、朗宗（女）、堪增洛布、群佩、噶炯·次仁顿珠	王运祥、王永魁、陆一涵、张增文、张夺锦、智泽民、蔡和忠	列布坚赞、措姆（女）	业里、准巴达瓦			

选区＼民族	藏族	汉族	门巴民	珞巴族	登巴	回族	其他
西藏军区 （15 名）	大扎西、土登	王继学、冯兵力、阴法唐、孙绪和、李华安、陈门义、张瑞厚、张义达、柴洪泉、秦卓然、梁超、杨永恩、谢允中					

资料来源:《西藏日报》1965 年 8 月 26 日。

　　1965 年 7 月 24 日,西藏自治区筹委会向国务院呈报了《关于正式成立西藏自治区的请示报告》。8 月 1—17 日,西藏工委在林芝召开全委会扩大会议,总结了西藏和平解放以来的工作,讨论通过了《15 年来西藏工作的基本总结》,为成立西藏自治区做准备。① 8 月 23 日,国务院全体会议第 158 次会议同意于 1965 年 9 月 1 日召开西藏自治区第一届人民代表大会第一次会议,正式成立西藏自治区,并决定将这个议案提交全国人民代表大会常务委员会审议批准。② 8 月 25 日,全国人民代表大会常委会第 15 次会议,根据国务院的议案,讨论并通过《关于成立西藏自治区的决议》,批准国务院议案,成立西藏自治区。③ 8 月 30 日,西藏自治区筹委会举行最后一次常委会议,讨论并通过了向西藏自治区第一届人民代表大会第一次会议提出的工作报告。西藏自治区筹委会完成其历史使命。

　　1965 年 9 月 1 日至 9 日,西藏自治区第一届人民代表大会第一次会议在拉萨隆重举行。西藏自治区筹委会代理主任委员阿沛·阿旺晋美在作《西藏自治区筹备委员会工作报告》中,回顾和总结了西藏自治区筹备成立的历史进程和各项工作成就,进一步具体阐明了西藏民族区域自治的性质。他说:"民族区域自治政策是党解决民族问题的基本政策。实行民族区域自治的地方是国家统一领导下的自治地方。民族区域自治是工人阶级领导的、以工农

---

① 中共西藏自治区委员会党史研究室编著:《中国共产党西藏历史大事记》(1949—2004),第 1 卷,中共党史出版社 2005 年版,第 225 页。
② 《人民日报》1965 年 8 月 24 日。
③ 《人民日报》1965 年 8 月 26 日。

联盟为基础的人民民主专政的一种特殊形式。"同时,在谈到藏族干部、工人的培养工作时,他强调:"现在乡级干部全部是藏族,区级干部百分之九十以上是藏族";"目前,我区已经培养了两万多名藏族工人,其中有各种技术工人七千多名。"①9 月 8 日,出席大会的 293 名人民代表②,以无记名投票方式,选举产生了以阿沛·阿旺晋美为主席,以周仁山、帕巴拉·格列朗杰、郭锡兰、协绕顿珠、朗顿·贡噶旺秋、崔科·顿珠才仁和生钦·洛桑坚赞为副主席,以大瓦、多杰才旦、阿沛·才旦卓噶、阴法堂等 29 人为委员所组成的西藏自治区第一届人民委员会;③选举洛桑慈诚为西藏自治区高级人民法院院长。

1965 年 9 月 9 日,西藏自治区第一届人民代表大会第一次会议闭幕。西藏自治区宣告正式成立。

---

① 阿沛·阿旺晋美:《西藏自治区筹备委员会工作报告(摘要)》,《西藏日报》1965 年 9 月 7 日。
② 《我区选出自治区人民委员会主席、副主席》,《西藏日报》1965 年 9 月 9 日。
③ 《西藏自治区第一届人民代表大会第一次会议关于选举西藏自治区主席、副主席、人民委员会委员的公告》,《西藏日报》1965 年 9 月 10 日。

རིང་རབས་ཀྱི་བོད་བོད་ལྗོངས་
བྱེད་དངས་དང་བདག་སྐོང་།།

第八章

改革开放以来中央关于
西藏工作的认识与政策发展

党和政府历来十分重视西藏工作,把推动西藏经济社会发展和长治久安作为中心工作。邓小平作为中国共产党的第一代中央领导集体的重要成员和第二代中央领导集体的核心,在中国新民主主义革命和社会主义建设与改革的历史进程中,为实现中国各民族的平等、团结、发展和共同繁荣倾注了毕生的智慧和心血,作出了卓越的历史性贡献,并形成了邓小平理论关于中国民族问题的理论和政策。邓小平的当代西藏发展观就是这一民族理论和政策与西藏民族地区的实际相结合的思想理论成果。

改革开放以来,为做好西藏工作,中央建立了西藏工作座谈会制度。通过这一制度,党和政府制定了一系列关于西藏改革、发展、稳定的政策,用以指导西藏工作。西藏工作座谈会制度成为党和政府决策西藏工作的一项重要工作机制。

第一节　邓小平关于当代西藏发展观

邓小平关于当代西藏发展观,集中体现在西藏政治、经济和文化发展的各个方面,不仅包括关于西藏发展问题的总的看法和根本观点,而且包括在这些总的看法和根本观点指导下的西藏发展的策略、步骤和方法。它与毛泽东思想关于西藏工作的基本理论与政策一脉相承,又在新的历史条件下被"三个代表"重要思想和科学发展观所继承与发展。它贯穿于西藏和平解放、民主改革、民族区域自治和社会主义改造,尤其是改革开放以来西藏社会各方面的发展进程中,并为西藏小康社会和现代化建设提供着强大的思想指导和精神动力。

一、当代西藏发展方向论

由于西藏地方在自然和社会,以及政治、经济和文化上的特殊性,其发展问题不仅是一个区域发展问题,更是一个民族发展问题。因此,认识和解决西藏的发展问题,必须遵循民族发展的客观规律。中国共产党将马克思主义的民族理论与中国革命和建设中解决民族问题的实践相结合,领导中国人民彻底结束了半殖民地半封建的历史,赢得了中华民族的解放、独立和统一,并在此基础之上,中国各民族逐步走上了民族平等、团结和共同发展的社会主义道路。

对于民族政策和民族工作的指导思想问题,邓小平总结我国各民族解放和发展的历史进程,在新中国成立之初就指出,"在世界上,马列主义是能够解决民族问题的。在中国,马列主义与中国革命实践相结合的毛泽东思想,也是能够解决这个问题的。"①这就是说,世界民族解放运动和中国新民主主义的民族民主革命的历史表明,马克思主义的民族理论是无产阶级及其政党认识和解决民族问题的科学世界观和方法论,而且这一理论的彻底的革命性和科学性昭示,在民族解放的基础上实现民族发展,同样要坚持以马克思主义民族理论为指导。在这一方面,邓小平不仅从未动摇过,而且随着实践的不断深入而丰富和发展。

和平解放前,西藏民族问题突出表现为,帝国主义和封建主义所造成的民族压迫和剥削,以及民族之间的不平等和民族内部的不团结。能否妥善解决好这些问题,正是西藏民族能否发展的基本前提;而实现民族平等和团结,本身就是民族发展的应有之义。虽然西藏地方完成民主革命与中国其他地方不相同步,但新中国成立时具有临时宪法性质的《中国人民政治协商会议共同纲领》则是涵盖西藏在内的。《共同纲领》规定,"中华人民共和国境内各民族一律平等,实行团结互助,反对帝国主义和各民族内部的人民公敌,使中华人民共和国成为各民族友爱合作的大家庭。反对大民族主义和狭隘民族主义,禁止民族间的歧视、压迫和分裂各民族团结的行为。""各少数民族聚居的地区,应实行民族区域自治。"同时还规定,"各少数民族均有发展其语言文字、保持或改革其风俗习惯及宗教信仰的自由。人民政府应帮助各少数民族的人民大众发展其政治、经济、文化、教育的建设事业。"《共同纲领》关于民族问题的规定,贯彻了马克思主义关于民族解放、民族平等和民族发展的基本精神和原则。邓小平拥护这些规定,并在民族工作中进行认真落实。他指出:"只要我们真正按照共同纲领去做,只要我们从政治上、经济上、文化上诚心诚意地帮助他们,就会把事情办好。"他还特别强调,"只要一抛弃大民族主义,就可以换得少数民族抛弃狭隘的民族主义。我们不能首先要求少数民族取消狭隘

---

① 《邓小平文选》第一卷,人民出版社1994年版,第163页。

民族主义,而是应当首先老老实实取消大民族主义。两个主义一取消,团结就出现了。"①在西藏问题上,我们正是遵循共同纲领的基本精神,通过中央与西藏地方间的和平谈判,最终实现了西藏的和平解放;在平叛和民主改革的基础上建立了西藏自治区,实行了民族区域自治,随后完成了西藏的社会主义改造,西藏社会主义建设全面开展。这些发展为西藏整个社会的发展奠定了深厚的社会政治和经济基础及其制度保障。它表明,坚持马克思主义关于民族问题的基本原理,并将之创造性地运用到我国民族工作的具体实践中,不仅能够成功解决像西藏历史上所遗留下来的民族问题,而且必然为民族的发展指明正确的方向,开辟广阔的发展道路和光明前景。

当然,在包括西藏工作在内的整个民族工作中,我们也曾发生过一些政策偏差、失误甚或错误,并给民族发展带来了曲折、挫折和破坏。但这并不代表我国民族工作的主流,而且这些问题最终也是由我们党自己纠正并逐步加以解决的。党的十一届三中全会以来,邓小平在党内比较早地重视和研究民族工作中存在的问题。1979 年 9 月 1 日,他在听取第十四次全国统战工作会议情况汇报时就指出,"现在你们提出的更多的是民族资产阶级的问题,民族、宗教问题还没有议,这些方面有很多问题。民族问题确有很多问题要引起注意。"为总结建国以来的历史经验教训,邓小平亲自领导并主持起草《关于建国以来党的若干历史问题的决议》,通过科学认识和评价毛泽东同志的历史地位和毛泽东思想的科学体系,重新确立和恢复了毛泽东思想的指导地位。他指出,《决议》的中心思想中,确立毛泽东同志的历史地位,坚持和发展毛泽东思想,是最核心的。"毛泽东思想这个旗帜丢不得。丢掉了这个旗帜,实际上就否定了我们党的光辉历史。"重新确立和恢复毛泽东思想的指导地位,具体到民族工作上,就是要继续坚持和发展毛泽东思想关于民族和民族发展的理论,用以指导民族发展的实践。在西藏工作中,无论是过去来自"左"或右的错误,都是与毛泽东思想相背离的。新中国成立以来党在西藏地方的民族和宗教工作,以其带有民族性和区域性的丰富实践,为形成《决议》的精神提供了相应的历史经验教训和现实的依据,同时也以无可辩驳的事实表明了在西藏工作中坚持和发展毛泽东思想的极端重要性和科学指导意义。

坚持和发展毛泽东思想,在国家发展问题上,就是要坚持和完善社会主义制度,走中国特色的社会主义道路;相应地,在民族发展问题上,就是要坚持走社会主义的民族发展道路,发展社会主义的民族关系。邓小平在建国三十周年总结少数民族地区的社会变革和发展的基础上强调指出,"我国各兄弟民

① 《邓小平文选》第一卷,人民出版社 1994 年版,第 163 页。

族经过民主改革和社会主义改造,早已陆续走上社会主义道路,结成了社会主义的团结友爱、互助合作的新型民族关系。各民族的不同宗教的爱国人士有了很大的进步。在实现四个现代化进程中,各民族的社会主义一致性将更加发展,各民族的大团结将更加巩固。"①他以社会主义这一根本属性概括了新中国成立以来包括西藏在内中国各民族的发展道路,指出了实现民族发展的社会主义方向。他还说,"社会主义最大的优越性就是共同富裕,这是体现社会主义本质的一个东西。如果搞两极分化,情况就不同了,民族矛盾、区域间矛盾、阶级矛盾都会发展,相应地中央与地方的矛盾也会发展,就可能出乱子。"②这一重要论述揭示了社会主义的本质在民族发展问题上的具体表现,也就是只有实行和建设社会主义,才能实现中国各民族的共同富裕,而实现中国各民族的共同富裕,才是真正的社会主义。

在改革开放和社会主义现代化建设实践中,我们党形成了邓小平理论这一当代中国马克思主义的理论成果。其中,邓小平理论关于民族和民族发展的理论,是毛泽东思想关于民族和民族发展理论在新的历史条件下的继承和发展,是马克思主义民族和民族发展理论在中国发展的新阶段。这是邓小平留给我们的最可宝贵的精神财富。西藏正是在这一科学理论指导下,成功实行了改革开放,不仅巩固了民族发展的正确的政策和实践成果,而且逐步建立起了社会主义市场经济体制,保证了物质文明、政治文明和精神文明建设的社会主义性质和方向,其发展水平也不断得到提高。

二、西藏和平解放和民主改革论

新中国成立伊始,在解放西藏的问题上,毛泽东根据由青海及新疆向西藏进军有很大困难的实际情况,决定由西北局担负主要责任改由西南局担负进军及经营西藏的任务。面对这一复杂而艰巨的历史性任务,时任中共中央西南局第一书记、西南军区政治委员的邓小平领导西南局,遵循"进军西藏,不吃地方"的方针,创造性地开展军事和政治工作,努力争取和平解放西藏的前途和道路。1950 年 1 月 10 日,他在同西南军区司令员刘伯承接见担负进藏任务的十八军师以上干部,传达党中央和毛泽东主席关于解放西藏的指示精神时指出,解放西藏有军事问题,需要一定数量之军事力量。但军事与政治比较,政治是主要的。军事、政治协同解决,还必须解决补给之公路。政策问题

---

① 《邓小平文选》第二卷,人民出版社 1994 年版,第 186 页。
② 《邓小平文选》第三卷,人民出版社 1993 年版,第 364 页。

极为重要,原则是民族自治,政教分离,团结达赖、班禅两派。① 邓小平贯彻党中央关于和平解放西藏的战略决策,切实把握住了其中错综复杂的矛盾运动。这就是以实现和平西藏为目的,在协调政治与军事辩证关系的基础上,把通过政治手段解放西藏置于优先的战略地位。

1950 年 2 月 25 日,党中央电示西南局指出:"我军进驻西藏的计划是坚定不移的。但可采用一切办法与达赖集团谈判,使达赖留在西藏与我和解。"同时,要求西南局拟定与西藏地方政府谈判的条件。遵循这一指示,在邓小平的亲自主持下,西南局于 5 月 27 日完成与西藏地方政府谈判的"十项条件"的起草工作。这"十项条件"后经毛泽东逐一审核和修改,并由中央政治局开会讨论和同意。其中,从维护中国对西藏的主权和领土完整的立场上,指出西藏人民应团结起来,驱逐英美帝国主义势力出西藏,西藏人民回到中华人民共和国大家庭中来。为保障西藏各民族的政治权利和实现内部的团结,规定在西藏实行民族区域自治;西藏现行各种政治制度维持原状不变更;达赖活佛的地位及职权不予变更;各级官员照常供职;对于过去亲英美和亲国民党的官员,只要他们脱离与英美帝国主义和国民党的关系,不进行破坏和反抗,一律继续任职,不究既往;实行宗教自由,保护喇嘛寺庙,尊重西藏人民的宗教信仰和风俗习惯;有关西藏的改革事宜,完全根据西藏人民的意志,由西藏人民及西藏领导人员采取协商方式解决。从西藏经济、文化发展的需要出发,"十项条件"指出,要发展西藏的农牧、工商业、改善人民生活,发展西藏民族的语言文字和学校教育。这"十项条件"的内容紧密联系在一起、互为条件。它立足国家的根本利益,并从西藏的历史和现状出发,做到了解决西藏问题的原则与策略的统一,以及西藏整体利益与长远发展利益的结合。当时有的西藏代表人士认为这十条"太宽了点",邓小平说,"就是要宽一点,这是真的,不是假的,不是骗他们的。""因为这个政策符合他们的要求,符合民族团结的要求。"②符合西藏实际和符合民族团结的要求,应该说是邓小平主持起草"十项条件"的所遵循的基本原则。"十项条件"阐明了中央政府与西藏地方政府和平谈判的基本原则和策略,因此也成为此后《十七条协议》的基本框架。

邓小平在从事解放西藏的事业中,十分强调政策及其切实执行的重要性。他指出,坚决执行党的方针政策,对我们进军西藏,解放西藏具有决定意义。到西藏去,就是要"靠政策走路、靠政策吃饭,政策就是生命"。尤其在消除民族隔阂问题上,如果不努力消除这种隔阂,即使是正确的政策,也会因得不到

① 《中共西藏党史大事记》(1949—1994),西藏人民出版社 1995 年版,第 4—5 页。
② 《邓小平文选》第一卷,人民出版社 1994 年版,第 163 页。

政策对象的信任而难以推行,最终导致政策的失败。因此,他一方面认为,要用正确的政策去消除中外反动派的妖言迷雾,消除历史上造成的民族隔阂的成见;另一方面则主张将民族政治、经济和文化的发展作为消除这种隔阂的实现条件来对待。他指出,少数民族要经过一个长时间,通过事实,才能解除历史上大汉族主义造成的他们同汉族的隔阂。我们要做长期的工作,达到消除这种隔阂的目的。要使他们相信,在政治上,中国境内各民族是真正平等的;在经济上,他们的生活会得到改善;在文化上,也会得到提高。如果我们不在这三方面取得成效,这种历史的隔阂、历史的裂痕就不可能消除。他还从历史比较的角度指出,"历史上的统治者,何尝没有宣布过好的政策,可是他们只说不做。我们的政策只要确定了,是真正要实行的。"①帝国主义在近代侵略包括少数民族地区在内的整个中国领土,使中国社会陷入半殖民地半封建的状态,并在我国少数民族地区进行殖民性的掠夺和民族压迫,挑拨和离间民族关系,大搞民族分化和分裂;封建统治者所实行的大汉族主义的政策,严重阻碍少数民族的发展,其结果只能是民族隔阂的不断加深。与帝国主义和封建主义有着本质区别的是,解放西藏是中国共产党领导的新民主主义革命的组成部分,是要驱逐帝国主义势力出西藏和推翻封建主义在西藏的腐朽统治,这本身就是藏民族实现历史性跨越的政治发展,同时又是实现其经济和文化发展进步的基础和前提。

邓小平在 1951 年 4 月 19 日接待从昌都出发前往北京参加中央人民政府和西藏地方政府谈判途经重庆的阿沛和土登列门等代表时说,"我们共产党要做的一切,都是为全中国广大人民着想的,我们对西藏和平解放的主张,为的是西藏繁荣、稳定、昌盛。"邓小平把和平解放西藏提到了关乎西藏未来发展命运的高度,发展了和平解放西藏的主张。1951 年 5 月 23 日,中央人民政府和西藏地方政府关于和平解放西藏办法的《十七条协议》正式签订。从一定意义上说,《十七条协议》是新中国成立后中国共产党在西藏问题上的政治宣言,也是西藏社会在实行民主改革前的发展纲要。这一协议不仅规定了维护和保障西藏的中国主权、西藏各民族当家作主的民主政治权利以及民族团结等政治发展的内容,而且以此为政治基础规定了发展民族经济和文化教育的内容。毛泽东当时在庆祝签订和平解放西藏办法协议宴会上的讲话中就指出,"现在,达赖喇嘛所领导的力量与班禅额尔德尼所领导的力量与中央人民政府之间,都团结起来了。这是中国人民打倒了帝国主义及国内反动统治之

---

　　① 《邓小平文选》第一卷,人民出版社 1994 年版,第 163 页。

后才达到的。这种团结是各方面共同努力的结果。今后,在这一团结基础之上,我们各民族之间,将在各方面,将在政治、经济、文化等一切方面,得到发展和进步。"①从此,西藏和平解放,西藏和藏民族的历史也翻开了崭新的篇章。尽管在贯彻协议的过程中出现过艰难曲折,但西藏和平解放后的最初一个时期的发展基本遵循了协议所规定的内容与方向,并为后来西藏的建设以及繁荣发展奠定了坚实的基础。

西藏在民主改革前实行的是封建农奴制度。封建农奴主义严重束缚着西藏社会生产力的发展,是西藏社会经济和文化落后的根源。因此,《十七条协议》在规定中央不予变更西藏当时的政治制度,继续维持十三世达赖和九世班禅彼此友好相处时的地位及职权的同时,也规定了关于西藏改革的条款,指出西藏应当改革以及改革的条件和方法。这里所说的改革是针对封建农奴主义的,是反帝反封建的新民主主义革命所要求的。

邓小平在主持西南局工作时就对在少数民族地区进行这一性质的改革的重要性和必要性有比较深刻的认识。他曾指出,"改革是需要的,不搞改革,少数民族的贫困就不能消灭,不消灭贫困,就不能消灭落后。"②改革阻碍少数民族地区生产力发展的社会制度,反映了政治对经济的反作用这一普遍性的要求,但在少数民族地区如何发挥政治对经济的反作用,则要遵从少数民族地区的历史阶段和社会发展水平,并采取有利于实现少数民族与汉族、少数民族与少数民族之间平等团结关系的方法和手段。邓小平在对待建国初期的少数民族改革的问题上贯彻我们党的民族理论和政策,指出,"对少数民族的许多事宜,不盲动,不要轻率地跑去进行改革,不要轻率地提出主张,宣传民族政策也不要轻率。在少数民族里面,正是由于过去与汉族的隔阂很深,情况复杂,所以不能由外面的力量去发动少数民族内部的所谓阶级斗争,不应由外部的力量去制造阶级斗争,不能由外力去搞什么改革。所有少数民族内部的改革,都要由少数民族内部的力量来进行。"这个改革必须等到少数民族内部的条件具备了以后才能进行。"③他还根据民族工作的经验指出,"所有这一切工作,都要掌握一个原则,就是要同少数民族商量。他们赞成就做,赞成一部分就做一部分,赞成大部分就做大部分,全部赞成就全部做。"④这就是说,少数民族是所在民族地区改革的主体力量,民族地区的改革要从少数民族的实际

① 《毛泽东西藏工作文选》,中央文献出版社、中国藏学出版社2001年版,第43页。
② 《邓小平文选》第一卷,人民出版社1994年版,第164页。
③ 《邓小平文选》第一卷,人民出版社1994年版,第164页。
④ 《邓小平文选》第一卷,人民出版社1994年版,第168页。

出发,以实现和保护少数民族的利益为根本目的。

西藏的民主改革是在平叛斗争的基础上进行的。叛乱促使民主改革提前,平叛则为民主改革提供了条件,推动了民主改革的实现。针对西藏地方政府反动集团发动全面叛乱之前的叛乱情况,邓小平当时以党的总书记的身份在与西藏军区司令员张国华、副司令员邓少东谈话时指出,巩固自己的阵地,维护交通。如果威胁交通,威胁你们,有把握的就打,没有把握的就不打;解放军不要轻易上阵,不要轻易把部队拿上去。收缩对了,现在主动。① 经过民主改革,西藏地方的政治、经济和文化等获得历史性的发展,但也出现了一些急躁冒进的倾向。为此,邓小平对西藏工作指示说,改革问题,搞得比较凶,寺庙改革也相当厉害,群众发动起来了,工作中的问题大体都解决了,打下了一个基础。现在是防"左"、防急,要稳。在西藏不要多出章程,多出点子,例如统购统销、粮食的限度,要根据习惯、条件逐步来,要休养生息。改革后农民生活天天向上,把内地办法搬去一半或三分之一都是不得了的。② 邓小平在处理西藏民主改革过程中的矛盾问题时,总是贯彻了慎重稳进的方针和民族区域自治的原则。

西藏通过社会主义改造,消灭了封建农奴制度,确立了社会主义基本制度。改革开放新时期西藏的经济体制和政治体制改革,正是要在西藏不断发展和完善社会主义制度,充分发挥民族区域自治制度的优越性。邓小平曾在谈到党和国家领导制度的改革问题时就指出,"要使各民族真正实行民族区域自治。"③西藏新时期的改革是建立在民族区域自治的基础之上,并为民族区域自治在西藏的真正实现而不断消除各种障碍和弊端的,表明这一改革是以西藏各民族为主体的改革,是为了促进和保障西藏各民族对民族区域自治权利更多更好的履行。

然而,西藏地区的改革不是游离于我国社会主义经济和政治体制改革之外的,而是作为有机组成部分融入于中国特色社会主义的整体改革和整个历史进程之中。这种改革的动力来自于不断推进中国特色社会主义现代化建设和实现中华民族伟大复兴的迫切需要,也来自于西藏改变经济和文化相对落后的面貌并实现与中国其他地区和民族共同富裕的迫切需要。随着改革的不断深入,西藏不仅保持了民族团结、社会稳定,而且自我发展能力不断增强,人民群众的生活得到显著改善和提高。

---

① 《中共西藏党史大事记》(1949—1994),西藏人民出版社 1995 年版,第 82 页。
② 《中共西藏党史大事记》(1949—1994),西藏人民出版社 1995 年版,第 132 页。
③ 《邓小平文选》第二卷,人民出版社 1994 年版,第 339 页。

三、西藏民族区域自治发展观

在关于以什么样的国家结构形式来解决国内的民族问题上,中国共产党曾经历过一个从主张联邦制到主张民族区域自治的认识转变和实践探索过程。1949 年 6 月,我们党在筹备新政治协商会议和起草共同纲领的过程中,在全面总结党成立以来的民族工作特别是在解放区推行民族区域自治的经验,并与苏联的情况进行比较研究的基础上,提出我国不宜实行联邦制而实行民族区域自治。民族区域自治被载入中国人民政治协商会议通过的《共同纲领》。为此,《十七条协议》第三条明确规定,根据中国人民政治协商会议共同纲领的民族政策,在中央人民政府统一领导下,西藏人民有实行民族区域自治的权利。

关于民族区域自治问题,邓小平曾指出,少数民族的事应该由他们自己当家,这是他们的政治权利。他在西南贯彻民族区域自治政策的过程中,始终把藏族和西藏放在了这一工作十分突出的位置上。在 1950 年欢迎赴西南地区的中央民族访问团大会上,他发表讲话指出,"今天我们在西南实行民族区域自治,首先开步走的应是康东,因为各种条件比较具备。第一,藏族同胞集中;第二,历史上有工作基础;第三,我们进军到那个地方后,同藏族同胞建立了良好关系;第四,那里还有个进步组织叫东藏民主青年同盟,有一百多人。有这些条件,就能马上去做工作。这是一个很大的问题,如果解决得好,可以直接影响西藏。"[1]在这里,邓小平不仅非常注重实行民族区域自治的条件,并善于利用其中的有利条件,而且把在西南实行民族区域自治的工作重心放在了西藏。正是这种从实际出发,渐进推行民族区域自治的指导思想和工作实践,开启了西藏民族区域自治的历史进程,同时奠定了初步的基础。

然而,实行民族区域自治,在邓小平看来,虽然表现为一个政治问题,但在本质上则是一个经济问题。他指出,"实行民族区域自治,不把经济搞好,那个自治就是空的。少数民族是想在区域自治里面得到些好处,一系列的经济问题不解决,就会出乱子。"[2]这一重要思想闪耀着马克思主义唯物史观的理论光芒。

这一重要思想直接来自于邓小平对建国初期西南少数民族地区实行民族区域自治实际情况的深刻认识。他针对当时西南少数民族问题曾指出,"从

---

① 《邓小平文选》第一卷,人民出版社 1994 年版,第 166 页。
② 《邓小平文选》第一卷,人民出版社 1994 年版,第 167 页。

经济上看,现在不开步走也不行了。比如西康,这方面也出现了一系列的问题。首先是粮食问题,现在我们只进去三四千人,一下就借了七十万斤粮。一些进步的上层人士帮忙很大,不但把粮食借给我们,而且价钱公道。但是老是这样不行,少数民族群众负担不起。再如市场问题、贸易问题、金融问题等,这些经济问题也遇到了,如果不解决,就会动摇政治的基础。"他在指出经济问题的解决对实行民族区域自治至关重要的同时,还对如何解决这些经济问题作了具体分析。他说,"比如贵州的少数民族,大多住在山上,如果我们能够给他们解决吃盐的问题,那就一定能够得到他们的拥护。又如西康现在还不通汽车,怎样在经济上同内地沟通,从内地进什么货,他们的东西怎么运出来,价格如何,怎样使他们有利可得,这些都要妥善处置。我们在贸易上实行等价交换,但是有时还要有意识地准备赔钱。"他指出,"我们帮助少数民族发展经济,很重要的一环是贸易,经济工作应当以贸易工作为中心。要帮助少数民族把自己的贸易活动组织起来,这不是我们能够包办的。贸易中要免除层层中间剥削,使他们少吃亏。这样经济就活了,他们的生活也就会好起来。目前的关键就是首先要使他们在贸易中获得利益,然后在这样的基础上,帮助他们逐步地从农、工、牧、商等方面发展。"他强调指出,"毛主席对西藏问题就确定了两条,第一是实行民族区域自治,第二是进军西藏'不吃地方'。这两条搞好了,才能解决西藏问题,才能团结起来巩固国防。这两条对所有少数民族地区都是适用的。政治要以经济做基础,基础不坚固还行吗?如果我们只给人家一个民族区域自治的空头支票,而把人家的粮食吃光,这是不行的。"①这种以经济问题的解决为基础切实保障民族区域自治的实现,是邓小平关于民族区域自治的政治经济学。

这一重要思想又在改革开放时期被邓小平关于正确处理改革、发展与稳定关系的理论所丰富和发展。社会经济发展是一切发展的物质基础和保障。邓小平指出,"政治工作要落实到经济上面,政治问题要从经济的角度来解决。"②"先把经济搞上去,一切都好办。现在就是硬着头皮把经济搞上去,就这么一个大局,一切都要服从这个大局。"③离开了经济建设这个中心,就有丧失物质基础的危险。其他一切任务都要服从这个中心,围绕这个中心,决不能干扰它,冲击它。④ 面对西方敌对势力对我国实施"西化"、"分化"的战略图

---

① 《邓小平文选》第一卷,人民出版社 1994 年版,第 167 页。
② 《邓小平文选》第二卷,人民出版社 1994 年版,第 195 页。
③ 《邓小平文选》第三卷,人民出版社 1993 年版,第 129 页。
④ 《邓小平文选》第二卷,人民出版社 1994 年版,第 250 页。

谋,他反复强调,现代化建设是我们解决国际问题、国内问题的最主要的条件。一切决定于我们自己的事情干得好不好。我们在国际事务中起的作用的大小,要看我们自己经济建设成就的大小。① 这件事情一定要死扭住不放,一天也不能耽误。而抓住时机,发展自己,关键是发展经济。经济发展了,"手头东西多了,我们在处理各种矛盾和问题时就立于主动地位"。②

改革开放以来,西藏工作的重心转移到经济建设上来。为在西藏工作中具体贯彻十一届三中全会的路线、方针和政策,1980 年 3 月 14 日至 15 日,党中央召开了第一次西藏工作座谈会。会议指出,要"调动一切积极因素,千方百计地发展国民经济,提高各族人民的物质生活水平和文化科学水平,建设边疆,巩固边防,有计划有步骤地使西藏兴旺发达、繁荣富裕起来"。这次会议的召开推动了西藏的拨乱反正,使西藏与全国一样实现了工作重心的转移。

1984 年 3 月 28 日,党中央再次召开西藏工作座谈会,其目的就是要更深刻、更准确地认识西藏,对现行的方针政策作一次再研究,提出更切实、更有力的措施,争取较迅速地、大步地把西藏工作推向前进,中心是把经济搞上去,使人民尽快地富裕起来。会议决定,进一步解放思想,放开手脚,一切从西藏实际出发,充分发挥西藏自身优势,制定符合西藏实际的方针、政策;实行以家庭经营为主,以市场调节为主的生产经营政策;逐步从封闭式经济转变为开放式经济;在家庭经营责任制上实行"两个长期不变"的政策,即土地归户使用、自主经营长期不变和牲畜归户、私有私养、自主经营长期不变。这次座谈会的精神集中体现了邓小平解放思想、发展经济和改革开放的思想。在第二次西藏工作座谈会的推动下,西藏农村经济得到迅速发展,西藏社会经济由封闭型向开放型转变。

为在西藏工作中贯彻邓小平视察南方谈话精神,党中央召开了第三次西藏工作座谈会,并从战略全局的高度,总结了西藏工作的历史经验,制定了一系列稳定社会局势,加快经济发展的政策措施。总体来看,党中央在邓小平生前所召开的三次西藏工作座谈会,始终围绕着西藏经济建设这个中心。正是由于贯彻实施党中央关于西藏工作的一系列方针和政策,西藏经济才取得阶段性和持续性的发展,为实现西藏社会经济与民族区域自治的彼此统一和协调发展提供了物质保障。

面对西方反华势力和达赖分裂集团在西藏人权保障和文化保护等问题上寻找所谓借口,来攻击民族区域自治制度,妄图动摇西藏社会发展的根基,邓

① 《邓小平文选》第二卷,人民出版社 1994 年版,第 240 页。
② 《邓小平文选》第三卷,人民出版社 1993 年版,第 377 页。

小平坚定地维护和捍卫民族区域自治这一基本政治制度。他说,"解决民族问题,中国采取的不是民族共和国联邦的制度,而是民族区域自治的制度。我们认为这个制度比较好,适合中国的情况。我们有很多优越的东西,这是我们社会制度的优势,不能放弃。"①他指出,"我们对少数民族地区确定了一个原则,就是在汉族地区实行的各方面的政策,包括经济政策,不能照搬到少数民族地区去,要区分哪些能用,哪些修改了才能用,哪些不能用。要在少数民族地区研究出另外一套政策,诚心诚意地为少数民族服务。"②不仅如此,他还积极倡导将民族区域自治制度法制化。他认为,要把我国实行的民族区域自治制度用法律形式规定下来,要从法律上解决这个问题,要有民族区域自治法。③ 1984 年,我国民族区域自治法正式颁布,包括西藏在内的各少数民族自治区逐步走上了依法自治的法制轨道。

四、西藏现代化发展战略论

西藏是以藏族为主体的少数民族自治区。在历史上,藏族人民对整个中华民族的形成和发展,曾起过重要作用。新中国成立以来,在民族平等的基础上,藏族与汉族和其他少数民族团结友爱和互助,形成了社会主义新型民族关系。

其一,由藏族干部和藏族人民在西藏发展中所处的主体地位所决定,西藏的发展不仅离不开他们,而且以他们为主要依靠力量。同时,他们既是西藏发展的主要建设者,又是这一发展成果的享有者。新中国成立以来,党和政府一贯主张西藏建设主要依靠藏族干部和藏族人民。1980 年 4 月 7 日,党中央考虑到西藏的特殊情况和总结过去的经验,在《关于转发〈西藏工作座谈会纪要〉的通知》中指出,发展西藏建设,仍然应当主要依靠西藏党政军和各族人民,艰苦创业,共同努力。要"大力培养藏族和其他少数民族干部,积极帮助他们把建设西藏的主要责任承担起来"。在这一问题上,邓小平指出,干部问题具有极端重要性,少数民族地区工作能不能搞好,关键是干部问题。要树立一个选拔民族干部的标准,注意培养和选拔少数民族干部。对思想作风正派,坚决维护祖国统一和民族团结,又有突出工作表现和一定资历的同志要大胆提上来,甚至放到很高的领导位置上来。他还曾在与班禅大师的一次谈话时

---

① 《邓小平文选》第三卷,人民出版社 1993 年版,第 257 页。
② 《邓小平文选》第一卷,人民出版社 1994 年版,第 167 页。
③ 《邓小平思想年谱》,中央文献出版社 1998 年版,第 199 页。

指出，"要努力发展文化，培养民族干部，使民族干部知识化。为此，中央民族学院和各地民族学院都要加强。"事实证明，只有这样，才能为西藏的发展奠定坚实的人力资源和人才基础，通过发挥藏族干部的作用和提高他们的素质，从而充分发挥民族区域自治及其对社会经济发展的反作用，保护和调动藏族人民在发展和建设西藏中无以替代的主动性、创造性。

其二，我国是单一的多民族的国家，西藏是我国神圣领土不可分割的一部分和民族区域自治区之一，中央与西藏地方的关系决定，扶植、帮助和促进西藏发展，关系到社会主义事业的成败，关系到国家的统一和稳定，是我们党和全国各族人民义不容辞的历史责任。社会主义的本质是实现共同富裕，表现在民族问题上，就是少数民族地区要自力更生，同时相对发达地区要帮助和支援少数民族地区，进而达到中国各民族共同富裕。邓小平强调，"我们帮助少数民族地区发展的政策是坚定不移的。"①这一帮助是立足各民族政治平等的，同时是少数民族地区改变经济和文化相对落后的面貌、实现事实上的平等的重要途径。

其三，西藏与内地省区发展的不平衡性和互补性，也要求加强彼此之间的联系。邓小平指出，"西藏具有很大的开发潜力。中国的资源很多分布在少数民族地区，包括西藏和新疆。如果这些地区开发起来，前景是很好的。"②他说："粉碎'四人帮'后，中央政府采取了很多措施发展少数民族地区。拿西藏来说，中央决定，其他省市要分工负责帮助西藏搞一些建设项目，而且要作为一个长期的任务。"③改革开放以来，全国支援西藏力度不断加大，国家投资重点建设了交通、能源、通信、农牧业、社会事业等一批基础性骨干项目，增强了西藏的综合实力和经济社会长远发展的基础。

援助西藏发展，不仅表现在物的方面，而且表现在人的方面。从西藏区情来看，人力和智力方面的援助是非常必要的。邓小平指出，"西藏是人口很稀少的地区，地方大得很，单靠二百万藏族同胞去建设是不够的，汉人去帮助他们没有什么坏处。"针对西方一些人以西藏地方的藏汉人口比例而对我国内政评头论足甚至干涉问题，他指出，"如果以在西藏有多少汉人来判断中国的民族政策和西藏问题，不会得出正确的结论。""如果在那里的汉人多一点，有利于当地民族经济的发展，这不是坏事。看待这样的问题要着重于实质，而不

---

① 《邓小平文选》第三卷，人民出版社 1993 年版，第 246 页。
② 《邓小平文选》第三卷，人民出版社 1993 年版，第 246 页。
③ 《邓小平文选》第三卷，人民出版社 1993 年版，第 246 页。

在于形式。"①

　　但是,在派什么人去援助少数民族地区的问题上,邓小平则比较慎重,并以如何做好少数民族工作为思考问题的出发点,十分注重这支干部队伍的素质。他在建国之初主要从慎重稳进的角度指出,"我们派往少数民族地区的干部要少而精,不在数量而在质量。他们要懂得民族政策,真正想把少数民族工作做好,不准一个人出乱子。必须保证这一点。"②"要派真正能帮助他们的干部。"③在改革开放新时期,他进一步从加快西藏发展的角度指出,这些干部进藏工作是能够促进西藏加快发展的,衡量的标准,"关键是看怎样对西藏人民有利,怎样才能使西藏很快发展起来,在中国四个现代化建设中走进前列。"④内地对西藏的人力和人才的援助,促进了"汉族离不开少数民族,少数民族离不开汉族,各少数民族之间也相互离不开"的思想观念的进一步树立和增强,民族团结和西藏各族群众对祖国的向心力进一步加强。这一工作的持续进行和力度的不断加大,改善着西藏的人才结构,为西藏的发展输送着源源不断的智力支持,成为实现西藏与内地、藏族与全国其他民族共同富裕的重要力量源泉。

　　党的十一届三中全会以后,邓小平率领全国人民开辟了改革开放和社会主义现代化建设的历史新时期,制定了中国分"三步走"实现现代化的发展战略。在实施这一战略的过程中,西藏始终以其民族的和区域的双重特殊性处于相当重要的地位,并从经济、文化相对比较落后的状态逐步走向现代化。

　　这一现代化发展是以民族平等为基础的,民族平等是现代化发展的一种本质要求。我国的民族平等是包括藏族和西藏在内的中国各少数民族及地区发展的根本基础和前提,是做好少数民族一切工作的立足点。在当代西藏发展问题上,邓小平指出,"我们的民族政策是正确的,是真正的民族平等。"⑤"中华人民共和国没有民族歧视,我们对西藏的政策是真正立足于民族平等。"⑥他进一步分析说,"中国有几十个民族,少数民族只占总人口的百分之六,汉族占百分之九十四,但在各级人民代表大会和各级行政机构中少数民族干部所占的比例大大超过百分之六。至于说'文化大革命'使少数民族受到损害,这种现象不能表明我们歧视少数民族。那时不仅损害了少数民族,受害

---

① 《邓小平文选》第三卷,人民出版社 1993 年版,第 246—247 页。
② 《邓小平文选》第一卷,人民出版社 1994 年版,第 165 页。
③ 《邓小平文选》第一卷,人民出版社 1994 年版,第 166 页。
④ 《邓小平文选》第三卷,人民出版社 1993 年版,第 246—247 页。
⑤ 《邓小平文选》第三卷,人民出版社 1993 年版,第 362 页。
⑥ 《邓小平文选》第三卷,人民出版社 1993 年版,第 246 页。

最大的还是汉族,大多数老一辈的革命家都被打倒了嘛,这些人几乎都是汉族嘛,包括我在内。"①邓小平在这里虽然主要是从政治意义上阐明民族平等的,但他对于少数民族因经济、文化的相对落后而造成的事实上的不平等问题向来高度关切。消除这种事实上不平等的根本途径,正如邓小平所说,"中国解决所有问题的关键是要靠自己的发展。"②在他看来,发展要立足民族平等,立足民族平等则又必须依靠发展。

这一现代化发展是加快发展的,是使人民富裕的。1987年6月,邓小平在接见外宾时指出,"目前西藏情况有了明显的变化,西藏人民生活有了不小的改善,但总的讲还是处于落后状况,还有很多事情要做。不仅西藏,其他少数民族地区也一样。我们的政策是着眼于把这些地区发展起来。""观察少数民族地区主要是看那个地区能不能发展起来。"③对于西藏来说,就必须在新的历史条件下,抓住机遇,发挥优势,加快发展。他指出,要"使西藏很快发展起来,在中国四个现代化建设中走进前列"。④加快西藏发展,是西藏人民根本利益所在,是衡量西藏工作的根本标准之一。根据邓小平关于加快西藏发展的重要思想,党中央、国务院在第三次西藏工作座谈会上通过的《关于加快西藏发展、维护西藏稳定的意见》中指出,以经济建设为中心,加快西藏发展,就要在中央特殊扶持和全国人民的有力支援下,通过自身努力,加快经济发展,不断提高人民生活水平,增强西藏经济的整体实力,促进西藏的长期稳定和社会进步。发展的主要任务是,稳定发展第一产业;有重点地发展第二产业;大力发展第三产业;大力加强基础设施建设。加快从自然经济向市场经济、从供给型经济向经营型经济的转变,增强西藏经济发展的实力、活力和后劲。到2000年,西藏自治区国民生产总值达到117.4亿元,年均增长12.4%,改变了长期低于全国平均发展速度的状态。而且,多数群众的温饱问题得到基本解决,人民生活显著改善。如前所述,在这种形势下,2001年6月25日至27日,中共中央、国务院召开了第四次西藏工作座谈会。江泽民在会上指出,今后五到十年,是我国发展的重要时期,也是西藏加快发展、维护稳定的重要时期。要紧紧抓住实施西部大开发战略和西藏社会局势基本稳定的良好机遇,着眼于西藏的繁荣进步和长治久安,集中力量解决事关西藏发展稳定全局的重大问题,促进西藏经济从加快发展到跨越式发展。

① 《邓小平文选》第三卷,人民出版社1993年版,第246页。
② 《邓小平文选》第三卷,人民出版社1993年版,第265页。
③ 《邓小平文选》第三卷,人民出版社1993年版,第247页。
④ 《邓小平文选》第三卷,人民出版社1993年版,第247页。

这一现代化发展必须建立在社会稳定的基础上,而且是与反分裂和维护祖国统一所密不可分的。西藏地处我国西南边疆,战略地位十分重要,而"藏独"势力及其对我国领土和主权完整的威胁,使得西藏发展必然面临着来自西藏分裂势力和西方敌对势力的干扰与破坏。邓小平重视西藏的发展,而且始终把发展作为西藏工作的根本任务,并置于至关西藏前途和命运的重要战略地位和全局高度。他指出,达赖喇嘛和美国参议员给我们制造点麻烦,对我们影响不了什么。要把西藏从中国分裂出去,谁也没有这个本事。"关键是要使西藏人民提高物质和文化生活水平。"他还指出,在西藏,要使生产发展起来,人民富裕起来。只有这件事办好了,才能巩固民族团结。① 可以说,只有西藏发展起来,才能为抵御西方敌对势力借助西藏问题"分化"中国的图谋,奠定反分裂、反和平演变的坚强阵地,并在西藏筑起坚不可摧的西南国防。

在邓小平加快西藏发展这一战略思想的指导下,如今的西藏正与全国其他地方一道全面建设小康社会,逐步实现长治久安和跨越式发展。

第二节 第一次西藏工作座谈会
与西藏改革开放的起步

党的十一届三中全会确定把全党工作的着重点转移到社会主义现代化建设上来,相应地,民族工作的重心也转移到为社会主义现代化建设服务,为贯彻执行新时期党和国家对国内民族工作的任务而奋斗上来。1979 年 5 月 22 日,国家民委第一次委员扩大会议召开。杨静仁在作《社会主义现代化建设时期民族工作的任务》②的讲话时指出,新时期党对民族工作的任务是,高举毛泽东思想的伟大旗帜,贯彻执行新时期的总路线总任务,坚持四项基本原则,坚持贯彻党的民族政策,加强民族团结,巩固祖国统一,维护边疆、少数民族地区的安定,充分调动各少数民族人民的社会主义积极性,为把我国建设成为社会主义现代化强国而奋斗。国家在实现现代化的过程中,大力帮助少数民族加速发展经济和文化建设,大力培养少数民族干部和各种专业技术人才,逐步消除历史遗留下来的事实上的不平等,使各少数民族能够赶上或接近汉

---

① 邓小平同班禅的谈话,1980 年 8 月 26 日。
② 国家民族事务委员会、中共中央文献研究室:《新时期民族工作文献选编》,中央文献出版社 1990 年版,第 5—13 页。

族的发展水平。他强调,现代化非常需要少数民族,如果离开少数民族和少数民族地区,要实现四个现代化是不可能的;同时,由于许多少数民族在解放前长期停滞在资本主义以前的落后状态,尽管在解放后跨越一个或几个历史发展阶段,过渡到社会主义,但少数民族的经济、文化还比较落后或者还很落后,长期历史形成的事实上的不平等还显著存在,少数民族也非常需要现代化。

1980 年 3 月 14 日、15 日,中共中央书记处召开西藏工作座谈会,中央有关部门负责人与会。根据党的十一届五中全会的精神和中央书记处的指示,与会人员经过座谈讨论,进一步明确了今后西藏建设的方针、任务和若干政策问题。① 这次会议史称第一次西藏工作座谈会。

中共中央同意《西藏工作座谈会纪要》,并于 4 月 7 日发出了《关于转发〈西藏工作座谈会纪要〉的通知》。② 中央在《通知》中指出,在新的历史条件下,西藏自治区的中心任务和奋斗目标是,以藏族干部和藏族人民为主,加强各族干部和各族人民的团结,调动一切积极因素,从西藏实际情况出发,千方百计地医治林彪、"四人帮"造成的创伤,发展国民经济,提高各族人民的物质生活水平和文化科学水平,建设边疆,巩固边防,有计划有步骤地使西藏兴旺发达、繁荣富裕起来。③ 中央认为,巩固汉族同藏族、维族、蒙族和其他边疆以及内地的各少数民族的团结,改善各少数民族的政治经济文化状况,是一个具有伟大历史意义和战略意义的重要任务。④

一、关于新时期西藏工作的认识基础和政策依据

新时期西藏工作是在否定"民族问题的实质是阶级问题"的错误认识,并在进一步把握西藏历史与区情的基础上推进的。

(一)所谓"民族问题的实质是阶级问题"的认识是错误的。

关于"民族问题的实质是阶级问题",1980 年 7 月 15 日,《人民日报》发表题为《评所谓"民族问题的实质是阶级问题"》的特约评论员文章,澄清了有关

---

① 国家民族事务委员会、中共中央文献研究室:《新时期民族工作文献选编》,中央文献出版社 1990 年版,第 38—39 页。

② 国家民族事务委员会、中共中央文献研究室:《新时期民族工作文献选编》,中央文献出版社 1990 年版,第 33—38 页。

③ 国家民族事务委员会、中共中央文献研究室:《新时期民族工作文献选编》,中央文献出版社 1990 年版,第 34 页。

④ 国家民族事务委员会、中共中央文献研究室:《新时期民族工作文献选编》,中央文献出版社 1990 年版,第 37 页。

理论认识。第一,民族问题和阶级问题不能混淆。该文指出,民族问题和阶级问题是两个不同性质的问题。在一定的历史时期,阶级问题和民族问题是有联系的;在一定的历史条件下,阶级斗争也可以反映在民族关系上,但是不能因此就说民族问题实质上是阶级问题。民族和阶级都有各自发生、发展、消亡的规律。"阶级的存在仅仅同生产发展的一定历史阶段相联系",①列宁说,民族差别,"就是在无产阶级专政在全世界范围内实现以后,也还要保持很久很久"。② 阶级和阶级斗争是属于各民族内部的问题,民族问题则是属于不同民族之间的问题。当然,各民族内部的阶级关系在一定条件下,又会影响到各民族间的关系。但这并不改变阶级问题和民族问题是两个性质不同的问题。第二,社会主义时期的民族问题,基本上是各族人民间的关系问题。中华人民共和国的成立,标志着我国民族关系发生了根本变化。随着工人阶级领导的、以工农联盟为基础的人民民主专政即无产阶级专政的建立,就根本废除了民族压迫制度,实现了各民族一律平等。民主改革和社会主义改造,使我国的民族关系进一步发生了根本变化。各民族间的关系基本上成为人民之间的关系。各民族之间尽管存在这样那样的矛盾,但根本利益是一致的。在这个基础上,形成了团结友爱、平等互助的新型的社会主义民族关系。我国的剥削阶级作为阶级已经消灭了,阶级斗争还在一定范围内存在。具体说来,各民族内部都还有或多或少的阶级斗争,这种阶级斗争的某些部分也还会反映到民族关系上来。但是,决不能因此就把各民族内部的阶级斗争问题同民族间的关系问题混淆起来。第三,社会主义时期民族问题的内容和根源。在我国社会主义时期,民族问题不但将长期存在,而且内容将更加丰富。我国的民族问题基本上包括如下三个方面的内容。(1)实行民族区域自治,巩固各民族民主平等的团结统一。民族区域自治,是党和人民政府处理国内民族关系的基本政策。所有民族自治地方,都有其共性和个性。共性就是每个民族都是祖国统一的社会主义民族大家庭的一部分;个性就是民族自治。实行民族区域自治,就要在中央统一领导下,充分行使自治权利。在我国这样一个多民族的国家,没有民族区域自治,没有充分的民族自治权利,就没有民族平等,就没有各民族的团结和祖国的统一。(2)逐步消除各民族间政治、经济、文化事实上的不平等。马克思列宁主义历来把消除这种历史上遗留下来的事实上的不平等,作为社会主义时期民族问题的一个根本任务。1953 年中共中央讨论通过的过渡时期党在民族问题方面的任务中,也明确提出:"逐步地发展各民族的政

---

① 《马克思恩格斯选集》第 4 卷,人民出版社 1995 年版,第 332 页。
② 《列宁选集》第 4 卷,人民出版社 1995 年版,第 246 页。

治、经济、文化(其中包括稳步的和必要的社会改革在内),消灭历史上遗留下来的各民族间事实上的不平等。使落后的民族得以跻于先进民族的行列,过渡到社会主义社会。"消除各民族间事实上的不平等,是社会主义现代化建设的一部分。社会主义新时期民族工作的中心任务就是要大力扶持各少数民族发展经济文化建设,在生产发展的基础上,不断提高物质、文化生活水平,经过长时间的努力,逐步消除各民族间政治、经济、文化事实上的不平等。(3)承认民族差别,照顾民族特点,正确对待和处理民族矛盾。我国解放以来的全部经验证明,在少数民族地区,是一切从实际出发,按照民族特点和地区特点办事,还是生搬硬套汉族地区的方针、任务、办法,这是决定我国民族工作成败的关键。因此,必须解放思想,放宽政策,切实肃清极左路线的影响,克服一个样、一刀切的做法,真正做到因地制宜,切合民族地区的具体情况。所谓"民族问题的实质是阶级问题",实际上是用阶级、阶级斗争来取消、代替社会主义时期民族问题的这些基本内容和任务。它否认民族差别和民族间事实上的不平等是民族问题的根源,否认有民族差别就有民族矛盾,并且认为民族矛盾是敌我矛盾和阶级矛盾的反映。在民族矛盾中有或多或少的一部分是阶级矛盾和敌我矛盾。但是,民族矛盾决不等于阶级矛盾和敌我矛盾。特别是在社会主义改造完成之后,民族关系基本上成为各族人民间的关系,民族矛盾基本上属于各族人民内部的矛盾。在社会主义制度下,各族人民之间根本利益是一致的,同时仍然存在着一定的矛盾。例如,民族之间因为语言文字、生活条件、风俗习惯、心理状态和宗教信仰的不同而产生的矛盾;民族之间经济发展程度不同而产生的矛盾,以及反映在国家利益、集体利益和个人利益三者关系上的民族矛盾,反映在农牧关系、农林关系、农商关系上的民族矛盾;民族自治地方同上级人民政府以及其他地区之间的矛盾,等等。所有这些都是民族矛盾,都是由民族差别、民族特点、民族间事实上不平等产生的矛盾。只要民族差别和民族特点还存在,民族间事实上不平等还存在,这类矛盾也将继续存在。[①]

《通知》指出,我国各民族都已实行了社会主义改造,各民族间的关系都是人民间的关系。因此,所谓"民族问题的实质是阶级问题"的说法是错误的。否定"民族问题的实质是阶级问题"的说法,为开展新时期西藏工作提供了思想理论基础,指明了工作发展方向。

(二)进一步把握西藏的历史与区情。

---

① 《人民日报》1980 年 7 月 15 日。

　　西藏是中国在政治、经济、文化和自然条件都具有特殊重要性的民族自治区。同时,藏族人民在历史上,对整个中华民族的形成和发展,曾起过重要作用。《通知》认为,西藏地处我国的西南边疆,和尼泊尔、印度等国接壤,国境线近四千公里,战略地位十分重要。全区地域辽阔,自然资源丰富,生产潜力很大。藏族人民是我国主要少数民族之一,大部住在西藏,藏汉人民和睦相处的历史很悠久。① 《西藏工作座谈会纪要》指出,自从人民解放军进军西藏和西藏和平解放以来,全区的广大党员、干部、驻军指战员、职工群众和藏族、门巴族、珞巴族等各族人民,经过平息叛乱,民主改革,建立民族区域自治政权,永远结束了封建的农奴制度,使百万农奴在政治上得到彻底翻身解放。②

　　对于新时期西藏工作,《通知》指出,由于历代统治阶级的错误政策,藏汉人民之间发生过不少隔阂。因此,对西藏自治区各项问题的处理,必须十分重视和慎重。③ 在十年“文化大革命”中极左路线严重阻碍和损害了西藏各项建设事业的发展,破坏了党的民族政策和亲密团结的民族关系,给农牧业生产和群众生活造成了很大困难。尽管“文化大革命”结束后,西藏自治区纠正了大批冤假错案,逐步落实了党的民族、统战、宗教等各项政策,恢复和发展了农、牧、工业生产,广大农牧民生活也有了不同程度的改善。但是,总体而言,西藏的农、牧、工业生产水平仍然很低,交通运输仍很困难,文化教育还很落后,群众生活还很贫困。各族人民要求尽快改变这种状况。在新的形势面前,有许多紧迫的工作需要抓紧做好,有许多重要问题需要认真解决。④ 因此,召开西藏工作座谈会是适时的,是西藏工作发展的需要。

二、关于新时期西藏的中心任务和加快西藏建设的政策

　　中央书记处召开第一次西藏工作座谈会,确定新的历史条件下西藏的中心任务和奋斗目标是,以藏族干部和藏族人民为主,加强各族干部和人民的团结,调动一切积极因素,千方百计地发展国民经济,提高各族人民的物质生活

---

① 国家民族事务委员会、中共中央文献研究室:《新时期民族工作文献选编》,中央文献出版社1990 年版,第 23—32 页。

② 国家民族事务委员会、中共中央文献研究室:《新时期民族工作文献选编》,中央文献出版社1990 年版,第 39 页。

③ 国家民族事务委员会、中共中央文献研究室:《新时期民族工作文献选编》,中央文献出版社1990 年版,第 33 页。

④ 国家民族事务委员会、中共中央文献研究室:《新时期民族工作文献选编》,中央文献出版社1990 年版,第 39、40 页。

水平和文化科学水平,建设边疆,巩固边防,有计划、有步骤地使西藏兴旺发达、繁荣富裕起来。① 围绕这一中心任务和奋斗目标的实现,座谈会指出,要根据西藏的自然条件、民族特点、群众生产和生活的需要,安排和发展国民经济。②

一是提出西藏国民经济发展思路。根据《纪要》,关于西藏自治区发展国民经济的战略思路主要是:(1)以发展农、牧业为主,逐步地调整好农、牧、林、副、渔业生产的布局,建设好生产基地。农业生产,要改善耕作方法,合理安排种植计划,适当恢复青稞、豆类的种植面积,努力提高产量。要特别重视牧业生产,调整畜群结构,提高养畜质量,增加畜产品。大力保护各种自然资源,保持生态平衡。重视植树造林,开发渔业生产。每个地区和县、社要真正做到因地因时制宜,区别不同情况,宜牧则牧、宜农则农、宜林则林。无论牧区、农区或半牧半农区,都要以一业为主、多种经营、全面发展;有计划有领导地发展副业生产,进行土特产品的种植、采集、狩猎和加工。③(2)发展工业,首先要调整、整顿好已有工业企业,挖掘潜力,发挥效用。充分利用当地的自然资源,着重发展轻纺工业。调动手工业工人的积极性,普遍发展手工业和修理业。充分利用水力、地热等资源,发展动力和燃料工业。④(3)发展交通运输业,积极改善内地和西藏之间的交通运输状况。除了加强青藏、川藏公路的养护和维修,尽快铺完青藏公路的黑色路面外,要努力创造条件,改善交通手段,发展航空运输。按照国家兴办、群众自办和民办公助相结合的方针,采取土洋结合等有效办法,发动和组织群众修筑便道、公路,架设索道、桥梁,特别是建筑和养护好区内的主要公路,尽快做到拉萨到阿里和昌都两地能够常年通行汽车。⑤(4)发展商业、民族贸易和对外贸易,要加强政策观点和群众观点。国营商业要不断改善经营管理,把群众需要出售的农、牧、林、副、渔产品和各种土特产品收购起来,把适合藏族和其他少数民族需要的生产、生活资料供应给群众。

① 国家民族事务委员会、中共中央文献研究室:《新时期民族工作文献选编》,中央文献出版社1990年版,第40页。
② 国家民族事务委员会、中共中央文献研究室:《新时期民族工作文献选编》,中央文献出版社1990年版,第40页。
③ 国家民族事务委员会、中共中央文献研究室:《新时期民族工作文献选编》,中央文献出版社1990年版,第40—41页。
④ 国家民族事务委员会、中共中央文献研究室:《新时期民族工作文献选编》,中央文献出版社1990年版,第41页。
⑤ 国家民族事务委员会、中共中央文献研究室:《新时期民族工作文献选编》,中央文献出版社1990年版,第41页。

在相当长的时期内,坚持总的不赔不赚的方针,保持物价的相对稳定。从生产建设和群众生活需要出发,积极发展对外贸易;按照平等互利和以物易物的原则,开放和发展边境小额贸易。① (5)发展文教卫生事业,首先是采取有效措施,逐步普及小学教育,扫除藏文文盲,藏汉各族学生都要学习藏文。尽快地把民办小学转为公办,有计划地发展初、高中学校。编印藏文课本,提高教学质量。自治区的各大专院校和中等专业学校,主要招收藏族和门巴族、珞巴族等少数民族的学生,为建设西藏培养专业人才。积极发展民族的、科学的、群众性的文化体育和医疗卫生事业,继承和发展藏医藏药和藏历、气象学,继续实行各族群众和学生免费医疗、免费看电影的制度。②

在发展策略上,第一次西藏工作座谈会指出,各项建设事业的发展,必须分别轻重缓急,主次先后,统一计划,加强领导。大力发扬艰苦创业、勤俭节约的精神,紧缩非生产性开支,紧缩吃商品粮的人口。一切不应该办的事坚决不办,一切不应该花的钱坚决不花,一切不应该设的机构坚决不设,最大限度地把人力、物力和财力集中到经济建设上来。在发展生产的基础上,逐步改善各族人民的物质生活,特别注意组织、安排好边境地区群众的生产和生活。对生活特殊困难的群众,采取有效措施,积极扶持他们发展生产,克服困难,尽快改变贫穷落后的面貌。③

二是提出"六件大事"。西藏工作座谈会之后,为了进一步深入了解西藏情况,落实座谈会精神,1980 年 5 月,胡耀邦和万里受中央委托,率中央工作组到西藏考察工作。胡耀邦指出,"西藏人民现在还很穷、生活还很困难,我们党中央的政策就是要治一个'穷'字,建设一个团结的、富裕的、文明的新西藏。"他说,一要集中力量,充分利用中央给西藏的特殊政策,实事求是,因地制宜地发展西藏经济。二要加强民族团结。他认为,西藏是一个单一的民族地区,基本上是藏族,所以西藏的团结问题,主要是进藏汉族人员与广大藏族人民的关系问题。④ 为了使西藏人民尽快摆脱贫困,西藏经济、文化迅速发展,5 月 29 日,胡耀邦在西藏自治区干部大会上指示西藏在一个时期内要办好六件大事,主要内容是:(1)在中央的统一领导之下,充分行使民族区域自

---

① 国家民族事务委员会、中共中央文献研究室:《新时期民族工作文献选编》,中央文献出版社1990 年版,第 41 页。

② 国家民族事务委员会、中共中央文献研究室:《新时期民族工作文献选编》,中央文献出版社1990 年版,第 41—42 页。

③ 国家民族事务委员会、中共中央文献研究室:《新时期民族工作文献选编》,中央文献出版社1990 年版,第 42 页。

④ 《人民日报》1989 年 5 月 11 日。

治权利。(2)从西藏当时相当困难的情况出发,实行休养生息政策,减轻群众负担。(3)在所有的经济政策方面,实行特殊的灵活政策,促进生产的发展。(4)把国家支援西藏的大量经费,用到发展农牧业和藏族人民日常迫切需要的方面来。(5)在坚持社会主义方向的前提下,大力和充分地发展藏族的科学文化事业。(6)正确执行党的民族干部政策,加强藏汉干部的亲密团结。①

三是实施放宽经济政策。为治穷致富,改善西藏人民的生活,西藏自治区党委根据西藏工作座谈会精神,决定在坚持社会主义原则下,放宽经济政策,主要措施是:两年内免除征收农、牧业税,免除征购粮食、畜产品任务,取消一切形式的摊派,在群众自愿基础上实行议购、换购。按照各地区的实际,宜林则林,宜牧则牧,宜农则农,真正因地制宜地实现一业为主,多种经营,全面发展的方针。在工业生产上,大力发展民族特需商品手工业,以满足藏族人民的迫切需要。充分尊重生产队的自主权。种什么,怎么种,都由生产队自己决定。搞好多种形式的联系产量计酬的生产责任制,可以包产到组,对个别居住偏远的,也可以包产到户,认真贯彻执行按劳分配政策。自留畜养什么,养多少,由群众自己决定,不受限制。留足自留地和自留树。大力发展边境贸易。②

关于党和国家对于西藏工作的要求,第一次西藏工作座谈会指出,要加快西藏建设,必须进一步解放思想,落实政策,紧密结合实际,调动一切积极因素,努力巩固和发展安定团结的政治局面。③ 其一,继续落实党在农村、牧区的经济政策。充分尊重生产队的自主权,建立健全生产责任制,坚持按劳分配、多劳多得的原则,积极稳妥地调整、改善管理体制。在社员自留地、自留山、自留畜和家庭副业等一系列问题上,坚决纠正各种"左"的偏向。林木果树,谁种谁有。坚持低税政策。粮食征购,一定几年不变。在坚持社会主义道路的前提下,一切有利于加快生产发展的组织形式和管理办法,只要经过群众讨论同意,重要的报告县以上领导机关批准以后,都可以试行或采用。④ 其二,坚决执行党的民族政策。密切各族人民的关系,加强各族人民的团结,始

① 多杰才旦:《我在西藏的三十五个春秋》,拉巴平措主编:《见证西藏——西藏自治区政府历任现任主席自述》,中国藏学出版社 2005 年版,第 101—102 页。
② 国家民族事务委员会、中共中央文献研究室编:《新时期民族工作文献选编》,中央文献出版社 1990 年版,第 72 页。
③ 国家民族事务委员会、中共中央文献研究室编:《新时期民族工作文献选编》,中央文献出版社 1990 年版,第 42、43 页。
④ 国家民族事务委员会、中共中央文献研究室编:《新时期民族工作文献选编》,中央文献出版社 1990 年版,第 43 页。

终是西藏必须非常重视的大问题,是西藏工作成败的关键所在。因此,要经常对党员、干部、军队、职工群众和各族群众进行党的民族政策的教育,既要着重反对大汉族主义,也要防止地方民族主义。① 会议指出,今后每年都要定期检查一次民族政策的执行情况,解决民族关系方面存在的问题,消除一切不利于民族团结的因素。为此,要特别注意的是:(1)积极培养藏族和其他少数民族干部,逐步做到自治区县级以上党政群机关以藏族干部为主体。对他们要大胆提拔,放手使用,热情帮助,具体指导,使他们有职有权有责,充分发挥作用。同时,要关心他们的生活,解决其困难。(2)继承和发展民族文化,重视使用藏文藏语,尊重民族的风俗习惯。自治区党政机关行文必须使用藏、汉两种文字,要培养翻译人员,设立翻译和印刷机构。汉族干部要学习藏语藏文,民族干部要学习汉语汉文。(3)提干、征兵、招工、招生,要合理分配,并保证藏族和其他少数民族应有的名额。工交、财贸、文教、科研等单位,要尽量吸收藏族干部和职工,培养民族知识分子和职工队伍。② 其三,全面贯彻党的宗教政策。信奉藏传佛教,是历史上长期形成的,在西藏人民群众中有深远影响,必须慎重对待。如果处理不当,就会脱离群众,影响民族团结。既要尊重信教群众的正常宗教生活,又要积极对他们进行思想政治工作和科学文化教育。要加强对宗教活动的管理,坚决反对利用宗教进行各种非法活动。为了团结广大信教群众,对已有寺庙要保护、维修;对佛学和宗教经典有研究、造诣的喇嘛,应作为知识分子对待,在继承和发展藏族文化的优良遗产方面,充分发挥他们的才能。少数还俗喇嘛自愿回寺时,可予以同意并给以必要的协助。对已散佚或残损的藏族文物典籍,注意收集、保护和整理。还可以培养一些思想进步、遵守法纪的青年僧人,边生产、边学习、边从事宗教活动;但要防止他们搞宗教特权和干预政治。其四,继续做好落实政策的工作。对"文化大革命"中的冤假错案和重要的历史遗留问题,凡是没有纠正、解决的,要抓紧处理。切实纠正平叛扩大化、错划富农成分等问题。③ 其五,做好团结、教育、改造民族宗教上层爱国人士的工作。政治上给予关心,生活上适当照顾,给他们学习

---

① 国家民族事务委员会、中共中央文献研究室:《新时期民族工作文献选编》,中央文献出版社1990年版,第43页。

② 国家民族事务委员会、中共中央文献研究室:《新时期民族工作文献选编》,中央文献出版社1990年版,第43—44页。

③ 国家民族事务委员会、中共中央文献研究室:《新时期民族工作文献选编》,中央文献出版社1990年版,第44页。

和为人民做好事的机会,巩固和发展爱国统一战线。① 其六,加强对达赖集团及外流藏胞情况的调查研究,实行争取分化的方针。对他们留在国内的亲属,加强思想政治教育,注意安排他们的子女学习或就业。对回国参观人员,热情接待,坚持原则,做好工作;批评、驳斥少数人的错误以至反动的言行,警惕和防止他们的非法活动。②

三、中央关于加强新时期西藏工作的八项方针

发展西藏建设,主要依靠西藏地方及其各族人民,同时需要中央各部门加强对西藏工作的正确指导,并且根据实际需要和可能条件,组织全国各地积极给予支援和帮助。《通知》指出,考虑到西藏的特殊情况,总结过去的经验,必须注意以下八项方针:(1)中央各部门要注意了解、研究西藏的实际情况,根据那里的自然条件、民族特点、经济结构、各族人民的思想觉悟和生活状况,制定有关工作的方针、任务和政策,实行具体指导。一切决定和措施,必须首先确实得到藏族干部和藏族人民的真心同意和支持,否则就要修改或等待。切忌主观、片面、一般化、一刀切的领导作风和工作方法,不要盲目地、硬性地推广内地的和汉族的工作经验。(2)中央统战部和国家民委要积极协助中央和国务院,系统调查研究西藏工作情况,主动提出建议,协同有关部门处理好西藏工作中的一些具体问题。对于有关西藏工作的重大问题,要事先征求西藏自治区党政领导机关的意见,并请示报告中央决定。(3)中央和中央各部门制定的方针、政策、制度,发往全国的文件、指示、规定,凡是不适合西藏实际情况的,西藏党政群领导机关可以不执行或变通执行。但重要的问题要事先请示,一般的问题要事后报告。西藏地广人稀,脱产人员的编制和财政支出不能照搬内地的一套,必须精兵简政,以便把有限的资金用到确实最必需的地方。中央各部门召开的和西藏工作无关或关系不大的会议,西藏可不派人参加。(4)大力培养藏族和其他少数民族干部,积极帮助他们把建设西藏的主要责任承担起来。内地调往西藏的干部,要根据实际需要,坚持少而精的原则。除了调派必要的领导骨干外,主要应有计划地输送大专院校和中等专业学校的毕业生,及其他有专门知识和能力的人才,如医生、教员、科学技术人员等。

（5）中央各部门，特别是计划、经济、文教、卫生部门，在制订长远规划和年度计划时，要照顾西藏的特殊需要，尽可能满足他们的合理要求，在物质、技术等方面给予积极的支援。（6）全国各有关地方和单位都要根据上级的指示，认真做好支援西藏的工作。注意关心和照顾进藏干部和职工的家属子女，帮助他们解决某些实际困难；对调回内地的进藏干部和职工，妥善安排和解决好他们的工作、学习、疗养和生活等问题。严格控制各类人员自行流入西藏。（7）中央各部门和各省、市、自治区，对于《纪要》中提到的和自己工作有关的问题，要专门研究，制定措施，抓紧解决。并将落实情况报告中央。（8）西藏自治区党委要按照党的十一届三、四、五中全会和《纪要》的精神，认真总结过去工作，发扬成绩，克服缺点，纠正错误。重新审订全区经济建设规划，对发展农、牧业生产，发展对外贸易，调整、改善经济管理体制，在自留地、自留山、自留畜、家庭副业等一系列问题上纠正各种"左"的偏向，落实党的农牧业、财贸、文教、民族、宗教、统战等各项政策，认真调查研究，制定具体的实施方案，抓紧解决当前迫切需要解决的重大问题，力争在短期内取得比较显著的成效。①

　　1980 年 6—7 月，时任国家民委主任的杨静仁在西藏第一次工作座谈会后，在西藏进行了两个月的调查和考察，并在《红旗》杂志 1980 年第 15 期发表了题为《坚决贯彻中央指示，做好西藏工作》的文章。他在文中指出："中央《转发〈西藏工作座谈会纪要〉的通知》提出的八项方针和胡耀邦同志讲的六件大事，就是要实现西藏在十年内富裕起来的战略任务，这是党中央对西藏工作的一大决策。"②

第三节　第二次西藏工作座谈会与
对西藏工作认识的发展

　　继第一次西藏工作座谈会，中共中央于 1984 年召开了第二次西藏工作座

---

① 国家民族事务委员会、中共中央文献研究室：《新时期民族工作文献选编》，中央文献出版社 1990 年版，第 35—37 页。
② 国家民族事务委员会、中共中央文献研究室编：《新时期民族工作文献选编》，中央文献出版社 1990 年版，第 63 页。

谈会。4 月 1 日,中央发布《关于印发〈西藏工作座谈会纪要〉的通知》。① 这次会议形成的《纪要》成为此后相当长的时期内指导西藏工作的重要文献。

一、座谈会召开的民族工作与政策背景

第二次西藏工作座谈会是在社会主义民族关系进一步巩固和发展,民族区域自治法制化步伐不断加快的历史条件下召开的。这些条件的成熟和发展,不仅推动我国民族工作进入到一个新的发展阶段,而且在西藏工作上丰富和发展了《十七条协议》关于实行民族区域自治的基本精神,指导和促进了西藏民族区域自治的法制化建设。

（一）巩固和发展社会主义民族关系。关于社会主义民族关系,邓小平曾在 1979 年 6 月 15 日的全国政协第五届全国委员会第二次会议上致开幕词时指出:"我国各兄弟民族经过民主改革和社会主义改造,早已陆续走上社会主义道路,结成了社会主义的团结友爱、互助合作的新型民族关系。各民族的不同宗教的爱国人士有了很大的进步。在实现四个现代化进程中,各民族的社会主义一致性将更加发展,各民族的大团结将更加巩固。"② 在全面总结党的民族工作的历史经验教训基础上,党的十一届六中全会通过的《关于建国以来党的若干历史问题的决议》指出,改善和发展社会主义的民族关系,加强民族团结,这对于我们这个多民族国家具有重大意义。在民族问题上,过去,特别是在"文化大革命"中,我们犯过把阶级斗争扩大化的严重错误,伤害了许多少数民族干部和群众。在工作中,对少数民族自治权利尊重不够。这个教训一定要认真记取。现在,我国的民族关系基本上是各族人民之间的关系。必须坚持实行民族区域自治,加强民族区域自治的法制建设,保障各少数民族地区根据本地实际情况贯彻执行党和国家政策的自主权。切实帮助少数民族地区发展经济文化,培养和提拔少数民族干部。坚决反对一切破坏民族团结和民族平等的言论和行为。继续贯彻执行宗教信仰自由的政策。其中,坚持四项基本原则,并不要求宗教信徒放弃他们的宗教信仰,而是要求宗教不得干预政治和教育。

（二）民族区域自治立法的发展。民族区域自治制度是一项适合我国国

---

① 国家民族事务委员会、中共中央文献研究室编:《新时期民族工作文献选编》,中央文献出版社 1990 年版,第 207 页。

② 国家民族事务委员会、中共中央文献研究室编:《新时期民族工作文献选编》,中央文献出版社 1990 年版,第 15 页。

情的解决民族问题的基本政治制度。1980 年 9 月 15 日,叶剑英在宪法修改委员会第一次会议上指出,要在宪法中明确规定自治权。民族自治地方的自治机关制定自治条例和单行条例,是加强民族区域自治的法制建设的重要措施。1980 年 5 月,胡耀邦曾在考察西藏工作时提出:"要根据自己的特点制定法规和条例,保护民族的自治权和民族的特殊利益。"从 1980 年起,民族区域自治法草案开始起草工作。《关于建国以来党的若干历史问题的决议》指出:"必须坚持实行民族区域自治,加强民族区域自治的法制建设,保障各少数民族地区根据本地实际情况贯彻执行党和国家政策的自主权。"1982 年,第五届全国人大第五次会议通过宪法修改,其中关于民族区域自治的规定,恢复了1954 年宪法中一些重要原则,并根据国家情况的变化增加了新的内容。宪法关于"民族自治地方的自治机关"规定,民族自治地方的人大常委会中应当有实行区域自治的民族的公民担任主任或者副主任;自治区主席、自治州州长、自治县县长由实行区域自治的民族的公民担任;自治机关在国家计划的指导下,自主地安排和管理地方性的经济建发事业;自治机关自主地管理本地方的教育、科学、文化、卫生、体育事业;国家在民族自治地方开发资源、建设企业的时候,应当照顾民族自治地方的利益;国家从财政、物资、技术等方面帮助各少数民族加速发展经济建设和文化建设事业,国家帮助民族自治地方从当地民族中大量培养各级干部、各种专业人才和技术工人。

1984 年 5 月 22 日,阿沛·阿旺晋美在第六届全国人民代表大会第二次会议上作《关于〈中华人民共和国民族区域自治法(草案)〉的说明》①中指出:"一九五二年中央人民政府委员会颁布《中华人民共和国民族区域自治实施纲要》,对民族区域自治的推行,起了巨大的作用。但是,这个纲要的不少条文已不能适应社会主义现代化建设新时期的需要。根据宪法的规定,在总结建国三十多年的经验,包括'文化大革命'的教训的基础上,制定关于民族区域自治的法律,以保障民族区域自治制度的健康发展,已经成为全国各民族人民和各民族自治地方的迫切愿望和要求。"在关于民族区域自治法的基本原则问题上,由于坚持四项基本原则是全国各族人民团结前进的共同政治基础,也是全国各民族共同繁荣的根本保证,因此实行民族区域自治,必须坚持四项基本原则。民族区域自治法作为根据宪法关于民族区域自治的基本原则和规定,具体保障民族区域自治制度实施的基本法律,这就要求制定民族区域自治法,必须以坚持四项基本原则为根本指导思想。在加强和发展社会主义民族

---

① 国家民族事务委员会、中共中央文献研究室编:《新时期民族工作文献选编》,中央文献出版社 1990 年版,第 222—234 页。

关系方面,民族区域自治法也是一项维护和发展我国社会主义民族关系的基本法律。为了加强和发展社会主义民族关系,在民族区域自治法的制定中,要反对两种民族主义,既要反对大民族主义,主要是大汉族主义,也要反对地方民族主义。在对待民族自治地方问题上,既要反对大汉族主义,也要反对其他大民族主义和地方民族主义。

《民族区域自治法》草案注重处理民族自治地方和国家的关系。一方面,各民族自治地方是中华人民共和国不可分离的部分,要维护国家的统一,保证中央人民政府的统一领导和国家总的方针政策与计划在各民族自治地方的贯彻执行;另一方面,又要保证民族自治地方自治机关充分行使自治权,照顾各民族自治地方的特点和需要,使自治机关有大于一般地方的自主权。由于民族自治地方的民族人口构成,一般都比较复杂,草案既保障民族自治地方各少数民族管理本民族内部事务的权利,又保障各民族的平等、团结、互助关系的发展,以实现各民族的共同繁荣。关于自治机关的组成,民族自治地方的自治机关是自治区、自治州、自治县的人民代表大会和人民政府。自治机关实行民主集中制的原则。由于民族自治地方的人民代表大会和人民政府既是一般地方国家机关,又是自治机关,因此,草案根据宪法规定,对自治机关的组成作了下列规定。第一,自治区主席、自治州州长、自治县县长由实行区域自治的民族的公民担任;民族自治地方的人民代表大会常务委员会应当有实行区域自治的民族的公民担任主任或者副主任。第二,民族自治地方的人民代表大会中,实行区域自治的民族和其他少数民族代表的名额和比例,根据法律规定的原则,由省、自治区人民代表大会常务委员会决定。按照这一规定,人口较少的少数民族在代表名额和比例的分配上,要有适当的照顾。第三,民族自治地方的人民政府的组成人员,要尽量配备少数民族人员,对基本符合条件的少数民族干部要优先配备。这些规定是根据各少数民族地区的实际情况和历史条件,保障自治机关内各少数民族应有的代表性而作出的,因此有利于自治机关加强同当地人民群众的联系和贯彻执行民族区域自治制度。

关于民族自治地方自治机关的自治权,根据宪法规定的精神,《民族区域自治法》草案除了规定民族自治地方的自治机关可以制定自治条例和单行条例外,还规定在不违背宪法和法律的原则下,有权采取特殊政策和灵活措施;上级国家机关的决议、决定、命令和指示,如有不适合民族自治地方实际情况的,自治机关可以报经上级国家机关批准,变通执行或者停止执行。这些规定赋予民族自治地方很大的自主权,保障其根据本地方实际情况贯彻执行国家的法律、政策。民族自治地方的自治权,很重要的是自主管理和安排地方性的经济文化建设事业的权利。在经济建设方面,草案规定:(1)在国家计划的指导下,根据本地方的特点和需要,制订经济建设的方针、政策和计划。(2)根据国家法律规定和本地方经济发展的特点,合理调整生产关系,改革经济管理体制。(3)根据民族自治地方的财力、物力自主地安排地方性的基本建设项目。(4)自主地管理隶属于本地方的企业、事业;非经民族自治地方同意,上级国家机关不得改变民族自治地方所属企业单位的隶属关系。(5)依照法律规定,管理和保护本地方的自然资源,确定本地方内草场和森林的所有权和使用权;对可以由地方开发的自然资源,优先合理开发利用。(6)采取特殊政策,优待、鼓励各种专业人员参加自治地方各项建设事业。(7)自主地安排利用完成国家计划收购、上调任务以外的工农业产品和其他土特产品。(8)经国务院批准,可以开辟对外贸易口岸,在外汇留成等方面享受国家的优待。在财政方面,草案规定,属于民族自治地方的财政收入,由自治机关自主地安排使用;地方财政收入不敷支出的,由上级财政机关补助;民族自治地方享受国家拨给的各项专用资金和临时性的民族补助专款;按照国家规定设机动资金,预算中预备费的比例多于一般地区;在执行国家税法时,除应由国家统一审批的减免税收项目以外,对于属于地方财政收入的某些税收,经自治区(省)决定或批准,自治地方可以实行减税或免税。在教育方面,草案规定,民族自治地方自治机关自主地发展民族教育,根据国家教育方针,决定本地方的教育规划、学校的设置、学制农学形式、教学内容、教学用语和招生办法;为少数民族牧区和经济困难、居住分散的少数民族山区,设立以寄宿为主和助学金为主的公办民族小学和民族中学;招收少数民族学生为主的小学,有条件的应当采用少数民族文字的课本,并用少数民族语言讲课。在文化方面,草案规定,自治机关自主地发展具有民族形式和民族特点的文学、艺术、新闻、出版、广播、电影、电视等民族文化事业;自主地决定本地方的医疗卫生事业的建设规划,发展民族传统医药,开展民族传统体育活动,以继承和发展少数民族的优良文化传统。

改变少数民族经济文化比较落后的状况,首先需要依靠少数民族地区人民的共同努力。但是,国家对少数民族地区的帮助,仍然是很重要的因素。国家应根据各少数民族的特点和需要,帮助各少数民族地区加速经济和文化的发展。关于上级国家机关的帮助,草案根据宪法规定,上级国家机关在制订国民经济和社会发展计划时,应当照顾民族自治地方的特点和需要;国家设立扶助民族自治地方的各项专用资金;对民族自治地方的商业、供销、医药企业,给予各项照顾;在分配生产资料和生活资料时,照顾民族自治地方的需要;在投资、贷款、税收以及生产、供应、运输、销售等方面,扶持民族自治地方合理利用本地资源发展地方工业,发展交通、能源,发展民族特需商品和传统手工业品的生产;组织和支持经济发达地区与民族自治地方开展经济、技术协作;在民族自治地方开发资源、进行建设时,应当照顾民族自治地方的利益,作出有利于民族自治地方经济建设的安排,照顾当地少数民族的生产和生活;根据民族自治地方的需要,采取多种形式,调派适当数量的教师、医生、科学技术和经营管理人员,帮助少数民族地区发展经济文化教育事业。

1984 年 5 月 31 日,第六届全国人民代表大会第二次会议通过《中华人民共和国民族区域自治法》。① 该法将新中国成立以来我国实行民族区域自治的历史经验和建设成就,用法律的形式规定下来,并标志着我国民族区域自治的法律体系初步形成,民族区域自治进入到依其专门法律而实施和建设的新的历史发展阶段。

二、座谈会对西藏特殊性及其工作的认识

自 1980 年中央书记处召开第一次西藏工作座谈会,中央对西藏工作作了一系列重要指示,自治区党政军民各级组织贯彻执行党的十一届三中全会以来中央的路线、方针、政策和指示,做了大量工作,取得显著成绩。但是,西藏的农牧业生产仍然徘徊不前,经济文化发展缓慢,人民生活改善不快。存在的缺点和问题主要是,对西藏的特殊性认识得还不够深刻,思想还不够解放,对搞活经济的措施还不够切实、有力,在执行党的统战、民族、宗教和知识分子等政策上"左"的思想仍然存在。中央书记处召开这次座谈会,就是要对西藏的基本情况进行"再认识"②,对现行的方针、政策作一次再研究,力求把问题看得更全面、更准确些,提出更切实、更有力的措施,把经济搞上去,使人民尽快地富裕起来。③

(一)对西藏历史经验及其特殊性的认识。座谈会认为,根据党的十二大决定的党的总任务和总目标,总结西藏和平解放以来的历史经验,要加快西藏经济文化的发展,建设团结、富裕、文明的新西藏,在各项工作、特别是领导工作中,必须坚定不移地坚持一切从实际出发、理论联系实际、实事求是,不断加

---

① 国家民族事务委员会、中共中央文献研究室:《新时期民族工作文献选编》,中央文献出版社 1990 年版,第 235 页。
② 国家民族事务委员会、中共中央文献研究室编:《新时期民族工作文献选编》,中央文献出版社 1990 年版,第 209 页。
③ 国家民族事务委员会、中共中央文献研究室编:《新时期民族工作文献选编》,中央文献出版社 1990 年版,第 207 页。

深对西藏各方面情况的了解,在工作中坚持真理,修正错误。①

《纪要》指出,在对西藏的认识上,有两种错误的思想。一种是只看到西藏的特殊性,不承认西藏同全国其他各地的共同性,甚至非常错误地认为西藏可以"独立"。有这种认识的人为数不多,但却不可低估它的影响和危害。座谈会认为,我国的辽阔疆域是长期历史形成的,我国的悠久历史和灿烂文化是各民族共同创造的。中国各民族只有在中国共产党的领导下,团结友爱,互相依存,共同走社会主义的道路,才有无限光明美好的前途。任何搞分裂的思想行为,都是违反全国各民族、包括藏族在内的根本利益的,是要遭到各族人民坚决反对的。② 另一种是只看到西藏同全国各地的共同性,忽视甚至否认西藏的特殊性。座谈会强调,西藏在我国是一个具有很大特殊性的地方,它不仅同内地各省的情况有很大的差异,而且同内蒙、新疆等民族自治区相比也有许多的不同。西藏的特殊性主要表现在:(1)是世界屋脊,高寒缺氧,地广人稀,地处祖国西南边陲,交通不便,基本上长期处于封闭状态。(2)过去长期处于封建农奴制社会。政教合一的僧侣、贵族统治达数百年之久。在跃进到社会主义以后,历史上遗留下的痕迹仍然很深。(3)基本上是单一民族——藏族聚居的地区。藏族人民勤劳、朴实、智慧、勇敢,在长期的历史发展中形成了独特的民族心理素质、民族情感和风俗习惯。(4)基本上全体藏民都信仰喇嘛教,宗教在群众中有长期的、深刻的影响。西藏的这种特殊性是长期的历史所形成的。③《纪要》指出,西藏工作要从西藏的上述特点出发,采取特殊政策和灵活措施。在西藏实行符合实际情况的特殊政策,是为了加快社会主义建设,坚持和巩固党的领导,发展安定团结的政治局面。④ 在西藏工作中,一定要按照西藏的特殊条件,千方百计地把经济搞上去。要尊重和继承西藏文化固有的优良传统,发展藏族的语言、文学、史学、艺术、医学等,建设具有西藏民族特点的社会主义精神文明。要高度重视和切实做好统战工作、民族工作和宗教工作,特别要团结上层代表人物,同他们开诚布公、真诚合作,发挥他们的积极

---

① 国家民族事务委员会、中共中央文献研究室编:《新时期民族工作文献选编》,中央文献出版社 1990 年版,第 208—209 页。

② 国家民族事务委员会、中共中央文献研究室编:《新时期民族工作文献选编》,中央文献出版社 1990 年版,第 209—210 页。

③ 国家民族事务委员会、中共中央文献研究室编:《新时期民族工作文献选编》,中央文献出版社 1990 年版,第 210 页。

④ 国家民族事务委员会、中共中央文献研究室编:《新时期民族工作文献选编》,中央文献出版社 1990 年版,第 211 页。

作用。①

（二）关于做好西藏统战、民族和宗教工作。由于西藏的特殊情况，做好统战、民族、宗教工作，对加快西藏建设有着重要的意义。座谈会要求自治区各级党政军民领导机关都要经常把这几项工作摆在重要的议事日程上。要讨论，要检查，要不断总结经验，改进工作。继续克服"左"的思想，贯彻落实好党的统战、民族和宗教政策，把一切可以团结的人都团结起来，把一切可以调动的力量都调动到建设团结、富裕、文明的新西藏上来。②

在统战工作上，首先，明确统战工作对象，不仅是解放前后在西藏有地位、有影响的军政、民族、宗教界的上层爱国人士，以及他们中在世和不在世的人的家属子女，宗教职业者，民主改革时的赎买对象及其家属子女和领主代理人，藏族中的旧知识分子和民间艺人；而且应包括随同达赖逃亡国外人员留下的家属子女，曾被关押后刑满释放或宽大释放的旧军政人员。要团结一切应该团结的人，扩大爱国统一战线。其次，要正确看待统战工作对象。他们中的绝大多数是爱国的，是维护祖国统一和热心西藏建设的。搞分裂，破坏民族团结的只是极少数。爱国不爱国是最大的政治分野。对统战对象应求大同存小异，多做思想工作，切忌简单急躁。再次，继续抓紧落实政策，认真处理好遗留问题。被查抄的财物，凡有下落的要退回；原物确实找不到的要合理补偿。被占用的房产没清退完的要抓紧清退。政治结论留有尾巴的要去掉。应该作适当安排的要抓紧安排。各级人大、政协及其下属组织和宗教团体等都可以适当扩大名额，还没有建立县政协的县都要建立起来，以便安排更多的统战工作对象。外逃人员留下的家属子女，人数不少，对他们不应歧视，对他们的学习、工作和生活，应采取特殊措施妥予安置。第四，加强对统战工作对象，特别是上层爱国人士的联系，同他们多接触，多谈心，多交朋友，真诚相待，肝胆相照。还可以定期和不定期地组织他们到内地参观访问，使他们开阔视野、增长见识。第五，在依法惩处严重违法犯罪人员时，在藏族中抓人要特别慎重；在上层人士、宗教人士和其他统战对象中抓人更要特别、特别的慎重。一是证据要确凿；二是事先要跟有关组织和有关上层人士打招呼，然后严格、准确地依法律办事。③

---

① 国家民族事务委员会、中共中央文献研究室编：《新时期民族工作文献选编》，中央文献出版社1990年版，第211页。
② 国家民族事务委员会、中共中央文献研究室编：《新时期民族工作文献选编》，中央文献出版社1990年版，第212页。
③ 国家民族事务委员会、中共中央文献研究室编：《新时期民族工作文献选编》，中央文献出版社1990年版，第212—214页。

在民族工作中,《纪要》强调,要继续认真落实党的民族政策,加强民族团结工作。要在藏汉等各族干部和群众中经常进行民族政策的教育,进行汉族离不开藏族和其他少数民族,藏族和其他少数民族也离不开汉族,这"两个离不开"的教育。要切实保障藏族实行民族区域自治的自治权利,使藏族干部和人民做到既当家又做主。要尊重少数民族的风俗习惯,十分重视藏文藏语的学习和使用。自治区各级党政领导机关和人民团体的文件,一律要翻译成藏文,并逐步做到用藏文起草,县必须有专职翻译人员,地区必须有翻译机构,自治区已有的编译处升为编译局,适当增加人员,改善编译手段,聘请党外学者当顾问。①

在宗教工作中,《纪要》指出,要根据实际情况,制定进一步宣传、学习和贯彻执行《关于我国社会主义时期宗教问题的基本观点和基本政策》②的具体措施。要看到喇嘛教在西藏人民中有特殊影响,充分认识这个问题的长期性、复杂性和艰巨性,坚决、全面地执行党的宗教政策,积极、慎重、稳妥地做好宗教工作。为了满足信教群众进行正常宗教活动的愿望,争取在 20 世纪 80 年代逐步恢复到 200 座左右的寺庙,还可以建立一些简易的宗教活动点。要加强对宗教人士的爱国守法的教育,保证宗教职业者和活佛从事正常宗教活动的合法权益,特别是要充分发挥宗教界爱国人士的积极作用。对于严重危害生产,影响群众生活,甚至危及人民生命的教规陋习,应在同宗教界人士充分协商和耐心教育群众的基础上,推动他们自愿地、逐步地加以改革,并且依靠他们,由他们主持进行。还要积极引导和支持宗教界人士举办一些社会公益事业和服务事业,如慈善救济,保护人畜两旺,保护有益的野生动植物,协助政府推广牧农林业的增产措施,等等。这样就为宗教界人士的活动注入了新的内容,更利于发挥他们的积极作用。③

(三)关于西藏民族干部工作。《纪要》指出,西藏和平解放以来,培养、提拔藏族和其他少数民族干部,一大批民族干部成长了起来。要非常爱护、关心和继续培养提高这批民族干部,特别要有计划地提高他们的文化科学和专业知识水平,对他们进行马列主义、毛泽东思想基础知识、党的优良传统和作风

---

① 国家民族事务委员会、中共中央文献研究室编:《新时期民族工作文献选编》,中央文献出版社 1990 年版,第 214 页。
② 国家民族事务委员会、中共中央文献研究室编:《新时期民族工作文献选编》,中央文献出版社 1990 年版,第 154—174 页。
③ 国家民族事务委员会、中共中央文献研究室编:《新时期民族工作文献选编》,中央文献出版社 1990 年版,第 214—215 页。

的教育。还要继续培训提拔一大批德才兼备的藏族和其他少数民族的中青年干部,做好建立第三梯队的工作。已经或将要退居二线的汉族老干部,对民族干部特别是其中的中青年干部既要做好传帮带工作,又要积极支持和鼓励他们密切联系群众,从实际出发,大胆独立地工作。① 《纪要》认为,新的形势和任务对于干部的政治思想素质、干部之间的团结、领导方法和工作作风都提出了更高的要求。加强各方面干部之间的团结,特别是藏汉族干部之间和藏族干部之间的团结。要在党的十一届三中全会以来党的路线和中央对西藏工作重要指示的基础上,统一思想,加强团结,开创西藏工作的新局面。各级党委要健全民主生活,加强集体领导,坚持民主集中制。一切重大的问题都必须经集体讨论决定。各级领导班子,特别是主要负责同志要带头发扬民主,开展批评自我批评。县以上各级党政群领导机关要彻底改变老一套的工作方法和领导方法,积极创造亲自动手、典型示范的方法。县以上各级党政干部还可以试行"三三"制的工作方法,即大体上以三分之一时间工作,包括下去调查研究、检查帮助工作;三分之一时间搞先进的生产技术和科学技术实验;三分之一时间读书、学文化,包括学习藏文藏语和汉文汉语。②

第四节　第三次西藏工作座谈会与西藏的发展和稳定工作

以江泽民为核心的党中央第三代领导集体十分关心西藏各族人民,高度重视西藏工作。1989 年 10 月,江泽民主持中央政治局常委会,专门研究西藏问题,作出一系列重要指示,形成《中央政治局常委讨论西藏工作会议纪要》。③ 1990 年,他亲赴西藏视察指导工作。在临行前,他说:"我们这次进藏,一定要为西藏人民多办点实事,解决些问题。"在西藏期间,他探访农家、慰问牧民、考察重点工程、慰问边防部队、研究民族宗教问题,并表示为了加快

---

① 国家民族事务委员会、中共中央文献研究室编:《新时期民族工作文献选编》,中央文献出版社 1990 年版,第 215—216 页。

② 国家民族事务委员会、中共中央文献研究室编:《新时期民族工作文献选编》,中央文献出版社 1990 年版,第 216—217 页。

③ 多吉才让:《经历八十年代》,拉巴平措主编:《见证西藏——西藏自治区政府历任现任主席自述》,中国藏学出版社 2005 年版,第 161—162 页。

西藏的经济发展,党中央和国务院将继续对西藏实行特殊政策和灵活措施。他说:"我非常惦记西藏的人民、西藏的事业。一定把西藏的事情办好,要全国支援西藏。"①

1994 年 7 月 20—23 日,中共中央和国务院召开第三次西藏工作座谈会。② 这次座谈会是党中央、国务院在新的历史条件下召开的研究西藏工作的重要会议。会议主要围绕西藏的发展和稳定两件大事,研究新情况,解决新问题,进一步明确加强西藏工作的指导思想,落实加快发展和维护稳定的各项措施,努力开创西藏工作的新局面。根据会议精神,8 月 29 日,党中央和国务院形成《关于加快西藏发展、维护社会稳定的意见》。③

一、对西藏工作基本经验的总结

第三次西藏工作座谈会充分肯定了西藏工作的成绩。江泽民在讲话中指出,中央对西藏工作始终是十分关心和重视的,在西藏革命和建设的每一个重要历史阶段,都及时作出重要决策。西藏由封建农奴制到社会主义制度的历史变革,是西藏历史上从未有过的巨大进步。④ 会议充分肯定西藏工作的成绩,分析了西藏面临的困难和问题,指出要"从战略全局高度重视西藏工作"。⑤ 江泽民指出,我国是一个统一的多民族国家,五十六个民族都是中华民族大家庭中平等的一员,所有民族自治地方都是中华人民共和国不可分割的组成部分。做好西藏工作,加强藏族同汉族及其他民族的团结,对增强中华民族的大团结具有重大的意义。从经济发展的角度看,建设有中国特色社会主义的目标,是要实现全国各地方和各民族人民的共同富裕、共同繁荣。促进西藏经济的发展,把潜在的资源优势逐渐变为现实的经济优势,不仅会大大造

---

① 《人民日报》2001 年 7 月 18 日。

② 国家民族事务委员会、中共中央文献研究室编:《民族工作文献选编》(1990—2002),中央文献出版社 2003 年版,第 112 页。

③ 该意见共 7 个部分 31 条。中共中央文献研究室、中共西藏自治区委员会编:《西藏工作文献选编》(1949—2005),中央文献出版社 2005 年版,第 478—491 页。

④ 江泽民:《围绕发展和稳定两件大事,开创西藏工作新局面》,中共中央文献研究室、中共西藏自治区委员会编:《西藏工作文献选编》(1949—2005),中央文献出版社 2005 年版,第 457 页。

⑤ 中共中央文献研究室、中共西藏自治区委员会编:《西藏工作文献选编》(1949—2005),中央文献出版社 2005 年版,第 478 页。

福于西藏人民,而且对促进我国西部乃至全国的发展将日益发挥重要的作用。①

为切实做好西藏的各项工作,会议认为,应注意总结经验,发扬成绩,克服缺点,增强团结,统一思想,同心协力建设西藏。(1)保持社会稳定,维护祖国统一。达赖集团的分裂活动是影响西藏稳定的主要根源。维护祖国统一、反对分裂,确保国家主权与领土的完整,是西藏各族人民重大的政治任务,是全党、全军、全国各族人民长期的共同任务。(2)以经济建设为中心,加快西藏发展。要在中央的特殊扶持和全国人民的支援下,通过自身努力,加快经济发展,不断提高人民生活水平,增强西藏经济的整体实力,促进西藏的长期稳定和社会进步。(3)全面正确地贯彻党的民族、宗教政策。要按照《宪法》、《民族区域自治法》的规定,切实保障西藏人民行使当家作主,管理内部事务的权利,维护民族团结,尊重宗教信仰自由。同时,要坚决揭露达赖集团利用民族、宗教作掩护的分裂活动,教育群众,团结多数。江泽民在讲话中指出,随着商品生产的发展和社会主义市场经济体制的建立,藏族内部和藏族同汉族及其他民族之间的交流与合作必然越来越多。藏汉民族之间以及与其他民族之间,相互帮助,相互依存,共同进步,谁也离不开谁的关系必然日益增强。这是经济社会发展和民族进步的客观需要和必然趋势。西藏是群众性信仰喇嘛教的地方,存在众多寺院和僧侣。必须全面正确地贯彻党的宗教信仰自由政策,保护正当的宗教活动,同时按照政教分离的原则和政府有关法规,加强对寺院的管理。对于广大的信教群众,既要保护他们宗教信仰自由的权利,又要加强社会主义思想政治教育和科学文化知识教育,信任和依靠他们搞好各项事业。对于僧侣,也要加强教育和管理。只要爱国家、爱社会主义,就要团结他们,鼓励他们多为群众做好事,多为维护祖国统一和社会主义建设出力。(4)坚持人民民主专政,加强政法工作,坚决依法打击一切分裂活动和各种违法犯罪活动。驻藏人民解放军、武警部队,是维护祖国统一的坚强柱石,是分裂主义势力不可逾越的钢铁长城。军政军民团结一致,建设边疆、保卫边疆,是西藏长治久安的根本保证。(5)坚定不移地加强党的核心领导作用。坚持"两个离不开"的原则,加强西藏干部队伍和领导班子建设。加强基层党组织和基层政权建设。坚定地依靠农牧民、工人、知识分子和其他劳动者在内的广大劳动人民群众,充分发挥各族各界爱国人士的作用,建设团结、富裕、文明的社会主义新西藏。①

二、关于西藏经济社会发展的总体目标及其战略部署

第三次西藏工作座谈会指出,新时期的西藏工作,要以经济建设为中心,紧紧抓住发展经济和稳定局势两件大事,确保西藏经济的加快发展,确保社会的全面进步和长治久安,确保人民生活水平的不断提高。这就是第三次西藏工作座谈会所确立的"一个中心、两件大事、三个确保"的新时期西藏工作的指导方针。②

在西藏民族区域自治问题上,座谈会作出的《关于加快西藏发展、维护社会稳定的意见》指出,在中央人民政府的统一领导下,实行民族区域自治,是解决我国民族问题唯一正确的道路。维护国家统一是实现民族区域自治的根本保障。要坚持和完善民族区域自治制度。严防达赖集团以所谓"高度自治"等主张混淆是非,坚决反对西藏独立、半独立或变相独立。③

关于西藏稳定与发展的关系,座谈会指出,新中国没有民族歧视,实现了民族平等。现阶段民族工作的主要任务是,立足民族平等,加快经济发展,实现共同富裕。判断中国的民族政策和西藏问题,关键是看怎样对西藏人民有利,怎样才能使西藏很快发展起来。这是西藏人民根本利益所在,是衡量西藏工作的根本标准。稳定是前提,发展是根本,两者互为条件,互相促进。要坚持两手抓、两手都要硬的方针。没有稳定,当前就不能发展;没有发展,长远就难以稳定。实现西藏长治久安的根本途径是加快西藏经济社会的发展。④

无论是西藏经济社会发展,还是西藏改革开放,都要从国家的大局和西藏地方的实际出发,实事求是。这是做好西藏工作的一条基本原则。加快西藏经济社会发展,关键是要把中央的大政方针同西藏具体实际结合起来。会议指出,西藏经济社会发展的总体目标是,在中央特殊政策的扶持和全国人民的支援下,依靠西藏各族人民的团结奋斗,加快西藏国民经济和社会事业的发

---

① 国家民族事务委员会、中共中央文献研究室编:《民族工作文献选编》(1990—2002),中央文献出版社 2003 年版,第 112—113 页。

② 《人民日报》2001 年 6 月 25 日。

③ 中共中央文献研究室、中共西藏自治区委员会编:《西藏工作文献选编》(1949—2005),中央文献出版社 2005 年版,第 480 页。

④ 国家民族事务委员会、中共中央文献研究室编:《民族工作文献选编》(1990—2002),中央文献出版社 2003 年版,第 114 页。

展。随着国家支援西藏建设项目和投入的落实,随着西藏自身发展能力的增强,在优化经济结构、提高经济效益的前提下,到 2000 年,力争西藏自治区国民生产总值比 1993 年接近翻一番,年均增长百分之十左右;增加农牧民收入,改善人民生活,基本完成脱贫任务,多数群众达到小康水平;国民经济和社会事业的整体水平有较大幅度的提高,为下世纪初的更大发展奠定基础、创造条件。①

在西藏经济社会发展战略上,座谈会指出,要稳定发展第一产业,有重点地发展第二产业,大力发展第三产业和加强基础设施建设,加快西藏经济从自然经济向市场经济、从供给型经济向经营型经济的转变和发展。② 为此,要坚持以农牧业为基础,加强农牧业综合开发,加大投资力度,科技兴农兴牧,调整内部结构,发展乡镇企业和多种经营,改善农牧业生产条件,提高防灾抗灾能力,基本实现粮油自给。加快发展采矿业、矿产品加工业和森林工业。加强地质勘查工作,为开发自然资源创造条件,增强发展后劲。发展农畜产品加工、建筑材料、轻纺和民族手工业,调整产业结构,加快企业技术改造,逐步形成有地方特色的工业体系。大力发展第三产业,要坚持谁投资、谁所有、谁受益的原则,大力培育和开拓区内外市场,搞活流通,促进生产,方便生活,增加群众收入。重点发展商业、旅游业、服务业、运输业和科技经济信息咨询业等。繁荣对外贸易,加强与国内外的经济技术交流合作。大力加强并适度超前发展能源、交通、邮电通信等基础设施建设。能源建设以水电为主,根本改变电力供应严重不足的状况,消灭无电县。交通运输以公路为主,重在骨干道路的整治、维护和建设,力保常年畅通,积极发展航空运输事业,抓紧做好进藏铁路建设的论证和勘查工作。到 20 世纪末,邮电通信建设实现县县电话程控化,百分之八十的县进入全国长途自动交换网。推动社会全面进步,加快教育科技、文化卫生、广播电视等各项社会事业的发展,满足人民物质、文化生活的需要,提高民族素质,建设社会主义精神文明,抵御分裂主义势力的干扰和影响。继续把教育放在优先发展的战略地位,着重培养急需的初中级专业技术人才;重点加强基础教育,优先发展师范教育,不断优化高等教育,积极发展职业技术教育和成人教育,努力扫除青壮年文盲。继续对农牧区中小学生实行"三包",提高标准,增加经费。继续办好内地西藏中学和西藏班,长期坚持,不断完善,适当扩大规模,并可适当招收部分进藏干部职工子女入学。重视藏语文

————————

① 中共中央文献研究室、中共西藏自治区委员会编:《西藏工作文献选编》(1949—2005),中央文献出版社 2005 年版,第480—481 页。

② 中共中央文献研究室、中共西藏自治区委员会编:《西藏工作文献选编》(1949—2005),中央文献出版社 2005 年版,第481 页。

教学,积极推行双语教学,做到藏汉语兼通,创造条件开设外语课。到20世纪末,基本实现县县有中学,乡乡有完全小学,适龄儿童入学率达到百分之八十以上。依靠科学技术振兴西藏。重点开发、引进和推广实用科学技术。培养学得会、用得上、留得住的各类科技人才。加速科技成果的商品化和向现实生产力的转化,推动国民经济各领域的技术进步。建立健全县、乡医疗卫生网。继续把农牧区卫生、预防保健和发展藏医藏药作为卫生工作的重点。继续对农牧民和城镇居民实行免费医疗,并逐步完善这一制度。加强妇幼保健,提高人口素质,使西藏人口的发展与经济和社会的发展相适应,与资源利用、环境保护相协调。在农牧区提倡计划生育要坚持自愿原则,做好服务工作。文化艺术、广播影视、新闻出版、社科研究等工作,要把握舆论导向,坚持四项基本原则,坚持改革开放,坚持社会进步,坚持反对分裂,为改革、发展、稳定提供有力的思想保证。解决农牧民听广播、看电视、看电影的问题,使广播基本覆盖全区,电视人口覆盖率有较大幅度提高。逐步建设多层次的群众文化活动设施。要普及科学文化知识,移风易俗,引导群众逐步改善生产、生活的条件和方式。扩大开放的步骤和格局。进一步解放思想,克服封闭观念,加大开放力度,形成多渠道、多层次、全方位开放的格局。加大对内地各省区的开放力度,鼓励与支持内地经济实体及个人进藏兴办各类实业。以优惠的政策、丰富的资源,积极扩大与内地多种形式的经济协作与交流,优势互补,实现西藏经济与全国大市场的接轨,建立西藏经济与全国经济密不可分的有机联系。积极稳妥地扩大对外开放。加强对外友好往来和经济合作,扩大对外贸易。搞好口岸建设与管理,以樟木、普兰等口岸为窗口,以边境县为开放带,逐步进入邻近国家和地区的市场。大力发展旅游业,提高整体服务水平和综合接待能力,开辟新的旅游景点、景区和线路,逐步形成旅游点、线、面相结合的格局,带动相关产业的发展。西藏对外开放要注意以稳定为前提,既要考虑经济效益,又要顾及西藏的稳定和国家安全利益,防止达赖集团和国际敌对势力的渗透。[①]

三、关于西藏经济体制改革和优惠政策

西藏经济社会发展的动力来自于深化改革、扩大开放。建立社会主义市场经济体制,是加快西藏发展的体制条件和动力。从经济体制改革的目标来说,西藏和全国其他地方一样,都要建立社会主义市场经济体制。江泽民在座

---

① 中共中央文献研究室、中共西藏自治区委员会编:《西藏工作文献选编》(1949—2005),中央文献出版社 2005 年版,第 481—483 页。

谈会上指出,由于西藏商品经济不发达和其他原因,在实现这一目标的过程中,做准备、打基础要有一段相当长的时间,而且要有一些相应的变通办法和过渡措施。西藏的一切发展,都要着眼于造福西藏人民,改善他们的物质文化生活,着眼于促进民族团结、民族进步。① 座谈会认为,西藏经济体制改革要围绕建立社会主义市场经济体制的总目标,总体上与全国框架一致,体制衔接。按照积极稳妥、循序渐进、适当变通的原则,着眼于建立新机制和从根本上解决西藏经济体制的主要问题。中央过去给西藏的特殊政策和灵活措施,能够继续运行的予以保留;因情况变化失效或需改变的政策措施,由国家采取新的优惠政策和特别的扶持措施予以替代。为保证西藏的稳定发展,国家对西藏采取的各项优惠政策在 2000 年前不变。在新旧体制的过渡时期,应注意发挥市场的基础性作用,同时继续发挥政府配置资源的作用。对国家新出台的改革方案和措施,西藏可根据实际情况变通执行,并报党中央。国务院或国家有关部门批准或备案。②

西藏同内地的经济社会发展差距是由历史条件、社会经济、自然地理等多种因素决定的。为加快西藏发展,这次西藏工作座谈会提出了一系列优惠西藏的政策。在财政税收上,中央对西藏的财政补贴,实行“核定基数、定额递增、专项扶持”的政策。税收实行“税制一致,适当变通,从轻从简”的政策。除关税、海关代征消费税和增值税(简称海关代征税)、增值税以外,在西藏地区征收其他中央税和共享税的具体办法,由自治区政府作出规定,报国务院批准后实行。地方税种的开征,税目、税率的确定和减免税的权利仍由西藏自治区掌握,报财政部、国家税务总局备案。实行分税制后,除关税和海关代征税以外,在西藏地区征收的其他中央税和共享税的中央部分全部返还,作为日常资金调度全部留给西藏。关税和海关代征税是中央财政的收入,为了照顾西藏特殊的困难和需要,对西藏进口的属于西藏自用的商品,实行先按国家现行规定征收缴纳中央财政,后定额返还的办法。在西藏自治区建立中央金库。西藏的区外联营企业在当地交纳的所得税,由西藏自治区与所在地政府协商返还西藏财政。③ 在金融方面,人民银行西藏分行不再兼办工商银行和农业

---

① 江泽民:《围绕发展和稳定两件大事,开创西藏工作新局面》,中共中央文献研究室、中共西藏自治区委员会编:《西藏工作文献选编》(1949—2005),中央文献出版社 2005 年版,第459 页。

② 中共中央文献研究室、中共西藏自治区委员会编:《西藏工作文献选编》(1949—2005),中央文献出版社 2005 年版,第483—484 页。

③ 中共中央文献研究室、中共西藏自治区委员会编:《西藏工作文献选编》(1949—2005),中央文献出版社 2005 年版,第484 页。

银行业务,专门行使中央银行派出机构的职能。设立中国农业银行西藏分行后,中国人民银行在三年内对其按全国统一存款利率和优惠贷款利率核补利差补贴。继续实行优惠的贷款利率和保险政策。西藏自治区的贷款规模仍由中国人民银行单独安排,货币、信贷实行指导性计划。对工商企业的商业性贷款执行全国统一利率,因此而增收的利息全部用于增补效益好的国有企业的流动资金。① 关于投融资政策,对西藏的能源、交通、通信以及综合开发等大中型骨干项目和社会发展项目,由国家给以重点支持,对建设周期长的实行动态投资。对西藏的固定资产投资项目,国家在资金上给予优先保证。竞争性项目国家仍应适当安排,政策性项目应适当加大投资力度。对西藏地方小型基础设施建设和生产性建设项目,每年由西藏自治区上报计划,国家给以优先考虑。除国家禁止外商投资的项目外,对不需要国家综合平衡的外商投资项目,可由西藏自治区政府审批,报国家计委备案,并报外经贸部办理有关手续。② 在价格补贴方面,为了保证社会稳定,并使人民生活有所提高,对中央出台的重大调价措施在西藏的涨价影响,由国家财政给予适当补贴。在外贸上,对西藏外贸实行"放宽政策、扩大开放、加快发展"的政策,国家现行对西藏外贸管理方面的优惠政策不变。国家实行数量限制的出口配额商品,由西藏自行组织出口的可不限制商品产地,国家尽量予以安排。其他出口商品,西藏放开经营。国家实行有偿招标的出口配额商品,应执行统一的招标规定,国家可按招标商品平均价给西藏照顾一定的商品数量。国家实行统一联合经营的出口商品,仍由西藏委托有经营权的公司代理出口。凡实行核定公司经营的进口商品,可核定西藏一家外贸企业经营。其他进出口商品由西藏外贸企业自行组织或委托代理进出口。进出口商品许可证的发放,除国家组织统一联合经营、有偿招标的出口商品和国家指定专业总公司经营的进口商品外,继续授权西藏外经贸厅按照国家主管部门批准的进出口商品配额数量签发许可证。放宽西藏地市设立外贸公司的条件和商业、物资企业外贸经营权审批条件。西藏生产企业、科研院所经营自产产品的进出口业务,可参照国家有关规定,由西藏自行审批,报外经贸部备案。由于汇率并轨,原每年拨给西藏的民族地区外汇补贴,改以财政汇差补贴的方式继续给予补助。在国际援助、赠款

---

① 中共中央文献研究室、中共西藏自治区委员会编:《西藏工作文献选编》(1949—2005),中央文献出版社 2005 年版,第 484—485 页。

② 中共中央文献研究室、中共西藏自治区委员会编:《西藏工作文献选编》(1949—2005),中央文献出版社 2005 年版,第 485 页。

使用方面,对西藏实行倾斜。① 在社会保障领域,帮助西藏逐步建立健全离退休养老保险、社会养老保险、失业保险、医疗保险和工伤保险体系。② 在西藏农业和农村政策上,继续实行"土地归户使用,自主经营,长期不变"和"牲畜归户,私有私养,自主经营,长期不变"的政策。继续免征农牧业税。在土地、草场公有的前提下,鼓励个人开垦农田、荒滩、荒坡,种植农作物和植树、种草,实行"谁开发,谁经营,谁受益,长期不变,允许继承"的政策。对农用生产资料继续实行财政补贴,国家将逐步增加化肥货源和农用柴油指标。给予西藏自治区免征乡镇企业所得税的优惠政策。尽快解决西藏基层农牧民技术人员吸收定编问题。在安排扶贫专款、"以工代赈"资金时,对西藏实行倾斜。③ 在西藏的企业改革上,分期分批解决国有企业历史包袱问题,优先解决效益好的企业。④

对于中央给予西藏的优惠政策,时任西藏自治区政府主席的江村罗布在后来的自述中说:"这是社会主义制度优越性的具体表现。作为一名藏族领导干部,又一次使我体会到中央对西藏工作的高度重视和亲切关怀,体会到全国人民的深情厚谊,体会到祖国大家庭的温暖。无数事实证明,西藏只有在中国共产党的领导下,走社会主义道路,才有光明的前途;藏族人民只有在祖国的大家庭中,与各兄弟民族紧密团结,才能发展进步,繁荣昌盛,才能有幸福美好的未来。"⑤

第五节　第四次西藏工作座谈会
与西藏跨越式发展战略

在 21 世纪伊始暨西藏和平解放 50 周年之际,中共中央、国务院于 2001 年 6 月 25 日至 27 日召开了第四次西藏工作座谈会。会议总结了第三次西藏

① 中共中央文献研究室、中共西藏自治区委员会编:《西藏工作文献选编》(1949—2005),中央文献出版社 2005 年版,第 485—486 页。
② 中共中央文献研究室、中共西藏自治区委员会编:《西藏工作文献选编》(1949—2005),中央文献出版社 2005 年版,第 486 页。
③ 中共中央文献研究室、中共西藏自治区委员会编:《西藏工作文献选编》(1949—2005),中央文献出版社 2005 年版,第 486 页。
④ 中共中央文献研究室、中共西藏自治区委员会编:《西藏工作文献选编》(1949—2005),中央文献出版社 2005 年版,第 486—487 页。
⑤ 江村罗布:《西藏走上了快速发展的轨道》,拉巴平措主编:《见证西藏——西藏自治区政府历任现任主席自述》,中国藏学出版社 2005 年版,第 181 页。

工作座谈会以来西藏工作的成绩和经验,分析了新世纪初西藏工作面临的形势与任务,研究了进一步做好西藏工作的一些重大问题,以促进西藏实现跨越式发展和长治久安。第四次西藏工作座谈会的召开是促进西藏从加快发展到跨越式发展,从基本稳定到长治久安的重要决策,是实施西部大开发战略的重要部署,是维护祖国统一和国家安全的重要措施。①

一、座谈会召开的民族工作背景

第四次西藏工作座谈会是在实施西部大开发战略的条件下,在第三次西藏工作座谈会以来西藏工作成就的基础上召开的。

（一）实施西部大开发战略。实施西部大开发战略,加快中西部地区发展,是党中央根据邓小平关于我国现代化建设的战略思想,统揽全局、面向新世纪作出的重大决策。2000年1月22日,国务院总理朱镕基在西部地区开发会议上阐述了西部地区大开发战略的思想基础。他说,20世纪80年代末和90年代初,邓小平多次深刻论述我国现代化建设"两个大局"的战略思想。"一个大局",就是沿海地区要充分利用有利条件加快对外开放,较快地先发展起来,从而带动内地更好地发展,内地要顾全这个大局;另"一个大局",就是发展到一定的时候,可以设想在20世纪末全国达到小康水平时,就要拿出更多的力量来帮助内地加快发展,沿海地区也要服从这个大局。这"两个大局"的思想,是根据我国各地区条件不同和发展不平衡的实际情况提出来的,是邓小平关于我国现代化建设战略思想的重要组成部分。②

1997年8月,江泽民在一份关于西北地区治理水土流失、改善生态环境的调查报告上作出重要批示:对"历史遗留下来的这种恶劣的生态环境,要靠我们发挥社会主义制度的优越性,发扬艰苦创业的精神,齐心协力地大抓植树造林、绿化荒漠,建设生态农业去加以根本的改观。经过一代一代人长期地、持续地奋斗,再造一个山川秀美的西北地区,应该是可以实现的。"③1999年以后,江泽民又多次提出实施西部大开发,加快中西部地区的发展。他明确指

---

① 《人民日报》2001年6月30日。

② 朱镕基:《统一思想,明确任务,不失时机实施西部地区大开发战略》,国家民族事务委员会、中共中央文献研究室编:《民族工作文献选编》(1990—2002),中央文献出版社2003年版,第238页。

③ 国家民族事务委员会、中共中央文献研究室编:《民族工作文献选编》(1990—2002),中央文献出版社2003年版,第238—239页。

出,实施西部大开发,是全国发展的一个大战略、大思路,是我国 21 世纪发展的一个重大战略问题;加快中西部地区发展的条件已经基本具备,时机已经成熟;在继续加快东部沿海地区发展的同时,必须不失时机地加快中西部地区的发展;从现在起,要作为党和国家一项重大的战略任务,摆到更加突出的位置。在党的十五届四中全会上,他再次强调:实施西部大开发和加快小城镇建设,都是关系我国经济和社会发展的重大战略问题,应该提上议事日程,进行全面的调查研究,拿出方案,加紧实施。①

1999 年 9 月底至 10 月初,在新中国成立 50 周年之时,中央召开了中央民族工作会议暨国务院第三次全国民族团结进步表彰大会。在这次会议上,江泽民指出:"实施西部大开发是我国下个世纪发展的一项重大战略任务,也是民族地区加快发展的重要历史机遇,从现在起有关部门应加紧进行研究。要进一步明确民族地区发展的主要目标、基本任务和重要方针政策,有目标、分阶段地推进民族地区人口、资源、环境与经济社会的协调发展。"②根据江泽民多次重要指示精神,国务院组织有关部门做了大量调查研究。国家计委汇总各方面的意见,提出了关于实施西部大开发战略的初步设想。11 月 11 日和 12 月 30 日,江泽民主持中央政治局常委会议和政治局会议,听取国家计委的汇报,并作了重要指示。2000 年 1 月 20 日,中共中央、国务院转发了这个报告。不久,经中央批准,国务院西部地区开发领导小组召开了西部地区开发会议,专门研究西部地区开发问题。朱镕基在西部地区开发会议上指出,世纪之交,我国现代化建设即将全面实现第二步战略目标,并向第三步战略目标迈进。在这个时候实施西部大开发战略,加快中西部地区发展的条件已经基本具备。改革开放二十年来,我国综合国力显著增强,生产力布局已经展开,沿海地区的经济有了很大发展,国家和沿海地区有必要也有可能加大对西部和民族地区发展的支持力度。国家建设的重点逐步向西部倾斜,为民族地区的进一步发展打下了较好的基础。同时,实施这一战略,具有重大的经济意义和政治意义,主要表现在:一、有利于逐步缩小地区之间的发展差距,促进各地区共同繁荣、共同富裕。避免两极分化,逐步实现共同富裕,是社会主义本质的要求。没有西部地区的现代化,也就没有全国的现代化。二、有利于对整个经

① 国家民族事务委员会、中共中央文献研究室编:《民族工作文献选编》(1990—2002),中央文献出版社 2003 年版,第 239 页。
② 江泽民:《在中央民族工作会议暨国务院第三次全国民族团结进步表彰大会上的讲话》,国家民族事务委员会、中共中央文献研究室编:《民族工作文献选编》(1990—2002),中央文献出版社 2003 年版,第 213 页。

济结构实施战略性调整,促进国民经济持续、快速、健康发展。西部地区拥有丰富的资源和广大的市场,发展潜力很大。实施西部大开发,是扩大国内需求,加快我国经济结构调整的重大举措,可以为全国经济的持续快速发展增加新的活力和后劲。三、有利于增进民族团结,维护社会稳定和巩固边防。西部地区是少数民族聚居的地区,又是边疆地区。国外敌对势力一直利用我国西部地区的民族和宗教问题,搞渗透和分裂活动。加快西部地区的发展,也就是加快民族地区的发展。①

加快基础设施建设是实施西部大开发的基础。基础设施薄弱是制约西部地区发展的主要因素。朱镕基在西部地区开发会议上指出,加强基础设施建设,一是突出重点。加强公路、铁路、机场、天然气管道等交通运输基础设施建设,加快打通西部与中部和东部地区、西南与西北、通江达海、连接周边国家的运输通道。同时,加强电网、通信和广播电视等基础设施建设。特别要加快西部地区城乡电网建设和改造,加强通信干线和支线建设,加快实施广播电视"村村通"计划。还要加强大中城市的基础设施建设。对于水资源短缺的西部地区,要切实加强水利设施建设,大力推行农业节水灌溉和工业循环用水。二是着力抓好一批重大骨干工程。优先考虑加快建设一批对带动西部和全国经济发展具有战略意义的大项目。三是集中使用建设资金。保证在建项目尽快建成投产,对续建项目抓紧资金落实。加强生态环境保护和建设。实行"退耕还林(草)、封山绿化、以粮代赈、个体承包"的措施,加快恢复林草植被和生态环境建设。② 积极调整产业结构,这是实施西部大开发的关键。③ 加快发展科技和教育,是实施西部大开发的重要条件。④ 江泽民强调,西藏的发展、稳定和安全,事关西部大开发战略的实施,事关民族团结和社会稳定,事关祖国统一和安全。必须着眼于党和国家的工作全局,增强政治意识、忧患意

---

① 朱镕基:《统一思想,明确任务,不失时机实施西部地区大开发战略》,国家民族事务委员会、中共中央文献研究室编:《民族工作文献选编》(1990—2002),中央文献出版社 2003 年版,第 239—240 页。

② 朱镕基:《统一思想,明确任务,不失时机实施西部地区大开发战略》,国家民族事务委员会、中共中央文献研究室编:《民族工作文献选编》(1990—2002),中央文献出版社 2003 年版,第 243—244 页。

③ 朱镕基:《统一思想,明确任务,不失时机实施西部地区大开发战略》,国家民族事务委员会、中共中央文献研究室编:《民族工作文献选编》(1990—2002),中央文献出版社 2003 年版,第 246—247 页。

④ 朱镕基:《统一思想,明确任务,不失时机实施西部地区大开发战略》,国家民族事务委员会、中共中央文献研究室编:《民族工作文献选编》(1990—2002),中央文献出版社 2003 年版,第 247 页。

识、大局意识、责任意识,深刻认识做好西藏工作的极端重要性。①

（二）第三次西藏工作座谈会以来的西藏工作成就。第三次西藏工作座谈会以来,西藏的能源、交通、通信、水利、市政等的基础设施建设得到切实加强,到2000年,全区社会固定资产投资累计完成286.47亿元。"科教兴藏"战略全面实施,社会各项事业快速发展。2000年,全区各级各类学校达956所,在校学生38.15万人,比1994年分别增长28.7%和38.1%;广播、电视人口覆盖率分别达到77.77%和76.1%。到2000年底,全区外贸进出口总额达1.30亿美元,引进外资和接受外国援助协议资金6868万美元,落实8700万元人民币。中央第三次西藏工作座谈会确定,由国家直接投资和动员全国为西藏援建62项"大庆工程",实际落实投资超过48亿元,比原定投资增加一倍多,工程全部建成并投入使用。中央、国家机关部门和全国各省市区,特别是15个对口援藏省市,落实中央第三次西藏工作座谈会精神,1995年以来,分两批选派1268名优秀中青年干部到西藏自治区各部门和各地、县工作,实施无偿援助项目716个,投入资金31.56亿元。②

西藏自治区通过全面整顿基层组织,调整乡村干部,大力加强基层党组织建设,为全区的稳定与发展打下坚实基础。中央第三次西藏工作座谈会以来,西藏始终把加强农牧区基层组织建设作为重点,全区共有50名省级党员干部建立了农牧区基层组织建设联系点,各级各部门先后下派1500多个工作组和2.5万多名干部进村入户,对农牧区基层组织开展集中整顿建设。以选好配强乡镇党委书记为切入点,加强乡村领导班子建设。至第四次西藏工作座谈会召开前,全区共调整乡镇领导干部1415人,调整村支书、村委会主任5500余人,选派2390多名干部到乡镇挂职锻炼,培训乡村干部3万多人次,使乡村干部的文化水平、年龄层次逐步趋于合理。坚持以反分裂斗争为重点,加强农牧区基层干部队伍思想政治建设,努力提高基层干部的政治素质和为农牧民群众办实事的能力。③

自第三次西藏工作座谈会以来,中央有关部门、各省区市和全国各族人民大力支持西藏,促进了西藏经济社会全面发展和进步。第三次西藏工作座谈会确定到2000年,力争西藏国民生产总值比1993年接近翻一番,年均增长10%左右。实际情况是西藏自治区国民生产总值达到了117.4亿元,是1993

---

① 中共中央文献研究室、中共西藏自治区委员会编:《西藏工作文献选编》(1949—2005),中央文献出版社2005年版,第551页。

② 《人民日报》2001年6月25日。

③ 《人民日报》2001年11月25日。

年的 2.27 倍，年均增长 12.4%，改变了长期低于全国平均发展速度的状态，也超过了第三次西藏工作座谈会确定的目标。粮油肉基本自给，粮食总产量由 1993 年的 67.2 万吨提高到 96.22 万吨，增长 43%。农牧民人均纯收入由 706 元增加到 1331 元，增长 88%，多数群众的温饱问题得到基本解决，人民生活显著改善。西藏长期封闭半封闭状态开始打破，与内地的经济联系，对外开放逐渐扩大。平等、团结、互助的社会主义民族关系得到巩固和发展。

第三次西藏工作座谈会以来，西藏的改革开放和现代化建设取得显著成就。江泽民在座谈会的讲话中总结了西藏工作的基本经验，主要是：（一）坚持以经济建设为中心，紧紧抓住发展经济和稳定局势两件大事，确保西藏经济加快发展和社会全面进步，确保国家安全和西藏长治久安，确保西藏各族人民生活水平不断提高的指导方针；（二）坚持深化改革，扩大开放；（三）坚持全面贯彻党的民族政策和宗教政策，在西藏各族群众中不断巩固和发展平等、团结、互助的社会主义民族关系，坚持和发展壮大爱国统一战线；（四）全党高度重视西藏工作，全国大力支持西藏工作，增强西藏各族人民对祖国的向心力；（五）深入开展反对达赖集团分裂活动和国际反华势力渗透破坏活动的斗争，坚决维护西藏的稳定和祖国的统一、安全；（六）不断加强党的建设，加强领导班子和干部队伍建设，为西藏的改革、发展、稳定提供坚强政治保证。①

二、座谈会对西藏发展稳定工作的决策

就进一步做好西藏工作，继续解决好加快发展和促进稳定两大问题，江泽民在座谈会上指出，今后五到十年，是我国发展的重要时期，也是西藏加快发展、维护稳定的重要时期。中央在对加强西藏工作的指导上，继续坚持以经济建设为中心，紧紧抓住发展经济和稳定局势两件大事，确保西藏经济加快发展和社会全面进步，确保国家安全和西藏长治久安，确保各族人民生活水平不断提高。要抓住实施西部大开发战略和西藏社会局势基本稳定的良好机遇，着眼于西藏的繁荣进步和长治久安，集中力量解决事关西藏发展稳定全局的重大问题，促进西藏经济从加快发展到跨越式发展，促进西藏社会局势从基本稳定到长治久安。② 会议指出，在关系党和国家工作全局的战略地区和战略部

① 江泽民：《促进西藏实现跨越式发展和长治久安》，中共中央文献研究室、中共西藏自治区委员会编：《西藏工作文献选编》(1949—2005)，中央文献出版社 2005 年版，第 549—550 页。
② 江泽民：《促进西藏实现跨越式发展和长治久安》，中共中央文献研究室、中共西藏自治区委员会编：《西藏工作文献选编》(1949—2005)，中央文献出版社 2005 年版，第 550—551 页。

门,通过中央和各地的支持,引进、吸收和应用先进技术和适用技术,集中力量推动跨越式发展,是西藏必须采取的发展战略。抓住西部大开发的历史机遇,坚持中央关心、全国支援与西藏自身努力相结合,通过思路创新、科技创新、体制创新,发挥政策优势、资源优势、后发优势,是能够实现西藏经济社会发展的新跨越的。实现跨越式发展,根本目的是不断提高西藏各族群众的生活水平。① 会议确定,"十五"期间,力争西藏国内生产总值年均增长 12% 以上。到 2005 年,力争人均国内生产总值进入西部地区前列。到 2010 年,力争人均国内生产总值达到全国中等水平,为使西藏与全国一道进入现代化打好基础。②

关于西藏发展的主要任务,会议指出,要稳定发展第一产业,有重点地发展第二产业,大力发展第三产业,繁荣各项社会事业,为长远发展打好基础。加强农牧业基础地位,以调整农牧业和农牧区经济结构为重点,完善基础设施,搞好农牧业综合开发,提高防灾抗灾能力,稳定提高主要农产品生产能力,提高农牧业和农牧区经济的整体素质和效益。积极推进农牧业产业化,大力发展乡镇企业和多种经营。积极引导剩余劳动力向第二、第三产业转移,组织农牧民参与工程建设。加快小城镇建设,积极培育农牧区市场。大力发展农区、城郊畜牧业,开发优势农畜产品,提高农畜产品商品率。加大扶贫开发力度,坚持开发式扶贫,改善广大农牧民基本生产生活条件,改善群众生活。加快基础设施建设。要按照"统筹规划、合理布局。突出重点、量力而行、稳步实施"的方针,加强铁路、公路、机场、电力、通信、水利等基础设施建设。发展壮大特色经济,坚持以市场为导向、以科技进步为动力、以比较优势为依托、以企业为主体的原则,立足特色资源的开发利用,实行多元化开发模式,努力形成支柱产业。吸引区外资金、技术、管理、人才与西藏合作开发,扶持和培育一批骨干企业,促进产业结构调整、优化、升级。实现可持续发展,搞好生态环境保护和建设。实施"科教兴藏"战略,高度重视人力资源开发,提高全民素质。继续把教育放在优先发展的战略地位,进一步加大投入。以基础教育和扫除青壮年文盲为重点,通过国家扶持、对口支援等多种形式办好各级各类教育,集中力量办好西藏大学。继续办好内地西藏班,改善条件,提高质量。促进科

---

① 《中共中央、国务院关于做好新世纪初西藏发展稳定工作的意见》,中共中央文献研究室、中共西藏自治区委员会编:《西藏工作文献选编》(1949—2005),中央文献出版社 2005 年版,第 581 页。

② 国家民族事务委员会、中共中央文献研究室编:《民族工作文献选编》(1990—2002),中央文献出版社 2003 年版,第 350—351 页。

技进步和创新,加强科普宣传,推广实用技术,不断提高科学技术在经济发展
中的贡献率。积极发展文化、广播影视、卫生、体育、新闻出版等社会事业。搞
好文物保护和合理利用工作。①

在积极推进西藏经济体制改革上,会议认为,西藏要围绕完善社会主义市
场经济体制的目标,充分发挥市场配置资源的基础性作用,努力提高经济运行
质量,走出一条既有速度又有效益、不断增强西藏经济发展内在活力的新路
子。深化农牧区改革。继续坚持和实行"土地归户使用,自主经营,长期不
变"和"牲畜归户,私有私养,自主经营,长期不变"的政策。继续免征农牧业
税。严格执行基本农田保护制度,积极推行草场承包责任制。以家庭经营为
基础,以社会化服务为纽带,积极推行统分结合的双层经营体制,鼓励和发展
适度规模经营。加快城市经济改革,全面推行现代企业制度,提高企业管理水
平。加大所有制结构调整力度,优化国有经济布局,提高质量,增强控制力。
积极支持、鼓励和引导私营、个体等非公有制经济的发展。②

在西藏进一步扩大开放上,会议指出,开放是西藏发展与稳定的结合点,
要充分利用国内外两个市场、两种资源,进一步扩大开放地域、领域和程度。
西藏开放的重点是加大对内地省区市的开放力度。要进一步加强西藏与内地
特别是对口援藏省市经济、社会、文化的交流与合作。以市场机制和优惠政策
吸引内地各类人才、企业、工商户进藏投资开发和经商务工。积极鼓励西藏企
业和个人到内地投资。要扩大对国外开放,逐步增加开放地区,加大边境地区
开放力度。积极开展对外经济技术交流与合作,扩大对外贸易,大力吸引外
资,提高利用外资水平。要进一步转变政府职能,在扩大开放中加强管理,创
造良好的投资环境,改善基础设施,完善法规体系,强化执法监督,提高服务
水平。③

全国支援西藏是中央确定的一项重大战略决策。中央第四次西藏工作座
谈会为西藏安排建设项目 117 个,总投资约 312 亿元(含青藏铁路西藏段 120
亿元),同时动员全国有关省区市为西藏援助建设项目 70 个,总投资 10.6 亿

---

① 国家民族事务委员会、中共中央文献研究室编:《民族工作文献选编》(1990—2002),中央文
献出版社 2003 年版,第 351—353 页。

② 《中共中央、国务院关于做好新世纪初西藏发展稳定工作的意见》,中共中央文献研究室、中
共西藏自治区委员会编:《西藏工作文献选编》(1949—2005),中央文献出版社 2005 年版,
第 584 页。

③ 《中共中央、国务院关于做好新世纪初西藏发展稳定工作的意见》,中共中央文献研究室、中
共西藏自治区委员会编:《西藏工作文献选编》(1949—2005),中央文献出版社 2005 年版,
第 585 页。

元。西藏建设项目安排的重点是基础设施、农业综合开发。公共服务领域、基层政权建设和生态环境建设，以解决制约西藏发展的突出困难。在具体工作中，要尽量多安排一些使广大农牧民群众直接受益的项目。援建项目要立足于西藏的长远发展，纳入西藏经济社会发展规划。要着眼未来，培养人才，充分发挥建设项目的经济效益、社会效益、生态效益和示范、辐射、带动作用。①

西藏是国家在西部大开发中实行特殊扶持政策的重点地区。会议指出，对西藏的已有优惠政策继续保留并进一步完善，同时在财税金融、投资融资、价格、工资、产业政策、对外开放、社会保障、农业牧业、企业改革、城镇建设、科技教育、体育卫生和人力资源开发等方面，进一步对西藏实行优惠政策。

维护西藏稳定和发展，维护祖国统一和安全，是西藏工作的一项重要政治任务。江泽民在座谈会上指出，要坚持和完善民族区域自治制度，全面贯彻落实党的民族政策，巩固和发展平等、团结、互助的社会主义民族关系。进一步加强党的民族政策和民族团结的教育，加强西藏与内地的社会经济文化交流。积极保护和开发各民族的文化资源，继承和发展各民族的优秀传统文化，并促进相互学习和借鉴，吸取新知识、树立新观念，增加各民族间的共同因素和社会主义的一致性，以不断巩固各民族的大团结。② 全面正确地贯彻党的宗教政策，依法保护群众的宗教信仰自由和正常宗教活动，加强对宗教事务的管理，打击利用宗教进行的分裂犯罪活动，积极引导藏传佛教与社会主义社会相适应。③ 会议认为，西藏不稳定的主要根源是达赖集团的干扰和破坏。要从西藏反分裂斗争的实际出发，以马克思主义祖国观、民族观、宗教观、文化观的"四观"教育为重点，加强以反分裂斗争为核心内容的思想政治建设。④ 在全区寺庙普遍进行爱国主义教育、法制宣传教育和恢复正常秩序工作，以动摇达赖分裂集团在境内从事分裂活动的社会根基。

① 国家民族事务委员会、中共中央文献研究室编：《民族工作文献选编》(1990—2002)，中央文献出版社2003年版，第354—355页。

② 江泽民：《促进西藏实现跨越式发展和长治久安》，中共中央文献研究室、中共西藏自治区委员会编：《西藏工作文献选编》(1949—2005)，中央文献出版社2005年版，第556页。

③ 江泽民：《促进西藏实现跨越式发展和长治久安》，中共中央文献研究室、中共西藏自治区委员会编：《西藏工作文献选编》(1949—2005)，中央文献出版社2005年版，第557页。

④ 《中共中央、国务院关于做好新世纪初西藏发展稳定工作的意见》，中共中央文献研究室、中共西藏自治区委员会编：《西藏工作文献选编》(1949—2005)，中央文献出版社2005年版，第586页。

第六节　第五次西藏工作座谈会与坚持走有
中国特色、西藏特点的发展路子

新中国成立 60 周年和西藏民主改革 50 周年之后不久,中共中央、国务院于 2010 年 1 月 18 日至 20 日在北京召开了第五次西藏工作座谈会。① 这次会议是在我国全面建设小康社会进入关键时期、西藏跨越式发展进入关键阶段召开的。会议全面总结了西藏发展稳定取得的成绩和经验,深刻分析了西藏工作面临的形势和任务,明确了当前和今后一个时期做好西藏工作的指导思想、主要任务、工作要求,对推进西藏实现跨越式发展和长治久安作出了战略部署,开启了西藏经济社会走有中国特色、西藏特点发展路子的新的历史进程。

一、关于做好西藏工作的战略意义与基本经验

党的十六大以来,以胡锦涛同志为总书记的党中央高度重视西藏工作。2005 年 8 月,中央政治局召开会议专门研究西藏工作,制定下发了《中共中央、国务院关于进一步做好西藏发展稳定工作的意见》,对新世纪新阶段西藏工作的指导思想、发展道路、发展战略、主要任务和政策措施等方面提出了明确要求,提出了加快西藏发展、维护西藏稳定的一系列优惠政策。这些政策涉及"三农"、财税金融、对外开放、社会保障、人才培养等方面。会议强调,要坚持以科学发展观统领经济社会发展全局,坚持中央关心、全国支援和西藏艰苦奋斗相结合,加快西藏全面建设小康社会的步伐。

在这次西藏工作座谈会上,胡锦涛从党和国家工作全局的战略高度,阐述了做好西藏工作的战略意义,提出了"四个需要"。这就是:做好西藏工作,是深入贯彻落实科学发展观、全面建设小康社会的迫切需要,是构建国家生态安全屏障、实现可持续发展的迫切需要,是维护民族团结、维护社会稳定、维护国家安全的迫切需要,是营造良好国际环境的迫切需要。为做好新形势下西藏工作,他提出了"七个必须":(1)必须以邓小平理论和"三个代表"重要思想

---

　① 《中共中央国务院召开第五次西藏工作座谈会》,《人民日报》2010 年 1 月 23 日。

为指导,深入贯彻落实科学发展观,正确处理经济发展、社会稳定、民生改善、生态保护的关系;(2)必须统筹国内国际两个大局,增强工作的战略性、预见性、主动性;(3)必须把党的理论和路线方针政策同西藏具体实际紧密结合起来,始终坚持新时期西藏工作指导方针;(4)必须把中央关心、全国支持同西藏各族干部群众艰苦奋斗紧密结合起来,推进西藏跨越式发展;(5)必须把维护稳定作为硬任务和第一责任,深入持久开展反分裂斗争;(6)必须凝聚人心、汇聚力量,切实做好民族宗教工作;(7)必须加强各级领导班子和干部队伍、基层组织、党员队伍建设,不断提高党组织的创造力、凝聚力、战斗力。①这既是做好西藏工作的基本要求和准则,也是做好西藏工作的基本历史经验。

二、关于西藏社会的矛盾论与西藏工作的指导思想

在这次西藏工作座谈会上,胡锦涛阐述了西藏社会的两个基本矛盾问题。他指出,当前西藏的社会主要矛盾仍然是人民日益增长的物质文化需要同落后的社会生产之间的矛盾。同时,西藏还存在着各族人民同以达赖集团为代表的分裂势力之间的特殊矛盾。西藏存在的社会主要矛盾和特殊矛盾决定了西藏工作的主题必须是推进跨越式发展和长治久安。②

总结历史经验,根据新形势新任务,中央指出,当前和今后一个时期西藏工作的指导思想是:高举中国特色社会主义伟大旗帜,以邓小平理论和"三个代表"重要思想为指导,深入贯彻落实科学发展观,坚持中国共产党领导,坚持社会主义制度,坚持民族区域自治制度,坚持走有中国特色、西藏特点的发展路子,以经济建设为中心,以民族团结为保障,以改善民生为出发点和落脚点,紧紧抓住发展和稳定两件大事,确保经济社会跨越式发展,确保国家安全和西藏长治久安,确保各族人民物质文化生活水平不断提高,确保生态环境良好,努力建设团结、民主、富裕、文明、和谐的社会主义新西藏。胡锦涛强调,这个指导思想,突出强调要推进西藏跨越式发展。西藏要实现全面建设小康社会的奋斗目标,必须推动经济社会更好更快更大发展,夯实建设社会主义新西藏的物质基础,同时必须把中央关于加快西藏发展的决策部署同西藏实际紧密结合起来,转变发展观念、创新发展模式、提高发展质量,充分发挥自身优势和潜力,使跨越式发展建立在科学发展的基础之上。③ 这次西藏工作座谈会

① 《中共中央国务院召开第五次西藏工作座谈会》,《人民日报》2010年1月23日。
② 《中共中央国务院召开第五次西藏工作座谈会》,《人民日报》2010年1月23日。
③ 《中共中央国务院召开第五次西藏工作座谈会》,《人民日报》2010年1月23日。

将"坚持走有中国特色、西藏特点的发展路子"、"以民族团结为保障,以改善民生为出发点和落脚点"、"确保生态环境良好"和"努力建设团结、民主、富裕、文明、和谐的社会主义新西藏"等内容,丰富、发展为西藏工作指导思想的重要内容。

中央高度重视西藏经济社会发展道路问题,并以科学发展观为指导,从理论与实践的结合上深入探索新阶段这一道路的内涵与特征。2005 年 8 月,中央政治局会议专题研究西藏工作时指出:"西藏要以中央关心、全国支援与西藏艰苦奋斗相结合,以科学发展观统领经济社会发展全局,走出一条符合西藏发展实际,具有区域特色的生产发展、生活改善、生态良好、资源节约、全面协调可持续的发展道路。"发展是解决西藏所有问题的基础和关键。胡锦涛在2007 年 3 月 5 日参加十届全国人大五次会议西藏代表团审议时强调,要按照科学发展观的要求,着力抓好关系西藏发展全局的重点工作,扎实推进社会主义新农村建设,着力转变经济增长方式,大力加强人才工作,深化开放,推动西藏在科学发展的轨道上实现经济社会的跨越式发展。① 党的十七大召开期间,他对西藏发展作出重要指示,要求西藏走出一条有中国特色、西藏特点的发展路子。西藏经济社会发展道路明确表述为中国特色、西藏特点的发展路子。2007 年 12 月 16 日至 17 日,西藏自治区召开经济工作会议。这次经济工作会议在确定 2008 年西藏经济工作总体要求时指出,全面贯彻党的十七大和中央经济工作会议精神,深入贯彻落实科学发展观,按照自治区第七次党代会的部署,坚持"一个中心、两件大事、三个确保",紧紧围绕推动科学发展、促进社会和谐这个主题,大力实施"一产上水平、二产抓重点、三产大发展"的经济发展战略,坚持改革开放,狠抓安居乐业,强化项目落实,培育特色产业,加强环境保护,着力改善民生,转变经济发展方式,推动西藏自治区经济又好又快发展,努力走出一条有中国特色、西藏特点的发展路子。② 会议还指出,中国特色、西藏特点的发展路子内涵深刻,最主要一是要始终坚持走生产发展、生活富裕、生态良好的文明发展道路;二是要大力实施"一产上水平、二产抓重点、三产大发展"的经济发展战略;三是要抓住着力培育符合科学发展观要求、具有西藏特色的优势产业的发展重点;四是要切实实现发展为了人民、发展依靠人民、发展成果由人民共享的发展目的。③ 这是西藏自治区深入贯彻党的十七大精神、胡锦涛关于西藏发展的重要指示和 2007 年 12 月中央经济

---

① 《胡锦涛参加西藏代表团审议》,《人民日报》2007 年 3 月 7 日。
② 《努力走出一条有中国特色、西藏特点的发展路子》,《西藏日报》2007 年 12 月 19 日。
③ 《努力走出一条有中国特色、西藏特点的发展路子》,《西藏日报》2007 年 12 月 19 日。

工作会议精神,并与西藏实际相结合的重要认识成果。2008年3月6日,胡锦涛在参加十一届全国人大一次会议西藏代表团审议时指出,要按照科学发展观的要求,把中央的方针政策同西藏实际紧密结合起来,走有中国特色、西藏特点的发展路子。① 这一重要论述将中央对西藏经济社会发展道路的新论断和新概括,具体表述为"走有中国特色、西藏特点的发展路子"。

西藏经济社会发展的实践表明,走有中国特色、西藏特点发展路子是中国特色社会主义道路和中国特色社会主义理论体系在西藏的具体运用,是西藏与全国一道实现全面建设小康社会目标、建设社会主义现代化的必由之路,是完全符合西藏发展阶段性特征、充分把握西藏自治区各族人民根本利益和长远利益的历史选择。

三、关于做好西藏工作的主要任务和工作要求

西藏工作的主题是推进西藏跨越式发展和长治久安。

中央第五次西藏工作座谈会分析了西藏经济社会发展的阶段性特征。一是在经济发展方面,经济总量稳步提升,但起步晚、底子薄、积累少、实力弱状况依然没有根本改变;二是在民生改善方面,人民生活明显改善,但部分城乡居民特别是一些农牧民生活还比较困难,社会事业总体水平相对滞后,农牧区公共服务基础差、社会保障能力低等问题比较突出,经济社会发展不协调、城乡发展不平衡状况依然存在;三是在思想文化方面,健康文明的生活方式逐步形成,但市场经济意识和商品意识还很薄弱,封建农奴制残余思想在有的社会成员头脑中依然存在;四是在生态环境方面,环境保护成效显著,但生态和发展的矛盾日益显现,生态安全形势依然严峻;五是在社会稳定方面,社会大局保持稳定,但反分裂斗争依然尖锐复杂。② 根据西藏经济社会发展的这些阶段性特征,在这次座谈会上,胡锦涛就推进西藏跨越式发展问题,提出了"七个更加注重"和西藏发展的战略定位。他指出,要更加注重改善农牧民生产生活条件,更加注重经济社会协调发展,更加注重增强自我发展能力,更加注重提高基本公共服务能力和均等化水平,更加注重保护高原生态环境,更加注重扩大同内地的交流合作,更加注重建立促进经济社会发展的体制机制,实现经济增长、生活宽裕、生态良好、社会稳定、文明进步的统一,使西藏成为重要

---

① 《人民日报》(海外版)2008年3月7日。
② 中共西藏自治区委员会宣传部:《中央第五次西藏工作座谈会精神宣讲提纲》,《西藏日报》2010年3月10日。

的国家安全屏障、重要的生态安全屏障、重要的战略资源储备基地、重要的高原特色农产品基地、重要的中华民族特色文化保护地、重要的世界旅游目的地。

会议指出,西藏经济社会发展的主要目标是:到2015年,农牧民人均纯收入与全国平均水平的差距显著缩小,基本公共服务能力显著提高,生态环境进一步改善,基础设施建设取得重大进展,全面建设小康社会的基础更加扎实。到2020年,农牧民人均纯收入接近全国平均水平,人民生活水平全面提升,基本公共服务能力接近全国平均水平,基础设施条件全面改善,生态安全屏障建设取得明显成效,自我发展能力明显增强,社会更加和谐稳定,确保实现全面建设小康社会的奋斗目标。① 为实现这一目标,一是必须大力推进西藏经济建设。要从西藏资源条件、产业基础和国家战略需要出发,统筹规划,科学布局,着重培育具有地方特色和比较优势的战略支撑产业,稳步提升农牧业发展水平,做大做强做精特色旅游业,支持发展民族手工业,加强基础设施建设和能源资源开发,深化改革开放,增强自我发展能力。② 二是必须大力加强社会建设。要突出重点,加大投入,把更多财力投到公共服务领域、落实到重大公益性项目上,把政策资金更多向广大农牧区和边远地区倾斜,推进基本公共服务均等化,提高教育信息化、现代化水平,加快建设覆盖城乡居民的社会保障体系和社会救助体系,加快发展医疗卫生事业,完善社会管理,大幅提高社会事业发展水平。坚持把生态保护作为西藏生态文明建设的基础,把建设资源节约型、环境友好型社会放在西藏发展的突出位置,按照保护优先、综合治理、因地制宜、突出重点的原则,统筹生态环境保护和经济发展、社会进步、民生改善,促进生态保护和经济建设协调发展、环境优化和民生改善同步提升,实现西藏生态系统良性循环。③ 三是必须大力保障民生,切实把保障和改善民生作为西藏经济社会发展的出发点和落脚点。要继续实施"富民兴藏"战略,提高各族群众生活水平和质量,把更多关怀和温暖送给广大农牧民和困难群众,着重解决他们迫切需要解决的问题特别是农牧区条件艰苦、农牧民增收困难等问题。继续推进以安居工程为突破口的社会主义新农村建设,加快农村水、电、路、气、房和通信等设施建设。完善和落实各项增收政策,千方百计增加各族群众特别是农牧民收入。加大中央扶贫资金投入力度,重点向农牧区、地方病病区、边境地区倾斜。健全公共文化服务网络,完善公共文化机构运行保障

① 《中共中央国务院召开第五次西藏工作座谈会》,《人民日报》2010年1月23日。
② 《中共中央国务院召开第五次西藏工作座谈会》,《人民日报》2010年1月23日。
③ 《中共中央国务院召开第五次西藏工作座谈会》,《人民日报》2010年1月23日。

机制,推进基本文化设施建设,提高精神文化产品供给能力,丰富各族群众精神文化生活。①

国务院总理温家宝在这次座谈会上就西藏工作部署时指出,西藏正在从加快发展转向跨越式发展,从相对封闭转向全面开放,从单一农牧业转向多元经济共同发展,从自然保护为主转向全面加强生态环境建设,从解决温饱转向全面建设小康社会。同时,西藏发展还面临许多特殊困难和问题。要坚持用科学发展观统领西藏经济社会发展全局,推动西藏实现跨越式发展和长治久安。当前和今后一个时期,要重点抓好几方面工作:一是切实保障和改善民生。大力改善农牧民生产生活条件,解决好零就业家庭和困难群众就业问题,建设覆盖城乡居民的社会保障体系,2012 年以前基本实现新型农村社会养老保险制度全覆盖。二是加快发展社会事业。优先发展教育,义务教育和高中阶段农牧民子女全部实行"三包"政策。进一步完善以免费医疗为基础的农牧区医疗制度,逐步提高国家补助标准和保障水平。扶持优秀藏语文图书、音像制品出版,加强西藏物质和非物质文化遗产保护和传承。三是加强基础设施建设。完善综合交通运输体系,加强能源建设、水资源利用和保护,加快提升信息化水平。四是加快发展特色产业,增强自我发展能力。五是加强生态环境保护,特别是重点地区生态环境建设,加快建立生态补偿长效机制,让西藏的青山绿水常在,积极构建高原生态安全屏障。温家宝强调,要继续保持中央对西藏特殊优惠政策的连续性和稳定性,进一步加大政策支持和资金投入力度。继续执行并完善"收入全留、补助递增、专项扶持"的财政政策,加大专项转移支付力度,对特殊民生问题实行特殊政策并加大支持。继续实行"税制一致、适当变通"的税收政策。加大金融支持力度,继续维持西藏金融机构优惠贷款利率和利差补贴等政策。加大中央投资力度,继续扩大专项投资规模,中央投资要向民生领域倾斜,向社会事业倾斜,向农牧业倾斜,向基础设施倾斜。加大人才培养力度,培养更多当地急需的各类专业人才。落实西藏干部职工特殊工资政策,完善津贴实施办法,并按全国规范津贴补贴的平均水平相应调整西藏特殊津贴标准。加大对口支援力度,继续坚持分片负责、对口支援、定期轮换的办法,进一步完善干部援藏和经济援藏、人才援藏、技术援藏相结合的工作格局。②

拉萨 2008 年"3·14"打砸抢烧严重暴力犯罪事件的平息,为推进西藏长治久安积累了新鲜实践经验。胡锦涛在这次西藏工作座谈会上提出,要把

① 《中共中央国务院召开第五次西藏工作座谈会》,《人民日报》2010 年 1 月 23 日。
② 《中共中央国务院召开第五次西藏工作座谈会》,《人民日报》2010 年 1 月 23 日。

"四个有利于"作为衡量民族工作成效的重要标准。他强调,要毫不动摇地坚持和完善党的民族理论和民族政策,坚持和完善民族区域自治制度,把有利于民族平等团结进步、有利于各民族共同繁荣发展、有利于民族交往交流交融、有利于国家统一和社会稳定作为衡量民族工作成效的重要标准,推动各民族和睦相处、和衷共济、和谐发展。全面贯彻落实党的宗教工作基本方针和国家管理宗教事务的法律法规,切实维护藏传佛教正常秩序,引导藏传佛教与社会主义社会相适应。深入开展社会主义核心价值体系宣传教育,弘扬社会主义先进文化,普及科学知识,使各族干部群众不断增强中华民族意识、国家意识、法制意识、公民意识。高举维护社会稳定、维护社会主义法制、维护人民群众根本利益、维护祖国统一、维护民族团结的旗帜,切实防范和打击"藏独"分裂势力的渗透破坏活动。①

党的西藏政策和西藏工作,以实现民族平等团结互助和共同繁荣发展为基本理念,以坚持和完善民族区域自治、走社会主义道路为基本政治前提和制度保障,并在新时期逐步将西藏经济社会发展道路凝结为坚持走有中国特色、西藏特点的发展路子,惠及了西藏各族人民,促进了西藏不断发展进步。历史昭示未来,坚持党的领导、社会主义制度和民族区域自治制度,西藏经济社会发展必将又好又快,前景更加美好。

---

　① 《中共中央国务院召开第五次西藏工作座谈会》,《人民日报》2010 年 1 月 23 日。

རིང་རབས་སྐྱུང་གིའི་བོད་ལྗོངས་
སྐྱེད་དྲས་དང་བདག་སྐྱོང་།།

第九章

中央扶持、全国支援
西藏与加快西藏发展

中国共产党把马克思主义民族理论与西藏的具体实际相结合,逐步形成关于帮助西藏建设的思想,并在这一思想指导下,制定和实施了"中央关心西藏,全国支援西藏"的西藏工作方针,为西藏经济社会发展提供了一系列优惠政策、必要的财政扶持、物质技术支持和干部人才基础。这是我国民族平等、团结和互助的社会主义民族关系的具体体现,又是具有中国特色、西藏特点①的西藏建设和发展道路的重要组成部分。

第一节　中央关于帮助西藏建设的思想基础

　　中国共产党以民族平等、团结、互助和帮助少数民族发展作为新中国民族工作的基本指导思想。党将马克思主义民族理论和政策运用于西藏工作中,其关于帮助西藏建设的思想形成于西藏和平解放时期,并在西藏的各个历史阶段得到不断丰富和发展。

一、帮助西藏建设的立足点

　　民族团结是西藏发展和进步的政治基础。在《十七条协议》签订的第二天即 1951 年 5 月 24 日,毛泽东就在庆祝宴会上讲话指出:"达赖喇嘛所领导的力量与班禅额尔德尼所领导的力量与中央人民政府之间,都团结起来了。""这种团结是兄弟般的团结,不是一方面压迫另一方面。""今后,在这一团结

① 2005 年 8 月,中央政治局会议专题研究西藏工作,并指出:"西藏要以中央关心、全国支援与西藏艰苦奋斗相结合,以科学发展观统领经济社会发展全局,走出一条符合西藏发展实际,具有区域特色的生产发展、生活改善、生态良好、资源节约、全面协调可持续的发展道路。"党的十七大召开期间,胡锦涛对西藏发展作出重要指示,要求西藏走出一条有中国特色、西藏特点的发展路子。2008 年 3 月 6 日,胡锦涛在参加十一届全国人大一次会议西藏代表团审议政府工作报告时强调:"要把中央的方针政策同西藏实际紧密结合起来,走有中国特色、西藏特点的发展路子。"

基础之上,我们各民族之间,将在各方面,将在政治、经济、文化等一切方面,得到发展和进步。"①由于西藏经济、文化相对比较落后,帮助西藏建设,才能实现事实上的民族平等。1952 年 8 月 15 日,周恩来在写给十四世达赖喇嘛的信中说:"帮助西藏地方政府及僧俗人民进行工商业及其他有利于人民的建设,是毛主席和中央人民政府的确定政策。我们现在和将来都要遵循着这一政策,因为这是符合西藏僧俗人民的愿望和祖国利益的。"②他在 1956 年 5 月 30 日同国外伊斯兰教代表团谈话时指出:"如果少数民族在经济上不发展,那就不是真正的平等。所以,要使各民族真正平等,就必须帮助少数民族发展经济。"③1957 年 8 月 4 日,他还在全国人大民族委员会民族工作座谈会上强调:"要把我国各民族经济、文化事实上不平等的现状逐步加以改变。""我们对各民族既要平等,又要使大家繁荣。""在这个问题上,各民族是完全平等的,不能有任何歧视。"④"民族繁荣是我们各民族的共同事业,对此不能有任何轻视。"⑤"不能使落后的地方永远落后下去,如果让落后的地方永远落后下去,这就是不平等,就是错误。"这就是说,民族平等与繁荣互为条件,民族平等是建立在民族共同繁荣的基础之上的。

随着我国社会主义的团结友爱、互助合作的新型民族关系⑥的建立和发展,邓小平提出了立足民族平等、加快西藏发展的战略思想。1987 年 6 月 29日,他在会见美国前总统卡特时指出,"拿西藏来说,中央决定,其他省市要分工负责帮助西藏搞一些建设项目,而且要作为一个长期的任务。""我们帮助少数民族地区发展的政策是坚定不移的。"西藏工作"关键是看怎样对西藏人民有利,怎样才使西藏很快发展起来,在中国四个现代化建设中走进前列。"1990 年 7 月,江泽民到西藏考察工作,并在 7 月 24 日自治区干部大会上宣布:"为了加快西藏的经济发展,党中央和国务院将继续对西藏实行特殊政策

① 毛泽东:《在庆祝签订和平解放西藏办法协议宴会上的讲话》,中共中央文献研究室、中共西藏自治区委员会编:《西藏工作文献选编》(1949—2005 年),中央文献出版社 2005 年版,第 48 页。

② 周恩来:《帮助西藏建设是中央的确定政策》,《周恩来书信选集》,中央文献出版社 1988 年版,第 479 页。

③ 周恩来:《不信教的和信教的要互相尊重》,《周恩来统一战线文选》,人民出版社 1984 年版,第 309 页。

④ 西藏自治区党史办公室编:《周恩来与西藏》,中国藏学出版社 1998 年版,第 180 页。

⑤ 西藏自治区党史办公室编:《周恩来与西藏》,中国藏学出版社 1998 年版,第 184 页。

⑥ 邓小平:《新时期的统一战线和人民政协的任务》,《邓小平文选》第二卷,人民出版社 1994 年版,第 186 页。

和灵活措施,凡是实践证明有利于促进西藏经济发展,有利于西藏人民生活改善的政策一律不变。"①1993 年 3 月,他在同西藏代表团审议政府工作报告时指出:"从中央来讲,不但要帮助西藏和其他民族地区制定适合本地实际情况的具体政策,而且要给予积极的扶持。""各民族之间、各地区之间,都要相互帮助,相互支持,共同发展,共同繁荣。"②1994 年 7 月 20 日,他还在中央第三次西藏工作座谈会上指出:"西藏的一切发展,都要着眼于造福西藏各族人民,改善他们的物质文化生活,着眼于促进民族团结、民族进步。""决不能让西藏从祖国分裂出去,也决不能让西藏长期处于落后状态。"③实施西部大开发是民族地区加快发展的重要历史机遇。2000 年 3 月 5 日,胡锦涛在九届全国人大三次会议上同西藏代表团审议政府工作报告时指出:"特别是要把实现好、维护好和发展好西藏各族人民的利益作为开发工作的出发点和落脚点。"④2001 年 7 月 19 日,他在庆祝西藏和平解放 50 周年大会上强调:"实现西藏的繁荣进步,保持西藏的安定团结,是包括西藏人民在内的全国各族人民的共同愿望和共同责任。"⑤2006 年 7 月 10 日,他在全国统战工作会议上讲话时指出,平等和团结是社会主义民族关系的基石和主线,"互助是社会主义民族关系的保障,各民族只有互相支持,互相帮助,优势互补,才能实现共同发展,共同富裕。"⑥这说明,无论是在改变西藏落后状态还是加快西藏发展问题上,党中央三代领导集体关于西藏建设和发展的思想中,都贯穿着民族平等、团结、互助的立场和观点。

① 中共西藏自治区委员会党史研究室编著:《中国共产党西藏历史大事记》(1949—2004),第 2 卷,中共党史出版社 2005 年版,第 577 页。

② 《抓住机遇,共同繁荣——江泽民同西藏代表团审议政府工作报告侧记》,《人民日报》1993 年 3 月 18 日。

③ 江泽民:《围绕发展和稳定两件大事,开创西藏工作新局面》,中共中央文献研究室、中共西藏自治区委员会编:《西藏工作文献选编》(1949—2005 年),中央文献出版社 2005 年版,第 459、460 页。

④ 胡锦涛:《在西部开发中实现西藏更好更快的发展》,中共中央文献研究室、中共西藏自治区委员会编:《西藏工作文献选编》(1949—2005 年),中央文献出版社 2005 年版,第 534 页。

⑤ 胡锦涛:《在庆祝西藏和平解放五十周年大会上的讲话》,中共中央文献研究室、中共西藏自治区委员会编:《西藏工作文献选编》(1949—2005 年),中央文献出版社 2005 年版,第 592 页。

⑥ 胡锦涛:《在全国统战工作会议上的讲话》(2006 年 7 月 10 日),《十六大以来重要文献选编》(下),中央文献出版社 2008 年版,第 552 页。

二、帮助西藏建设的内容与方式

　　帮助西藏建设主要体现在发展经济和改善人民生活上。1952 年 8 月 18 日,毛泽东在复十四世达赖喇嘛的信中说:"西藏地方政府和僧俗人民都希望建设西藏工商业,发展西藏经济,是很好的。中央人民政府一定会帮助你们,使西藏的经济逐渐繁荣,人民的生活逐渐改善。"①西藏地方政府提出希望中央帮助西藏人民提高生活水平,毛泽东认为:"这是从经济上,同时也是从政治上代表大多数西藏人民提出的意见。"1954 年 10 月 9 日,他在与时任全国人大副委员长的十四世达赖喇嘛谈话时说:"如果说帮助,就要在多少年后使西藏人民在物质生活、文化生活和人口发展上有改进。""必须使西藏在经济上、文化上和人口方面发展强大起来,才是我们对西藏的真正帮助。"②关于中央如何帮助西藏地方,他指出这是一个很复杂的问题,值得研究,认为"这是不能性急的,性急反倒慢了,不性急反倒会快。"③同时,他还从为西藏民主改革创造条件问题上,提出"要有计划地、逐步地创造改革的条件,如增强互相信任,培养人才,进行经济、文化等方面的建设工作"。④ 1955 年 3 月 9 日,周恩来在国务院第七次全体会议上指出:"中央和各有关部门都要帮助西藏做好事,使西藏逐步发展起来。"⑤为了促进西藏地方建设事业的发展,国务院第七次全体会议按照西藏地方的需要和可能条件,决定拨款并派遣技术人员,帮助西藏地方进行经济和文化建设。1956 年 3 月 15 日,周恩来对赴藏中央代表团全体人员讲话指出:"西藏经济落后,正因为如此,我们更应该帮助他们。"⑥11 月 29 日,他同十四世达赖谈到西藏民主改革问题时指出:"先将自治区成立起来,培养干部,做好其他方面的工作,将西藏的贫困情况予以改变,

---

①　中共中央文献研究室、中共西藏自治区委员会、中国藏学研究中心编:《毛泽东西藏工作文选》,中央文献出版社、中国藏学出版社 2001 年版,第 86 页。

②　中共中央文献研究室、中共西藏自治区委员会、中国藏学研究中心编:《毛泽东西藏工作文选》,中央文献出版社、中国藏学出版社 2008 年第二版,第 109、111 页。

③　中共中央文献研究室、中共西藏自治区委员会、中国藏学研究中心编:《毛泽东西藏工作文选》,中央文献出版社、中国藏学出版社 2008 年第二版,第 110 页。

④　中共中央文献研究室、中共西藏自治区委员会、中国藏学研究中心编:《毛泽东西藏工作文选》,中央文献出版社、中国藏学出版社 2008 年第二版,第 110 页。

⑤　周恩来:《关于汉藏团结和西藏发展问题》,中共中央文献研究室、中共西藏自治区委员会编:《西藏工作文献选编》(1949—2005 年),中央文献出版社 2005 年版,第 131 页。

⑥　周恩来:《在中央赴藏代表大会上的讲话》,中共中央文献研究室、中共西藏自治区委员会编:《西藏工作文献选编》(1949—2005 年),中央文献出版社 2005 年版,第 154、155 页。

使大家的生活先好过起来,这点中央一定帮助,而且也帮助得起。"①1957年1月1日,他在同十四世达赖谈话时再次强调:"现在主要还是大力建设,发展经济,改善大家的生活。这方面中央完全帮助,是没有问题的。"②

邓小平早在1950年欢迎赴西南地区的中央民族访问团大会上就曾指出:"实行民族区域自治,不把经济搞好,那个自治就是空的。"③党中央第三代领导集体将加快经济发展,推进改革开放,改善人民生活,确定为新时期西藏工作的中心任务。江泽民指出,对于西藏,可以而且应当采取通过国家和各地的支持,引进、吸收和应用先进技术和适用技术,集中力量推动跨越式发展的战略。而且,随着综合实力的不断增强,国家可以通过各种方式来帮助西藏发展。④ 2002年3月5日,胡锦涛在与出席九届全国人大五次会议西藏代表团审议政府工作报告时也强调:"加快经济发展,推进改革开放,改善人民生活,是新时期西藏工作的中心任务,是解决西藏所有问题的基础。"⑤

帮助西藏建设也体现在发展西藏文化和人口上。1950年4月27日,周恩来在中央民委举办的藏族干部研究班上指出,中央人民政府一定要改善少数民族经济,"是要扶植帮助的,有了政治经济的发展,才能说到文化的提高,武装自己,这就是我们的政策。"⑥中央人民政府为了充分了解西藏地区的科学、文化、社会等方面的情况,以准备将来有步骤地帮助西藏民族发展经济和文化的建设事业,曾在西藏和平解放中,由政务院文化教育委员会组成西藏工作队,前往该地从事有关科学、文化、社会等方面的调查研究工作。⑦ 1952年10月8日,毛泽东在接见西藏致敬团代表时说:"西藏地方大、人口少,人口需要发展,从现在二三百万发展到五六百万,然后再增至千几百万就好。还有经济和文化也需要发展。""如果共产党不能帮助你们发展人口、发展经济和文化,那共产党就没有什么用处。"⑧1955年3月9日,周恩来在国务院第七次全体会议上就达赖和班禅所担心的西藏人口少的问题指出:"不错,西藏是人口

①　西藏自治区党史办公室编:《周恩来与西藏》,中国藏学出版社1998年版,第146页。
②　中共中央文献研究室、中央档案馆:《党的文献》1994年第2期。
③　《邓小平文选》第一卷,人民出版社1994年版,第167页。
④　《中共中央国务院召开第四次西藏工作座谈会》,《人民日报》2001年6月30日。
⑤　胡锦涛:《抓住有利时机,推动西藏跨越式发展》,中共中央文献研究室、中共西藏自治区委员会编:《西藏工作文献选编》(1949—2005年),中央文献出版社2005年版,第613页。
⑥　西藏自治区党史办公室编:《周恩来与西藏》,中国藏学出版社1998年版,第113、114页。
⑦　《人民日报》1951年6月12日。
⑧　《人民日报》1952年11月23日。

少,的确需要发展人口。"①1987 年 10 月 16 日,邓小平会见联邦德国巴伐利亚
州州长施特劳斯时说:"我们对西藏采取扶持的方针,要内地帮助西藏发展。
关键是要使西藏人民提高物质和文化生活水平。"②1993 年 11 月 7 日,江泽民
在全国统战工作会议上指出:"国家在少数民族地区建设的各种项目,都必须
与当地少数民族的发展、繁荣结合起来。同时,经济发达地区要加强对口支
援,积极有效地帮助少数民族地区发展经济和文化。"③党中央三代领导集体
十分重视发展西藏文化和人口,并将之与帮助西藏发展经济相提并论。由上
表明,达赖分裂集团长期鼓吹的所谓"西藏文化毁灭论"和在西藏人口问题上
的种种论调,俨然是对中央人民政府关于保护和发展西藏文化与人口政策的
严重歪曲和诋毁。

三、帮助西藏建设的历史地位

西藏各族人民在西藏建设和发展中处于历史主体地位。1953 年 10 月 18
日,毛泽东在接见西藏国庆观礼团、参观团代表时指出:"西藏政治、经济、文
化、宗教的发展,主要靠西藏的领袖和人民自己商量去做,中央只是帮助。"④
帮助西藏建设是促进西藏发展的一条重要途径,但帮助并不是代替。1955 年
3 月 8 日,他在同十四世达赖喇嘛谈话中指出:"在西藏工作的汉族干部是去
帮忙的,不是代替的。实行区域自治是真正的自治,主要是依靠西藏自己的干
部。"⑤第二天,他在同十世班禅额尔德尼谈话时也强调:"我们进藏是诚心诚
意帮助的,不是代替的,而且帮助还要帮助得好。"⑥改革开放以来,中央在
1980 年第一次西藏工作座谈会上就指出:"一切决定和措施,必须首先确实得
到藏族干部和藏族人民的真心同意和支持,否则就要修改或等待。""大力培

---

① 周恩来:《关于汉藏团结和西藏发展问题》,中共中央文献研究室、中共西藏自治区委员会
编:《西藏工作文献选编》(1949—2005 年),中央文献出版社 2005 年版,第 130 页。
② 中共中央文献研究室编:《邓小平思想年谱》(1975—1997),中央文献出版社 1998 年版,第
398 页。
③ 江泽民:《高度重视民族工作和宗教工作》(1993 年 11 月 7 日),《十四大以来重要文献选编》
(上册),人民出版社 1996 年版,第 516 页。
④ 《接见西藏国庆观礼团、参观团代表的谈话》(1953 年 10 月 18 日),《毛泽东文集》第六卷,人
民出版社 1999 年版,第 312 页。
⑤ 中共中央文献研究室、中共西藏自治区委员会、中国藏学研究中心编:《毛泽东西藏工作文
选》,中央文献出版社、中国藏学出版社 2001 年版,第 114—115 页。
⑥ 中共中央文献研究室、中共西藏自治区委员会、中国藏学研究中心编:《毛泽东西藏工作文
选》,中央文献出版社、中国藏学出版社 2001 年版,第 119 页。

养藏族和其他少数民族干部,积极帮助他们把建设西藏的主要责任承担起来。"①藏族和其他少数民族干部担负着建设西藏的主要责任。1998 年 3 月 6 日,胡锦涛在参加九届全国人大一次会议西藏代表团审议政府工作报告时指出:"要努力建设一支以藏族干部为主体,包括藏族、汉族和其他少数民族干部在内的高素质的干部队伍。办好西藏的事情,干部是关键。"②

同时,加快西藏发展,要把帮助西藏建设转化为西藏自我发展的能力。1985 年 8 月 31 日,中央代表团在庆祝西藏自治区成立 20 周年干部大会上指出,要把对西藏建设的援助做得更好,更有成效。"这种支援的最终目的,是积极扶持西藏人民以自己的辛勤劳动治贫致富,逐步增强主要依靠自身力量发展经济文化的能力。"③2002 年 3 月 5 日,胡锦涛在与出席九届人大五次会议西藏代表团审议政府工作报告时指出:"在目前西藏还缺乏自我积累和自我发展能力的情况下,国家和兄弟省市给西藏以大力支持是完全必要的。"要把依靠国家支持和坚持自力更生结合起来,把开发优势资源和保护生态环境结合起来,把加快经济发展和改善人民生活结合起来,努力实现西藏的跨越式发展。④ 2005 年 5 月,他在中央民族工作会议上强调,民族地区各族干部要坚持自力更生、艰苦奋斗,充分发挥积极性、主动性、创造性,真正把各项优惠政策和各方面的扶持、帮助转化为自我发展的能力。⑤ 8 月 26 日,中央政治局召开会议专门研究西藏工作,制定下发了《中共中央、国务院关于进一步做好西藏发展稳定工作的意见》,对新世纪新阶段西藏工作的指导思想、发展道路、发展战略、主要任务和政策措施等方面提出了明确要求,提出了加快西藏发展、维护西藏稳定的四十条优惠政策,涉及"三农"、财税金融、对外开放、社会保障、人才培养等方面。会议强调,要坚持以科学发展观统领经济社会发展全局,坚持中央关心、全国支援和西藏艰苦奋斗相结合,加快西藏全面建设小康社会的步伐。

以上论述说明,帮助西藏建设是西藏发展的必要条件和不断增强自我发

① 《新华社关于中共中央召开西藏座谈会的电讯》,西藏自治区人民政府办公厅、西藏自治区党委党史研究室编著:《全国支援西藏》,西藏人民出版社 2002 年版,第 705、706 页。
② 胡锦涛:《发展需要稳定,稳定保障发展》,中共中央文献研究室、中共西藏自治区委员会编:《西藏工作文献选编》(1949—2005 年),中央文献出版社 2005 年版,第 513—514 页。
③ 中共中央文献研究室、中共西藏自治区委员会编:《西藏工作文献选编》(1949—2005 年),中央文献出版社 2005 年版,第 392 页。
④ 胡锦涛:《抓住有利时机,推动西藏跨越式发展》,中共中央文献研究室、中共西藏自治区委员会编:《西藏工作文献选编》(1949—2005 年),中央文献出版社 2005 年版,第 613、614、615 页。
⑤ 《十六大以来重要文献选编》(中),中央文献出版社 2006 年版,第 907—908 页。

展能力的重要物质力量,而主要依靠自己,坚持自力更生,则是根本的和长远的。

第二节 中央关于全国支援西藏的决策

西藏地处祖国西南边陲,战略地位十分重要。西藏的发展、稳定与安全,事关祖国统一、民族团结和社会稳定。新中国成立以来,关心西藏、支援西藏是党和国家的一贯政策。国家在大规模经济建设时期,帮助西藏地方进行经济和文化建设,兴起了西藏和平解放以来第一次建设高潮。

对口支援是中央为加快少数民族地区经济发展而采取的一项重要措施。党的十一届三中全会开启改革开放新时期,党和国家的工作重心转移到经济建设上来。为加快少数民族地区经济社会发展,中央在1979年4月召开的全国边防工作会议上提出,"要组织内地省市实行对口支援边境地区和少数民族地区",要求内地一些省市对口支援内蒙古、贵州、广西、新疆、青海、云南和宁夏,并决策全国支援西藏。这一决策是西藏和平解放以来中央帮助西藏建设的思想及其实践在改革开放新时期的继承与发展,也是在西藏社会主义建设中进一步促进平等、团结和互助的新型社会主义民族关系发展的战略部署。

中共中央书记处在1980年3月14—15日主持召开了西藏工作座谈会,形成了《西藏工作座谈会纪要》,指出要有计划、有步骤地使西藏兴旺发达、繁荣富裕起来,强调中央各部门,特别是计划、经济、文教、卫生部门,在制订长远规划和年度计划时,要照顾西藏的特殊需要,尽可能满足西藏的合理要求,在物质、技术等方面给以积极的支援,并要求全国各有关地方和单位认真做好支援西藏的工作。①

全国边防工作会议以来,经济发达省、市同少数民族地区开展了对口支援和经济技术协作。1982年10月7日至14日,国家计委、国家民委在宁夏银川召开座谈会,指出应当在总结经验的基础上,使经济发达省、市同少数民族地区的对口支援和经济技术协作工作继续深入广泛地开展下去。1983年8月,国务院作出"在坚持全国支援西藏的方针下,由四省(市)重点对口支援西藏"的决定。重点对口支援西藏的省市是四川、浙江、上海、天津。翌年3月,中央

---

① 《新华社关于中共中央召开西藏座谈会的电讯》,西藏自治区人民政府办公厅、西藏自治区党委党史研究室编著:《全国支援西藏》,西藏人民出版社2002年版,第706页。

召开第二次西藏工作座谈会,对西藏的特殊性进行了"再认识"。其中,在教育援藏问题上,会议提出"在内地办学,帮助西藏培养人才",并决定从1985年起在内地省、市创办西藏班(校)。会上,党中央和国务院还决定并成立了西藏自治区经济工作咨询小组,以协助西藏自治区党委和人民政府在经济建设方面提供决策方针,组织、推动全国各地方和中央各部门的援藏工作。

第二次西藏工作座谈会后,全国支援西藏工作得到进一步发展。1987年6月29日,邓小平在会见美国前总统卡特时,发表了已收入《邓小平文选》第三卷的《立足民族平等,加快西藏发展》的著名谈话。他在谈话中指出:"中央决定,其他省市要分工负责帮助西藏搞一些建设项目,而且要作为一个长期的任务。""我们帮助少数民族地区发展的政策是坚定不移的。"9月10日至14日,国务院召开第二次援藏工作会议,中心议题是关于大量培养西藏建设所需要的各级各类人才,进一步做好全国智力援藏工作。会议讨论通过了《关于改革和发展西藏教育若干问题的意见》《关于内地对口支援西藏教育实施计划(草案)》。这一时期的全国支援西藏工作,以工程建设援藏、财政援藏和教育、智力援藏为主,对口援藏向纵深发展。

然而,在达赖分裂主义集团的策划煽动下,西藏拉萨地区在1987、1988和1989年接连发生多起骚乱,对西藏的稳定和发展造成严重干扰与破坏。1989年10月,江泽民主持召开中共中央政治局常委会议。会议指出,西藏始终要紧紧抓住政治形势的稳定和经济的发展这两件大事。正是根据这一会议精神,1990年7月11—18日召开的中共西藏自治区第四次代表大会提出了坚持以经济建设为中心,紧紧抓住稳定局势和发展经济两件大事,确保全区社会的长治久安,确保经济的持续、稳定、协调发展,确保人民群众生活水平的明显提高的"一个中心,两件大事,三个确保"的西藏工作指导思想。此后不久,江泽民于1990年7月20日至26日赴藏视察工作。在西藏视察一周,江泽民一再强调:"一定把西藏的事情办好,要全国支援西藏。"他在7月24日会见西藏自治区县以上党政干部大会上说,对"一个中心,两件大事,三个确保"的指导思想给予了充分肯定,并指出要把稳定局势的工作放在首要位置,加快经济建设的步伐。

1991年12月16日,国家民委转发《全国部分省、自治区、直辖市对口支援工作座谈会纪要》,指出对口支援应按照"支援为主,互补互济,积极合作,共同繁荣"的原则进行。

1993年9月,江泽民在广州主持召开中南、西南十省区汇报会,其中听取了西藏自治区负责同志陈奎元、热地关于西藏工作和提请中央召开第三次西藏工作座谈会的汇报。就召开第三次西藏工作座谈会问题,他在会上指示中央有关部门进行筹备。此后,党中央和国务院派出工作组赴藏调研。1994 年 7 月 20 日至 23 日,中央第三次西藏工作座谈会在北京召开。在会议第一天,江泽民发表了重要讲话,指出西藏的稳定和发展需要全国的支援,中央各部委和各省、自治区、直辖市要从党的工作全局和经济社会发展的全局,从增强中华民族凝聚力的高度,深刻认识中央关于全国支援西藏的决策的深远意义,从人才、资金、技术、物资等多方面做好支援工作。他说,支援是相互的,密切内地与西藏的经济、文化、社会联系,加强对口支援,增强西藏自我发展的活力,是西藏发展的需要,也是全国各地发展的需要。① 他强调指出:"绝不能让西藏从祖国分裂出去,也绝不能让西藏长期处于落后状态。"会议进行到第三天,李鹏就西藏社会经济发展问题发表讲话指出,要发挥全国支援西藏和西藏自力更生两个积极性,下决心把基础设施建设搞上去,带动经济增长,增强发展后劲。他说,中央有关部门和各省、自治区、直辖市要长期支援西藏建设,这是加快西藏发展的一个大政策。会议闭幕时,李瑞环作了总结讲话。他指出,援助西藏应是长期的。它既不是从这次会议才开始,也不会因这次会议确定的任务完成而结束,而应当把这次会议作为全国支援西藏的新起点。他强调,援助西藏应是主动的。这次会议安排的,要积极认真地完成。这次计划中没有的,只要西藏人民需要,也要千方百计地去办,援助西藏应是多方面的。只要有利于西藏的发展,有利于维护祖国统一和民族团结,不管是官方的还是民间的、物质的还是精神的,都要予以鼓励和支持。

关于西藏经济社会发展步骤,第三次西藏工作座谈会提出,西藏在优化经济结构、提高经济效益的前提下,国民生产总值年均增长 10% 左右,到 2000 年力争国民生产总值比 1993 年接近翻一番,基本完成脱贫任务,多数群众达到小康水平;国民经济和社会事业的整体水平有较大幅度的提高,为 21 世纪更大发展奠定基础、创造条件。在援藏问题上,会议作出了"中央关心西藏,全国支援西藏"的决策,确定了新形势下支援西藏的范围、方式、方法。会议指出,党中央、国务院各部委和各省区市应在经济开发、教育卫生、干部交流等方面与西藏建立相对稳定的、各方面配套的对口支援关系,可采取内地两三个省市对口支援西藏一个地市的方法,对口支援关系总体上由国家进行统一协

---

① 江泽民:《围绕发展和稳定两件大事,开创西藏工作新局面》,中共中央文献研究室、中共西藏自治区委员会编:《西藏工作文献选编》(1949—2005 年),中央文献出版社 2005 年版,第 463 页。

调,做到突出重点,长短结合,形式多样,讲求实效。① 当时,国家安排 14 个省市②与西藏 7 个地市建立了对口援藏关系。中央国家机关各部、委,也根据各部门的职责范围和业务分工,开展了对口援藏工作。

第三次西藏工作座谈会是"西藏发展的新起点,新的里程碑"。座谈会后,全国支援西藏工作全面展开并进入高潮。对口援藏的各省市逐步确立并实施了"干部援藏为龙头、技术援藏为骨干、资金援藏为附体"的援藏工作思路。中央国家机关各部委也根据各部门的职责范围和业务分工,开展了对口援藏工作。1995 年 9 月 1 日,西藏自治区迎来成立 30 周年。吴邦国在庆祝大会上发表讲话,代表党中央、国务院重申:"全国支援西藏的政策长期不变。今后,中央将继续从各方面关心和支持西藏,全国各兄弟省、自治区、直辖市也将进一步支援和帮助西藏。全国人民将永远同西藏各族人民同呼吸、共命运、心连心!"

历史跨入 21 世纪,我国经济社会发展站在新的历史起点上。2001 年 6 月 25 日至 27 日,中央主持召开第四次西藏工作座谈会。座谈会提出的新世纪西藏工作的主要任务是,紧紧抓住实施西部大开发战略和西藏社会局势基本稳定的良好机遇,着眼于西藏的繁荣进步和长治久安,集中力量解决事关西藏发展稳定全局的重大问题,促进西藏经济从加快发展到跨越式发展,促进西藏社会局势从基本稳定到长治久安。座谈会将全国支援西藏与实施西部大开发战略结合起来,确定西藏是国家西部大开发实行特殊扶持政策的重要地区。在座谈会上,江泽民指出:在关系党和国家工作全局的战略地区和战略部门,通过国家和各地的支持,引进、吸收和应用先进技术和适用技术,集中力量推动跨越式发展,是我们必须采取的一种发展战略。对西藏这样的地区,就可以而且应当采取这样的战略。中央要继续加大对西藏的扶持力度。他说:"承担对口支援的省市,应该把加快西藏受援地区的发展视为本省市的一项特殊任务,把那里的经济社会发展纳入本省市整体发展计划,实施全方位援助。"③

中央第四次西藏工作座谈会加大了中央扶持和全国对口支援西藏的力度。座谈会决定将原定 10 年的"对口援藏"计划再延长 10 年,对口支援关系基本保持不变,新增 3 个省、17 家中央直属企业对口支援西藏。对原未列入

① 《中共中央、国务院关于加快西藏发展、维护社会稳定的意见》,中共中央文献研究室、中共西藏自治区委员会编:《西藏工作文献选编》(1949—2005 年),中央文献出版社 2005 年版,第 491 页。

② 重庆 1997 年改为直辖市后,对口支援西藏的省市增加到 15 个。

③ 《促进西藏实现跨越式发展和长治久安》,中共中央文献研究室、中共西藏自治区委员会编:《西藏工作文献选编》(1949—2005 年),中央文献出版社 2005 年版,第 553 页。

受援范围的西藏 29 个县,区别不同情况,以不同方式纳入对口支援范围。①
至此,西藏 74 个县(市、区)全部纳入对口支援的范围。② 全国对口支援西藏
工作格局逐步趋于完善。

第三节　中央扶持和全国支援西藏

　　在西藏建设、改革和发展的各个历史阶段,中央始终关心西藏,不断加大
扶持力度,援藏工作持续而深入开展。中央扶持西藏是帮助西藏建设的主导,
主要表现为中央对西藏的财政扶持、基础工程建设扶持和给予农牧民休养生
息政策。全国支援西藏是在中央关心西藏的战略格局中中央部委、中央企业
和内地省市对西藏建设的帮助。它是长期的、主动的,援助与受援是对口的。
根据援助的领域和内容,可将全国对西藏的援助划分为经济、干部、教育、科
技、文化、医疗卫生、邮电通信、气象、劳动工作、民政等援藏类型。它们一体构
成全国援藏工作体系,其中以经济援藏、干部援藏和教育援藏占主体地位并相
互结合为显著特征。援助从多方面发展到全方位,有力地促进了西藏跨越式
发展。

一、对西藏的财政扶持

　　中央从西藏地方财政 1952 年建立起就给予财政扶持。1952—1958 年,
在中央对西藏实行"统收统支,收支两条线"财政管理体制下,西藏财政收入
39290 万元,中央对其财政支持为 35717 万元,占 91%。③ 自 1959 年,中央对
西藏财政支持由供给型向建设型转变,至 1965 年,中央支持西藏地方 59023
万元,占其财政收入的 69%。④ 1966—1970 年,中央对西藏的财政管理实行

---

① 《中共中央、国务院关于做好新世纪初西藏发展稳定工作的意见》,中共中央文献研究室、中
　共西藏自治区委员会编:《西藏工作文献选编》(1949—2005 年),中央文献出版社 2005 年
　版,第 589 页。
② 《人民日报》2004 年 11 月 20 日。
③ 西藏自治区人民政府办公厅、西藏自治区党委党史研究室编著:《全国支援西藏》,西藏人民
　出版社 2002 年版,第 61 页。
④ 西藏自治区人民政府办公厅、西藏自治区党委党史研究室编著:《全国支援西藏》,西藏人民
　出版社 2002 年版,第 8、9 页。

"核定收支,总额计算,多余上缴,不足补助,一年一定"的办法,1971—1979年改为"定收定支,收支包干,保证上缴(或差额补贴),结余留用,一年一定"的办法。[1] 1952—1979年,中央给西藏的财政补贴、定额补助、专项补助、基本建设投资累计达60.94亿元。[2]

1980—1986年,中央对西藏实行"划分收支,分级包干"和以1979年决算支出为基数,实行每年递增10%的办法。其间,中央对西藏的财政补助基数为49609万元。[3] 1987年,中央将该年对西藏10%的财政递增补助以两个5%,分解到1987年和1988年执行。这一阶段,西藏成为中央对民族地区补助实行定额不递增办法后唯一一个定额补助保持增长的地区。从20世纪50年代初和平解放至1988年,国家累计给予西藏财政补贴和各项专项拨款达159.7亿元。[4] 至1989年,中央对西藏财政由递增补助改为定额补助。[5] 据统计,1952—1989年,中央给予西藏的财政补贴累计为132亿元,加上中央安排的基本建设投资,共为166亿元。[6] 1952—1990年,中央对西藏财政拨款和基建投资达到177.7亿元。[7] 1992年定额补助基数增加到107126万元。[8]

自第三次西藏工作座谈会,中央对西藏的财政补贴实行"核定基数、定额递增、专项扶持"。税收实行"税制一致,适当变通,从轻从简",规定除关税、海关代征税(消费税和增值税)、增值税以外,西藏地区征收其他中央税和共享税的具体办法,由自治区政府作出规定,报国务院批准后执行。地方税的开征,税目、税率的确定和减免税的权利仍由西藏自治区掌握,报财政部、国家税务总局备案。实行分税制后,除关税和海关代征税以外,在西藏地区征收的其他中央税和共享税的中央部分全部返还,作为日常资金调度全部留给西藏。关税和海关代征税是中央财政的收入,为了照顾西藏特殊的困难和需要,对西藏进口的属于西藏自用的商品,实行先按国家现行规定征收、缴纳中央财政,

① 西藏自治区人民政府办公厅、西藏自治区党委党史研究室编著:《全国支援西藏》,西藏人民出版社2002年版,第265页。

② 《今日西藏——现代文明之光》,《中国新闻网》2002年9月6日。

③ 西藏自治区人民政府办公厅、西藏自治区党委党史研究室编著:《全国支援西藏》,西藏人民出版社2002年版,第266页。

④ 《人民日报》1989年8月2日。

⑤ 西藏自治区人民政府办公厅、西藏自治区党委党史研究室编著:《全国支援西藏》,西藏人民出版社2002年版,第62页。

⑥ 《西藏,稳定中求发展——访西藏自治区党委书记胡锦涛》,《人民日报》1990年3月9日。

⑦ 《西藏和平解放四十周年前夕李鹏总理答新华社记者问》,《人民日报》1991年5月20日。

⑧ 《西藏,稳定中求发展——访西藏自治区党委书记胡锦涛》,《人民日报》1990年3月9日。

后定额返还的办法。在西藏自治区建立中央金库。西藏的区外联营企业在当地交纳的所得税,由西藏自治区与所在地政府协商返还西藏财政。① 西藏自治区从成立至 1995 年的 30 年间,中央对西藏的直接投资和财政补助累计达300 亿元。② 1952—2000 年,中央补助西藏财政 4238961 万元,③ 至 2001 年,累计达 569 亿多元,对西藏的建设投资累计为 252.58 亿元。1965—2004 年,中央对西藏地方财政补助收入累计达到 968.72 亿元,其中 1994—2004 年达785.26 亿元。据统计,西藏自治区成立至 2004 年近 40 年间,西藏财政支出共计 875.86 亿元,其中的 94.9% 来自中央补贴。④ 2002—2007 年,中央对西藏的各项补助累计达 950.12 亿元。其中,2006 年西藏财政达到 254.45 亿元,中央对西藏的补助达 200.59 亿元,占其总收入的 78.83%。2007 年中央补助西藏 283.21 亿元,西藏地方财政支出达 275.37 亿元,中央补助收入是西藏财政支出的 102.85%,是全国最高的。

二、援建西藏基础工程

中央扶持西藏集中体现于援藏工程项目建设,并以此带动了财政、物资、人才、技术乃至相关产业援藏工作的开展。

西藏和平解放时还没有公路、现代工厂和电力设备。为了帮助西藏发展经济建设事业,国家在经济恢复时期直接投资两亿多元,修筑了康藏公路、青藏公路,至 1954 年底两条公路通车。1955 年 3 月 9 日,国务院全体会议第七次会议通过《关于帮助西藏地方进行建设事项的决定》和《关于有关西藏交通运输问题的决定》,继续对康藏、青藏公路进行整修、养护工作,加强管理,并在西藏继续修筑公路,同时在拉萨、日喀则等地分别建立水力、火力发电站和皮革厂,小型铁工厂,修筑河堤水坝,扩充农业试验场,拨给抽水机,扩建学校,

① 《中共中央、国务院关于加快西藏发展、维护社会稳定的意见》,中共中央文献研究室、中共西藏自治区委员会编:《西藏工作文献选编》(1949—2005 年),中央文献出版社 2005 年版,第 484 页。

② 吴邦国:《建设团结、富裕、文明的新西藏——在庆祝西藏自治区成立三十周年干部大会上的讲话(摘要)》,《人民日报》1995 年 9 月 1 日。

③ 西藏自治区人民政府办公厅、西藏自治区党委党史研究室编著:《全国支援西藏》,西藏人民出版社 2002 年版,第 62 页。

④ 中华人民共和国国务院新闻办公室:《西藏的民族区域自治》,《人民日报》2004 年 5 月24 日。

修筑市内街道、房舍,并拨给 100 万元作为农业工具购置费。① 1955—1956 年,修筑了拉萨到日喀则、日喀则到江孜、江孜到亚东的公路。② 至 1957 年底,西藏地区的公路已有 6000 多公里。1956 年 5 月间,第一架从北京通航拉萨的领队机,越过"空中禁区",飞抵拉萨,开辟了北京到西藏的航线。在中央扶持下,西藏的机械、电力、采矿、建材、轻工业和民族手工业等,在 20 世纪 60 年代和 70 年代得到初步发展。这些基础性工业从无到有,开启了西藏工业化建设的进程。

基础设施薄弱是西藏经济发展的主要制约因素。中央第二次西藏工作座谈会根据西藏提出的要求,并为庆祝西藏自治区成立 20 周年,决定由国家投资,北京、上海、天津、江苏、浙江、福建、山东、四川、广东等 9 省市和水电部、农牧渔业部、国家建材总局等中央有关部门,援建西藏 43 项工程。中央指出,修建这些工程,一方面用具体事实说明中央对西藏的关心和支持,另一方面还可以鼓舞和增强加速西藏发展的信心。中央第二次西藏工作座谈会以来,加快了对西藏公路、机场、电力、通讯、水利等设施建设。

43 项工程主要包括能源、交通、建材、商业、文教、卫生、旅游、体育、市政公用等基础性设施建设,总建筑面积 23.6 万平方米。其中,拉萨地区 24 项,日喀则地区 6 项,山南地区 3 项,昌都地区 3 项,那曲地区 4 项,阿里地区 3 项。工程建设从项目的前期准备费用、工程土建、安装、内外设备配套到人员培训,以及部分附属建筑物,总耗资 4.8085 亿元。中央财政补贴 1.78 亿元,中央有关部门投资 0.628 亿元,并帮助或参与解决工程中存在的问题;西藏自治区地方投资 2.4005 亿元;各援建省市及中央有关部门直接进藏参加工程建设的干部、技术人员和工人 1.945 万;银行系统为支持物资企业及时购进工程所需要的钢材、木材等原材料,发放贷款 5300 万元。43 项工程中,除江孜饭店、昌都木材加工厂和曲水色甫电站 3 个缓、停建外,其余 40 项工程在西藏自治区成立 20 周年大庆到来之际按期或提前完成。这些工程由援建单位包干,竣工后交出钥匙,即可投入使用,因此被西藏人民亲切地称为"金钥匙工程"。国务院向所有进藏参建人员颁发了"援建 43 项工程建设纪念证书"。

地处西藏自治区腹心的雅鲁藏布江、年楚河、拉萨河(简称"一江两河")中部流域是西藏农牧业主要产区,分布着日喀则、拉萨、泽当、江孜等重要城镇,三个地市十八个县,占全区三分之一人口。1990 年 7 月 24 日,江泽民在

① 《西藏地方工作发展的新阶段》,《人民日报》1955 年 3 月 13 日。
② 《在西藏自治区筹备委员会成立大会上张国华的报告》,《人民日报》1956 年 4 月 27 日。

西藏考察工作时指出："综合开发这一区域,是发展西藏农牧业、加快西藏经济发展的突破口。"①1991 年 5 月,中央决定在西藏和平解放 40 周年之际,将"一江两河"综合开发正式列入国家"八五"、"九五"发展计划,用 10 年左右时间,国家投资 10 亿元人民币,帮助西藏对"一江两河"流域进行综合开发。②这一开发工程共计安排执行项目 220 多个,主要是水利工程、种植业、畜牧业、林业、能源、交通、科技和农业综合开发区建设。③

为把西藏潜在的资源优势变为现实的经济优势,中央第三次西藏工作座谈会明确提出大力加强并适度超前发展西藏能源、交通、邮电通信等基础设施建设,决定由中央有关部委和所有省、自治区、直辖市帮助西藏援建 62 项工程,投资总额预计 23.8 亿元。其中,能源 17 项,农牧林、水利和粮食加工 13 项,交通、邮电和民航 7 项,工业 6 项,文教、卫生、广播 12 项,市政建设及其他 10 项。工程建设遍布西藏 7 个地市,近 700 个乡镇。在第三次西藏工作座谈会上,中央部门和省市自治区一致拥护中央、国务院关于支援西藏的决定。工程大部分资金由国家承担,有关部委和援建省区市承担小部分资金。根据"发挥优势,保持连续,相对集中"的原则,经第三次西藏工作座谈会初步落实,中央有关部门承担 30 个项目,18.02 亿元,占 75.7%;地方对口支援 32 个项目,5.78 亿元,占 24.3%。

第三次西藏工作座谈会后,各地区、各部门迅速派出工作组赴藏,通过实地考察、项目论证、设计审核,进一步优化、完善了项目建设方案。中央、国家机关有关部委把援藏工作纳入本部门的工作计划,许多对口援藏省市将对口支援地区作为本省市的一个特殊地区,纳入本省市计划统筹安排,从资金、项目、人才、物资等方面不断加大援藏力度,并主动追加项目及资金和物资。1994 年 12 月 6 日,国务院召开支援西藏建设工作会议,总结、检查了前一阶段援藏建设工作进展情况,并就下一步援建工作作出了部署。为加强对援藏工作的领导,福建省率先成立了省援藏工作领导小组。北京和江苏将对口支援项目与受援地拉萨市的"九五"规划和 2010 年远景目标相衔接,专门制定了对口支援拉萨十年规划。为加快西藏邮电通信建设,邮电部提出到 20 世纪末实现西藏县县电话程控化,80% 的县进入全国长途自动交换网的

---

① 江泽民:《为建设团结、富裕、文明的社会主义新西藏而奋斗》,中共中央文献研究室、中共西藏自治区委员会编:《西藏工作文献选编》(1949—2005 年),中央文献出版社 2005 年版,第 420 页。
② 《西藏和平解放四十周年前夕李鹏总理答新华社记者问》,《人民日报》1991 年 5 月 20 日。
③ 《西藏和平解放四十周年前夕李鹏总理答新华社记者问》,《人民日报》1991 年 5 月 20 日。

目标。

　　到 1996 年底,62 项援藏工程全部开工,竣工并交付使用的有 50 项,已基本完工、正在收尾的有 6 项。至中央第三次西藏工作座谈会召开四周年之际,在 62 项工程之外,又落实援助、合作项目 668 个,资金 8.8 亿元。满拉水利枢纽工程在 62 项援藏工程中投资最大、建设时间最长,从 1994 年 8 月开工,至 2001 年 8 月 18 日竣工。它的建成,进一步提高了"一江两河"中部流域的综合开发能力。① 据统计,62 项援藏工程实际落实投资达 48.6 亿元,②其中中央有关部委和全国各省区市承担 44.84 亿元。62 项援藏工程成为西藏建设史上的又一里程碑。

　　为保障西藏物资供应,满足西藏经济社会需要,至 1998 年底,内地各省市调入西藏的各类副食品、日用工业品等价值达 145.64 亿元;调入粮食 16.37 亿公斤、菜籽油 4.474 万公斤、药品和医疗器械价值 4.3 亿元,钢材 100 万吨,水泥 50 万吨,汽车 2 万辆,轻化材 20 万吨。③

　　1999 年 4 月,全面反映中央关心西藏、全国支援西藏的大型图文集《西藏六十二项援建工程》出版,江泽民题词:"加快西藏发展造福西藏人民"。

　　根据西藏的特殊情况,中央第四次西藏工作座谈会决定由国家直接投资建设 117 个项目,主要是交通、通信、农牧林水、科技教育、基层政权相关设施建设和生态环境保护与建设等,总投资约 312 亿元,含青藏铁路格尔木至拉萨段投资 120 亿元。④ 其中,经济项目 42 个,投资额约 256 亿元;社会发展项目 75 个,投资额约 56 亿元。座谈会还确定今后两年安排各省市援藏建设项目 70 个,总投资 10.6 亿元。同时,座谈会要求对西藏提出的其他建设项目,国家根据发展规划和项目前期工作情况,做到成熟一个,审批一个。建设项目安排的重点是基础设施、农业综合开发、公共服务领域、基层政权建设和生态环境建设。⑤ 时任西藏自治区党委常务副书记的热地说:"中央各部门和各兄弟省区市支援西藏这么多项目、资金是很不容易的。"

① 《人民日报》2000 年 3 月 24 日。
② 中华人民共和国国务院新闻办公室:《西藏的民族区域自治》,《人民日报》2004 年 5 月 24 日。
③ 西藏自治区人民政府办公厅、西藏自治区党委党史研究室编著:《全国支援西藏》,西藏人民出版社 2002 年版,第 71 页。
④ 朱镕基:《关于加快西藏经济发展》,中共中央文献研究室、中共西藏自治区委员会编:《西藏工作文献选编》(1949—2005 年),中央文献出版社 2005 年版,第 566 页。
⑤ 国家民族事务委员会、中共中央文献研究室编:《民族工作文献选编》(1990—2002),中央文献出版社 2003 年版,第 354—355 页。

建成青藏铁路,是中国人民的一大壮举。2001 年 6 月,青藏铁路格尔木至拉萨段工程开工,并于 2006 年 7 月建成通车。胡锦涛指出:"建成青藏铁路这一壮举将永载共和国的史册。"①

西藏布达拉宫、罗布林卡、萨迦寺三大重点文物保护维修工程,是 117 个项目中的重点项目。布达拉宫是西藏地区现存最大最完整的宫堡式建筑群,国家曾于 1989 年至 1994 年拨出 5500 万元专款和大量黄金白银等贵重物资,进行了首次保护维修。罗布林卡是世界海拔最高、规模最大、保存最完整、融合了藏汉以及其他民族特色的园林建筑。萨迦寺是藏传佛教萨迦派的主寺,也是西藏人民维护祖国统一和民族团结的历史见证。2002 年 6 月 14 日,国务院第 131 次总理办公会议批准了三大重点文物保护维修工程项目可行性研究报告,并同意开工建设。该工程从 2002 年 6 月 26 日正式开工,至 2009 年 8 月 23 日在拉萨布达拉宫广场举行工程竣工庆典,历时 7 年。国家批准安排项目 154 个子项。工程维修遵照"修旧如旧,保持原状"的原则,完成了布达拉宫红宫、白宫和雪城 16 处古建筑和壁画的维修,投入 2.0499 亿元;完成罗布林卡格桑颇章等六大宫区的古建筑和壁画维修,投入 8086 万元;完成萨迦寺主殿、城墙、角楼、敌楼和壁画维修,投入 9474 万元。整个工程总投资达到 3.8 亿元。②

1994 年至 2001 年,对口支援省市和中央各部委无偿援建西藏 716 个项目,资金投入达 31.6 亿元。③ 1994—2004 年,中央直接投资西藏的基础设施建设项目达 504.41 亿元,承担对口支援任务的 18 个省市、61 个中央国家部委和 17 个中央企业为西藏提供援助资金约 64 亿元。其中,直接项目投资 539971.89 万元,援助物资设备折合资金为 50140.48 万元,援助其他专项资金 52115.34 万元。援建项目约 1698 个。④

2007 年 1 月 31 日,国务院常务会议审议并原则通过西藏自治区"十一五"规划项目方案,确定项目 180 个,总投资 1097.6 亿元,其中"十一五"期间投资 778.8 亿元。会议指出,安排西藏"十一五"规划项目和投资,要向基层和农牧区倾斜,把改善广大农牧民生产生活条件作为首要任务,重点支持基础

---

① 胡锦涛:《在青藏铁路通车庆祝大会上的讲话》(2006 年 7 月 1 日),《十六大以来重要文献选编》(下),中央文献出版社 2008 年版,第 537 页。
② 《刘延东:文化遗产保护工作要服务科学发展》,《人民日报》2009 年 8 月 24 日。
③ 中华人民共和国国务院新闻办公室:《西藏的民族区域自治》,《人民日报》2004 年 5 月 24 日。
④ 《全国对口支援西藏取得伟大成就》(http://politics.people.com.cn/GB/8198/50050/52280/3636530.html),《人民网》2005 年 8 月 23 日。

设施建设、生态环境保护和教育、文化、卫生等社会事业。180 个项目中,既有改善西藏基础设施条件的阿里机场、青藏铁路延伸线等重大交通项目,也有改变农牧区生产生活条件的农村饮水安全工程、无电地区电力建设、"村村通"电话、农牧民聚居区基础设施等项目。截至 2008 年底,已有 170 个项目开工建设,完工 76 个。至 2009 年 4 月,累计落实 180 个项目投资 403.7 亿元,是"十一五"计划投资的 52%。2009 年 5 月 18 日,国家发改委、中央统战部在京召开西藏自治区"十一五"规划项目执行情况协调会议,要求全面抓紧 180 个项目的实施,没有开工的项目要加快前期工作,已经开工的项目要加大投资力度和实施进度。

实施西藏生态安全屏障保护与建设工程,旨在应对全球气候变暖,促进西藏各类生态系统自然恢复,维护生态功能,保障国家生态安全,实现西藏生态环境与经济社会的协调发展。2009 年 2 月 18 日,国务院第 50 次常务会议审议并原则通过《西藏生态安全屏障保护与建设规划(2008—2030 年)》。规划的目标是,到 2030 年,西藏自治区的退化草地和草原鼠害基本得到治理,沙化土地和水土流失治理面积大幅度提高,大江大河源头区、重要湖泊、湿地、河谷区生态环境保护和生物多样性保护取得重大进展,生态环境监管体系和监测网络更加完善,基本实现农村传统能源替代,生态环境与经济社会呈现协调发展态势。《规划》确定了生态保护、生态建设和支撑保障三大类十项工程。

中央扶持西藏,集中财力、物力在西藏进行大规模经济建设,有力地促进了西藏经济社会从加快发展到跨越式发展,改变了西藏基础设施建设薄弱的状态,改善了西藏城乡面貌,带动了西藏人民生活水平的显著提高。

西藏和平解放以来,农牧民一直享受免费医疗政策。第三次西藏工作座谈会指出,建立健全县、乡医疗卫生网,继续把农牧区卫生、预防保健和发展藏医藏药作为卫生工作的重点,继续对农牧民和城镇居民实行免费医疗,并逐步完善这一制度。2007 年 1 月 1 日起,西藏农牧民免费医疗标准从人均 90 元提高到 100 元。同时,大幅度提高为农牧民报销补偿的比例及报销补偿限额,每人每年累计医疗报销补助标准最高提到 8000 元,最高救助限额提到 3 万元。①

自党的十一届三中全会以来,中央在西藏实行的特殊农牧业政策,主要是让广大农牧民休养生息,国家在一个长时期内对集体、个体生产者免征税收;在坚持土地、森林、草场归国家和集体所有的前提下,实行"土地归户使用、自

---

① 《中央心系西藏发展》,《瞭望新闻周刊》2008 年第 12 期,第 41 页。

主经营、长期不变"和"牲畜归户、私有私养、自主经营、长期不变"的政策,鼓励个人开垦农田、荒滩、荒坡,种植农作物和植树、种草,实行"谁开发,谁经营,谁受益,长期不变,允许继承"的政策,充分保障农牧民的生产自主权,允许自愿选择以家庭经营为主的多种经营方式;对农用生产资料继续实行财政补贴,农畜产品销售以市场调节为主。

为改善群众居住条件,西藏从 2006 年开始实施农牧民安居工程,计划至 2010 年新建改造 22 万户民房,使全区 80% 的农牧民住上安全适用的住房。截至 2007 年底,西藏共有 57 万多名农牧民住上了安全适用的住房,占安居工程建设计划的 50.9%,自治区政府累计投入资金 13.16 亿元,地县配套投入2.99 亿元,全国援藏资金投入 1.47 亿元。①

三、干部对口援藏

干部援藏工作开始于和平解放西藏,当时主要是进军西藏的军队干部转到地方工作。随着筹备成立西藏自治区工作的开展,选派内地干部进藏在1956 年达到一定规模,但在西藏民主改革实行"六年不改"方针期间,汉族干部除留下 3700 人外,其余调回内地。② 西藏民主改革以来至中央第一次西藏工作座谈会前,中央在干部援藏方面先后作出一系列决定③,从北京、四川、河南、河北、青海、云南等省市和国务院有关部委抽调党政干部和专业技术人员进藏工作。

改革开放新时期,中央把大力培养藏族和其他少数民族干部与干部对口援藏结合起来,通过干部援藏,积极帮助藏族和其他少数民族干部把建设西藏的主要责任承担起来。1980 年 4 月 7 日,中央在转发第一次西藏工作座谈会纪要的通知中指出:"内地调往西藏的干部,要根据实际需要,坚持少而精的

---

① 《中央心系西藏发展》,《瞭望新闻周刊》2008 年第 12 期,第 41 页;德吉、尕玛多吉:《西藏5.2万户农牧民今年将住新房》(http://www.xz.xinhuanet.com/zhuanti/2008 – 01/17/content_12262585.html),新华网西藏频道拉萨 2008 年 1 月 17 日电。
② 西藏自治区人民政府办公厅、西藏自治区党委党史研究室编著:《全国支援西藏》,西藏人民出版社 2002 年版,第 402 页。
③ 这些决定主要有:(1)1959 年《关于抽调干部赴西藏工作的通知》;(2)1960 年《关于给西藏抽调干部的通知》;(3)1963 年《从内地抽调干部到西藏工作的通知》;(4)1974 年国务院科教组《关于内地支援西藏大、中、专师资问题意见的报告》;(5)1979 年中央组织部《关于抽调干部支援西藏和在藏干部内返问题的通知》;(6)1979 年国务院批转的卫生部《关于增派医务卫生人员支援西藏的请示报告》。

原则。除了调派必要的领导骨干外,主要应有计划地输送大专院校和中等专业学校的毕业生,及其他有专门知识和能力的人才,如医生、教员、科学技术人员等。"①随后,中央组织部、人事部先后于 1983 年、1988 年和 1991 年发出《关于为西藏选派专业技术干部的通知》②、《关于为西藏选派干部的通知》和《关于为西藏自治区选调干部的通知》,决定从国务院部委和北京、天津、河北等省市对口选派专业技术干部和党政干部进藏工作。特别是第三次西藏工作座谈会以来,选派干部对口援藏,与其他援藏工作相得益彰,成为援藏工作的重中之重。

在干部援藏问题上,中央第三次西藏工作座谈会在总结援藏工作经验的基础上,决定"分片负责、对口支援、定期轮换"。为落实这一精神,1994 年 12 月,中央办公厅和国务院办公厅转发《中央组织部、人事部关于加强西藏干部队伍、领导班子和党的基层组织建设的若干意见》,确定北京市和江苏省负责拉萨市,上海市和山东省负责日喀则地区,湖北省和湖南省负责山南地区,天津市和四川省负责昌都地区③,广东省和福建省负责林芝地区,浙江省和辽宁省负责那曲地区,河北省和陕西省负责阿里地区。至于西藏自治区直属机关所需要的干部,由中央和国家机关各部委负责,也可根据需要,从各省、自治区、直辖市选调。④

第三次西藏工作座谈会以来的第一批援藏干部于 1995 年派出,来自 14 个省市和 33 个中央机关部委,共计 621 人。⑤ 第二批援藏干部 647 人,于 1998 年进藏接续第一批援藏干部的工作。其中,来自中央、国家机关的对口援藏干部 141 人中,大学本科以上学历的占 80% 以上,31 人拥有高级职称。两批进藏干部中,先后担任正职的有 80 人,常务副职的有 77 人。至第二批援藏干部工作期满的 2001 年,中组部和人事部根据西藏工作的需要,确定并派出第三批援藏干部 685 人。其中,15 个省市选派 549 人,中央、国家机关 53 个部委选派 136 人。

---

① 《中共中央关于转发〈西藏工作座谈会纪要〉的通知》,中共中央文献研究室、中共西藏自治区委员会编:《西藏工作文献选编》(1949—2005 年),中央文献出版社 2005 年版,第 303 页。
② 《中共中央组织部、劳动人事部关于为西藏选派专业技术干部的通知》,中共中央文献研究室、中共西藏自治区委员会编:《西藏工作文献选编》(1949—2005 年),中央文献出版社 2005 年版,第 356—357 页。
③ 重庆 1997 年改为直辖市后,昌都地区由天津市、四川省和重庆市共同负责对口支援。
④ 西藏自治区人民政府办公厅、西藏自治区党委党史研究室编著:《全国支援西藏》,西藏人民出版社 2002 年版,第 415—416 页。
⑤ 《人民日报》1997 年 9 月 15 日。

　　根据中央第四次西藏工作座谈会精神,新增对口支援干部工作会议于2002年5月23日在拉萨召开,决定天津、吉林、黑龙江、上海、安徽、福建、山东、广东等8个省市和中国第一汽车集团公司等15家大型企业对口支援西藏尚未纳入对口支援的29个县和双湖特别区。2004年,中央组织部和人事部按照中央第四次西藏工作座谈会关于延长10年对口援藏的精神,结合西藏工作的实际需要,决定继续为西藏选派第四批援藏干部。第四批援藏干部812人,主要来自17个省市和中央国家机关61个部委、17户国有重要骨干企业。这批干部中,既有党政领导干部,又有专业技术人员和企业经营管理人员。其中,党员161人,女干部7人,少数民族干部6人,平均年龄37.5岁,年龄最小的24岁;大学学历的102人,研究生学历的56人中有博士19人。2006年12月1日,中组部、人事部在成都召开第四次对口支援西藏干部工作座谈会,总结第四批对口支援干部进藏以来的工作情况,交流对口支援工作的经验和做法,协商第五批对口支援干部需求计划,研究部署进一步做好对口支援西藏干部工作。第五批援藏干部共有851名,其中党政干部675名,专业技术干部139名,企业管理干部37名;女干部10人,少数民族干部12人,平均年龄40.1岁,年龄最小的25岁;大学学历的95人,研究生学历的74人中有博士18人。与第四批援藏干部相比,第五批援藏干部新增了3个对口支援单位,56人担任了县委书记。

　　第五批援藏干部在藏工作的时间正是西藏实现"十一五"规划的重要时期。他们围绕改善农牧民生产生活条件、增加农牧民收入,不断加大援藏项目和资金向农村倾斜的力度。为实施西藏农牧民"安居乐业"工程,建设西藏社会主义新农村,福建省援藏干部在林芝地区实施了村整村搬迁重建和配套示范工程,江苏省援建了拉萨市小康示范村基础设施、农村沼气工程和达孜县工业园区;湖北省90%的援藏资金用于农牧民安居、兴边富民、小康村建设、民房改造、发展旅游、智力援藏等工程。广东、山东两省援藏干部还开展了"健康直通车"、送医送药下乡活动。

　　干部援藏是全国对口支援西藏工作的"龙头",不仅增强了西藏以藏民族为主体的党政和专业技术干部队伍的建设,并逐步形成各省市长期帮助西藏发展的干部援藏工作机制,而且带动了党政管理、资金、技术、智力、人才援藏,促进了全方位、多层次、多领域援藏工作格局的进一步形成和完善。每一批援藏干部满怀建设更加美好西藏的心情进藏工作,又满怀西藏各族人民的情谊而归,其中有的还献出了宝贵生命。以孔繁森为代表的援藏干部将热血和聪明才智贡献于西藏现代化建设,唱响了当代民族团结之歌。

四、内地教育援藏

教育在西藏建设中处于优先发展的战略地位。旧西藏文盲、半文盲为95%,适龄儿童入学率不足2%。为帮助西藏培养建设人才,从1954年起首批1500名援藏教师进藏。① 1974年4月26日,国务院批转科教组《关于内地支援西藏大、中、专师资问题意见的报告》,规定支援西藏师资实行定区定校包干,国家机关负责支援那曲地区和格尔木两所中学,上海市负责支援筹建西藏师范学院,江苏、四川、湖南、河南和辽宁分别负责札木中学、昌都地区中学、拉萨市中学、山南地区中学和日喀则地区中学,每两年轮换一批,轮换三期。② 1974—1988年,各省市支援西藏各类教师2969人,③至1992年初,进藏工作的教师达6000多人。④ 西藏教育经费逐年增加,1959年以来,中央拨给西藏教育经费累计达9.5亿元,1989年达到1.43亿元。⑤ 1987年,中央制定9个教育援藏项目,拨专款6000万元用于西藏教育基建。1952—1992年初,用于西藏的教育投资累计达11.54亿元。⑥

为发展西藏现代教育,国家在西藏实行了特殊的人民助学金制度,各级学校均实行免费教育。⑦ 从20世纪80年代中期开始,西藏县以下重点中小学在校学生实行"包吃、包住、包穿"的政策。中央第二次西藏工作座谈会提出"在内地办学,帮助西藏培养人才",决定从1985年起在内地省、市创办西藏班(校),利用内地的办学优势,帮助西藏培养建设人才。⑧ 自此,中央每年补贴西藏200万元,在内地开办西藏班和西藏中学。其中,上海、天津、辽宁、河北、河南、山东、江苏、陕西、湖北、安徽、山西、湖南、浙江、江西、云南以及重庆

---

① 《人民日报》1992年1月11日。
② 《国务院批转科教组〈关于内地支援西藏大、中、专师资问题意见的报告〉的通知》,中共中央文献研究室、中共西藏自治区委员会编:《西藏工作文献选编》(1949—2005年),中央文献出版社2005年版,第291—294页。
③ 李铁映:《在庆祝西藏和平解放四十周年大会上的讲话》,中共中央文献研究室、中共西藏自治区委员会编:《西藏工作文献选编》(1949—2005年),中央文献出版社2005年版,第431—432页。
④ 《人民日报》1992年1月11日。
⑤ 《人民日报》1990年7月7日。
⑥ 《人民日报》1992年1月11日。
⑦ 《人民日报》1992年1月11日。
⑧ 《人民日报》2000年3月31日。

市等省、市开办了西藏初中班,北京、兰州、成都筹办了 3 所西藏中学。① 内地西藏班(校)招生从初中开始,以招收藏族学生为主,农牧民子弟占 70% 以上;学制为初中 4 年,初中毕业后升入高中或中专,高中毕业后择优录取到大学本专科深造。② 至 1987 年初,开办西藏班 52 个,共招收 1985、1986 年两届学生 2528 名。③ 至 1990 年底,各省市共开设 140 多个西藏班,招收学生 7600 多人。④ 至 1992 年初,全国有 26 个省市开办了西藏班。⑤ 从 1989 年起,在内地开始举办西藏高中班(校)、各类中专班。从 2002 年起,又在内地 18 个省市的 57 所省市重点高中散插西藏初中应届毕业生。到 2005 年 9 月,全国独立设置的内地西藏班高级中学 3 所、内地西藏高中班办班学校 8 个、内地西藏班办班师范院校 2 所。为办好内地西藏班(校),中央政府累计拨付基建专款 1.23 亿元,各有关省市财政配套资金 1.5 亿多元。⑥

自西藏和平解放特别是改革开放以来,在中央关心、帮助、扶持和全国支援下,西藏逐步从贫穷走向富裕,从加快发展实现跨越式发展,从基本稳定达到长治久安,并与全国各地一起步入全面建设小康社会的历史发展阶段。全国支援西藏,是西藏现代化建设事业取得历史性进步的重要推动力量,同时西藏的繁荣发展也支援了全国,谱写了全国各族人民"谁也离不开谁"、西藏与祖国同呼吸共命运的华彩乐章。

历史事实无可辩驳地证明,正是由于中央扶持和全国支援,才使西藏在民族区域自治的发展中不断增强自我积累和发展的能力,从加快发展到跨越式发展,经济、文化落后状态得到根本改变,人民生活水平普遍提高。这种对西藏建设的帮助,符合西藏实际和西藏各族人民的愿望,是西藏与全国其他地区共同繁荣发展所必需的。在中央扶持和全国支援下的西藏现代化发展是任何力量都阻挡不了的。

① 中共西藏自治区委员会党史研究室编著:《中国共产党西藏历史大事记》(1949—2004),第 1 卷,中共党史出版社 2005 年版,第 435 页;西藏自治区人民政府办公厅、西藏自治区党委党史研究室编著:《全国支援西藏》,西藏人民出版社 2002 年版,第 108 页;《人民日报》1985 年 3 月 8 日。
② 《人民日报》2000 年 3 月 31 日。
③ 《帮助民族地区加快培养人才》,《人民日报》1987 年 2 月 25 日。
④ 李铁映:《在庆祝西藏和平解放四十周年大会上的讲话》,中共中央文献研究室、中共西藏自治区委员会编:《西藏工作文献选编》(1949—2005 年),中央文献出版社 2005 年版,第 431—432 页。
⑤ 《人民日报》1992 年 1 月 11 日。
⑥ 《人民日报》2005 年 9 月 28 日。

དེང་རབས་ཀྲུང་གོའི་བོད་ལྗོངས་
སྲིད་ཇུས་དང་བདག་སྐྱོང་།།

第十章

西藏民族区域自治
与经济社会现代化发展

西藏的经济社会发展是西藏民族区域自治的物质技术基础和力量源泉，它决定着这一自治的发展程度和水平。无论是考察西藏民族区域自治的缘起和确立，还是发掘西藏民族区域自治的发展动力和途径，都不能不从甚至首先从其所赖以存在和发展的经济社会基础入手。恩格斯指出："一切社会变迁和政治变革的终极原因，不应当到人们的头脑中，到人们对永恒的真理和正义的日益增进的认识中去寻找，而应当到生产方式和交换方式的变更中去寻找；不应当到有关时代的哲学中去寻找，而应当到有关时代的经济中去寻找。"①民族区域自治是西藏由近代到现当代变革的集中表现，唯有以唯物主义历史观为指导，探究经济这一历史的、政治的、社会的和文化的根源，才能深刻揭示西藏民族区域自治的本质和历史必然性，并从中探索其发展的规律与特点。

　　经过改革开放以来的发展，西藏的现代化建设取得了历史性的成就。然而，西藏的现代化发展还是初步的，发展水平也比较低，不仅面临着一般意义上的工业化和信息化的发展任务，而且面临着反分裂斗争的任务，以及宗教与社会主义相适应的发展任务。历史发展表明，只有西藏不断加快发展，才能解决现代化建设中的各种矛盾和问题，推动西藏向着民主、富强和文明的更高水平前进，逐步实现西藏在中国四个现代化建设中走进前列的战略目标。

第一节　西藏民族区域自治的经济
体制与自治能力建设

　　根据西藏社会性质的变革，西藏民族区域自治的经济体制建设可分为如下四个时期。

　　（一）西藏和平解放至西藏自治区筹备委员会成立，初步形成国家帮助和西藏地方争取生产自给与促进贸易的经济体制。西藏和平解放初期，依然保

---

① 恩格斯：《反杜林论》，《马克思恩格斯选集》第 3 卷，人民出版社 1995 年版，第 617—618 页。

持着封建农奴制经济,这一经济形态严重制约着西藏社会生产力的发展。1952 年 4 月 1 日,毛泽东针对当时拉萨等地物价高涨,康藏公路短期难通,军队生产尚难自给,西藏人民的物质福利一时难以有所改进的形势,指出"我们在政治上必须采取极端谨慎的态度,稳步前进,以待公路修通、生产自给并对藏民物质利益有所改善之后,方能谈得上某些较大的改革。"①为此,他在 4 月 6 日进一步指出,"我们惟靠两条基本政策,争取群众,使自己立于不败。第一条是精打细算,生产自给,并以此影响群众,这是最基本的环节……第二条可做和必须做的,是同印度和内地打通贸易关系,使西藏出入口趋于平衡,不因我军入藏而使藏民生活水平稍有下降,并争取使他们在生活上有所改善。只要我们对生产和贸易两个问题不能解决,我们就失去存在的物质基础。"②在这一思想指导下,1951 年 12 月,西藏工委成立财经委员会,统管西藏的财政、金融、贸易、工交、建筑工程等,并筹划西藏地方的财经工作。中央在西藏随之建立了一批国营经济机构,如中国人民银行拉萨办事处、西藏国营贸易总公司、拉萨邮电局,在昌都、日喀则、那曲、江孜、丁青、波密、亚东、噶大克建立的银行、贸易和邮电的分支机构等。③ 这些作为在西藏的社会主义经济的一部分,随着其在西藏经济中主导地位的显现,在一定程度上促进了西藏的财经统一,以及金融、邮电等方面的发展,也为西藏筹备实行民族区域自治和在国家的帮助下建设新西藏打下了一定的物质技术基础。

(二)西藏自治区筹备委员会成立至西藏民主改革,进一步形成国家投资重点建设和西藏地方统一财经管理的基本框架。1955 年国务院全体会议第七次会议通过关于成立西藏自治区筹备委员会的决定。根据决定,西藏自治区筹备委员会是负责筹备成立西藏自治区的带政权性质的机关,受国务院领导。该委员会的职责之一是负责协商和统一筹备办理有关西藏地方建设和其他应办而又可以办的事宜。同时,这次会议还通过了关于帮助西藏地方进行建设事项和关于有关西藏交通运输问题等决定。根据这两项决定,国家将继续对康藏、青藏公路进行整修、养护工作,加强管理,并在西藏继续修筑公路;在拉萨、日喀则等地分别建立水力、火力发电站和皮革厂,小型铁工厂,修筑河

---

① 毛泽东:《对西藏在政治上必须采取极端谨慎的态度》,《毛泽东西藏工作文选》,中央文献出版社、中国藏学出版社 2001 年版,第 60 页。

② 毛泽东:《关于西藏工作的方针》,《毛泽东西藏工作文选》,中央文献出版社、中国藏学出版社 2001 年版,第 61—62 页。

③ 多杰才旦、江村罗布:《西藏经济简史》,中国藏学出版社 1995 年版,第 60 页。

堤水坝,扩充农业试验场等。① 这就是说,西藏民族区域自治区的筹备是与西藏在国家帮助下的重点建设同步展开的,因此也必将随着这些重点建设的实施而加快西藏实行民族区域自治的历史进程。

西藏自治区筹备委员会除设立有办公厅、宗教事务委员会、民政处、文教处、卫生处、公安处外,还设立了财政经济委员会、财政处、建设处、农林处、畜牧处、工商处和交通处,以促进和加强西藏经济管理工作。根据西藏自治区筹备委员会组织简则第八条第二款的规定,财经委员会"在中央统一财政经济方针和计划下,结合本区的具体情况,统一指导和计划经各方面协商同意的地方财政经济建设"。1956 年 8 月 3 日,西藏自治区筹备委员会常务委员会第九次会议讨论并通过了《财经委员会的暂行工作任务及本年第三季度工作计划》,提出财经委员会的工作任务主要是:调查研究全区资源,统一规划全区经济建设计划;统一筹划办理重大经济建设事项及帮助各经济主管部门解决重大经济建设中的困难;督促和检查各项财经政策及重大措施的贯彻执行;处理和解决各财经部门之间的统一工作步调及工作配合等问题;了解各财经主管部门主要工作进行情况,指导和帮助各财经部门日常工作的进行。② 《关于西藏地区 1956—1960 年五年规划的初步意见》,也由西藏工委于 1956 年 7 月 10 日上报中央审核。西藏地方基本建立起以财经委员会为主管机构的经济管理的组织框架,其财经工作也逐步纳入到计划管理的轨道。这一发展不仅促进了对西藏旧有经济体制的破除,而且推动了西藏财政经济与全国的协调统一,使国家的投资与西藏地方的需求相结合,并以生产自给为立足点,增进了对西藏经济自主发展能力的培养。

(三)西藏民主改革至西藏自治区正式成立,废除了封建农奴制,并在稳定个体经济发展的基础上开始实行计划经济管理。在封建农奴制下,西藏的经济命脉操纵在管家、僧侣和贵族的手中。而我们要实行的西藏民族区域自治,是以西藏民族和西藏人民作为自治的民族基础和社会基础的,只有这一民族、社会基础与相应的经济基础相结合,才能奠定民族区域自治坚实而充分的基础。为此,就必须进行民主改革,废除封建农奴制。况且,西藏不实行民主改革,要进行较大规模的经济建设的条件也是不具备的。本来,中央决定在第二个五年计划期间在西藏地区不实行民主改革,第三个五年计划期间是否进行改革,还要到那时看情况再定。但由于西藏分裂主义势力发动了武装叛乱,民主改革不得不提前进行。1959 年 7 月 17 日,西藏自治区筹备委员会第二

① 《人民日报》1955 年 3 月 13 日。
② 《西藏日报》1956 年 8 月 5 日。

次全体委员会议作出关于进行民主改革的决议。该决议认为："西藏现行的社会制度是一个反动的、黑暗的、残酷的、野蛮的封建农奴制度，只有实现民主改革，才能解放西藏人民，发展西藏的经济和文化，为建设繁荣幸福的社会主义的西藏奠定基础。"根据西藏的实际情况，在农业区，对于参加叛乱的三大领主（包括其代理人）的土地实行"谁种谁收"；对于未参加叛乱的三大领主（包括其代理人）出租的土地实行"二八"减租。解放朗生，废除人身依附，改为雇工关系。对于三大领主 1958 年以前放给劳动人民的债务，一律废除；未参加叛乱的领主在 1959 年放给劳动人民的债务，实行减息。在牧业区，对于没有参加叛乱的牧主的牲畜，仍归原牧主所有；对于参加叛乱的领主的牲畜，仍由原放牧的牧民放牧，收入归放牧的牧民所有。同时实行牧工、牧主两利政策，减少牧主的剥削，增加牧民的收入。牧区的债务问题，按农业区办法处理。① 在此基础上，根据西藏百万农奴的要求，民主改革转入以分配土地为主的土地制度改革阶段。自治区筹备委员会第三次全体会议宣布，废除封建农奴主土地所有制，实行农民的土地所有制。民主改革尤其是土地制度改革，不仅极大地解放了社会生产力，而且极大地调动了广大农奴参与这一政治、经济和社会变革的积极性，培养了他们做西藏主人的意识，树立并担负起建设新西藏的责任，一大批民族干部也从中成长起来。《中共西藏工委关于西藏地区土地制度改革方案》指出，"普遍地大量地培养藏族干部，是民主改革工作中的重要任务，只有大批地、忠实于党的当地藏族干部培养起来之后，我们的党才能在西藏地区深深的扎下根，西藏问题才能够获得彻底解决。"藏族干部的培养，为实施民族区域自治进一步准备了民族干部基础和组织保证，推进了干部民族化的进程。

在实行民主改革和农民土地所有制的条件下，西藏建立地方性的计划经济体制步伐加快。1959 年 9 月，西藏工委成立了计划委员会。1961 年 4 月，西藏工委计划委员会与工委工交部合并成立了西藏工委经济计划委员会，后改为西藏自治区筹备委员会经济计划委员会。经济计划委员会也在各市县逐步建立起来。② 由此，西藏在"稳定发展"方针指导下，经济社会发展进入统一计划管理的新阶段。

（四）西藏自治区正式成立和社会主义改造以来，西藏进入社会主义全面建设和改革开放时期。在改革开放前，通过实施社会主义计划经济体制，西藏

---

① 西藏自治区党史资料征集委员会编：《西藏的民主改革》，西藏人民出版社 1995 年版，第 117、118、119 页。

② 多杰才旦、江村罗布：《西藏经济简史》，中国藏学出版社 1995 年版，第 96 页。

民族区域自治的经济基础和经济体制虽在曲折中摸索，但仍有所增强。西藏农牧区实行的是人民公社制度，其初期有计划有步骤地试办初级社性质的人民公社，推进了通过合作制实现社会主义改造的进程。但在其照搬内地人民公社的形式以后，则严重脱离了西藏社会生产力发展的实际，挫伤了广大农牧民的生产积极性。城市实行的是高度集中的计划经济体制，虽然受"文化大革命"的冲击比较大，但还是基本保障了城市生产和居民生活的供给。

改革开放以来，西藏始终以经济建设为中心，在其初期，改变了人民公社体制，代之以乡和村的建制，并以发展有计划的社会主义商品经济来解放和发展社会生产力。党中央1984年3月在北京召开第二次西藏工作座谈会后，西藏从自身实际出发，实行的是以家庭经营为主、以市场调节为主的生产经营政策，其经济状态逐步从封闭式经济转变为开放式经济；在家庭经营责任制上"两个长期不变"，即"土地归户使用、自主经营长期不变"和"牲畜归户、私有私养、自主经营长期不变"。随着改革开放的不断深入，尤其是在全国确立以建立社会主义市场经济体制为改革目标后，西藏本着积极稳妥、循序渐进、全面推行、结合实际、适当变通的原则，不断深化农牧区和城市经济体制改革，逐步建立起社会主义市场经济体制。经济体制由计划经济向市场经济的历史性转变，使西藏与全国经济体制基本达到统一，促进了区内市场与全国市场的统一，并从根本上改变了西藏经济长期相对封闭的状态，而且主要通过市场的培育和发展，使西藏经济从"输血"型向"造血"型转变。在新的历史条件下，西藏继续加强农牧业的基础地位，稳步发展第一产业，有重点地发展第二产业，大力发展第三产业，并适度超前发展交通、能源、邮电通信等基础设施，大力鼓励、引导和发展各种股份制经济。这样，在经济上，广大农牧民和城市居民就有了更多更大的生产经营自主权和自我管理权，巩固和增强了其在西藏经济发展中的主体地位和自主能力，相应地在政治上也有了越来越多的知情权、参与权、选择权和监督权，巩固和增强了其在西藏民族区域自治中的政治主体地位，并从整体上提高了西藏民族和西藏人民的自治素质与能力，进而推动着西藏民族区域自治在《宪法》和《民族区域自治法》的范围内不断向广度和深度发展。

西藏民族区域自治的历史发展表明，实施民族区域自治为西藏经济社会的发展进步开辟了广阔道路。然而，由于自然、历史、社会等原因，西藏经济底子薄，发展起步晚，生产要素分散，市场发育不足，人才匮乏，基础设施建设滞后，经济社会运行成本高，与全国发达地区存在实际的差距。因此，从初步建立社会主义市场经济体制到完善社会主义市场经济体制，从基本实现温饱到实现小康社会，对于西藏来说是一个新的历史跨越和更加艰巨的社会系统工程。历史经验告诉我们，只有毫不动摇地坚持和完善民族区域自治制度，坚定不移地推进西藏经济社会的持续发展和跨越式发展，西藏民族和人民才能与全国人民一道，不断把西藏的小康发展水平从初步向着较高目标推进，实现共同富裕。

民族区域自治能力，是实行民族区域自治的民族和人民及其自治机关在中国共产党和中央人民政府统一领导下，将党和国家的路线、方针和政策与本地区本民族的实际情况相结合，贯彻落实科学的民族政策，依法管理本民族内部事务，发展本民族政治、经济和文化事业，建设社会主义现代化民族区域自治区的本领。民族区域自治的能力根源于民族的经济社会基础，集中表现为本民族的物质技术力量、精神力量和内在的整体素质，尤其是民族干部队伍和民族自治机关科学决策、民主管理、依法执政的能力和水平。

西藏民族区域自治的能力建设，既经历了一个曲折复杂的历史过程，又必将需要一个发展创新的过程。总结西藏民族区域自治在经济社会领域的历史经验，主要是：首先，国家的统一，各民族的平等团结与共同发展，是西藏人民当家作主、西藏地方经济社会发展的根本前提和条件。其次，始终把发展作为西藏民族区域自治的第一要务，维护好、实现好和发展好西藏民族和人民的自治权利和根本利益，努力实现各民族的共同繁荣富裕，是西藏经济社会发展的根本出发点和核心内容。第三，西藏民族和人民是西藏民族区域自治的主体，尊重其历史主体地位和首创精神，是西藏经济社会发展获得不竭动力的源泉和根本出路。

在改革开放和社会主义市场经济条件下，在经济全球化的趋势曲折发展和人类科技进步日新月异的背景下，西藏经济社会发展面临着更加激烈的市场竞争压力，保持社会稳定和反分裂斗争的严峻考验，以及处理好日趋复杂的社会利益关系和继续深化改革的艰巨任务。同时，西藏经济社会发展与全国一样，处在全面建设小康社会这一历史关键时期，尤其是随着我国西部大开发的深入推进，如青藏铁路等大型基础设施的建成，西藏发展的基础日益坚实，步伐进一步加快。总体看来，西藏民族区域自治的社会政治条件、经济社会环境和矛盾关系变得更加复杂。应对这些挑战和考验，必须充分依靠西藏民族区域自治的发展和完善，以加强西藏民族区域自治能力建设为做好西藏工作的着重点。其中，适应新的社会历史条件，不断提高西藏民族区域自治的能力，必须进一步巩固和增强西藏经济社会在民族区域自治中的基础性地位与作用。

从经济社会领域加强西藏民族区域自治能力建设，必须坚持以经济建设为中心，牢固树立立足民族平等、加快西藏发展的战略思想。以科学的发展观为指导,正确处理西藏改革、发展与稳定的关系。从西藏的实际出发,统筹城乡、区域、经济社会以及人与自然的协调发展。正确处理中央与西藏地方的关系,合理划分经济社会事务管理的权限和职责,维护中央的统一领导,并切实发挥西藏地方的积极性。要在推进西藏初步工业化和现代化的历史进程中,合理调整西藏经济结构,深化改革开放,实施科教兴藏,促进科技进步,着力转变经济增长方式,全面提高西藏区域经济的整体素质和竞争力。

从经济社会主体上加强西藏民族区域自治能力建设,首先,必须加强民族干部的培养和自治机关的建设,不断提高其驾驭社会主义市场经济的能力。其次,努力培育民族经济企业的竞争力和自主创新能力,增强民族产业的发展活力和效率。坚持"引进来"和"走出去"相结合,引进先进技术、外资和智力,开发区内人力资源,保护知识产权,促进区内各种市场主体在更大范围参与国际和国内经济技术合作与竞争。再次,维护和保障西藏民族和人民的经济社会权利,把他们发展经济的积极性、主动性和创造性充分调动起来,尽可能地引导好、发挥好。同时,鼓励一部分人先富裕起来,注重社会公平,重视扩大就业再就业和建立健全社会保障体系,不断把西藏建设成为民族平等、团结、互助和谐社会的能力提高到新水平。

从经济社会管理上加强西藏民族区域自治能力建设,必须进一步加快西藏地方性自治法规体系的建设步伐,特别是要加强地方经济立法工作,依法保障西藏的经济自主权利,巩固西藏改革开放和建立健全社会主义市场经济体制的积极成果,规范和发展健康、合理、有序的经济社会秩序。在民族区域自治条件下,一方面要根据西藏经济社会发展的实际,努力破除一切妨碍西藏发展的观念和体制机制弊端;另一方面要积极应对经济全球化的发展趋势,趋利避害,进一步完善西藏经济自主发展的体制、机制和方式,努力建立和发展切合实际、充满活力、富有效率、健康运行的经济管理体制,进而把西藏的经济管理水平提高到新阶段。

从经济社会安全上加强西藏民族区域自治能力建设,就是要把西藏经济的命脉和发展的主动权牢牢掌握在西藏民族和人民手中。因此,从根本意义上就必须正确处理坚持公有制为主体和促进非公有制经济发展的关系,巩固和发展公有制经济,发挥国有经济在西藏经济社会发展中的主导作用。对于西藏经济的民族形式,要在遵循经济规律和民族区域自治规律的基础上给予继承、发展和创新。同时,西方敌对势力对我国实施西化、分化的战略图谋没有改变,其中利用民族问题打开缺口,是国内外敌对势力进行和平演变的重要手段。在这种复杂情况下,我们必须保持清醒的头脑,正确处理好关系西藏发展的各种矛盾问题,并在经济社会领域提高辨别正常的经济活动和在经济活动掩盖下的各种渗透、颠覆或分裂活动的能力,做到具体问题具体分析,区别对待。既要保护好经济社会的正常秩序和经济活动主体的正当利益,促进经济发展,又要坚决果断地打击各种破坏活动,维护西藏民族区域自治的政治安全和社会稳定。

第二节 西藏民族区域自治的法制化建设与发展

西藏自治区的成立,不仅使西藏民族区域自治由规定变成了现实,而且从此开启了西藏地方立法的历史进程,将西藏民族区域自治逐步制度化、法制化和程序化。西藏地方立法是西藏民族区域自治的重要组成部分,它以地方性法规的形式巩固了西藏民族区域自治的政治和法律地位,保障了西藏各民族的政治、经济、文化和社会生活等各方面权利的实现。

一、西藏民族区域自治权与地方立法权

民族区域自治权是属于民族自治地方的各民族人民的,是民族自治地方的自治机关的自主权;即依照宪法、民族区域自治法和其他法律,自主管理本地方各民族内部事务和地方性事务的民主权利。一方面,由于民族自治地方的自治机关是一级地方国家政权机关,因此它的自治权与地方国家政权机关的职权是统一的;另一方面,由于民族自治地方具有不同于非民族自治地方的情况和特点,因此它的自治权又不同于一般地方国家政权机关的权力。而且,由于各民族自治地方各有其特点,民族自治地方在行使自治权时,需结合本地方的特点和实际需要。民族区域自治地方的立法权是其自治权的重要组成部分,又是行使其自治权的基本法律形式。它主要包括民族区域自治地方根据宪法和法律制定自治条例、单行条例、一般地方性法规以及变通或补充规定的立法权。

在我国民族区域自治地方法制史上,《共同纲领》没有涉及民族区域自治地方的地方立法权问题。经过新中国最初几年的民族区域自治实践,《民族区域自治实施纲要》第一次把民族区域自治地方的自治权与地方立法权结合起来,赋予了民族区域自治地方制定自治法规的地方立法权。这一立法权是专门就实施民族区域自治而言的,因此可以称为民族区域自治地方的特定地方立法权。《纲要》在第四章专门规定了"自治权利"十项条文,内容包括政

治、经济、文化和社会生活等各方面，并强调各民族自治区不论其区域大小及行政地位如何，都应平等地享有。其中，《纲要》关于民族区域自治地方制定自治法规的地方立法权问题，规定"各民族自治区自治机关在中央人民政府和上级人民政府法令所规定的范围内，依其自治权限，得制定本自治区单行法规，层报上两级人民政府核准。凡经各级地方人民政府核准的各民族自治区单行法规，均须层报中央人民政府政务院备案。"1954 年宪法在确定民族区域自治权时，也把属于民族区域自治地方制定自治法规这一特定地方立法权规定了下来。这就是："自治区、自治州、自治县的自治机关可以依照当地民族的政治、经济和文化的特点，制定自治条例和单行条例，报请全国人民代表大会常务委员会批准"。较之《纲要》，宪法在民族区域自治地方制定自治法规的地方立法问题上，内容更加明确和具体，包括制定自治条例和单行条例，而且规定把当地民族的政治、经济和文化的特点作为地方立法的基本依据。由于《纲要》和宪法颁行之初，西藏自治区尚未成立，因此其所规定的民族区域自治地方的自治权和制定自治法规的地方立法权，对于西藏来说，则处于应然而非实然状态。西藏自治区筹备委员会特别是西藏自治区成立以来，西藏民族区域自治机关行使自治权，同时成为西藏地方制定自治法规的立法主体，享有着其特定地方立法权，即根据宪法和法律制定西藏地方自治条例和单行条例的权力。

民族区域自治地方的自治条例和单行条例是地方自治法规，不同于一般地方性法规，即不同于省、直辖市人大及其常委会制定和颁布的地方性法规，其法律效力也高于一般地方性法规；民族区域自治地方制定自治法规的地方立法权也不同于一般性地方立法权。但是，由于民族区域自治地方自治机关具有地方自治和地方国家政权的双重性质，因此自治条例、单行条例与一般地方性法规，制定自治法规的地方立法权与一般性地方立法权，在民族区域自治地方又具有很强的统一性。其中，民族区域自治地方自治条例的制定，在我国民族区域自治法颁布之前，因缺少专门法的依据，而在各民族区域自治地方没有真正实现过。在法律规定意义上，民族区域自治地方拥有一般性地方立法权，则是与各省、直辖市获得地方立法权同时完成的。

1979 年 7 月 1 日，五届全国人大二次会议通过《关于修正〈中华人民共和国宪法〉若干规定的决议》①和修改后的《地方各级人民代表大会和地方各级

---

① 全国人大常委会办公厅研究室编：《中华人民共和国人民代表大会文献资料汇编》（1949—1990），中国民主法制出版社 1990 年版，第 102 页。

人民政府组织法》①。其中,前者规定"县和县以上的地方各级人民代表大会设立常务委员会";后者第二章第六条和第三章第二十七条规定:省、自治区、直辖市的人民代表大会,省、自治区、直辖市的人民代表大会常务委员会在本级人民代表大会闭会期间,根据本行政区域的具体情况和实际需要,在和国家宪法、法律、政策、法令、政令不抵触的前提下,可以制定和颁布地方性法规,并报全国人民代表大会常务委员会和国务院备案。这些规定赋予了民族区域自治地方区级立法机关与各省、直辖市同等的地方立法权。8月14日,西藏自治区人大常委会成立。这是我国设立的首个省级人大常委会。② 此后,1982年宪法以国家根本大法的形式,对省、自治区和直辖市人民代表大会及其常务委员会的地方立法权也给予了确认。③ 不过,与制定地方自治法规的特定地方立法权能够延伸到自治县的人民代表大会相比较,一般性地方立法权则限于省、自治区和直辖市人大及其常务委员会。此外,我国的婚姻法、继承法、刑法、民法通则、民事诉讼法、森林法、收养法等,还专门授权民族区域自治地方的人民代表大会及其常务委员会,可以根据这些法律的基本原则和当地实际情况,制定变通规定或补充规定。因此,根据宪法和国家法律,西藏自治区人民代表大会及其常务委员会与其他自治区一样,不仅拥有制定自治条例和单行条例的立法权,而且还拥有一般性地方立法权和具有自治法规性质的变通或补充规定的立法权,因此形成制定自治法规的地方立法权与一般性地方立法权并存的双重地方立法体制。

二、西藏民族区域自治地方立法程序的法制化

立法程序是立法主体在立法规划,提请审议,法规草案的修改、通过、报批、颁布,以及法律法规的备案、审查、解释、修改、废止等一系列立法过程中应遵循的基本规则。其中,就一项法规从制定到生效的立法过程看,由于地方立法具有从属性,地方性立法程序一般分为法规的制定程序和法规的批准程序。

民族区域自治立法及其地方立法是从无到有,在曲折中逐步发展的,其立

---

① 全国人大常委会办公厅研究室编:《中华人民共和国人民代表大会文献资料汇编》(1949—1990),中国民主法制出版社1990年版,第253—257页。

② 《第一个省级人大常委会诞生的前后——十届全国人大常委会副委员长热地讲述的故事》,《光明日报》2009年7月2日。

③ 《宪法》第三章第五节第100条和第六节第115条。见全国人大常委会办公厅研究室编:《中华人民共和国人民代表大会文献资料汇编》(1949—1990),中国民主法制出版社1990年版,第111、112页。

法程序也是由粗到细,并在调整、修改中不断完善起来的。在民族区域自治立法程序问题上,《民族区域自治实施纲要》对制定"单行法规",《宪法》和《民族区域自治法》对制定"自治条例和单行条例",作了原则性规定,特别是集中在有关法规的批准和备案上。不仅如此,在立宪、修宪和民族区域自治立法史上,民族区域自治立法中的批准程序经历了一定的调整和修改。如1954年宪法规定,自治条例和单行条例报请全国人民代表大会常务委员会批准,经修改的1982年宪法则细化了这一程序,规定自治区的自治条例和单行条例,报全国人民代表大会常务委员会批准后生效。自治州、自治县的自治条例和单行条例报省或者自治区的人民代表大会常务委员会批准后生效,并报全国人民代表大会常务委员会备案。至《民族区域自治法》,除自治区制定自治条例和单行条例的批准程序不变外,规定自治州、自治县的自治条例和单行条例报省、自治区、直辖市的人民代表大会常务委员会批准后生效,并报全国人民代表大会常务委员会和国务院备案。这一规定完善了民族区域自治立法的批准和备案层级。西藏自治区自成立以来,无疑在自治法规的立法程序问题上,遵循了同期宪法和有关国家法律关于制定自治法规的批准和备案的程序性规定。

为加强和规范西藏地方立法,西藏自治区人大常委会根据《宪法》、《地方各级人民代表大会和地方各级人民政府组织法》、《民族区域自治法》和有关法律规定,结合自治区实际情况,于1985年12月7日通过了《西藏自治区地方性法规制定程序》①,就自治区人民代表大会及其常务委员会制定并颁布在自治区内具有法律效力的规范性文件,包括:(一)自治区人民代表大会制定的自治条例和单行条例;(二)自治区人大常委会根据国家法律制定的实施细则、办法、补充或者变通规定;(三)自治区人民代表大会及其常务委员会根据自治区的具体情况和实际需要制定的条例、规定、办法、细则、规则、守则、程序和有关法规问题的决议、决定;(四)自治区人大常委会根据拉萨市人民代表大会及其常务委员会的报请批准的适用于拉萨市范围的法规等地方性法规,具体规定了提出立法议案,起草法规和提请审议,审议通过和颁布实施,解释、修改和废止等立法程序。1990年2月10日,西藏自治区第五届人民代表大会常务委员会第八次会议,根据1986年12月2日经第六届全国人民代表大会常务委员会第十八次会议修改的《地方各级人民代表大会和地方各级人民政府组织法》的有关规定,对《西藏自治区地方性法规制定程序》作了修正。

---

① 西藏自治区人民代表大会法制委员会编:《西藏自治区地方性法规汇编》(1979—2002),
2002年11月30日,第578页。

第一，提出立法议案程序。自治区人民代表大会会议期间，主席团、常务委员会、自治区人民政府、自治区高级人民法院、自治区人民检察院和代表十人以上联名，都可以提出属于自治区人民代表大会职权范围内的立法议案。其立法议案的处理由主席团决定。自治区人民代表大会闭会期间，自治区人大常委会主任会议、自治区人大常委会组成人员五人以上联名、自治区人民政府、自治区高级人民法院、自治区人民检察院以及自治区人大常委会办公厅、工作委员会可以提出属于自治区人大常委会职权范围内的立法议案。其立法议案的处理由自治区人大常委会主任会议决定。立法议案经批准后，根据法规的内容、性质、适用范围分别由自治区人大常委会办公厅或有关工作委员会办理；属于自治区人民政府的，由自治区人民政府负责组织办理。

第二，起草法规和提请审议程序。根据法规的内容和适用范围确定起草单位。属于政府工作方面的，由自治区人民政府负责组织起草；属于审判、检察方面的，分别由自治区高级人民法院、自治区人民检察院负责起草，自治区人大常委会认为必要时，可由其办公厅、工作委员会负责起草或组织有关部门起草。起草法规必须认真调查研究，广泛征求意见。经过充分讨论和可行性论证，由负责起草的部门以法规草案提请自治区人大常委会审议。提请审议的法规草案由自治区人大常委会有关工作委员会进行初审，经法制委员会审查后，提请人大常委会主任会议审查。法规草案是否提请人大常委会审议，由主任会议决定。列入常委会会议议程的法规草案是否提请自治区人民代表大会审议，由常委会决定。

第三，审议通过和颁布实施程序。自治区人民代表大会及其常务委员会审议法规草案时，由提请立法单位的负责人作法规草案说明，必要时自治区人大常委会有关工作委员会作审查结果报告。地方性法规草案经过审议后，意见基本一致，交付表决。表决时以自治区人民代表大会全体代表或者常务委员会全体组成人员的过半数通过。自治区人民代表大会制定的自治条例和单行条例，报全国人民代表大会常务委员会批准后生效。其他地方性法规报全国人民代表大会常务委员会和国务院备案。自治区人民代表大会及其常务委员会通过的地方性法规，由自治区人大常委会在会刊和《西藏日报》上公布。地方性法规应明确规定生效日期。

第四，解释、修改和废止程序。地方性法规属需要进一步明确界限的，由自治区人大常委会解释；属法规具体应用的，授权有关部门解释。其他非授权部门的解释不发生法律效力。自治条例和单行条例的修改和废止，由自治区人民代表大会审议决定，报全国人大常委会批准。其他地方性法规的修改或废止，由有关单位提出报告，经自治区人大常委会审议决定。

1995 年 9 月 28 日,西藏自治区第六届人民代表大会常务委员会第十六次会议根据地方性法规立法的实践经验,对《西藏自治区地方性法规制定程序》作了如下修改和补充:将原来"自治区人民代表大会及其常务委员会根据自治区的具体情况和实际需要制定的国家尚未立法的各种法规"修改为"自治区人民代表大会及其常务委员会根据自治区的具体情况和实际需要制定的条例、规定、办法、细则、规则、守则、程序和有关法规问题的决议、决定";增加"各专门委员会"、"各代表团"为自治区人民代表大会会议期间提出立法议案的主体,增加"各专门委员会"为自治区人民代表大会闭会期间提出立法议案的主体,并规定:"自治区有关部门可以向自治区人大有关专门委员会或常委会的工作机构提出立法建议。"关于立法规划问题,规定:"自治区人民代表大会换届时产生的新一届人大常委会,根据立法议案和建议,必须制定出本届人大常委会的立法规划。立法规划由各专门委员会或常委会有关工作机构负责组织实施,有关部门应当从人力、物力、财力等方面积极给予支持。"关于起草法规,修正规定:"根据法规的内容和适用范围确定起草单位。属于人大工作方面的,由自治区人大常委会负责组织起草;属于政府工作方面的,由自治区人民政府负责组织起草;属于审判、检察方面的,分别由自治区高级人民法院、自治区人民检察院负责起草。自治区人大常委会认为必要时,可由自治区人大有关专门委员会或常委会办公厅、工作委员会牵头起草,也可以组织有关部门或专家、学者起草。""起草法规必须认真调查研究,广泛征求意见,学习国内外立法经验,经过充分讨论和可行性论证,由负责起草的机关以法规草案提请自治区人大常委会审议。由自治区人大有关专门委员会或常委会办公厅、工作委员会牵头组织起草的不属于人大工作方面的法规,在征求主管机关意见后,也可以由牵头部门提请常委会审议。提请审议的法规草案、说明和提请审议报告,必须有藏汉两种文字,并附有关参考资料。"关于提请审议,修正规定:"提请审议的法规草案和拉萨市人大及其常委会报请批准的法规草案由自治区人大有关专门委员会审议,提出报告。法规草案是否提请人大常委会会议审议,由主任会议决定。列入常委会议程的法规草案是否提请自治区人民代表大会审议,由常委会会议决定。"关于审议通过,修正规定:"自治区人民代表大会会议、自治区人大常委会会议审议法规草案时,由提请立法的机关的负责人作法规草案说明,提请立法的机关也可委托有关部门的负责人作说明。由自治区人大有关专门委员会作审议报告。"补充规定:"在审议法规草案时提出的修改意见,由自治区人大有关专门委员会会同起草部门对该法规草案进行修改,并作修改说明,重大修改需征求主管机关意见。"关于颁布实施,增加规定:"拉萨市人大及其常委会报请批准的法规经批准后,由拉萨市人大及其常委会公布。"①

2000年3月15日,第九届全国人大第三次会议通过《中华人民共和国立法法》。其中,除法律、行政法规之外,地方性法规、自治条例和单行条例的制定、修改和废止,也适用立法法。为此,2000年5月13日,西藏自治区废止了《西藏自治区地方性法规制定程序》②,并根据《地方各级人民代表大会和地方各级人民政府组织法》、《民族区域自治法》和立法法的有关规定,结合自治区实际,于2001年5月21日由西藏自治区第七届人民代表大会第四次会议通过了《西藏自治区立法条例》,自2001年7月1日起施行。③本条例适用于自治区人民代表大会及其常务委员会制定、修改、废止自治条例、单行条例和地方性法规,拉萨市人民代表大会及其常务委员会制定的地方性法规的批准。自治区人民政府规章的制定适用本条例的有关规定。该条例在明确划分立法权限的基础上,分别就自治区人民代表大会立法程序,自治区人民代表大会常务委员会立法程序,拉萨市地方性法规的批准程序,自治条例、单行条例和地方性法规的解释,地方性法规、规章的备案和审查等一一作了具体规定。该条例的制定和颁行,进一步完善了西藏自治区的地方立法程序,有力促进了地方立法程序法制化水平的提高。

三、西藏民族区域自治地方立法的进程及其类型

从法的广泛意义上讲,西藏自治区筹备委员会自成立起,就作为带政权性质的机关开始了西藏地方为实行民族区域自治进行立规建制等带法规性质的立法工作。西藏地方立法为西藏民族区域自治而产生,并随着国家立法和西藏民族区域自治的发展而依法推进。其历史进程大致可划分为西藏自治区筹备、西藏自治区成立至《民族区域自治法》颁布、《民族区域自治法》实施至《立法法》颁布、《立法法》颁布以来等四个阶段。如果以西藏自治区成立为界限,也可以将这一历史进程划分为西藏自治区筹备时期和西藏自治区实行人民代表大会制度时期。

---

① 第六届西藏自治区人民代表大会常务委员会关于修改《西藏自治区地方性法规制定程序》的决定。

② 西藏自治区人民代表大会法制委员会编:《西藏自治区地方性法规汇编》(1979—2002),2002年11月30日,第578页。

③ 该条例共九章65条。见西藏自治区人民代表大会法制委员会编:《西藏自治区地方性法规汇编》(1979—2002),2002年11月30日,第483—495页。

在西藏自治区筹备时期,筹备委员会成立大会即通过了《西藏自治区筹备委员会组织简则》,并报请国务院批准执行。① 此后,在近 10 年的筹备成立西藏自治区的过程中,西藏自治区筹备委员会在平叛改革前共召开 3 次全体会议和 29 次常务委员会议,经改组行使西藏地方政府职权以后,凡举行 3 次全体会议和 66 次常务委员会议,先后完成了一系列决议、决定、法令、章程、规则、细则、办法等带法规性质的地方立法工作。这一时期的立法,因主要围绕筹备成立西藏自治区而开展,多集中在政权机构的建立和组织规则的制定等方面;同时,由筹备委员会的过渡性所决定,尽管这一时期的立法精神和原则以及一些立法成果在西藏自治区成立后被继承和发展下来,但整体上处于草创阶段,其所制定的法规则具有过渡性质和筹备性意义。

西藏自治区成立后,西藏民族区域自治地方立法进入人民代表大会制度时期。1979 年 7 月 1 日,五届全国人大二次会议通过关于修正宪法若干规定的决议和修改后的地方各级人民代表大会和地方各级人民政府组织法,规定县级以上地方人大设立常委会。当年的 8 月 14 日,西藏自治区人大常委会成立,这是我国设立的首个省级人大常委会。②

西藏自治区人民代表大会常务委员会与西藏自治区人民代表大会一起成为立法的主体。西藏自治区人民代表大会及其常务委员会根据宪法和有关法律的规定,贯彻国家法制统一和从西藏实际出发的地方立法的基本原则,其立法权限随着立法实践的丰富和发展而更加明确,并趋于完善。根据现行立法权限的划分,自治区人民代表大会可以就下列事项制定法规:(1)依照本自治区的政治、经济和文化的特点,制定自治条例和单行条例。自治条例、单行条例报全国人民代表大会常务委员会批准后生效。(2)属于全局性和综合性的特别重大的事项。(3)属于自治区人民代表大会职权范围内的其他事项。(4)法律授权应由自治区人民代表大会作出规定的事项。自治区人民代表大会常务委员会可以就下列事项制定地方性法规:(1)为实施法律、行政法规,需要由地方性法规作出具体规定的事项;(2)属于地方事务,需要制定地方性法规的事项;(3)国家专属立法权限外,尚未制定法律、行政法规的事项;(4)自治区人民代表大会常务委员会职权范围内的其他事项;(5)自治区人民

① 《西藏日报》1956 年 5 月 4 日。
② 《第一个省级人大常委会诞生的前后——十届全国人大常委会副委员长热地讲述的故事》,
　《光明日报》2009 年 7 月 2 日。

代表大会常务委员会依照法律授权作出规定的事项。① 与之相联系,自治条例、单行条例的修改、废止权属于原制定机关。自治区人民代表大会常务委员会在人民代表大会闭会期间,可以对自治区人民代表大会制定的自治条例、单行条例和地方性法规进行部分补充和修改,但不得同该法规的基本原则相抵触。

随着人民代表大会制度在西藏的确立、建设和发展,西藏地方立法的步伐逐步加快,规模日益扩大。根据西藏自治区人民代表大会法制委员会提供的资料统计,西藏自治区成立以来,西藏自治区人民代表大会及其常务委员会制定或批准地方性法规和具有法规性质的决议、决定,截至 2002 年,共 212 件,其中,制定 83 件,批准 11 件,作出决议、决定 118 件。② 据统计,1979 年至 2002 年制定和批准的地方性法规和具有法规性质的决议、决定中,现行有效者 82 项③,绝大多数由西藏自治区人民代表大会及其常务委员会制定、通过和颁布,其中有相当一部分经过了一次甚或两次修正,还有一部分是经西藏自治区人民代表大会及其常务委员会批准的拉萨市地方性法规。(见表 1)2003 年至 2004 年,西藏自治区人民代表大会及其常务委员会制定并颁布了《西藏自治区地质环境管理条例》、《西藏自治区环境保护条例》和《西藏自治区实施〈中华人民共和国工会法〉办法》等。

西藏自治区自 1979 年 8 月设立区人民代表大会常委会至 2009 年 7 月的 30 年间,西藏自治区人大及其常委会共制定和批准地方性法规 254 件。④ 西藏自治区人大常委会审议通过的第一部地方性法规是《西藏自治区公路路产保护奖惩办法》,1988 年 1 月 23 日作出了《关于维护祖国统一,加强民族团结,反对分裂活动的决定》,1990 年 5 月 15 日通过了《西藏自治区实施〈中华人民共和国集会游行示威法〉办法》;西藏自治区人大于 1995 年 5 月 25 日作出了《关于坚决反对达赖擅自宣布班禅转世灵童的不法行为的决定》。2008 年,拉萨发生"3·14"事件。为此,西藏自治区人大常委会于 2008 年 3 月 29 日

---

① 《西藏自治区立法条例》第二章"立法权限"。见西藏自治区人民代表大会法制委员会编:《西藏自治区地方性法规汇编》(1979—2002),2002 年 11 月 30 日,第 484—485 页。
② 西藏自治区人民代表大会法制委员会编:《西藏自治区地方性法规汇编》(1979—2002),2002 年 11 月 30 日,"出版说明"。
③ 西藏自治区人民代表大会法制委员会编:《西藏自治区地方性法规汇编》(1979—2002),2002 年 11 月 30 日,"目录"。
④ 《第一个省级人大常委会诞生的前后——十届全国人大常委会副委员长热地讲述的故事》,《光明日报》2009 年 7 月 2 日。

表 1　西藏自治区 1979—2002 年现行有效地方性法规立法情况统计一览表

年份　　　　　立法类型	制定次数	批准次数	修正次数
1979			
1980			
1981	2		
1982			
1983			
1984			1
1985			
1986		2	
1987	2		1
1988	3		
1989	2		
1990	4	1	
1991		1	
1992	6	1	
1993	3		
1994	12		
1995	4	1	3
1996	1	1	1
1997	3	2	11
1998	4		
1999	5		3
2000	6	3	2
2001	6	2	3
2002	9		8
总计	72	14	33

资料来源:西藏自治区人民代表大会法制委员会编:《西藏自治区地方性法规汇编》(1979—2002 年),
　　2002 年 11 月 30 日。

第十章　西藏民族区域自治与经济社会现代化发展

作出了《关于强烈谴责达赖集团策划煽动极少数分裂主义分子打砸抢烧的罪恶行径,坚决维护祖国统一、反对分裂破坏活动,促进社会和谐稳定的决议》。① 2009 年 1 月 19 日,西藏自治区九届人大二次会议表决通过《关于设立西藏百万农奴解放纪念日的决定》,决定将每年的 3 月 28 日设为"西藏百万农奴解放纪念日"。②

其中,1965 年 9 月至 2002 年 12 月间通过或颁布的西藏自治区地方性法规中,现已自行失效 1 项,废止 19 项,停止执行 2 项,共 22 项。(见表2)其废止或失效的原因:一是由立法适应经济体制改革和经济发展所决定,由于社会主义经济体制由计划经济向市场经济转变,原来适应计划经济体制的经济立法和管理立法越来越不适应市场经济的要求;二是由地方性立法的地位所决定,随着国家有关法律的制定或修改,为保证国家法制的统一而必须对地方性法规作出相应调整或变更;三是由立法条件所决定,随着立法条件的成熟和完备,一些过渡性地方性法规完成了其历史使命,还有一些试行性地方性法规因被正式法所取得而终止。特别是为适应西部开发战略的实施和中国加入世贸组织所带来的经济社会条件的变化,西藏自治区人民代表大会及其常务委员会加快制定、修订和清理有关地方性法规,形成西藏地方立法相对活跃期。

表2　西藏自治区 1965 年 9 月—2002 年 12 月废止或失效地方性法规一览表

法规名称　　状态	立法时间	废止或失效时间	备注
《西藏自治区各级人民代表大会和各级人民委员会组织条例》	1965 年 9 月 1 日通过		自行失效
《西藏自治区公路路产保护奖惩办法》	1979 年 11 月 12 日颁布	1997 年 9 月 18 日废止	
《西藏自治区木材运输检查暂行规定》	1979 年 11 月 12 日颁布	1997 年 9 月 18 日废止	
《西藏自治区林业厅护林防火八项规定》	1979 年 11 月 12 日颁布	1997 年 11 月 12 日废止	

① 《第一个省级人大常委会诞生的前后——十届全国人大常委会副委员长热地讲述的故事》,《光明日报》2009 年 7 月 2 日。
② 《西藏自治区人民代表大会关于设立西藏百万农奴解放纪念日的决定》,《西藏日报》2009 年 1 月 20 日。

状态 法规名称	立法时间	废止或失效时间	备注
《西藏自治区关于对在藏工作的汉族干部职工计划生育的暂行规定》	1979 年 12 月 30 日颁布	1997 年 11 月 12 日废止	
《西藏自治区实施〈中华人民共和国治安管理处罚条例〉暂行办法》	1981 年 4 月 18 日通过	1987 年 5 月 15 日废止	
《西藏自治区关于实施〈中华人民共和国刑事诉讼法〉的若干变通办法》	1981 年 4 月 18 日通过	1986 年 7 月 31 日停止执行	
《西藏自治区城乡集市贸易市场管理暂行办法》	1982 年 5 月 29 日批准	1993 年 6 月 12 日废止	
《西藏自治区查处投机倒把活动暂行办法》	1982 年 5 月 29 日批准	1993 年 6 月 12 日废止	
《西藏自治区森林保护条例》	1982 年 8 月 26 日批准	1998 年 1 月 9 日废止	
《西藏自治区实施〈中华人民共和国民事诉讼法〉(试行)的若干变通办法》	1983 年 9 月 17 日通过	1993 年 6 月 12 日废止	
《西藏自治区各级人民法院审理经济纠纷案件征收诉讼费用的试行办法》	1984 年 7 月 16 日	1986 年 5 月 16 日停止执行	
《西藏自治区人民代表大会常务委员会工作条例(试行)》	1984 年 12 月 8 日通过	2002 年 1 月 20 日废止	
《西藏自治区地方性法规规定程序》	1985 年 12 月 7 日通过	2000 年 5 月 13 日废止	
《西藏自治区电力设施保护办法》	1989 年 9 月 25 日通过	1997 年 11 月 12 日废止	
《西藏自治区保障和发展邮电通信的暂行办法》	1989 年 12 月 6 日通过	1995 年 7 月 12 日废止	
《西藏自治区人民代表大会常务委员会联系代表办法》	1990 年 2 月 10 日通过	1997 年 11 月 12 日废止	
《西藏自治区人民代表大会常务委员会地区联络处工作规则》	1990 年 4 月 21 日通过	2002 年 1 月 1 日废止	
《西藏自治区城镇建设管理办法》	1991 年 3 月 15 日通过	2001 年 7 月 28 日废止	

第十章　西藏民族区域自治与经济社会现代化发展

续表

法规名称 \ 状态	立法时间	废止或失效时间	备注
《西藏自治区集体矿山企业和个体采矿管理办法》	1990 年 8 月 4 日通过	1997 年 11 月 12 日废止	
《拉萨市地方性法规制定程序的规定》	1991 年 9 月 12 日通过	2000 年 11 月 29 日废止	
《西藏自治区农作物种子管理办法》	1996 年 11 月 26 日通过	2001 年 11 月 27 日废止	

资料来源:西藏自治区人民代表大会法制委员会编:《西藏自治区地方性法规汇编》(1979—2002),
2002 年 11 月 30 日。

　　西藏不同时期的地方立法成果,不论是现行还是废止或失效,它们都涉及到西藏地方的政治、经济、文化、教育和社会生活等各个方面,并通过其法律效力的应有发挥,分别为西藏人民各项民主权利的实现和地方社会经济文化事业的发展,提供了重要的法律保障。它们从整体上丰富了社会主义初级阶段地方性立法尤其是民族区域自治地方立法的内容,推动了我国民族区域自治地方性立法体系的建设和发展。

　　在西藏地方立法体系中,根据不同的立法分类标准,可将西藏地方立法划分为如下类型:

　　其一,根据立法主体,西藏地方立法主要包括:(1)自治区内各级人民代表大会立法;(2)自治区内各级人民代表大会常务委员会立法;(3)自治区人民政府规章立法。其中,前两种立法,在与国家立法相统一的条件下,在西藏地方立法体系中是第一位的。在后一种立法中,应由地方性法规规定的事项,需由自治区人民政府规章作出规定的,应当由自治区人民代表大会或其常务委员会授权。

　　其二,根据立法权限,西藏地方立法分为:(1)自治条例、单行条例立法;(2)一般地方性法规立法;(3)变通或补充规定立法。其中,自治条例、单行条例是实行民族区域自治,行使自治权,发展西藏地方政治、经济和文化事业的自治法规,其生效需报全国人民代表大会常务委员会批准,其修改、废止属于原制定机关;变通或补充规定,也属于自治权,具有自治法规性质,但它不是另立一种法律关系或秩序,而是在民族区域自治地方为维护国家有关法律规定的法律关系或秩序所作出的适合本地实际的灵活性或完善性的规定。

　　其三,根据立法的调整对象和适用范围,西藏地方立法可分为:(1)民族政治立法。例如,藏族拥有本民族的语言文字,在西藏学习、使用和发展藏民族语言文字,是行使西藏区域自治权利的重要标志。西藏自治区人民代表大会 1987 年通过和 2002 年修正的《西藏自治区学习、使用和发展藏语文的规定》,确立了自治区坚持各民族语言文字平等的原则,规定自治区各级国家机关在执行职务时,藏语文和国家通用语言文字具有同等效力。同时,对自治区各级各类学校藏语文课程的设置,扫除藏文文盲,编译藏文教材,自治区各级国家机关、人民团体、企事业单位、司法机关行使职务时使用的文字等也都作了规定。(2)经济立法。这是改革开放以来西藏地方立法的重要门类。其中,在经济建设与环境保护相协调问题上,自治区人大常委会制定了实施土地管理法办法(1992 年通过,后经 1997 年第一次修正和 1999 年第二次修正)、矿产资源管理条例(1999 年通过,2002 年作了修正)、旅游管理条例(2002 年通过)等法规;并从规范市场秩序、保障经营者和消费者的合法权益出发,制定了实施消费者权益保护法办法(2001 年通过)、统计法实施办法(1999 年通过)、道路运输管理条例(2000 年通过)、商品交易市场管理条例(1994 年通过后,经 1997 年第一次修正和 2002 年第二次修正)等法规。(3)文化教育科技立法。如实施职业教育法办法(西藏自治区人民代表大会常务委员会 2002 年通过)、实施科学技术进步法办法(西藏自治区人民代表大会常务委员会 1998 年通过)等。(4)社会生活立法。如实施食品卫生法办法(西藏自治区人民代表大会常务委员会 2000 年通过、2001 年修正)、母婴保健法办法(西藏自治区人民代表大会常务委员会 1999 年通过)和实施防震减灾法办法(西藏自治区人民代表大会常务委员会 2001 年通过)等;结合西藏民族婚姻家庭关系的特殊情况和收养能力,西藏自治区人民代表大会常务委员会对收养法作出了变通规定(2002 年通过)。

其四,根据立法的功能,西藏地方立法又可分为:(1)自治权类立法。(2)管理类立法,包括资源管理、治安管理、经济管理、文化教育管理等立法分支门类。(3)实施类立法等。相对于全国性法律,西藏地方性法规都属于下位法,因此,实施类立法在西藏地方立法中占有相当大的比重。

其五,根据立法的方式,西藏地方立法也可分为:(1)创制性立法,即指地方性法规的制定、通过和颁布。(2)批准性立法,主要是西藏自治区人民代表大会常务委员会对报请批准的拉萨市地方性法规进行审议、审查、表决和批准等。经批准的拉萨市地方性法规,由拉萨市人民代表大会常务委员会发布公告予以公布。(3)修正性立法,即对需要修改的地方性法规进行调整、修订等。(4)废止性立法。如在 1997 年一年内,西藏自治区就废止了《西藏自治区公路路产保护奖惩办法》、《西藏自治区木材运输检查暂行规定》、《西藏自治区林业厅护林防火八项规定》、《西藏自治区关于对在藏工作的汉族干部职工计划生育的暂行规定》、《西藏自治区电力设施保护办法》、《西藏自治区人民代表大会常务委员会联系代表办法》和《西藏自治区集体矿山企业和个体采矿管理办法》等七项地方性法规和规定（参见表2）。

四、西藏民族区域自治地方立法的原则

西藏地方立法的实践表明，西藏地方立法之所以能够存在和发展，是因为它切实遵循了我国一般地方立法和民族区域自治地方立法的基本原则。

一是立法统一原则。我国是一个多民族的国家，维护国家的统一是各民族生存和发展的基础，表现在立法上就要求国家法制的统一。宪法规定，国家维护社会主义法制的统一和尊严。西藏地方立法，其法律依据就是国家宪法和有关法律，制定自治条例和单行条例不得与宪法和法律相违背，制定变通性或补充性规定不得改变国家有关法律的基本精神和性质，更不得破坏国家的立法体系和法律体系。不仅如此，为保持西藏社会稳定、维护祖国统一和民族团结，自治区人民代表大会还作出了《维护祖国统一，加强民族团结，反对分裂活动的决议》①等在全区有重大影响的政治性决议，以此动员全区各族人民以爱国、团结、进步为旗帜，同一切违反国家宪法和法律，破坏国家统一和民族团结的行为作斗争，为建设团结、富裕、文明的新西藏而奋斗。

二是从西藏自治区的具体情况和实际需要出发的原则。立法既服从实际，又来源于实际。西藏无论是宗教信仰、风俗习惯、文化传统或是政治、经济、地理条件等，都同内地各省、直辖市有很大差异，即使同其他民族自治地方相比也有很大不同。西藏自治区在政治、经济、民族、文化、社会和自然等方面不同于普通行政区，也有不同于其他自治区的特点，成为西藏地方立法的现实依据。而且，也只有这样做，才能使国家宪法和法律在西藏具体化，否则西藏地方立法就会失去其存在的理由和应有意义。西藏自治区人民代表大会及其常务委员会在开展地方立法工作时，充分尊重藏民族的风俗习惯，凡是涉及藏民族特殊的风俗习惯，在地方立法时都酌情予以变通处理，从而以法制的手段保障了藏民族的合法权益。它们一方面根据国家已有法律，结合西藏实际进行变通规定；另一方面根据西藏需要，自行制定一些国家尚未有相应法律的地方性法规。如关于落实《婚姻法》问题，根据藏族以及西藏境内的其他少数民族婚姻家庭关系的特点，西藏出台了《西藏自治区实施〈中华人民共和国婚姻

---

① 西藏自治区人民代表大会法制委员会编：《西藏自治区地方性法规汇编》（1979—2002），
2002年11月30日，第32—34页。

法〉变通条例》（西藏自治区人民代表大会常务委员会 1981 年通过），将国家婚姻法规定的婚姻自由原则与西藏当地民族的特殊情况有机结合，对少数民族男女结婚年龄分别降低了两岁，对实行一夫一妻制以及处理过去形成的一妻多夫、一夫多妻现象作出了变通规定，为解决西藏在婚姻关系中存在的特殊问题提供了法律依据。①

三是民主立法原则。包括立法权在内的国家一切权力都属于人民，立法之本在于保障人民的权利，反映人民的意志和利益。《西藏自治区立法条例》规定，"立法应当体现人民的意志，发扬社会主义民主，保障人民通过多种途径参与立法活动。"西藏地方立法将人民代表大会制度与实行民族区域自治相结合，地方立法机关与人民群众相结合，并按照民主集中制的原则决定立法问题，反映了西藏藏民族及各民族的意志和利益，保障了他们当家作主的民主权利，由此也保证了立法的质量。

四是立法的法制化原则。按照这一原则，西藏自治区人民代表大会常务委员会提请区七届人大四次会议审议通过了《西藏自治区立法条例》（2001年）；西藏自治区人民代表大会及其常务委员会先后制定了《西藏自治区人民代表大会常务委员会议事规则》（1988 年通过、1997 年第一次修正、2000 年第二次修正），《西藏自治区人民代表大会议事规则》（1989 年通过、2002 年修正），《西藏自治区各级人民代表大会常务委员会监督工作暂行条例》（1990年通过），实施代表法办法（1999 年通过），代表补选办法（1999 年通过）；2001年批准了《拉萨市制定地方性法规条例》等。通过此类地方性法规、规则和办法，国家立法的原则得以在西藏地方立法中具体化，并把西藏地方立法纳入到规范化和程序化的轨道。

西藏民族区域自治地方立法的这些基本原则，规定着其地方立法的性质、地位，是对西藏民族区域自治地方立法实践经验的总结和规律性的认识，因此也预示着西藏民族区域自治地方立法的发展趋势。恩格斯曾指出，"原则不是研究的出发点，而是它的最终结果；这些原则不是被应用于自然界和人类历史，而是从它们中抽象出来的；不是自然界和人类去适应原则，而是原则只有在符合自然界和历史的情况下才是正确的。"②西藏地方立法的原则具体体现了西藏是中国不可分割的一部分的历史基础和客观存在，适应了西藏民族区域自治及其发展的实际需要，因而贯彻这些原则，则保障了西藏民族区域自治

---

① 西藏自治区人民代表大会法制委员会编：《西藏自治区地方性法规汇编》（1979—2002），2002 年 11 月 30 日，第 1 页。

② 恩格斯：《反杜林论》，《马克思恩格斯选集》第 3 卷，人民出版社 1995 年版，第 374 页。

ད་ངབས་ནུང་ག ་པ་ ་ ་ ་ ་ནད་ངད་ ་

地方立法的规范有序发展,有力地推动着西藏依法实行民族区域自治,并以法律的形式维护着祖国统一和民族团结。西藏民族区域自治的制度化和法制化,是西藏自治区建设和改革事业发展的必然结果,是西藏自治区成立以来历史发展的重要特征。这一发展越深入和广泛,西藏民族区域自治就越充满生机和活力,并显示出其极大的优越性,由此,西藏现代化也必将不断推进到新的发展阶段和水平。

第三节　新中国民族区域自治的基本特色与历史经验

民族区域自治是在国家统一领导下,各少数民族聚居的地方实行区域自治,设立自治机关,行使自治权。新中国成立以来,国家充分尊重和保障各少数民族管理本民族内部事务的权利,普遍推行民族区域自治,民族自治地方经济社会发展实现历史性进步,民族关系实现平等团结互助和谐。民族区域自治符合我国国情和各民族人民的根本利益,是中国共产党把马克思主义民族理论与我国的具体实际相结合的创举,是具有中国特色的解决民族问题的正确道路。

一、民族区域自治是新中国解决民族问题的基本国策

自古以来的中国,国家的统一始终是历史发展的主流和任何力量都阻挡不了的必然趋势。在漫长的历史进程中,我国各族人民密切交往、相互依存、休戚与共,凝聚成伟大的中华民族,形成多元一体的民族格局、大杂居小聚居的民族分布和相互之间谁也离不开谁的民族关系,共同缔造了统一的多民族国家,创造了灿烂的中华文化,推动了国家发展和社会进步。特别是近代以来,我国各民族在半殖民地半封建的社会历史条件下团结御侮,同呼吸共命运,最终在中国共产党领导的新民主主义革命胜利的基础上实现了国家的独立、民族的解放和平等。然而,在历史发展中,我国各民族又长期存在着传统、语言、文化、风俗习惯、心理认同等方面的差异,以及经济社会发展的不平衡性。共同性要求民族联合,差异性蕴涵着民族生存与发展的互补性。因此,维护国家的集中统一,保障各民族平等团结和共同发展,尊重和照顾少数民族的特点与利益,决定了我国各民族联合建立的人民民主专政的新中国,不宜实行

联邦制,历史的发展和基本国情没有给我们造成这样的条件。中国共产党把马克思主义民族理论、国家学说同我国民族问题的具体实际相结合,立足我国国情,尊重各民族的历史主体地位,创造性地制定和实施了在少数民族聚居区实行民族区域自治的政策,以实现少数民族当家作主、自主管理本民族内部事务。历史的发展和基本国情给我们提供了实行单一制,并在少数民族聚居区实行民族区域自治的历史传统、现实条件和政治基础。

　　民族区域自治尊重历史,合乎现实,符合各族人民的根本利益,因此自创立起,就得到包括各少数民族在内的全国人民的拥护。为成立新中国,国内各少数民族、内蒙古自治区和新疆"三区革命政府"分别作为团体代表单位、区域代表单位和特别邀请人士,参加了筹建新中国的中国人民政治协商会议第一届全体会议,与其他各界代表一起共商新中国建国大计;并共同表决通过了《中国人民政治协商会议共同纲领》。这一具有临时宪法性质的建国纲领,规定在中央与地方关系问题上,要"既利于国家统一,又利于因地制宜"①;在民族关系问题上,各民族"一律平等"②,"均有平等的权利和义务"③;在民族地方治理与施政问题上,"各少数民族聚居的地区,应实行民族的区域自治,按照民族聚居的人口多少和区域大小,分别建立各种民族自治机关。"④由此,民族区域自治作为基本国策的政治与法律地位正式奠立起来,并在之后一直被载入宪法而没有动摇过。1997 年党的十五大以来,民族区域自治制度被确立为我国必须长期坚持的一项基本政治制度。2001 年 2 月,第九届全国人大常委会第二十次会议修订颁布民族区域自治法,明确规定民族区域自治制度"是国家的一项基本政治制度"。⑤

　　民族区域自治是民族自治与区域自治的有机地结合。它以少数民族为自治主体,并以其聚居区为自治范围。这样,根据我国少数民族分布、经济发展

①　中共中央文献研究室编:《建国以来重要文献选编》(第一册),中央文献出版社 1992 年版,第 5 页。
②　中共中央文献研究室编:《建国以来重要文献选编》(第一册),中央文献出版社 1992 年版,第 12 页。
③　中共中央文献研究室编:《建国以来重要文献选编》(第一册),中央文献出版社 1992 年版,第 3 页。
④　中共中央文献研究室编:《建国以来重要文献选编》(第一册),中央文献出版社 1992 年版,第 12 页。
⑤　《中华人民共和国民族区域自治法》(1984 年 5 月 31 日第六届全国人民代表大会第二次会议通过,根据 2001 年 2 月 28 日第九届全国人民代表大会常务委员会第二十次会议《关于修改〈中华人民共和国民族区域自治法〉的决定》修正),《人民日报》2001 年 3 月 2 日。

条件,并参酌历史情况,一个少数民族可以在其聚居区建立一个到数个相应层级的单一型民族自治地方,也可以在两个或两个以上少数民族共同聚居区建立联合型民族自治地方,还可以在一个大的少数民族聚居区内,以其聚居区情况单独或联合建立行政地位较低的民族自治地方。这表明,无论是聚居的民族还是杂居的民族,都能够享受到自治权利;无论是人口多的民族还是人口少的民族,也无论是大聚居的民族还是小聚居的民族,几乎都能够成为相当的自治单位而充分享受到自治权利。这种建立民族自治地方的多样性和灵活性,能够切实而充分地保障各少数民族平等实现民族自治,同时有利于巩固和加强民族之间互助合作与民族内部的团结。

民族区域自治是国家的集中统一与少数民族聚居地区的区域自治的有机结合。民主集中制是我国的根本组织制度和领导制度。列宁曾就建立真正民主国家的条件问题指出:"民主集中制不仅不排斥地方自治以及有独特的经济和生活条件、民族成分等等的区域自治,相反,它必须既要求地方自治,也要求区域自治。"①民主集中制在我国的中央与地方关系上表现为中央集中统一领导,实行单一制的、以民族区域自治为重要补充的国家结构形式。各少数民族聚居区是我国领土不可分割的一部分,以此为基础建立的民族自治地方是整个国家不可分离的有机组成部分。国家在各民族自治地方行使主权,民族自治地方的自治机关不仅行使自主管理本地方的经济文化教育事业和本民族内部事务的自治权,同时又是地方国家政权机关,具有双重性质。这样,民族区域自治就把国家的整体利益和各民族的具体利益结合起来,有利于保障国家的统一和各民族的团结。民族区域自治的政治前提是国家的集中统一,核心是民族自治地方的自治机关行使自治权。

民族区域自治是经济因素与政治因素的有机结合。少数民族聚居区的自然条件和经济发展状况是实行民族区域自治、建立民族自治地方的重要现实依据。民族区域自治赋予民族自治地方的自治机关行使自治权,形成以自治民族为主、各民族共同管理本地方事务的政治局面,并且使其拥有比其他行政区域更大的自主权,自主管理本地方经济,因民族制宜、因地区制宜地发展民族自治地方经济。这不仅有利于保护和发展具有民族特点、适合本地实际的经济方式,促进和增强民族自治地方与周边和其他地区的经济联系,而且有利于民族自治地方经济社会的自主变革和现代化发展,从而推动我国各民族的共同繁荣发展,实现从民族间政治上的平等达到经济文化方面事实上的平等。

---

　① 《列宁选集》第2卷,人民出版社1995年版,第359页。

二、民族区域自治建立在民族平等基础之上，真正实现了少数民族当家作主

新中国的成立，从根本上改变了我国各族人民的政治社会地位，人民当家作主，各民族一律平等。相应地，各少数民族聚居区逐步建立民族自治地方，实行民族区域自治。新中国以人民民主专政的国体、人民代表大会制度的政体和民族区域自治的基本政治制度，充分保证我国各族人民成为了国家、社会和自己命运的真正主人。

民族区域自治初步实践于新民主主义革命时期，在新中国成立后普遍推行开来。根据少数民族聚居区人口的多少、区域面积的大小，民族自治地方分为自治区、自治州和自治县，民族乡为重要补充形式。我国第一个省级少数民族自治地方——内蒙古自治区于 1947 年 5 月成立。为进一步实现内蒙古统一的区域自治，毛泽东在党的七届二中全会期间提出要"恢复内蒙古历史上的本来面貌"。[1] 新中国成立后，内蒙古自治区遵循"既尊重历史，又兼顾现实"的原则，在察哈尔、绥远和热河三省先后撤销的基础上，实现了东西部统一的民族区域自治区。新疆在和平解放后建立了人民民主政权，各民族一律平等、团结互助。为在新疆推行民族区域自治，党和政府坚持"慎重稳进，积极准备，逐步推行"的方针，由小而大，经土地改革和社会主义改造，并与普选相结合，首先建立了县、地级自治地方，凡有聚居地、符合建立自治地方的民族都实行了区域自治。在此基础上，以维吾尔为主、以原新疆省为行政区域的新疆维吾尔自治区[2]于 1955 年 10 月正式成立，开辟了新疆各民族区域自治的发展道路。广西壮族自治区以原广西省为基础，经过从上到下、从下到上的充分民主协商，采取了把广西全省改建为壮族自治区的"合的方案"[3]，于 1958 年 3 月成立。同年 10 月，宁夏回族自治区也继之成立。它采取的是有利于回、汉民族互相支援和共同发展的建立回族自治区的方案，即区划范围从原来并入甘肃省的宁夏地区（蒙古族地区除外）为基础，再划入临近的地区。[4] 西

① 乌兰夫：《为少数民族的解放和发展呕心沥血——纪念周恩来同志诞辰九十周年》，《人民日报》1988 年 3 月 3 日。
② 《全国人大常委会关于成立新疆维吾尔自治区的决议》，《新疆日报》1955 年 9 月 14 日。
③ 《全国人民代表大会第四次会议决议》，《人民日报》1957 年 7 月 16 日。
④ 乌兰夫：《关于建立广西壮族自治区和宁夏回族自治区的报告》，《乌兰夫文选》（上册），中央文献出版社 1999 年版，第 468 页。

藏和平解放以来,中央人民政府和西藏地方政府贯彻《十七条协议》关于实行民族区域自治的规定,于 1956 年 4 月建立了西藏自治区筹备委员会。该筹备委员会在西藏发生全面武装叛乱的情况下,由国务院批准行使西藏地方政府职权,并经平叛和民主改革,百万翻身农奴参加普选,于 1965 年 9 月召开第一届西藏自治区人民代表大会第一次会议,正式成立了统一的西藏自治区。目前,我国民族自治地方共计 155 个,其中包括 5 个自治区、30 个自治州、120 个自治县(旗),在 55 个少数民族中,44 个民族实行了区域自治,实行区域自治的少数民族人口占少数民族总人口的 71%,民族自治地方占全国总面积的 64%。① 随着我国民族自治地方的普遍建立、民族区域自治的广泛实现,经过民主改革和社会主义改造的各少数民族从原始公社末期、奴隶社会、封建农奴制社会或封建社会跨越不同社会发展阶段,陆续走上社会主义道路,各民族间日益结成平等、团结、互助、和谐的社会主义民族关系。

民族区域自治是在维护国家统一、反对民族分裂中建立和发展的。民族区域自治以国家统一为政治前提,在国家统一领导下实行,否则便无从谈起。在我国实行民族区域自治的进程中,分裂与反分裂斗争就一直没有停止过。西藏自和平解放以来,曾先后发生"伪人民会议"事件、1959 年全面武装叛乱、1987 年至 1989 年拉萨连续骚乱,以及 2008 年拉萨"3·14"事件等,"藏独"民族分裂势力针对西藏民族区域自治,鼓吹所谓"大藏区"、"高度自治"和"中间道路"。而"疆独"民族分裂势力则宣扬"泛伊斯兰主义"、"泛突厥主义",煽动建立所谓"东突厥斯坦",图谋把新疆从祖国分裂出去,以至有组织、有计划地制造了乌鲁木齐"7·5"暴力事件。所谓的"东突厥斯坦"是 19 世纪初西方殖民主义者为侵略目的而用来表述我国新疆塔里木盆地的地理名称,"疆独"民族分裂势力则把它说成是"维吾尔人的祖国名称"。② 在筹备新疆建立自治区的过程中,中共中央曾以维吾尔族为主问题,于 1953 年 4 月 13 日在《对新疆民族区域自治实施计划草案的批示》中指出:"维族在新疆如同汉族在全国一样,是其他各兄弟民族的主体民族。因此,必须使维族干部如同汉族在全国范围内团结、帮助和照顾各少数民族一样来团结、帮助和照顾新疆境内的其他民族。"③关于自治区的名称,1955 年 4 月 16 日,中共中央电复新疆分局,决定

---

① 国务院新闻办公室:《中国的民族区域自治》白皮书,《人民日报》2005 年 3 月 1 日。
② 司马义·艾买提:《志如铁坚情如火——怀念伟大的爱国者包尔汉同志》,《人民日报》1994 年 10 月 23 日。
③ 中共新疆维吾尔自治区委员会党史研究室编:《中国共产党与民族区域自治制度的建立和发展》(上册),中共党史出版社 2000 年版,第 311 页。

实行区域自治后的新疆称做"新疆维吾尔自治区"。① 把西藏和新疆从祖国分裂出去,是"藏独"和"疆独"的共同本质。在民族区域自治中,维护国家统一,反对以"藏独"和"疆独"为代表的民族分裂势力的斗争将是长期的。新中国成立以来,国家的统一,维护和保障了民族区域自治的实行,而民族区域自治不仅巩固了国家统一的政治基础,而且增强了我国各民族统一的国家意识和公民意识,扩大了国家统一的社会基础和群众基础,有力地抵御了国内外民族分裂势力的破坏和渗透,保证了国家统一、领土完整和民族自治地方的社会稳定。历史发展表明,任何民族分裂活动背离我国各族人民的根本利益,都是注定要失败的。

民族区域自治是在保障民族团结、反对大汉族主义和地方民族主义中建立和发展的。民族区域自治以民族团结为基础,而大汉族主义和地方民族主义直接妨碍和危害民族团结,因而干扰和破坏民族区域自治。大汉族主义主要表现为忽视少数民族的平等权利和自治权利、少数民族的地位、少数民族的特点。地方民族主义则主要表现为忽视各民族团结的重要性,过分强调本民族的局部利益,忽视国家的整体利益。这两种民族主义的共同特点是忽视各民族间的平等团结和互助合作的重要性,不以民族平等团结、互助合作原则对待和处理各民族间的各种问题,因此都不利于祖国的统一、各民族的团结与发展繁荣。这两种民族主义都有它产生的历史的、社会的和经济的根源。在民族区域自治中,反对这两种民族主义,重点是反对大汉族主义。毛泽东在《论十大关系》和《关于正确处理人民内部矛盾的问题》中指出:"我们着重反对大汉族主义。地方民族主义也要反对,但是那一般地不是重点。"②"汉族和少数民族的关系一定要搞好。这个问题的关键是克服大汉族主义。"③同时,反对这两种民族主义,是要从建设社会主义祖国的共同目标出发的。对此,周恩来曾指出:"这个社会主义国家,不是哪一个民族所专有,而是我们五十多个民族所共有,是中华人民共和国全体人民所共有。"④民族区域自治,实现了我国社会主义多民族国家在民主基础上的高度统一,保证了各民族共同团结奋斗、共同繁荣发展。

---

①　中共新疆维吾尔自治区委员会党史研究室编:《中国共产党与民族区域自治制度的建立和发展》(上册),中共党史出版社 2000 年版,第 346 页。

②　中共中央文献研究室编:《建国以来重要文献选编》(第八册),中央文献出版社 1994 年版,第 254 页。

③　中共中央文献研究室编:《建国以来重要文献选编》(第十册),中央文献出版社 1994 年版,第 86 页。

④　《周恩来选集》(下卷),人民出版社 1984 年版,第 248 页。

三、民族区域自治以民族自治地方经济社会发展为重心，不断促进和保障我国各民族共同繁荣进步

我国各少数民族地区，一是人口较少，二是经济文化因自然的、历史的和社会的原因而相对落后。民族区域自治是在这样的社会历史条件下实行的，其经济职能就是要从民族自治地方的实际情况出发，促进本地方经济社会全面发展，实现我国各民族共同繁荣进步。

经济是基础，对于民族区域自治也是如此。邓小平在新中国成立之初就指出："实行民族区域自治，不把经济搞好，那个自治就是空的。少数民族是想在区域自治里面得到些好处，一系列的经济问题不解决，就会出乱子。"①新中国成立以来，在由新民主主义向社会主义过渡时期，中国共产党就把逐步发展各民族的政治、经济、文化，逐步消灭历史上遗留下来的各民族间事实上的不平等，使落后的民族得以跻于先进民族的行列，过渡到社会主义社会，确立为民族工作的总任务。在探索适合中国国情的社会主义建设和发展道路中，以毛泽东同志为核心的党的第一代中央领导集体把民族区域自治确立为基本国策，指出各民族繁荣是社会主义在民族政策上的根本立场，并将国家的工业化、现代化与少数民族地方的发展紧密联系起来，强调我国的现代化是要全面发展的，是要各民族地方、区域自治地方都现代化的，否则让民族地方长期落后下去就不是社会主义国家。改革开放以来，以邓小平同志为核心的第二代中央领导集体确立"一个中心、两个基本点"的社会主义初级阶段基本路线，坚持和发展民族区域自治制度，指出要加速现代化建设，促进各民族共同繁荣，强调帮助少数民族地区发展的政策是坚定不移的，并提出判断我国民族政策的关键是看怎样对民族地方人民有利，怎样才能使民族地方很快发展起来，在我国现代化建设中走进前列。党的十三届四中全会以来，以江泽民同志为核心的党的第三代中央领导集体正确处理改革发展稳定的关系，强调加强各民族团结、保持社会政治稳定，不仅关系民族地方经济社会发展，而且关系全国改革开放和现代化建设的大局。特别是在西藏工作上，根据西藏经济社会发展的实际，确立了以经济建设为中心，抓好稳定和发展两件大事，确保经济发展，确保社会全面进步和长治久安，确保人民生活水平不断提高的"一个中

---

　① 《邓小平文选》第一卷，人民出版社1994年版，第167页。

心、两件大事、三个确保"的新时期西藏工作指导方针。① 党的十六大以来,以胡锦涛同志为总书记的党中央坚持以科学发展观为指导,不断完善和发展民族区域自治制度,把各民族共同团结奋斗、共同繁荣发展确立为民族工作的主题,指出共同团结奋斗就是要把全国各族人民的智慧和力量凝聚到全面建设小康社会、建设中国特色社会主义和实现中华民族的伟大复兴上来,共同繁荣发展就是要牢固树立和全面落实科学发展观,切实抓好发展这个党执政兴国的第一要务,千方百计加快少数民族和民族地区经济社会发展,不断提高各族群众的生活水平,强调党的民族政策的根本出发点和归宿就是加快少数民族和民族地区经济社会发展,逐步缩小发展差距,实现区域协调发展,最终实现全国各族人民共同富裕。② 在党的民族工作指导思想中,坚持民族平等、团结和互助,并把加快少数民族和民族地区经济社会发展作为解决我国民族问题的根本途径,是一脉相承和与时俱进的,体现了民族区域自治的根本内涵与特征,体现了共同富裕的社会主义本质要求。

民族区域自治依法赋予了民族自治地方经济发展自主权和经济管理、财政税收、对外贸易、资源开发与保护的自治权,并享有一系列特殊的优惠政策。民族自治地方的自治机关在国家计划的指导下,根据本地方的特点和需要,制订经济建设的方针、政策和计划,自主地安排和管理地方性的经济建设事业;在坚持社会主义原则的前提下,合理调整生产关系和经济结构;根据本地方的财力、物力和其他具体条件,自主地安排地方基本建设项目。民族自治地方的自治机关自主地安排使用属于民族自治地方的财政收入;在全国统一的财政体制下,通过国家实行的规范的财政转移支付制度,享受上级财政的照顾;财政预算支出按照国家规定设机动资金,预备费在预算中所占比例高于一般地区,在执行财政预算过程中自行安排使用收入的超收和支出的节余资金。民族自治地方在执行国家税法时,除应由国家统一审批的减免税收项目以外,对属于地方财政收入的某些需要从税收上加以照顾和鼓励的,可以实行减税或者免税。民族自治地方依照国家规定,可以开辟对外贸易口岸,开展边境贸易,并在对外经济贸易活动中享受国家的优惠政策。民族自治地方依法确定本地方内草场和森林的所有权和使用权,管理和保护本地方的自然资源,对可以由本地方开发的自然资源,优先合理开发利用。

① 江泽民:《西藏工作要抓好稳定和发展两件大事》,《江泽民文选》第一卷,人民出版社 2006 年版,第 389 页。
② 胡锦涛:《在中央民族工作会议暨国务院第四次全国民族团结进步表彰大会上的讲话》,《人民日报》2005 年 5 月 28 日。

民族区域自治依法要求国家扶持民族自治地方经济社会发展。我国宪法规定:"国家尽一切努力,促进全国各民族的共同繁荣。"民族区域自治法进一步把加速民族自治地方经济、文化的发展,建设团结、繁荣的民族自治地方,明确规定为一项国家职责。上级国家机关应当帮助、指导民族自治地方经济发展战略的研究、制定和实施,从财政、金融、物资、技术和人才等方面,帮助各民族自治地方加速发展经济、教育、科学技术、文化、卫生、体育等事业。国家根据统一规划和市场需求,优先在民族自治地方合理安排资源开发项目和基础设施建设项目,在重大基础设施投资项目中适当增加投资比重和政策性银行贷款比重,根据不同情况给予减少或者免除配套资金的照顾。随着国民经济的发展和财政收入的增长,上级财政逐步加大对民族自治地方财政转移支付力度。通过一般性财政转移支付、专项财政转移支付、民族优惠政策财政转移支付以及国家确定的其他方式,增加对民族自治地方的资金投入,用于加快民族自治地方经济发展和社会进步,逐步缩小与发达地区的差距。国家根据民族自治地方的经济发展特点和需要,综合运用货币市场和资本市场,加大对民族自治地方的金融扶持力度,设立各项专用资金,扶助民族自治地方发展经济文化建设事业。上级国家机关根据国家的民族贸易政策和民族自治地方的需要,对民族自治地方的商业、供销和医药企业,从投资、金融、税收等方面给予扶持。国家制定优惠政策,扶持民族自治地方发展对外经济贸易,扩大民族自治地方生产企业对外贸易经营自主权。国家在民族自治地方开发资源、进行建设,应当照顾民族自治地方的利益,作出有利于民族自治地方经济建设的安排,照顾当地少数民族的生产和生活。国家采取措施,对输出自然资源的民族自治地方给予一定的利益补偿。

新中国成立以来,国家把加快民族自治地方经济社会发展摆到突出位置,努力缩小民族地区与发达地区、民族地区内部的发展差距,着力帮助特困少数民族、人口较少民族、边疆少数民族加快发展。民族自治地方在国家扶持、发达地区支援、民族地区自力更生的结合中,走出了一条具有中国特色、民族自治地方特点的发展道路,经济社会显著进步。其中,内蒙古自治区生产总值由1947年的5.37亿元增加到2008年的7761.8亿元。① 新疆维吾尔自治区生产总值由1955年的12.31亿元增长到2007年的3523.16亿元。② 广西壮族自治区到2007年实现生产总值年度增量首次突破1000亿元。③ 宁夏回族自

---

① 《内蒙古:崛起于北疆的"天堂草原"》,《中国民族报》2009年4月28日。

② 《新疆:天山南北书写发展传奇》,《中国民族报》2009年5月15日。

③ 《广西:八桂大地唱响时代赞歌》,《中国民族报》2009年5月1日。

治区生产总值由 1958 年的 3.29 亿元增长到 2008 年的 1098.5 亿元,增长了约 333 倍。[①] 西藏自治区生产总值由 1959 年民主改革时的 1.74 亿元增长到 2008 年的 395.91 亿元,按可比价格计算,增长 65 倍,年均增长 8.9%。[②] 如今,各民族自治地方正在与全国其他地方一道,逐步实现我国国民经济和社会发展的第三步战略目标,向着小康社会迈进。

实践证明,民族区域自治具有强大生命力、制度优越性和光明前景,作为党解决我国民族问题的一条基本经验不容置疑,作为我国的一项基本政治制度不容动摇,作为我国社会主义的一大政治优势不容削弱。历史昭示,坚持党的领导,坚持社会主义道路,依法实行民族区域自治,我国各民族经济社会必将实现又好又快的科学发展,平等、团结、互助、和谐的社会主义民族关系必将更加坚不可摧、牢不可破。

---

① 《宁夏:朝气蓬勃同向前,好一个塞上江南》,《中国民族报》2009 年 5 月 8 日。
② 国务院新闻办公室:《西藏民主改革 50 年》白皮书,《人民日报》2009 年 3 月 3 日。

主要参考文献

一

1.《马克思恩格斯选集》，人民出版社 1995 年版。

2.《列宁选集》第 2 卷，人民出版社 1995 年版。

3.《建国以来毛泽东文稿》第三册，中央文献出版社 1989 年版。

4.《毛泽东文集》第六卷，人民出版社 1999 年版。

5.《毛泽东著作选读》(下册)，人民出版社 1986 年版。

6.《毛泽东西藏工作文选》，中央文献出版社、中国藏学出版社 2008 年版。

7.《毛泽东论统一战线》，中国文史出版社 1988 年版。

8.《建国以来刘少奇文稿》，中央文献出版社 2005 年版。

9.《刘少奇选集》(下卷)，人民出版社 1985 年版。

10.《刘少奇年谱(1898—1969)》(下卷)，中央文献出版社 1996 年版。

11.《周恩来选集》(下卷)，人民出版社 1984 年版。

12.《建国以来周恩来文稿》(第三册)，中央文献出版社 2008 年版。

13.《周恩来书信选集》，中央文献出版社 1988 年版。

14.《周恩来统一战线文选》，人民出版社 1984 年版。

15.《周恩来年谱》(1949—1976)，中央文献出版社 1997 年版。

16.《邓小平文选》第一卷、第二卷，人民出版社 1994 年版。

17.《邓小平文选》第三卷，人民出版社 1993 年版。

18.《邓小平军事文集》，军事科学出版社、中央文献出版社 2004 年版。

19.《邓小平西南工作文集》，中央文献出版社、重庆出版社 2006 年版。

20.《邓小平思想年谱》，中央文献出版社 1998 年版。

21.《陈云文集》，中央文献出版社 2005 年版。

22. 中共中央文献研究室编:《陈云年谱》(中卷)，中央文献出版社 2000 年版。

23.《江泽民文选》，人民出版社 2006 年版。

24.《习仲勋文选》,中央文献出版社 1995 年版。

25.《乌兰夫文选》,中央文献出版社 1999 年版。

26. 内蒙古乌兰夫研究会编:《乌兰夫论民族工作》,中共党史出版社 1997 年版。

27. 乌兰夫革命史料编研室编:《乌兰夫回忆录》,中共党史资料出版社 1989 年版。

28.《贺龙军事文选》,解放军出版社 1989 年版。

二

1. 西藏社会科学院、中国社会科学院民族研究所等编:《西藏地方是中国不可分割的一部分》(史料选辑),西藏人民出版社 1986 年版。

2. 中国藏学研究中心、中国第一历史档案馆等编:《元以来西藏地方与中央政府关系档案史料汇编》,中国藏学出版社 1994 年版。

3. (清)理藩院编:《钦定理藩院则例》,1817 年(嘉庆二十二年)刻本。

4. 国家民族事务委员会政策研究室编:《中国共产党主要领导人论民族问题》,民族出版社 1994 年版。

5. 中国人民政治协商会议全国委员会研究室编:《老一代革命家论人民政协》,中央文献出版社 1997 年版。

6. 中央档案馆:《中共中央文件选集》(1946—1947),中共中央党校出版社 1992 年版。

7. 中共中央文献研究室编:《建国以来重要文献选编》(第一册),人民出版社 1992 年版。

8. 中共中央文献研究室编:《建国以来重要文献选编》(第八册),中央文献出版社 1994 年版。

9. 中共中央文献研究室编:《建国以来重要文献选编》(第十册),中央文献出版社 1994 年版。

10. 中共中央文献研究室编:《关于建国以来党的若干历史问题的决议(注释本)》(修订),人民出版社 1991 年版。

11.《三中全会以来重要文献选编》,人民出版社 1982 年版。

12.《十四大以来重要文献选编》(上册),人民出版社 1996 年版。

13.《十六大以来重要文献选编》(中),中央文献出版社 2006 年版。

14. 中共中央统战部编:《民族问题文献汇编》(1921 年 7 月—1949 年 9 月),中共中央党校出版社 1991 年版。

15. 国家民族事务委员会、中共中央文献研究室编:《民族工作文献选编》

（1990—2002），中央文献出版社 2003 年版。

16. 国家民族事务委员会、中共中央文献研究室：《新时期民族工作文献选编》，中央文献出版社 1990 年版。

17. 全国人大常委会办公厅研究室编：《中华人民共和国人民代表大会文献资料汇编》（1949—1990），中国民主法制出版社 1990 年版。

18. 国务院法规编纂委员会编：《中华人民共和国法规汇编》（1960 年 7 月—1961 年 12 月），法律出版社 1962 年版。

19. 中共中央统战部研究室编：《历次全国统战工作会议概况和文献》，档案出版社 1988 年版。

20. 西藏自治区人民代表大会法制委员会编：《西藏自治区地方性法规汇编》（1979—2002），2002 年 11 月 30 日。

21. 中共昌都地委、昌都地区行署编：《昌都战役文献资料选编》，西藏人民出版社 2000 年版。

22. 西藏自治区党史资料征集委员会编：《西藏的民主改革》，西藏人民出版社 1995 年版。

23. 中共内蒙古自治区委员会党史研究室编：《中国共产党与少数民族地区的民主改革和社会主义改造》，中共党史出版社 2001 年版。

24. 中共中央文献研究室、中共西藏自治区委员会编：《西藏工作文献选编》（1949—2005），中央文献出版社 2005 年版。

25. 西藏自治区党史资料征集委员会编：《和平解放西藏》，西藏人民出版社 1995 年版。

26. 西藏自治区党史资料征集委员会等编：《平息西藏叛乱》，西藏人民出版社 1995 年版。

27. 西藏自治区党史资料征集委员会编：《西藏的民主改革》，西藏人民出版社 1995 年版。

28. 中共新疆维吾尔自治区委员会党史研究室编：《中国共产党与民族区域自治制度的建立和发展》，中共党史出版社 2000 年版。

29. 中国第二历史档案馆、中国藏学研究中心合编：《黄慕松、吴忠信、赵守钰、戴传贤奉使办理藏事报告书》，中国藏学出版社 1993 年版。

30. 中国藏学研究中心、中国第一历史档案馆等合编：《元以来西藏地方与中央政府关系档案史料汇编》，中国藏学出版社 1994 年版。

31. 陈荷夫编：《中国宪法类编》，中国社会科学出版社 1980 年版。

32. 中国藏学研究中心、中国第二历史档案馆编：《民国时期西藏及藏区经济开发建设档案选编》，中国藏学出版社 2005 年版。

33. 中国第二历史档案馆、中国藏学研究中心编：《九世班禅内地活动及返藏受阻档案选编》，中国藏学出版社 1992 年版。

34. 中国藏学研究中心、中国第二历史档案馆编：《九世班禅圆寂致祭和十世班禅转世坐床档案选编》，中国藏学出版社 1990 年版。

三

1. 当代中国丛书编委会：《当代中国的西藏》，当代中国出版社 1991 年版。

2. 当代中国丛书编委会：《当代中国的金融事业》，中国社会科学出版社 1989 年版。

3. 本书修订本编写组：《西藏自治区概况》，民族出版社 2009 年版。

4. 中共西藏自治区委员会党史研究室编著：《中国共产党西藏历史大事记》（1949—2004），中共党史出版社 2005 年版。

5. 中国藏学研究中心编：《和平解放西藏五十周年纪念文集》，中国藏学出版社 2001 年版。

6. 西藏自治区党史办公室编：《周恩来与西藏》，中国藏学出版社 1998 年版。

7. 中共西藏自治区委员会党史研究室：《天宝与西藏》，中共党史出版社 2006 年版。

8. 本书编委会：《解放西藏史》，中共党史出版社 2008 年版。

9. 西藏自治区人民政府办公厅、西藏自治区党委党史研究室编著：《全国支援西藏》，西藏人民出版社 2002 年版。

10. 中共西藏自治区委员会党史研究室编著：《张经武与西藏解放事业》，中共党史出版社 2006 年版。

11. 庆祝昌都解放 50 周年书系编委会编：《为和平解放西藏而战——昌都战役回忆录》，四川民族出版社 2000 年版。

12. 牙含章：《达赖喇嘛传》，华文出版社 2001 年版。

13. 牙含章：《班禅额尔德尼传》，华文出版社 2001 年版。

14. 江平主编：《中国民族问题的理论与实践》，中共中央党校出版社 1994 年版。

15. 江平等：《西藏的宗教和中国共产党的宗教政策》，中国藏学出版社 1996 年版。

16. 江平等：《西藏的民族区域自治》，中国藏学出版社 1991 年版。

17. 多杰才旦主编：《元以来西藏地方与中央政府关系研究》，中国藏学出版社 2005 年版。

18. 张晓明编:《见证百年西藏——西藏历史见证人访谈录》,五洲传播出版社 2003 年版。

19. 拉巴平措主编:《见证西藏——西藏自治区政府历任现任主席自述》,中国藏学出版社 2005 年版。

20. 多杰才旦、江村罗布主编:《西藏经济简史》,中国藏学出版社 1995 年版。

21. 陈奎元:《西藏的脚步》,中共中央党校出版社 1999 年版。

22. 丹珠昂奔主编:《历辈达赖喇嘛与班禅额尔德尼年谱》,中央民族大学出版社 1998 年版。

23. 杨公素:《中国反对外国侵略干涉西藏地方斗争史》,中国藏学出版社 1992 年版。

24. 杨公素:《沧桑九十年——一个外交特使的回忆》,海南出版社 1999 年版。

25. 廖祖桂:《西藏的和平解放》,中国藏学出版社 1991 年版。

26. 喜饶尼玛:《近代藏事研究》,西藏人民出版社、上海人民出版社 2000 年版。

27. 张定一:《1954 年达赖、班禅晋京记略——兼记西藏自治区筹备委员会成立》,中国藏学出版社 2005 年版。

28. 赵慎应:《中央驻藏代表——张经武》,西藏人民出版社 1995 年版。

29. 赵慎应:《张国华将军在西藏》,中国藏学出版社 2001 年版。

30. 张小平主编:《走向二十一世纪的西藏》,中国藏学出版社 1997 年版。

31. 龚学增、胡岩主编:《当代中国民族宗教问题研究》(修订本),中共中央党校出版社 2010 年版。

32. 王贵等:《西藏历史地位辨》,民族出版社 1995 年版。

33. 朱晓明:《新时期民族宗教工作的实践与思考》,华文出版社 2003 年版。

34. 岗日曲成:《西藏的民族区域自治》,五洲传播出版社 1999 年版。

35. 肖怀远编著:《西藏地方货币史》,民族出版社 1987 年版。

36. 高建中:《中国人民政治协商会议成立纪实》,当代中国出版社 2002 年版。

37. 黄颢、刘洪记:《西藏 50 年·历史卷》,民族出版社 2001 年版。

38. 降边嘉措:《李觉传》,中国藏学出版社 2004 年版。

39. 魏克:《情凝雪域》,中共党史出版社 2007 年版。

40. 周爱明、袁莎:《金钥匙·十七条协议》,鹭江出版社 2004 年版。

41. 郭冠忠:《西藏社会发展述略》,西藏人民出版社 1999 年版。

42. 评注小组编写:《夏格巴的〈西藏政治史〉与西藏历史的本来面目》,民族出版社 1996 年版。

43. 陈庆英:《达赖喇嘛转世》,五洲传播出版社 2003 年版。

44. 周爱明:《西藏教育》,五洲传播出版社 2002 年版。

45. 王文长、拉灿:《西藏经济》,五洲传播出版社 2002 年版。

46. 张植荣:《国际关系与西藏问题》,旅游教育出版社 1994 年版。

47. 卢秀璋:《论〈西姆拉会议〉——兼析民国时期西藏的法律地位》,中国藏学出版社 2003 年版。

48. 吕昭义:《英帝国与中国西南边疆(1911—1947)》,中国藏学出版社 2001 年版。

49. 张永攀:《英帝国与中国西藏(1937—1947)》,中国社会科学出版社 2007 年版。

50. 孙镇平、王立艳:《民国时期西藏法制研究》,知识产权出版社 2006 年版。

51. 朱绣:《西藏六十年大事记》,民国十四年刊印。

52. 刘曼卿:《国民政府女密使赴藏纪实》(原名《康藏轺征》),民族出版社 1998 年版。

53. 史筠:《民族事务管理制度》,吉林教育出版社 1991 年版。

54. 中共中央党史研究室科研管理部、国家民族事务委员会民族问题研究中心主编:《中国共产党民族工作历史经验研究》(上、下册),中共党史出版社 2009 年版。

55. 宋月红编著:《中央驻藏代表张经武与西藏》,人民出版社 2007 年版。

56. 王小彬:《经略西藏——新中国西藏工作 60 年》,人民出版社 2009 年版。